GESPROCHENES UND GESCHRIEBENES DEUTSCH

SPRACHE DER GEGENWART

Schriften des Instituts für deutsche Sprache

Herausgegeben

im Auftrag des Instituts für deutsche Sprache von

Hans Eggers, Johannes Erben, Odo Leys, Wolfgang Mentrup

und Hugo Moser

Schriftleitung: Ursula Hoberg

BAND XLVII

Helmut Heinze

GESPROCHENES UND GESCHRIEBENES DEUTSCH

Vergleichende Untersuchungen von Bundestagsreden
und deren schriftlich aufgezeichneter Version

PÄDAGOGISCHER VERLAG SCHWANN
DÜSSELDORF

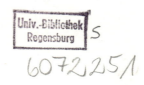
CIP-Kurztitelaufnahme der Deutschen Bibliothek

Heinze, Helmut:
Gesprochenes und geschriebenes Deutsch : vergleichende Unters. von Bundestagsreden u. deren schriftl. aufgezeichn. Version / Helmut Heinze. – 1. Aufl. – Düsseldorf : Pädagogischer Verlag Schwann, 1979.
(Sprache der Gegenwart ; Bd. 47)
ISBN 3-590-15647-3

Umschlaggestaltung Paul Effert
Herstellung Lengericher Handelsdruckerei, Lengerich (Westf.)
ISBN 3-590-15647-3

INHALT

5

6

0. EINFÜHRUNG

Die vorliegende Arbeit stellt das Problem der Abgrenzung von gesprochener und geschriebener Sprache in den Mittelpunkt ihrer Betrachtung und soll einen Beitrag leisten zu der erst seit einigen Jahren in der germanistischen Forschung aktuellen Diskussion über eine Zweigliederung der deutschen Gegenwartssprache in einen gesprochenen und geschriebenen Bereich.

Ausgehend von der Beobachtung, daß sich mündliche und schriftliche Kommunikation unter jeweils eigenen Voraussetzungen und Bedingungen konstituieren, wird mit Hilfe einer kontrastierenden Methode versucht, die verschiedenartigen Abweichungen gesprochener Bundestagsreden von ihren für die Veröffentlichung bestimmten schriftlichen Protokollfassungen ('Stenographische Berichte') unter linguistischen Aspekten systematisch zu erfassen und somit mögliche Eigengesetzlichkeiten beider Sprachgebrauchsformen zu bestimmen.

Der erste Teil der Arbeit ist dem forschungsgeschichtlichen Hintergrund sowie der Beschreibung des zugrunde gelegten Sprachkorpus gewidmet.

Da bisher eine ausführliche Dokumentation und kritische Analyse der recht umfangreichen Literatur über die gesprochene Sprache noch aussteht, werden die vielfältigen theoretischen Erörterungen und bereits durchgeführten empirischen Untersuchungen in einen forschungsgeschichtlichen Zusammenhang eingeordnet, um den Ansatz der eigenen Arbeit im Rahmen systematischer Grundpositionen der Erforschung gesprochener Sprache deutlich werden zu lassen.

Die Komplexität des Untersuchungsgegenstandes macht hierbei eine akzentuierte Auswahl notwendig, die von dem Bemühen geleitet ist, in inhaltlicher und methodischer Hinsicht einen kontinuierlichen Progreß in der Erforschung gesprochener Sprache aufzuweisen.

In den Ausführungen zur 'Problemstellung und Abgrenzung des Untersuchungsgegenstandes' wird neben der Zielformulierung der Akzent auf die Auswahl und Beschaffenheit des Sprachkorpus sowie die Erörterung methodischer Aspekte gelegt. Die Typisierung der Textsorte 'gesprochene Bundestagsrede' anhand extralinguistischer Merkmale sowie detaillierte Informationen über die schriftliche Abfassung der 'Stenographischen Berichte' durch die Parlamentsstenographen des Deutschen Bundestages geben Aufschluß über die unterschiedlichen Konstitutionsprozesse beider Sprachformen. Zugleich machen diese Kennzeichnungen die Möglichkeit des in der Untersuchung angewendeten methodischen Prinzips des kontrastiven Vergleichs inhaltlich identischer Texte im Medium gesprochener und geschriebener Sprache offenkundig.

Das zweite Kapitel enthält das Textkorpus in Form einer synoptischen Gegenüberstellung der gesprochenen (transkribierten) Bundestagsreden und ihrer schriftsprachlichen Entsprechung in den 'Stenographischen Berichten'.

Das derartig aufbereitete Untersuchungsmaterial in Form einer Wort-für-Wort-Kontrastierung beider Textversionen wird vor das eigentliche Auswertungskapitel gestellt, da sowohl die Ausgrenzung des Sprachmaterials als auch seine Aufbereitung in Untersuchungseinheiten einen wesentlichen Teil der vorliegenden Arbeit ausmachen und zugleich Ergebnis eines ersten, grundlegenden Analyseschrittes darstellen.

Außerdem soll dem Leser durch die Darbietung dieser kontrastiven Gegenüberstellung der gesprochenen und verschriftlichten Bundestagsreden die Möglichkeit gegeben werden, vor der Auseinandersetzung mit den Analyseergebnissen unvoreingenommen in die Eigenbestimmtheit und Besonderheit gesprochener und geschriebener Sprache Einblick nehmen zu können.

Hinzu kommt, daß es für das Verständnis der im Analyseteil zitierten Beispiele vielfach unumgänglich ist, den Textzusammenhang zu kennen und in die Diskussion einzubeziehen.

Das dritte Kapitel bietet die Darstellung und Deutung des Untersuchungsbefundes anhand von Tabellen, Diagrammen und erläuternden Texten. In diesem Teil der Arbeit werden aufgrund detaillierter Angaben über die Häufigkeit sprachlicher Merkmale, die durch den Verschriftlichungsprozeß verändernde Eingriffe erfahren, mögliche Besonderheiten gesprochener Reden im Unterschied zu ihren schriftsprachlichen Entsprechungen aufgewiesen. Hierbei liegt der Schwerpunkt auf der Ermittlung und Beschreibung charakteristischer syntaktischer Strukturierungsmöglichkeiten beider Sprachverwendungsarten. Es wird versucht, den unterschiedlichen Einsatz sprachlicher Mittel im mündlichen und schriftlichen Gebrauch unter Berücksichtigung der jeweiligen Kommunikationssituationen zu begründen und das Bedingungsverhältnis zwischen außersprachlicher und sprachlicher Textkonstitution transparent zu machen.

Die vorliegende Untersuchung wurde angeregt durch ein Seminar über die gesprochene Sprache der Gegenwart, das Prof. Dr. Werner BESCH am Germanistischen Seminar der Universität Bonn abhielt.

Hilfe für verschiedene sachliche und methodische Einzelfragen gaben mir Dr. Klaus J. MATTHEIER, Institut für geschichtliche Landeskunde der Universität Bonn, sowie Prof. Dr. Hugo STEGER und seine Mitarbeiter im Institut für deutsche Sprache, Forschungsstelle Freiburg/Br. Ihnen allen sei an dieser Stelle herzlich gedankt.

Der Direktor des Deutschen Bundestages, Dr. SCHELLKNECHT, sowie der Leiter des Parlamentsarchivs, Ministerialrat HILLNER, unterstützten zuvorkommend meine Tätigkeit der Materialauswahl. Die Mitarbeiter des Stenographischen Dienstes beim Deutschen Bundestag sowie dessen Leiter, Ministerialrat KLEIN, gaben in zahlreichen Gesprächen Auskunft über die Tätigkeit der Parlamentsstenographen sowie die Entstehung der 'Stenographischen Berichte'. Auch ihnen sei für ihr hilfreiches Entgegenkommen gedankt.

Ebenso danke ich Prof. Dr. Dr.h.c. Dr.h.c. Hugo MOSER für die bereitwillige Übernahme des Korreferates.

Insbesondere aber verdanke ich meinem Lehrer, Prof. Dr. Werner BESCH, vielfältige Ratschläge und Ermutigungen, die wesentlich zum Gelingen der vorliegenden Arbeit beigetragen haben.

Den Herausgebern von "Sprache der Gegenwart" danke ich für die Aufnahme meiner Arbeit in diese Schriftenreihe.

Bonn, im Dezember 1977   Helmut Heinze

1. FORSCHUNGSSTAND UND THEORIEDISKUSSION

1.1. Gesprochene und geschriebene Sprache. Darstellung und Kritik der Forschungsliteratur

1.1.1. Vorbemerkung

Die Unterschiedenheit von gesprochener und geschriebener Sprache wurde schon früh — wenn auch weitgehend unsystematisch — in der germanistischen Forschung thematisiert.

Diese frühen Überlegungen sowie die zahlreichen Forschungsansätze der Gegenwart werden an den Anfang der vorliegenden Arbeit gestellt, um über den relativ jungen Forschungsbereich 'gesprochene Sprache' überschaubar zu informieren und eine forschungsgeschichtliche Einordnung der durchgeführten Untersuchung zu ermöglichen. Es wird versucht, die vereinzelten Ansätze aus der Geschichte der Sprachgermanistik und gegenwärtige Bemühungen um die Erforschung gesprochener Sprache zusammenfassend vorzustellen sowie Methoden und Ergebnisse kritisch zu erörtern.

Dabei ist es beim derzeitigen Stand der Forschung nicht möglich, eine umfassende Gesamtdarstellung aller Beiträge zur gesprochenen Sprache zu geben.[1] Der folgende Forschungsüberblick muß sich daher auf eine kritische Auswahl richtungweisender Ansätze beschränken.

1.1.2. Entwicklungsgeschichtlicher Abriß

Die zunehmende Orientierung der germanistischen Linguistik an der Sprache der Gegenwart unter Einbeziehung der gesprochenen Sprache ist erst jüngeren Datums und bedeutet eine Erweiterung sowie Verlagerung des traditionellen sprachgermanistischen Interesses.

> "Wenn in den letzten Jahrhunderten von deutscher Sprache geredet wurde, wenn angesehene Gesellschaften der deutschen Sprache ihre Pflege widmeten, wenn Lehrgebäude und Wörterbücher der deutschen Sprache entstanden, so war es die vornehme, würdevolle, streng abgemessene Sprache der Schrift, des Buches, die man im Auge hatte, die Sprache derer, die vielbewundert auf den Höhen des Schrifttums sich bewegten."[2]

Diese symptomatischen Äußerungen BEHAGHELS aus dem Jahre 1899 kennzeichnen die allgemeine Forschungssituation der Sprachgermanistik bis zur Jahrhundertwende.

Die vorwiegend am Ideengut der Romantik orientierte Sprachforschung des 19. Jahrhunderts sah ihr primäres Interessengebiet in der historischvergleichenden Sprachbeschreibung. Gegenstand sprachwissenschaftlicher Untersuchungen waren tradierte, schriftlich fixierte Sprachdenkmäler.

Eine Vernachlässigung sowohl der Gegenwartssprache als auch ihrer differenzierten Beschreibung nach gesprochener und geschriebener Form war aufgrund dieser einseitig orientierten Forschung eine unabdingbare Folge.[3]

Dennoch muß festgehalten werden, daß die Unterscheidung von gesprochener und geschriebener Sprache nicht ein Novum darstellt, das ausschließlich der jüngeren germanistischen Linguistik eignet. So weist bereits ADELUNG gegen Ende des 18. Jahrhunderts auf konstitutive Gegensätze beider Kommunikationsformen hin, indem er insbesondere die unterschiedliche Sorgfalt bei mündlichen und schriftlichen Äußerungen hervorhebt.[4]

Die Bedeutung der 'natürlichen Lautung' (= gesprochene Sprache) in sprachwissenschaftlichen Untersuchungen betont im Jahre 1837 v. RAUMER.[5] Der Autor bedauert, daß die technischen Möglichkeiten, gesprochene Sprache zu konservieren, nicht gegeben sind; er fordert

"einen Apparat, der das Gesprochene ebenso treu auffasste und auf dem Papier befestigte wie das Daguereotyp das Gesehene."[6]

Da dieses technische Hilfsmittel noch nicht verfügbar ist, sollten in Sprachuntersuchungen tatsächlich geführte Gespräche — so wirklichkeitsgetreu wie möglich — in schriftlicher Form wiedergegeben werden.

Die wenigen ersten Hinweise auf die Notwendigkeit der Problematisierung gesprochener Sprache als einer autonomen Sprachform gegenüber der Schriftsprache finden jedoch kaum eine erwähnenswerte Beachtung.

Erst mit der zunehmenden Relevanz lautphysiologischer Untersuchungen gegen Ende des vorigen Jahrhunderts ist eine allmähliche Abkehr von der Auffassung zu beobachten, daß ausschließlich schriftlich fixierte Sprache möglicher Gegenstand sprachwissenschaftlicher Erörterungen sein kann. Eine entscheidende Wendung zur natürlich gesprochenen Sprache vollzieht sich vor allem mit der Lautphysiologie von SIEVERS.[7]

So wird in der von den Junggrammatikern begründeten Mundartforschung[8] und der um die Jahrhundertwende einsetzenden Dialektgeographie[9] die gesprochene Sprache einzelner Mundarten unter lautphysiologischen und psychologischen Aspekten thematisiert.

Ebenso richtet sich die Aufmerksamkeit der Forschung bei der zur gleichen Zeit einsetzenden Diskussion um eine Dreigliederung der Sprache in Hochsprache, Mundart und Umgangssprache auf die Sprachverwendung in ihrer gesprochenen Form.[10]

Innerhalb dieses neuen Aufgabenfeldes sprachgermanistischer Intentionen kommt der Abhandlung WUNDERLICHS über die Syntax der Umgangssprache eine richtungweisende Bedeutung zu.[11] WUNDERLICH macht die Beobachtung, daß die verschiedenen Mundarten entgegen lautlicher Differenzen durch prinzipielle syntaktische Gemeinsamkeiten gekennzeichnet sind. Aufgrund übereinstimmender syntaktischer Strukturen der Mundarten konstatiert er eine fundamentale Gegensätzlichkeit von Umgangssprache (= gesprochene Sprache) und Schriftsprache (= Hochsprache). Die unterschiedlichen Formen der Satzfügung in Schrift und Rede sieht der Autor in den jeweils spezifischen kommunikativen Bedingungen beider Medien begründet. Im einzelnen belegt er die These einer Unterscheidung von Umgangs- und Schriftsprache mit einer Vielzahl oppositioneller Merkmale; seine Beobachtungen gewinnt er anhand eines umfangreichen Belegmaterials, das allerdings nicht dem tatsächlichen Medium 'gesprochene Sprache' entnommen ist, sondern die schriftliche Fixierung gesprochener Äußerungen in literarischen Texten wiedergibt.

Bei der Skizzierung der frühen Studien über die gesprochene Sprache müssen weiterhin insbesondere die aufschlußreichen Beobachtungen BEHAGHELS berücksichtigt werden.[12]

BEHAGHEL analysiert — ebenso wie WUNDERLICH — schriftlich aufgezeichnete gesprochene Äußerungen in literarischen Texten und gelangt zu der Erkenntnis, daß gesprochene und geschriebene Sprache zwei gleichberechtigt nebeneinander existierende Sprachformen sind, deren jeweilige spezifische Beschaffenheit auf unterschiedliche Voraussetzungen und Funktionen zurückzuführen ist. Die Autonomie des gesprochenen Wortes gegenüber der Schriftsprache kennzeichnet der Autor durch zahlreiche Charakteristika der Sprechsprache. Er erörtert die besondere Funktion paralinguistischer Merkmale und weist vor allem auf eine verkürzte Darstellungsweise der gesprochenen Sprache hin, die weitgehend durch die Einbeziehung des situativen Kontextes bedingt ist.

Die bemerkenswerten Hinweise BEHAGHELS und WUNDERLICHS, mit denen die Differenzen zwischen gesprochener und geschriebener Sprache deutlich hervorgehoben werden, bleiben jedoch trotz ihrer klaren Konzeption in der sprachwissenschaftlichen Forschung zunächst unberücksichtigt.

Erst die sich zu Beginn dieses Jahrhunderts allmählich durchsetzende Auffassung von der Sprache als dem primären Medium menschlicher Verständigung rückt die Bedeutung der gesprochenen Sprache von neuem ins Blickfeld der Forschung und ermöglicht zugleich auch eine wissenschaftstheoretische Grundlegung dieses Forschungsbereichs.[13]

Die Sprache als wichtigstes Mittel der zwischenmenschlichen Kommunikation wird nunmehr als ein sozial vereinbartes System von Zeichen aufgefaßt.[14] Diese von SAUSSURE seinem Hauptwerk 'Cours de linguistique générale' zugrunde gelegte Bestimmung der Sprache führt insbesondere mit ihrer Betonung der Synchronie zu einer Reaktion auf die frühere Vernachlässigung der gesprochenen Sprache. SAUSSURE postuliert eine Vorordnung der gesprochenen Sprachverwendung gegenüber der geschriebenen:

"Sprache und Schrift sind zwei verschiedene Systeme von Zeichen; das letztere besteht nur zu dem Zweck, um das erstere darzustellen. Nicht die Verknüpfung von geschriebenem und gesprochenem Wort ist Gegenstand der Sprachwissenschaft, sondern nur das letztere, das gesprochene Wort allein ist ihr Objekt."[15]

Weiterhin gewinnt die gesprochene Sprache eine fundamentale Bedeutung auf dem Gebiet der Phonetik. So geht insbesondere ZWIRNER im Hinblick auf die Forderung v. RAUMERS nach einer Konservierung gesprochener Sprache bereits in den dreißiger Jahren dazu über, Schallträger, und zwar die Schallplatte und den Tonfilm, für seine phonometrischen Untersuchungen zu verwenden.[16] Auf der Basis der von ihm im Auftrage des Deutschen Spracharchivs im Jahre 1932 erstellten Schallplattenaufnahmen mundartlicher Gespräche analysiert er die unterschiedliche landschaftssprachliche Lautung in der Variation von Artikulationsart und Lautcharakter.[17]

ZWIRNER und seiner Schule ist vor allem eine Schärfung des Methodenbewußtseins in der Sprachforschung zu verdanken; das gilt insbesondere für die von ihm postulierte Einbeziehung naturwissenschaftlicher Forschungsmethoden in die Sprachwissenschaft.[18] Die Reflexion dieser Methoden im Hinblick auf Sprachuntersuchungen muß als eine grundlegende Voraussetzung für eine adäquate Erforschung der gesprochenen Sprache angesehen werden.

Erneute Hinweise auf eine prinzipielle Unterscheidung zwischen Sprechäußerungen und Schriftäußerungen finden sich in den Arbeiten der Prager Linguisten zu Problemen der Phonologie.[19]

So betont VACHEK die Gleichwertigkeit von gesprochener Sprache und Schriftsprache und kritisiert insbesondere SAUSSURE, der die einseitige Konzentration der Sprachforschung auf die gesprochene Sprache postuliert. Die strukturellen Unterschiede zwischen gesprochener und geschriebener Sprache kennzeichnet er durch zahlreiche Merkmale: Während sich die Sprechsprache einer Fülle paralinguistischer Ausdrucksmittel bedienen kann, ist die Schriftsprache grundsätzlich auf verbale Kommunikationsmittel angewiesen, d.h. ein Teil der akustischen bzw. optischen Möglichkeiten der gesprochenen Sprache bedarf im Medium der Schriftsprache einer sekundären sprachlichen Kodierung. Jedoch verfügt auch die Schriftsprache über zahlreiche Kommunikationsmittel, deren sich wiederum ein Sprecher nicht bedienen kann. Neben den differenzierten Möglichkeiten der Interpunktion sieht VACHEK vor allem in den zahlreichen Druckmöglichkeiten sowie der Gliederung der Schriftäußerungen nach Sinnabschnitten ein strukturelles Proprium der geschriebenen Sprache.

Trotz dieser abgrenzenden Überlegungen, die bereits in den dreißiger Jahren veröffentlicht wurden, beschränkt sich die Erforschung der gesprochenen Sprache im deutschsprachigen Raum weiterhin vorwiegend auf den Lautbestand der Mundarten in seinen geographischen Differenzierungen. Eine Zweiteilung der Sprache in einen gesprochenen und geschriebenen Bereich setzt sich nicht durch.

Erneute Beachtung findet vielmehr das problematische Prinzip der bisher üblichen Dreiteilung der Sprache in Hochsprache, Umgangssprache und Mundart. Da diese Einteilung nahezu ausschließlich auf einer lautlichen Differenzierung beruht, bleiben syntaktische sowie semantische Strukturierungen, deren Analyse für eine Unterscheidung von gesprochener und geschriebener Sprache eine wesentliche Voraussetzung ist, weitgehend unberücksichtigt.

1.1.3. Forschungsansätze der Gegenwart

Die Erforschung der Syntax der deutschen Gegenwartssprache führt die germanistische Linguistik allmählich zu einer Orientierung an einer Zweiteilung der Sprache in einen gesprochenen und geschriebenen Bereich.

So erörtert EGGERS, der im Rahmen syntaktischer Untersuchungen der Schriftsprache auch spezifische Formen gesprochener Sprache erörtert, besonders die Frage der Abgrenzung zwischen gesprochener Hochsprache und Umgangssprache. Die Probleme einer solchen Grenzziehung könnten gelöst werden,

> "wenn man von Schichtungen zunächst einmal ganz absieht und nur die Zweiteilung im Auge hat ... Die schriftliche Rede folgt eigenen und anderen Gesetzen als die mündliche, und man sollte von 'Schriftsprache' und 'Sprechsprache' reden".[20]

Über die Analyse der Schriftsprache hinaus erörtert der Verfasser zugleich syntaktische Probleme der gesprochenen Sprache und bemerkt, daß die Sprechsprache im Unterschied zur Schriftsprache eine Fülle von syntaktisch nicht geformten Äußerungen sowie Anakoluthbildungen aufweist. Ferner hält EGGERS den Gebrauch einfacher syntaktischer Fügungen für ein Charakteristikum der gesprochenen Sprache:

14

"Die Sätze sind kurz, ihre einzelnen Glieder auf wenige Worte beschränkt; parataktische Anreihung überwiegt bei weitem die hypotaktische Fügung."[21]

Eine vielschichtige Differenzierung des Gesamtbereichs der gesprochenen Sprache fordert BRINKMANN, indem er zunächst eine grundlegende Zweiteilung der gesprochenen Sprache nach monologischer und dialogischer Rede konstatiert.[22] Der Verfasser kennzeichnet beide Formen des mündlichen Sprachgebrauchs durch zahlreiche unterschiedliche Sprechsituationen; Ziel seiner Überlegungen ist eine 'Typologie der Sprechsituationen', die jeweils durch konstante sowie variable Faktoren konstituiert werden.

Die von BRINKMANN aufgewiesene Anzahl möglicher Kommunikationsakte führt aufgrund extralinguistischer Merkmale zu einer umfassenden Gliederung der gesprochenen Sprache. Ein Teil der von ihm genannten Kommunikationsformen ist jedoch vorwiegend auf das Medium der Schriftsprache fixiert und aufgrund seiner spezifischen Funktionen in diesem Bereich definiert. Eine klare Abgrenzung von gesprochener Sprache und geschriebener Sprache ist daher nicht gegeben.

Ebenfalls um sprachexterne Gliederungskriterien für den Bereich der gesprochenen Sprache bemüht sich BAUSINGER; er bestimmt vor allem räumliche und soziale Merkmale als maßgebliche Typisierungsfaktoren.[23]

Bei dem Versuch, Bestimmungskriterien für eine soziale Differenzierung der Sprache aufzuzeigen, hebt der Verfasser insbesondere die Bedeutung der 'situativen Rolle' des Sprechers hervor, da sie für die Art des Kommunizierens konstitutiv ist. Gerade die 'situative Rolle' impliziert nach seiner Ansicht die wesentlichen, einen Sprechakt bestimmenden Faktoren: die Situation, die beiden Gesprächspartner sowie den Gesprächsgegenstand; situative, soziale und auch psychische Merkmale finden gleichermaßen Berücksichtigung.

Auch in den jüngsten Veröffentlichungen des Prager Linguistenkreises wird der Versuch unternommen, unter Berücksichtigung sozialer und situativer Aspekte eine 'Typologie der Situationen des Sprachverkehrs' zu erstellen.[24] So weist DANEŠ darauf hin, daß untersucht werden muß,

"wie die Rede eines und desselben Sprechers ... je nach verschiedenen Umständen variiert, in welcher gesellschaftlichen Rolle er auftritt, je nach Gesprächsthema, nach Intention oder nach seiner Beziehung zum Partner usw."[25]

Die vorgestellten, weitgehend theoretisch gewonnenen Erkenntnisse über die Besonderheiten gesprochener Sprache werden zugleich in empirischen Untersuchungen regionaler sowie überregionaler Sprachverwendung anhand ausgewählter Sprachkorpora auf ihre Richtigkeit überprüft. Die Darstellung dieser Beiträge macht insbesondere deutlich, daß der forschungsgeschichtliche Progreß durch eine zunehmende Präzisierung des methodischen Zugriffs gekennzeichnet ist.

So analysieren BAUMGÄRTNER[26] und KUFNER[27] in ihren frühen Untersuchungen regional begrenzte Sprachverwendung in gesprochener Form auf der Basis von empirisch gewonnenem Sprachmaterial.

Die Arbeit BAUMGÄRTNERS enthält neben einem Katalog typischer Erscheinungen der Leipziger Umgangssprache zugleich allgemeine, die gesprochene Sprache generell charakterisierende Merkmale: Gebrauch unvollständiger Sätze, Austausch von Satzarten, Durchbrechung des Satzplans, Wiederaufnahme, Nachtrag, Umschreibung. Der Verfasser macht diese Beobachtungen anhand von schriftlich fixierten 'Hörbelegen', die er über Jahre hin gesammelt und schriftlich aufgezeichnet hat. Eine Berücksichtigung außersprachlicher Variablen ist aufgrund der Beschaffenheit des Sprachkorpus nicht möglich.

Um hingegen auch paralinguistische Merkmale analysieren zu können, läßt KUFNER das von ihm ausgewählte Belegmaterial, das er einer in der Münchner Stadtmundart verfaßten Artikelserie der Süddeutschen Zeitung von 1952-1959 entnommen hat, von kompetenten Sprechern dieser Mundart nachsprechen und konserviert die gesprochenen Äußerungen mit Hilfe des Tonbands. Neben einer differenzierten Beschreibung von Lautung und Intonation kommt der Verfasser innerhalb der syntaktischen Analyse insbesondere zum Aufweis unterschiedlicher Regelarten: 'Satzstrukturregel', 'Transformationsregel', 'Prosodische Regel'.

Ein besonderes methodisches Interesse an einer adäquaten Korpusbildung gesprochener Sprache ist weiterhin in den neueren Untersuchungen ZWIRNERS und seiner Schule zu beobachten, deren Forschungsbemühungen sich auf die Konservierung und Analyse deutscher Mundarten konzentrieren. Im Hinblick auf die Korpuserstellung des Deutschen Spracharchivs[28] beschreibt ZWIRNER die für Tonbandaufnahmen gesprochener Sprache relevanten Faktoren und verweist insbesondere auf eine Anzahl variabler Bedingungen, die bei jeder Sprachaufnahme zu berücksichtigen sind:

"1. Die vom Sprecher — und seinem Gesprächspartner — überlicherweise gesprochene Sprache oder Mundart,
2. die soziale Schicht des Sprechers und seines Gesprächspartners,
3. das Alter des Sprechers und seines Gesprächspartners,
4. das Geschlecht des Sprechers und seines Gesprächspartners,
5. die Gesprächs- bzw. Aufnahmesituation,
6. das Thema, über das der Sprecher spricht oder über das sich die Sprecher unterhalten."[29]

Die aus einer Außenstelle des Deutschen Spracharchivs hervorgegangene Tübinger Arbeitsstelle 'Sprache in Südwestdeutschland' ergänzt seit 1969 die im südwestdeutschen Raum erstellten Tonbandaufnahmen des Deutschen Spracharchivs und wertet sie unter syntaktischen und stilistischen Gesichtspunkten aus. [30] Im Mittelpunkt dieses Forschungsvorhabens stehen sowohl Probleme des Sprachwandels und der Zweisprachigkeit als auch Überlegungen zur Entwicklung von Orts- und Gebietssprachen unter Berücksichtigung sozialer Faktoren.

Eine ebenfalls regional begrenzte Sprachverwendung im mündlichen Gebrauch wird von der Abteilung für Sprachforschung des Instituts für geschichtliche Landeskunde der Universität Bonn unter sprachsoziologischem Aspekt untersucht. [31] Neben Fragen der Sprachverwendung einzelner Sprecher in Abhängigkeit von situativen und sozialen Faktoren steht besonders der Aufweis sprachlicher Veränderungsprozesse, die durch den Einfluß der industriellen und gesellschaftlichen Entwicklung bedingt sind, im Zentrum des Forschungsinteresses. [32] Im Unterschied zu den Untersuchungen des Deutschen Spracharchivs sowie der Tübinger Arbeitsstelle konzentriert sich der Bonner Forschungsansatz auf das Sprachverhalten der Bewohner e i n e s Ortes. Aufgrund dieser eng begrenzten regionalen Fixierung wird es möglich, die Sprachwirklichkeit dieses Ortes adäquat durch ein repräsentatives Korpus darzustellen und in sprachwissenschaftlichen Untersuchungen präzise zu analysieren.

Die überregionalen Forschungsansätze zur gesprochenen Sprache sind durch verschiedene größere Einzeluntersuchungen sowie durch Beiträge der Forschungsstelle für gesprochene Sprache in Freiburg repräsentiert.

ZIMMERMANN bemüht sich um eine 'Typologie des spontanen Gesprächs', die er durch eine gezielte Beschreibung extraverbaler Merkmale zu erstellen versucht. [33] Die Arbeit unterscheidet sich von den frühen regional begrenzten Untersuchungen insbesondere im Hinblick auf das zugrunde gelegte Sprachmaterial; der Verfasser verwendet ausschließlich Tonbandaufnahmen, die ohne Wissen der Gesprächsteilnehmer aufgenommen wurden. Als charakteristische Merkmale spontanen Sprechens nennt er Verkürzungen, Auslassungen, Anakoluthe sowie Ellipsen, die er im wesentlichen auf situative und psychologische Momente des Kommunikationsaktes zurückführt.

Bemerkenswert ist das Bemühen ZIMMERMANNS, ein der gesprochenen Sprache angemessenes Analyseverfahren zu entwickeln; er postuliert:

"Wenn es nun darum geht, das Typische der gesprochenen Sprache aufzuzeigen, muß von vornherein auf die übliche aus der Schriftsprache entwickelte Terminologie und Einteilung verzichtet werden." [34]

Hinsichtlich der sozialen Schichtung seiner Probanden kommt der Verfasser zu dem Ergebnis, daß die Struktur des spontanen Gesprächs unabhängig von der jeweiligen sozialen Stellung des Sprechers ist.

Insgesamt sind die Beobachtungen ZIMMERMANNS im Hinblick auf die Einheit von Gesprächssituation und ihren psychischen Bedingungen nicht ohne Wirkung auf die nachfolgenden Untersuchungen geblieben.

Eine statistische Analyse gesprochener Sprache auf der Basis einer repräsentativen Stichprobe führt LESKA durch. [35] Primäres Anliegen ihrer Untersuchung ist eine Abgrenzung mündlichen und schriftlichen Sprachgebrauchs; ihr Korpus besteht daher sowohl aus gesprochenen als auch aus geschriebenen Äußerungen.

Die Verfasserin berücksichtigt als gesprochenes Sprachmaterial ausschließlich 'darstellende monologische Äußerungen'; Dialoge und stark situationsentlastete Gespräche sowie vorreflektierte Reden werden nicht berücksichtigt. Das schriftsprachliche Vergleichskorpus enthält Texte aus dem Bereich der Sachprosa.

Die Beschränkung auf eine spezifische Textsorte wird von LESKA methodisch begründet:

"Gesprochene und geschriebene Sprache sind in sich vielfältig geschichtet. Im Interesse der Vergleichbarkeit des Materials müssen die Texte möglichst aus Parallelschichten gesprochener und geschriebener Sprache gewählt werden." [36]

Aufgrund quantitativer Gemeinsamkeiten syntaktischer Merkmale grenzt die Verfasserin unterschiedliche Ebenen gesprochener Sprache aus: Die gesprochenen Belege lassen eine Dreigliederung in eine 'schriftferne', 'mittlere' und 'schriftnahe' Schicht erkennen.

Der Arbeit LESKAS kommt vor allem im Hinblick auf das quantifizierende Analyseverfahren sowie aufgrund der Erweiterung der linguistischen Variablenskala eine richtungweisende Bedeutung zu. Es stellt sich jedoch die Frage, ob das berücksichtigte Material aus dem gesprochenen und schriftsprachlichen Bereich einen abgrenzenden Vergleich beider Kommunikationsmedien zuläßt, da die grundsätzliche Verschiedenheit sowohl der Sprecher/Schreiber als auch der jeweiligen Themen Verzerrungsfaktoren mit sich bringt, die im Untersuchungsgang kaum kontrollierbar sind. [37]

Die Studie von WACKERNAGEL-JOLLES entspricht in Methode und Zielsetzung weitgehend der Untersuchung LESKAS; auch WACKERNAGEL-JOLLES unternimmt auf der Basis umfangreicher Tonbandaufnahmen eine syntaktische Analyse gesprochener Sprache. [38]

Eine besondere Bedeutung kommt hierbei der syntaktischen Segmentierung der gesprochenen Texte zu. Um die Abgrenzung syntaktischer Redeeinheiten weitgehend zu objektivieren, läßt die Verfasserin die Tonbandaufnahmen von einer Testhörergruppe nach syntaktischen Einheiten segmentieren: entscheidend für eine Satzgrenzenbestimmung ist die Zweidrittelmehrheit der Testgruppe. [39]

Im Unterschied zu den bisher vorgestellten empirischen Einzelstudien konzentriert sich die Untersuchung JECKLINS ausschließlich auf formale Kriterien, die sich auf die syntaktische Organisation (Satzglieder, Satzmuster, Satzbaupläne) gesprochener Sprache beschränken, ohne etwa situative, soziale oder psychische Aspekte zu berücksichtigen. [40]

Der Verfasser analysiert ein umfangreiches Sprachkorpus, bestehend aus Mundartproben sowie umgangssprachlichen Texten, differenziert nach Monologen, spontanen Gesprächen sowie Diskussionen.

Er kommt zu dem Ergebnis, daß im Hinblick auf die Anzahl und die Art der Satzbaupläne keine signifikanten Unterschiede zwischen gesprochener und geschriebener Sprache vorhanden sind. Allerdings unterläßt es der Verfasser, diese Behauptung an einem schriftsprachlichen Korpus zu überprüfen.

Künftige syntaktische Studien über die gesprochene Sprache müßten sich aufgrund dieses Ergebnisses vorwiegend darauf konzentrieren, welche Variationsmöglichkeiten in der Art der Füllung der Sätze beim mündlichen Sprachgebrauch im Unterschied zur Schriftsprache beobachtet werden können. Der Frage nach bestimmten Häufigkeiten im Bereich der Wortstellung wird hierbei eine besondere Aufmerksamkeit zu schenken sein. Wichtige methodische Voraussetzung für diesen Untersuchungsaspekt ist es jedoch, beide Sprachmedien in entsprechenden Vergleichskorpora adäquat zu berücksichtigen.

Den Einfluß von Situation und Thema auf in Dialogen verwendete gesprochene Sprache versucht WEISS anhand von Schülergesprächen im Bereich syntaktischer Erscheinungsformen nachzuweisen. [41]

Obwohl die Textgrundlage dieser Studie im Hinblick auf die beteiligten Sprecher, Dauer sowie Situation sehr eng begrenzt ist — Probleme der Korpusbildung werden nicht erörtert — macht der Verfasser dennoch Aussagen, die die gesprochene Sprache generell kennzeichnen.

Die Besonderheiten der Satzkonstruktionen in spontan gesprochener Sprache — etwa der Konstruktionswechsel in Form von Neuansätzen oder Satzbrüchen sowie Wiederholungen — werden in den spezifischen Konstitutionsbedingungen mündlicher Kommunikation gesehen. Allerdings gewinnt der Verfasser diese Charakterisierung mündlicher Kommunikation ebenfalls ausschließlich an gesprochenen Texten. Die Absicherung seines Befundes durch die Analyse eines Kontrollkorpus aus dem Bereich der geschriebenen Sprache wäre jedoch unbedingt erforderlich.

Das wohl weitreichendste und zugleich auch aufwendigste Forschungsvorhaben im Hinblick auf die gesprochene Sprache ist das Projekt 'Grundstrukturen der deutschen Sprache', das auf Initiative des Goethe-Instituts seit dem Jahre 1966 vom Institut für deutsche Sprache durchgeführt wird. Ziel dieses Forschungsunternehmens ist es, linguistische Erkenntnisse über die deutsche Gegenwartssprache im Hinblick auf Syntax, Semantik und Pragmatik für den Unterricht des Deutschen als Fremdsprache nutzbar zu machen. Im Rahmen des genannten Aufgabenspektrums wurde eine eigene Forschungsstelle für gesprochene Sprache (Freiburg) eingerichtet. [42] Ausgehend von der Erkenntnis, daß zwischen gesprochener und geschriebener Sprache signifikante formale und funktionale Unterschiede bestehen [43], hielt man es für notwendig, die gesprochene Sprache gesondert von der Schriftsprache auf der Basis eines repräsentativen Korpus zu untersuchen. [44]

Parallel zur Korpuserstellung und damit verbundenen Problemen der Transkription gesprochener Sprache entwickelt die Freiburger Forschungsstelle eine Typik für die Archivierung und Klassifizierung der Texte; es werden Analysen durchgeführt zu den grammatischen Phänomenen Tempus, Konjunktiv, Passiv, Wortstellung, Satzbauplan und Morphologie. Darüber hinaus konzentriert sich die Arbeit der Forschungsstelle auf Fragestellungen, die die spezifische Eigenart gesprochener Sprache betreffen: Intonation, Bildung von Parenthesen, Gebrauch sogenannter abhängiger Hauptsätze, Bedeutung der Spontaneität, Verhältnis von gesprochenen und verschriftlichten Texten sowie Operationalisierung von textsortenkonstituierenden Merkmalsausprägungen. [45]

Maßgeblich für alle Teiluntersuchungen des Projekts ist die bereits zu Beginn des Unternehmens gewonnene Erkenntnis einer spezifischen Differenzierung gesprochener Sprache. Mit Hilfe extralinguistischer Kriterien, die bei jedem mündlichen Kommunikationsakt wirksam sind, werden zunächst differierende Redekonstellationen ausgegrenzt. [46] Als operationalisierbare Konstituenten sind hierbei insbesondere folgende Merkmale bestimmend: Sprecherzahl, Rangordnung unter den Sprechern, Öffentlichkeitsgrad, Themafixierung, Mitteilungsaspekt, Grad der Vorbereitetheit, Motivation, Modalität der Themenbehandlung, Zahl der Sprecherwechsel, Verschränkung von Text und Situation. [47]

Die Kombination dieser Merkmale führt zur Unterscheidung von Rede-konstellationstypen, denen sich auf der sprachlichen Seite spezifische Textsorten zuordnen lassen, wie bereits durchgeführte linguistische Analysen nachweisen.[48]

Die vorgestellten Ansätze und Ergebnisse aus dem Forschungsbereich 'gesprochene Sprache' haben die zunehmende Relevanz einer Unterscheidung von mündlicher und schriftlicher Kommunikation deutlich werden lassen.

Kennzeichnend für den gegenwärtigen Stand der Forschung ist schließlich, daß die Eigenständigkeit mündlicher Kommunikation zugleich in einer Vielzahl von Veröffentlichungen mit unterschiedlicher linguistischer Fragestellung berücksichtigt wird.

So wird innerhalb der Kommunikationswissenschaft die kommunikative Struktur sprachlichen Verhaltens mit Hilfe einer dezidierten Beschreibung von auditivem und visuellem Kommunikationskanal analysiert, wobei die Ausgrenzung para- und extralinguistischer Merkmale im Vordergrund steht.[49]

In Beiträgen aus dem Bereich der Textlinguistik wird versucht, Differenzierungskriterien für Texte gesprochener und geschriebener Sprache aufgrund textinterner (Textanfang, Textende, Thematik, Textaufbau) sowie textexterner (räumlicher Kontakt, akustischer Kontakt, zeitliche Kontinuität) Merkmale auszugrenzen.[50]

Auch im Bereich soziolinguistischer Untersuchungen[51] hat sich die prinzipielle Unterschiedenheit von gesprochener und geschriebener Sprache durchgesetzt. So wird insbesondere im Hinblick auf die Untersuchung OEVERMANNS[52] heute weitgehend die Auffassung vertreten, daß die aufgewiesene Dichotomie zwischen 'elaborierter' und 'restringierter' Sprachverwendung keinesfalls ausschließlich auf Unterschiede der sozialen Schicht bzw. sozioverbaler Strategien zurückzuführen ist, sondern weitgehend dadurch bedingt ist, daß den jeweiligen Untersuchungen ausschließlich geschriebene Sprache zugrunde gelegt wurde.

So stellt WUNDERLICH fest, daß auch bei Sprechern aus der sogenannten Mittelschicht schriftliches und mündliches Ausdrucksvermögen sehr stark divergieren und betont:

> "Viele linguistische Merkmale, die evtl. als typisch für Arbeitersprache vermutet wurden, sind in Wirklichkeit nur typisch für mündliche Rede."[53]

BESCH weist in diesem Zusammenhang darauf hin, daß eine systematische Klassifizierung der Strategien schichtenspezifischer verbaler Planung erst dann möglich ist, wenn die besondere Strukturiertheit der gesprochenen Sprache bekannt ist:

"Wir müssen noch viel mehr über die gesprochene Sprache wissen, ehe wir an eine Rangskala von sprachlichen Registern denken können, und die Wertung sollte nicht allein von der schriftlichen Norm her angelegt sein, sondern Bezug nehmen auf die Eigengesetzlichkeit unterschiedlicher Kommunikationssituationen."[54]

1.2. Problemstellung und Abgrenzung des Untersuchungsgegenstandes

1.2.1. Perspektive der Untersuchung

Die vorliegende Untersuchung basiert auf den bisherigen Forschungserkenntnissen über die gesprochene Sprache, wonach eine Gleichsetzung von mündlicher und schriftlicher Kommunikation nicht zulässig ist, da sie der Sprachwirklichkeit nicht entspricht. Es wird von der Beobachtung ausgegangen, daß sich gesprochene und geschriebene Sprache jeweils unter spezifischen Voraussetzungen und Bedingungen konstituieren und somit unterschiedliche Realisierungsmöglichkeiten sprachlicher Interaktion darstellen. Weiterhin schließen die folgenden Überlegungen an die These an, daß die gesprochene Sprache ebenso wie die Schriftsprache nach unterschiedlichen Textsorten zu gliedern ist.

Die Abgrenzung und Unterscheidung von gesprochener und geschriebener Sprache soll in der vorliegenden Arbeit an einer spezifischen Textsorte, und zwar der Parlamentsrede im Deutschen Bundestag, aufgezeigt und interpretiert werden.

Die authentischen Aufzeichnungen aller Parlamentsreden werden in den 'Stenographischen Berichten über Verhandlungen im Deutschen Bundestag' veröffentlicht.[55] Diese Texte sind nicht nur für Historiker, Politologen sowie für die politisch interessierte Allgemeinheit als Informationsquellen von Bedeutung; als sprachliche Äußerungen stellen sie einen Teil der Gegenwartssprache dar und können somit mögliches Objekt sprachgermanistischer Forschungsbemühungen werden. Die sprachwissenschaftliche Analyse der 'Stenographischen Berichte' kann dem Forscher, der sich mit dem Sprachgebrauch seiner Zeit beschäftigt, grundlegende Merkmale der Gegenwartssprache offenkundig machen.

So weist v. POLENZ darauf hin, daß die 'Stenographischen Berichte' geeignete Quellen für linguistische Untersuchungen der

"öffentlichen Normalsprache ... im mündlichen Gebrauch"[56]

darstellen und schlägt vor:

"Die Protokolle ... des Bundestages sollten laufend in das Quellenmaterial des Instituts für deutsche Sprache aufgenommen und als Materialgrundlage in vielfacher Hinsicht ausgewertet werden."[57]

Nach seiner Auffassung können anhand dieser Texte typische Merkmale der gesprochenen deutschen Gegenwartssprache festgestellt werden:

"In solchen spontanen Redetexten findet sich manches vom Leben und Werden der deutschen Gemeinhochsprache, was uns bei einer Beschränkung auf schriftlich verfaßte Texte entgehen würde."[58]

Diesem Hinweis auf die Besonderheit der Sprachverwendung 'im mündlichen Gebrauch', die an Parlamentsreden beobachtet werden kann, ist uneingeschränkt zuzustimmen, da die im Parlament vorgetragenen Reden — insofern sie nicht verlesene, schriftlich vorbereitete und ausformulierte Sprache darstellen — eine mögliche Textsorte aus dem Gesamtkomplex 'gesprochene Sprache' repräsentieren.

Eine Analyse gesprochener Sprache anhand der Sprachverwendung im Deutschen Bundestag setzt allerdings voraus — und hier muß v. POLENZ' Vorschlag modifiziert werden —, daß für die sprachwissenschaftliche Auswertung die Tonbandaufnahmen der entsprechenden Parlamentsreden zugrunde gelegt werden, da es sich bei den 'Stenographischen Berichten' um schriftkonstituierte Texte handelt.

Wie im folgenden aufgezeigt wird, werden bei der Abfassung der 'Stenographischen Berichte' durch den Stenographischen Dienst beim Deutschen Bundestag grundlegende redaktionelle Bearbeitungen der gesprochenen Reden vorgenommen, die sich weitgehend am Normenkodex der Schriftsprache[59] orientieren. So gelten als Richtmaß für die Verschriftlichung der gesprochenen Bundestagsreden Normierungen, wie sie z.B. die von der Duden-Norm geforderte 'Einheitssprache' in ihrer geschriebenen Form postuliert. Die sogenannte 'Arbeit am Wortlaut' — die Haupttätigkeit der Parlamentsstenographen — beinhaltet, daß die 'Stenographischen Berichte' nicht nur den Sachgehalt der gesprochenen Parlamentsreden vollständig und zuverlässig wiedergeben, sondern daß die Übertragungen insbesondere unter dem Postulat logischer, grammatischer sowie stilistischer Akzeptabilität vorzunehmen sind, damit die Veröffentlichung der Parlamentsreden in 'einwandfreier' Form gewährleistet ist.[60]

Eine Auswertung der 'Stenographischen Berichte' als Quellenmaterial in Untersuchungen der gesprochenen Sprache ist daher nicht zulässig, da die im Medium der Schriftsprache veröffentlichten Bundestagsreden kaum 'gesprochene Normalsprache' dokumentieren. Vielmehr weisen die Bedingungen und Voraussetzungen der Übertragung stenographierter Reden auf die grundsätzlichen Unterschiede zwischen mündlicher und schriftlicher Kommunikation hin, die sich — wie die folgende linguistische Analyse zeigt — aufgrund bestimmter Differenzen sprachlicher Kodierungsweisen belegen lassen.

Diese spezifischen Gegebenheiten sprachlicher Konstitutionsprozesse im Medium der gesprochenen Sprache (Tonbandaufnahmen) und der Schriftsprache ('Stenographische Berichte') stellen die Grundlage für den Ansatz der vorliegenden Untersuchung dar.[61]

1.2.2. Ziel der Untersuchung

Als Ausgangspunkt für die weiteren Überlegungen soll ein zusammenhängender Textausschnitt aus einer Bundestagsrede zitiert werden, dessen Beschreibung und Analyse die vorliegende Problemstellung verdeutlicht.[62]

01 Ich weiß nicht, ob der Herr Kollege H. noch da ist.	und ich weiß nit ,+ ob der Kollege H. noch da isch +, .
02 Bei seinem Kindergeld-vorschlag gibt es nämlich	/ denn beim Kindergeld
	gibt s natürlich
	die grotes (äh)
eine sehr groteske Wirkung,	ne sehr groteske Wirkung
und zwar an der Stelle,	an der Stelle
wo die Bayern	,+ wo die Bayern hier noch
zu dem jetzigen ungerechten	zu dem jetzigen ungerechten
System noch ihren zusätz-lichen Beitrag leisten.	System noch ihren zusätz-lichen Beitrag draufsetzen +, .
03 Wir haben im Moment die Wirkung, daß der steuerliche Vorteil eines Spitzen-verdieners	/ wir ham im Moment die Wirkung ,+ daß der steuerliche Vorteil von nem Spitzen-verdiener
für das dritte Kind bei monatlich 200 DM liegt.	monatlich
	(pardon) (i+ um das ganz korrekt zu sagen +i) (äh) der steuerliche Vorteil für s dritte Kind liegt monatlich bei zweihundert Mark +, .
04 Nach dem Antrag von Bayern würde der steuerliche Vorteil auf 250 DM anwachsen.	/ durch den Antrag von Bayern würde der steuerliche Vorteil auf zweihundertfünfzich Mark anwachsen
05 Dagegen hat der Normalver-diener beim jetzigen Steuer-recht einen monatlichen steuerlichen Vorteil von 73 DM,	,+ wohingegen der Normalver-diener bei jetzigem Steuer-recht en monatlichen Vorteil von dreiensiebzich Mark hat steuerlichen Vorteil
während er zukünftig nach dem bayrischen Modell einen Vorteil von 90 DM hätte.	zukünftich bei dem bayrischen Modell
	von neunzich Mark +, .
06 Der bayrische Bergbauer aber bekommt einen steuerlichen	und der bayrische Bergbauer kriecht en steuerlichen

Vorteil von null.
07 Trotzdem wählen
die Leute da oben
auf den Bergen
noch immer die CSU.
08 Aber vielleicht wird es uns
durch intensives Besteigen
der Berge auch möglich,
unsere Kunde
auf den Almen

zu verbreiten.

09 Wenn wir von den Bayern reden,
ist ja
der Sprung zum Verfassungsgericht nicht weit.
10 Die Diskussion, die Sie

mit den Gutachtern
zur Frage der
Verfassungswidrigkeit unseres

Familienlastenausgleichs

angekurbelt haben,
sollte auch unter dem Aspekt
gesehen werden, daß
die Niedrigverdiener

– gerade in extremen
Fällen –,

nach unserem Modell
240 DM
bekommen würden.

Vorteil von null .
und trotzdem wählen noch immer
die Kollegen die CSU da oben
auf den Bergen .

aber vielleicht wird s uns
durch intensives Besteigen
der Berge auch möglich

i+ am einen oder andern Ort hier
unsre Kunde
zu verbreiten +i .
/ und da si mer auch ,+ wenn mer
die Bayern hier grad in ner Dis
wenn mer von den Bayern reden +,
is (ja) nich weit
der Sprung zum Verfassungsgericht .
/ und Ihre Debatte ,+ die Sie
da en bißchen stimuliert ham
mit den mit den Gutachtern
zu Frage zur Frage der
Verfassungswidrichkeit unsres
Familien (äh) unsres
Familienlastenausgleiches
unsre Kindergeldregelung +, die

sollte auch unter dem Aspekt
gesehn werden ,+ daß immer noch
der Niedrichverdiener
,+ der bisher
(und zwar grad die extremen
Fälle)
der würde
nach unserm Modell zukünftich
zweihundertvierzich Mark
bekommen +, .

Zahlreiche Merkmale lassen sogleich erkennen, daß es sich bei dem Textausschnitt, der auf der rechten Seitenhälfte dargestellt ist, um eine wörtliche Wiedergabe der gesprochenen Fassung (transkribierte Tonbandaufnahme) handelt. Augenfällig ist das Vorkommen zahlreicher sprachlicher
Elemente, die der Redner bei einer schriftlichen Abfassung seiner Rede
vermieden hätte, wie die schriftkonstituierte Textversion ('Stenographische Berichte') vermuten läßt, die auf der linken Seitenhälfte dem gesprochenen Wortlaut gegenübergestellt ist.

Im Hinblick auf die Quantität beider Textversionen kann zunächst festgestellt werden, daß die gesprochene Fassung erheblich mehr Wörter ent-

hält als die schriftsprachliche Form; das Verhältnis beträgt 192 : 241. Die erhöhte Wortproduktion in der gesprochenen Rede ist weitgehend dadurch bedingt, daß der Sprecher des öfteren seinen Redefluß unterbricht, um Sequenzen zu wiederholen oder um sich zu korrigieren. Dadurch verliert er den Überblick in bezug auf seine syntaktische Konzeption und führt seine Sätze anders fort, als er sie ursprünglich plante. Abweichungen von den für die Schriftsprache normierten grammatischen Regeln bleiben nicht aus.

Bemerkenswert ist in diesem Zusammenhang besonders der Abschnitt 03. Der Redner beginnt seine Aussage mit einer geläufigen Hauptsatz/Nebensatz-Konstruktion. Während der Formulierung des *daß*-Satzes scheinen ihm jedoch notwendige Sachinformationen zu fehlen, so daß er seinen Redefluß und somit die begonnene Satzkonstruktion unterbrechen muß. Er verwendet an dieser Stelle eine stereotype Entschuldigungsformel (*pardon*) sowie die für die Zuhörer informationsleere Wendung *um das ganz korrekt zu sagen*.

Diese den Redeablauf unterbrechenden Elemente geben dem Sprecher die notwendige Zeit zum Überlegen, zur gedanklichen Konzeption der zunächst nicht verfügbaren Information. Erst nach der Verlegenheitsformel (*äh*) und der Wiederholung von bereits Gesagtem (*der steuerliche Vorteil*) vermittelt der Redner seinen Zuhörern die neuen Informationen (*für s dritte Kind / zweihundert Mark*), und zwar in einer neu einsetzenden Konstruktionsform, der Hauptsatzkonstruktion, ohne die anfangs gewählte syntaktische Fügung, den mit *daß* eingeleiteten Nebensatz, abgeschlossen zu haben.

Es findet ein Wechsel innerhalb der syntaktischen Strategie statt, der dadurch gekennzeichnet ist, daß der Sprecher die Hauptsatzstellung des Prädikats wählt und die von der begonnenen Nebensatzkonstruktion (*daß*-Satz) geforderte Verbendstellung nicht einhält.

Ebenso verschachtelt der Redner manche Sequenzen derartig, daß er auch hier die Übersicht über seine syntaktische Planung verliert (10).

Solche syntaktischen Fehlplanungen müssen im Hinblick auf die Normen der geschriebenen Sprache als 'unkorrekt' bezeichnet werden.

Redeabschnitt 10 enthält eine weitere für die gesprochene Sprache typische Besonderheit:

"und Ihre *Debatte* ... *die* sollte auch unter dem Aspekt gesehen werden ..."
"... daß der *Niedrigverdiener* ... *der* würde ... bekommen".

In beiden Äußerungen liegt ein Pleonasmus vor, der durch die doppelte Besetzung des Subjekts entstanden ist.[63] Die beiden vorangestellten Substantive *Debatte* und *Niedrigverdiener* sowie die sie im weiteren wiederaufnehmenden Pronomina *die* und *der* schließen einander aus, da sie in derselben Position des Satzes stehen.

Eine derartige Heraushebung von Satzgliedern durch nachträgliche pronominale Wiederaufnahme oder auch die umgekehrte Erscheinung, nämlich der Nachtrag pronominaler Vorausnahmen[64], werden in der Duden-Grammatik[65] unter den sogenannten 'Satzbrüchen', d.h. als syntaktische Fehlplanungen abgehandelt.

Weiterhin enthält die gesprochene Textversion einige Satzglieder, die außerhalb des Satzverbandes stehen (07/09). Gerade solche Sequenzen scheinen ausgeklammert zu werden, denen der Redner einen besonderen Akzent verleihen möchte. Ausklammerungen finden sich zugleich dort, wo der Sprecher seine Aussagen ergänzen bzw. präzisieren will (05).

Die häufige Verwendung der Konjunktion *und* deutet darauf hin, daß der Redner seine Gedanken weitgehend assoziativ und in einer recht einfachen Fügung aneinanderreiht.

Es ist ferner zu beobachten, daß der Redner Wörter verwendet *(draufsetzen, kriegen)*, die der Leser der 'Stenographischen Berichte' als ungewöhnlich bezeichnen würde, da sie eher für eine mündliche Stilebene typisch zu sein scheinen. Auch sind die zum Teil mundartlich gefärbten Elemente dieses kurzen Redeausschnitts unverkennbar.

Ein Blick auf die linke Seitenhälfte der o.a. Textprobe, die die Veröffentlichung des gesprochenen Redeauszugs in den 'Stenographischen Berichten' aufweist, bestätigt, daß es sich bei den beschriebenen Merkmalen um Besonderheiten handelt, die in spezifischer Weise die gesprochene Sprache kennzeichnen.

Unter dem Postulat der für die Schriftsprache fixierten Normen sind die Charakteristika des gesprochenen Wortlautes nach grammatischen, logischen sowie stilistischen Gesichtspunkten eliminiert bzw. 'korrigiert', damit zwischen Rednern/Schreibern und den Lesern der 'Stenographischen Berichte' eine reibungslose Kommunikation gewährleistet ist.

Die anhand der Kontrastierung eines gesprochenen und schriftlich fixierten Redeausschnitts hier skizzenhaft vorgestellten Eigentümlichkeiten gesprochener Bundestagsreden führen zu der allgemeinen Zielformulierung der vorliegenden Untersuchung:

Es wird der Versuch unternommen, die verschiedenartigen Abweichungen gesprochener Bundestagsreden von ihren schriftkonstituierten Protokollfassungen unter linguistischen Aspekten systematisch zu erfassen und somit Eigengesetzlichkeiten beider Sprachgebrauchsformen genauer herauszuarbeiten.

Grundlegende Voraussetzung für dieses Vorhaben ist es, eine geeignete Materialbasis auszuwählen, damit einerseits ein möglichst breiter Aufweis der vermuteten Erscheinungen sichergestellt ist, andererseits zugleich die gewünschte Verallgemeinerung der Einzelergebnisse möglich wird.

1.2.3. Materialbeschreibung und Methode der Untersuchung

1.2.3.1. Art des Sprachmaterials

Der unter 1.1. gegebene Forschungsüberblick deutete bereits auf die methodischen Schwierigkeiten hin, die sich bei der Auswahl des Sprachmaterials für eine Analyse gesprochener Sprache ergeben.

In den Untersuchungen ZIMMERMANNS, WACKERNAGEL-JOLLES', JECKLINS , WEISS' sowie der Freiburger und Tübinger Arbeitsstelle wird ausschließlich mit Tonbandaufnahmen und damit gesprochenen Textkorpora gearbeitet, um die Besonderheiten der gesprochenen Sprache darstellen und interpretieren zu können.

LESKA hingegen versucht, die Eigengesetzlichkeiten mündlicher Kommunikation unter gleichzeitiger Berücksichtigung eines schriftsprachlichen Korpus abzugrenzen. Den 'Idealfall' für Textgrundlagen stellt nach ihrer Auffassung solches Sprachmaterial dar, daß gesprochene und geschriebene Äußerungen desselben Sprechers zum gleichen Thema beinhaltet. Diese Idealforderung an das Belegmaterial kann jedoch, wie sie bemerkt, nicht erfüllt werden:

"Die Verfasserin verzichtete auf die vergleichende Untersuchung von je einer gesprochenen und geschriebenen Äußerung desselben Autors zum gleichen Thema. Eine derartige Materialauswahl erscheint zwar zunächst als Idealfall, ist jedoch nicht durchführbar... Ein Teil der Sprecher ist... nicht in der Lage und auch gar nicht dazu zu bewegen, die mündliche Äußerung in angemessene schriftliche Form zu bringen...
Die Frage des Übergangs von der mündlichen zur schriftlichen Sprachform ist ein lohnendes Problem für eine Spezialuntersuchung."[66]

LESKA sieht daher nur die Möglichkeit, das von ihr ausgewählte Tonbandmaterial (Erzählungen unterschiedlicher Sprecher) mit geschriebener Sachprosa der Gegenwart zu vergleichen.

Der von der Verfasserin benannte und ihrer Ansicht nach nicht zu realisierende 'Idealfall' eines Textkorpus, das dem Erfordernis einer Identität sowohl der Themen als auch der Sprecher gerecht wird, stellt jedoch eine notwendige Voraussetzung für einen abgrenzenden Vergleich von mündlicher und schriftlicher Kommunikation dar. Die von LESKA aufgrund ihres Belegmaterials gemachten Beobachtungen bezüglich der Syntax gesprochener Sprache können daher nur bedingt akzeptiert werden.

Auch in dem ersten, jüngst erschienenen Arbeitsbuch zur gesprochenen Sprache [67], das auf den Erkenntnissen der Freiburger Forschungsstelle basiert, findet sich der Hinweis auf das Desiderat eines Forschungsansatzes, bei dem Texte miteinander verglichen werden, die sowohl in der gesprochenen als auch in der geschriebenen Fassung verfügbar sind. Allerdings betonen die Verfasser ebenso wie LESKA, daß eine derartige Untersuchung

"in der Forschung bisher — wohl wegen der Schwierigkeiten der Materialbeschaffung — noch nicht unternommen worden ist."[68]

Zu Demonstrationszwecken vergleichen die Autoren daher einen kurzen Tonbandausschnitt mit einer von ihnen selbst

"schriftlich konzipierte(n), als Nachricht, Bericht oder Protokoll denkbare(n) Fassung"[69],

um auf diese Weise typische Merkmale gesprochener Sprache offenkundig zu machen.

Auch gegen diesen Ansatz sind Bedenken in methodischer Hinsicht zu erheben, da es sich bei dieser ausschließlich zum Zwecke wissenschaftlicher Erkenntnis erfolgten Sprachproduktion um einen fiktiven Text handelt, dem in der Sprachwirklichkeit keine autonome Funktion zukommt. Es ist zu fragen, ob ein derartiges Vorgehen, bei dem zu analysierendes Sprachmaterial aufgrund der Sprachkompetenz von Sprachwissenschaftlern konzipiert wird, die angestrebten Forschungsergebnisse nicht von vornherein präjudiziert.

Bei der Korpuserstellung der vorliegenden Arbeit ist der Versuch unternommen, der postulierten 'idealen' Materialbeschaffenheit zu entsprechen:

Die Parlamentsreden im Deutschen Bundestag sind in ihrer gesprochenen Form auf Tonträgern sowie zugleich in einem schriftlich fixierten Medium ('Stenographische Berichte') als mögliche Repräsentationsformen der deutschen Gegenwartssprache vorhanden und verfügbar. Der Vergleich dieser inhaltlich identischen Texte in gesprochener und geschriebener Form [70] bietet die Möglichkeit, Art und Grad der Abweichung mündlicher Rede vom schriftlichen Sprachgebrauch exakt zu bestimmen und läßt in der Unterschiedenheit die Charakteristika beider Sprachmedien deutlich werden. Außerdem wird durch das grundlegende methodische Prinzip der Gegenüberstellung und beiderseitigen Abgrenzung beider

Textversionen ersichtlich, inwieweit der Verschriftlichungsprozeß möglicherweise aufgrund einer Abstraktion vom unmittelbaren Sprechgeschehen Kommunikationsverluste verursacht, und welche verbalen Mittel der Schriftsprache zur Verfügung stehen, diese Verluste auszugleichen.

1.2.3.2. Extralinguistische Merkmale gesprochener Bundestagsreden

Bei der Beschreibung der kommunikativen Situation, in der sich Bundestagsreden — etwa im Unterschied zu Textsorten anderer Redekonstellationen — konstituieren, lassen sich spezifische Merkmale ausgrenzen, die es bei der Zusammenstellung des Auswertungskorpus zu beachten gilt.

Da in der vorliegenden Untersuchung Eigengesetzlichkeiten gesprochener Sprache aufgezeigt werden sollen, bedarf zunächst der vielschichtige Begriff 'gesprochen' einer eingrenzenden Bestimmung.

STEGER hat folgende Kriterien zusammengestellt, mit denen das Medium 'gesprochene Sprache' typisiert werden kann:

> "Als gesprochene Sprache kann ... nur akzeptiert werden,
>
> 1. was gesprochen wird, ohne vorher aufgezeichnet worden zu sein;
> 2. was gesprochen wird, ohne vorher länger für einen bestimmten Vortragszweck bedacht worden zu sein ...
> 3. (Sprache, die) gesprochen wird, ohne in Vers, Reim, Melodie oder vergleichbar fester Bindung zu stehen; auch wenn es sich um immer unschriftliche Formen und Formeln handelt ..."[71]

Im Hinblick auf die gesprochenen Bundestagsreden ist festzuhalten, daß das vorliegende Sprachmaterial lediglich dem dritten Kriterium uneingeschränkt genügt. Mit den Merkmalen 1 und 2 wird postuliert, daß nur solche Reden in das Korpus aufgenommen werden dürfen, die vorher nicht schriftlich ausformuliert bzw. eigens für den jeweiligen Vortrag geplant wurden.

Es mußte also sichergestellt sein, daß etwa rezitierte Reden, d.h. der mündliche Vortrag schriftkonstituierter Sprache, unberücksichtigt blieben.

Die Geschäftsordnung des Deutschen Bundestages läßt das Ablesen bis ins Detail vorkonzipierter Reden grundsätzlich nicht zu.

Ein Verstoß gegen diesen offiziell geregelten Sprachgebrauch im Parlament kann sogar mit einem Redeverbot durch den amtierenden Präsidenten geahndet werden. In § 37 der Geschäftsordnung heißt es hierzu:

> "(1) Die Redner sprechen grundsätzlich in freiem Vortrag. Sie können hierbei Aufzeichnungen benutzen. Im Wortlaut vorbereitete Reden sollen eine Ausnahme sein; sie dürfen nur verlesen werden, wenn sie beim Präsidenten mit Angabe von Gründen angemeldet worden sind und der Präsident in die Verlesung einwilligt.

(2) Der Präsident hat den Redner zu mahnen, wenn dieser ohne seine Einwilligung eine im Wortlaut vorbereitete Rede vorliest. Nach einer weiteren Mahnung soll er ihm das Wort entziehen."[72]

Trotz dieser Reglementierung zeigt die parlamentarische Praxis allerdings, daß nicht wenige Abgeordnete ein sehr detailliertes Konzept für ihre Reden benutzen. Es konnte festgestellt werden, daß sich selbst routiniert sprechende Abgeordnete, die also sehr häufig im Plenum das Wort ergreifen, vielfach einer schriftlich ausformulierten Vorlage bedienen.

In der Regel wird in solchen Fällen vorab ein autorisiertes Manuskript der jeweiligen Reden mit einer festgesetzten Sperrfrist an die Abgeordneten sowie die Vertreter von Presse, Rundfunk und Fernsehen verteilt. Die Sperrklausel beinhaltet, daß der Wortlaut der Rede erst dann gilt und veröffentlicht werden darf, wenn der Abgeordnete auch tatsächlich vor dem Plenum gesprochen hat.

Die Durchsicht derartig vorbereiteter Reden anhand von Stichproben[73] hat ergeben, daß diese Texte ohne wesentliche Änderungen in den 'Stenographischen Berichten' veröffentlicht werden, d.h. daß die Parlamentarier in diesen Fällen lediglich Schriftsprache vortragen.

Im Hinblick auf das für gesprochenes Sprachmaterial gestellte Erfordernis des 'freien Redens' war es notwendig, solche schriftlich vorbereiteten Reden bei der Zusammenstellung des Auswertungskorpus auszuschließen.

Für die Korpusbildung wurden daher alle maschinenschriftlichen Stenogramme der im Erhebungszeitraum[74] gehaltenen Reden daraufhin überprüft, ob es sich um schriftlich vorformulierte und somit lediglich abgelesene oder aber um freie, weitgehend spontan artikulierte Reden handelte.

Das Kriterium des 'freien Sprechens' der Redner[75] wurde anhand der inhaltlichen Thematik der jeweiligen Reden überprüft. Es wurden nur solche Sprecher berücksichtigt, die in ihren Reden in Form einer Replik auf Themen eingehen, die in der zeitlich unmittelbar vorausgegangenen Rede angesprochen wurden. Den Abgeordneten dienen lediglich einige wenige Stichworte aus der vorherigen Rede als Gedächtnisstütze für die eigenen Ausführungen. Nur bei diesen Reden, die in der parlamentarischen Praxis als 'Stichwortreden' bezeichnet werden, lassen sich die Besonderheiten gesprochener Sprache aufzeigen.

Der ursprüngliche Plan, auch Redebeiträge aus öffentlichen Fragestunden in das Auswertungskorpus aufzunehmen, mußte aufgegeben werden. Bei der Überprüfung dieses Sprachmaterials wurde festgestellt, daß alle Fragen bereits vor den jeweiligen Fragestunden schriftlich ausformuliert den zuständigen Ministerien eingereicht werden. Ebenso sind die entsprechenden Antworten schriftlich vorbereitet und ausformuliert; in den Fragestunden selbst werden sie von den Ministern bzw. Staatssekretären lediglich verlesen.

Bei der Selektion der für die Korpusbildung relevanten Faktoren und damit der Typisierung der Textsorte 'Bundestagsrede' anhand extralingui-stischer Merkmale ist weiterhin zu berücksichtigen, daß es sich hierbei um eine Sprachform handelt, die von in der Öffentlichkeit des deutschen Sprachraums redegeübten Sprechern gesprochen wird. Gegenstand der Untersuchung sind mündliche Äußerungen einer bestimmten Sprecher-gruppe, die mit folgenden Kriterien beschrieben werden kann:

(1) Die Probanden sind erwachsene Sprecher der deutschen Sprache der Gegenwart.

(2) Es handelt sich um Sprecher, die als Mitglieder des Deutschen Bundes-tages Repräsentanten des öffentlichen Lebens sind.

(3) Der Sprachverwendung kommt überregionale Verständlichkeit inner-halb des deutschen Sprachraums zu; sie ist weitgehend nicht dialekt-gebunden.

(4) Die Situation, in der diese Sprachform verwendet wird, ist durch einen spezifischen Öffentlichkeitscharakter bestimmt. Neben den un-mittelbaren Zuhörern im Plenarsaal hat aufgrund der Medienübertra-gung von Rundfunk und Fernsehen prinzipiell jeder die Möglichkeit, am Kommunikationsgeschehen teilzunehmen.[76]

Die Ausgrenzung dieser Informantengruppe ist weitgehend durch Kriterien bestimmt, die den 'Standardsprachesprecher' der deutschen Gegenwarts-sprache kennzeichnen.[77]

JÄGER versucht, den Begriff 'Standardsprache' unter schichtenspezifi-schem Aspekt zu bestimmen; er definiert allgemein:

"Als Standardsprache wird die Sprache bezeichnet, die im Sprachverkehr der oberen und mittleren sozialen Schichten verwendet wird."[78]

Ohne auf die Problematik gesellschaftlicher Schichtenmodelle[79] hier nä-her einzugehen, kann angenommen werden, daß die Abgeordneten des Deutschen Bundestages Repräsentanten der von JÄGER bestimmten gesellschaftlichen Gruppe möglicher Standardsprachesprecher sind.

Der durch die o.a. vier Merkmale weitgehend konstant gehaltene Infor-mantenkreis bietet prinzipielle methodische Vorteile:

In der vorliegenden Untersuchung kann die Problematik eines korrelati-ven Verhältnisses von Schichtenzugehörigkeit und Sprachverwendung[80] weitgehend außer acht gelassen werden. Es besteht vielmehr die Möglich-

32

keit, primär der Frage nachzugehen, inwieweit situative und rollenspezifische Faktoren — als grundlegende Konstituenten gesprochener Sprache — für das Sprachverhalten der ausgegrenzten Sprechergruppe von Bedeutung sind.

Mit diesem Ansatz wird weitgehend der von WUNDERLICH angestrebten Untersuchungsmethode entsprochen. WUNDERLICH betont, daß es in methodischer Hinsicht sachgerecht ist, sich in Sprachuntersuchungen zunächst

> "auf den Zusammenhang der verschiedenen unmittelbaren Faktoren innerhalb einzelner Kommunikationsprozesse ... (zu konzentrieren). Diese Art von Soziolinguistik nimmt die soziale Differenziertheit der Gesellschaft als gegeben an und korreliert lediglich mit soziologischen Parametern, wenn sie Typen eines rollen-, situations-, themenspezifischen Äußerungsverhaltens unterscheidet."[81]

Methodische Relevanz haben demnach innerhalb der germanistischen Linguistik insbesondere

> "empirische Untersuchungen zum spontanen Äußerungsverhalten in Kontexten, ohne daß dieses schon notwendig auf seine soziale Variation hin differenziert wird."[82]

1.2.3.3. Entstehungsprozeß der 'Stenographischen Berichte'[83]

Die Entstehung der verschriftlichten Version der Parlamentsreden gestaltet sich als ein komplexer, durch eine Vielzahl von Bedingungsfaktoren gekennzeichneter Konstitutionsprozeß. Um das spezifische Verhältnis von gesprochener Parlamentsrede und deren in den 'Stenographischen Berichten' wiedergegebenen Verschriftlichung im einzelnen analysieren zu können, ist die Kenntnis dieser Bedingungen eine notwendige Voraussetzung.

Nach der Geschäftsordnung des Deutschen Bundestages ist über jede Sitzung im Parlament eine stenographische Mitschrift anzufertigen.[84] Im Hinblick auf den technischen Ablauf dieser Textkonstitution seien zunächst folgende Einzelheiten genannt:

Während der Plenarsitzungen sind jeweils zwölf Stenographen tätig, die in einem Turnus von fünf Minuten abgelöst werden; zur Kontrolle werden die gesprochenen Reden zusätzlich von Revisoren mitstenographiert. Jeweils ein Stenograph nimmt also einen Redeabschnitt von fünf Minuten Dauer auf und überträgt ihn unmittelbar nach seiner Ablösung in eine schriftlich fixierte Form. Dieses Verfahren gewährleistet eine fortlaufend rasche Übertragung der einzelnen Verhandlungsabschnitte, so daß der maschinenschriftliche Text aller Reden jeweils ca. 60 Minuten nach ihrer Beendigung erstellt ist.

Die maschinenschriftlichen Übertragungen werden unmittelbar nach der Überarbeitung durch die Parlamentsstenographen den jeweiligen Rednern zur Einsicht und Überprüfung übergeben.[85]

In der Regel erhält der Stenographische Dienst die Rednerkorrekturen noch während der Plenarsitzung zurück. Nach einer nochmaligen Überprüfung und drucktechnischen Vorbereitung gelangen die redigierten Manuskripte zur Druckerei. Erst nach dem Korrekturlesen der fertiggestellten Umbruchteile der Druckberichte werden die 'Stenographischen Berichte' zum endgültigen Ausdruck freigegeben.

Diese skizzierten Merkmale des Entstehungsprozesses der verschriftlichten Bundestagsreden deuten bereits darauf hin, daß die Bezeichnung 'Stenographischer Bericht' den Bedeutungsinhalt der vorliegenden Textsorte nicht eindeutig abdeckt.

So verweist eine Begriffsbestimmung des Adjektivs *stenographisch* im Zusammenhang mit dem Wortfeld *stenographieren, Stenographie, Stenogramm, Stenograph* auf eine wortgetreue Mitschrift und Wiedergabe gesprochener Äußerungen. Die 'Stenographie' ermöglicht als eine Kurzschrift

> "mit besonderen Zeichen und Schreibbestimmungen zum Zwecke der Schriftkürzung"[86]

ein simultanes Mitschreiben gesprochener Sprache.

Aufgrund dieses Bedeutungshintergrundes besteht vielfach die Ansicht, die Aufgabe der Parlamentsstenographen beschränke sich auf eine mechanische Übertragung der im Stenogramm aufgezeichneten gesprochenen Reden in eine schriftliche Form. Daß sich der Verschriftlichungsvorgang hier jedoch nicht auf eine derartige Tätigkeit beschränkt, verdeutlichen die verschiedenen redaktionellen Bearbeitungsstadien des gesprochenen Wortlautes bis zur endgültigen Druckfassung der 'Stenographischen Berichte' sowie die beruflichen Qualifikationen, die von den Parlamentsstenographen verlangt werden.[87]

Den Parlamentsstenographen obliegt es, objektive, sachlich authentische sowie sprachlich 'einwandfreie' Niederschriften über die Verhandlungen in den Plenarsitzungen anzufertigen:

> "Gewiß ist die meisterhafte Beherrschung der stenographischen Schreib- und Kürzungstechnik eine ganz selbstverständliche Voraussetzung für einen Parlamentsstenographen. Die Schwierigkeiten des Berufes ... ergeben sich in weit höherem Grade aus dem Wortreichtum und dem geistigen Niveau des Vortragenden, aus der Fülle komplizierter technischer Einzelheiten, die ein redegewandter Sachverständiger mit großer Routine vorzutragen imstande ist, und nicht zuletzt auch aus der unartikulierten Sprechweise mancher Redner, aus Mängeln des Satzbaues usw."[88]

Da es wesentliche Aufgabe der Stenographen ist, gesprochene Sprache in eine 'korrekte', druckfähige Form zu bringen, muß ihnen also eine besondere Befähigung im Umgang mit der Sprache zukommen.

Bereits während des Diktats der Stenogramme, der ersten maschinenschriftlichen Fassungen, nehmen die Stenographen überall dort, wo es ihnen notwendig erscheint, grammatische sowie stilistische Überarbeitungen der Texte vor, die allerdings Sinn und Inhalt sowie den individuellen Sprachgebrauch der jeweiligen Abgeordneten nicht verändern dürfen.

Diese Redaktionstätigkeit der Parlamentsstenographen wird durch betriebsinterne Anweisungen bestimmt:

"Den Bundestagsstenographen ist erneut zur Pflicht gemacht worden, sich beim Abdiktieren und bei der redaktionellen Überarbeitung der Stenogramme bzw. bei der Druckrevision mit Takt und unter Wahrung der Eigenart der Redner auf die Berichtigung offenbarer Sinnwidrigkeiten, Irrtümer, Versprechungen und grammatikalischer Entgleisungen zu beschränken und nach erfolgter Rednerkorrektur, soweit nicht eine nochmalige Befragung des Redners möglich ist, unter eigener Verantwortung nur solche Berichtigungen vorzunehmen, bei denen kein Zweifel über ein Versehen der Korrekturbedürftigkeit der betreffenden Stellen durch den Redner und über die Zustimmung des Redners zu einer nachträglichen Berichtigung besteht."[89]

Die Praxis zeigt, daß die Überarbeitungen der gesprochenen Reden teilweise sehr umfangreich sind, da nur ein geringer Teil der Abgeordneten dazu in der Lage ist, 'druckreif' zu sprechen:

"Es gibt nur ganz wenige Redner ..., die bei der Entwicklung ihrer Gedanken in freier Rede zugleich auch die vielfachen Regeln und Nuancierungsmöglichkeiten der Sprache, der Grammatik und der Wortstellung beachten, geschweige denn die unabwägbaren, aber dem Kundigen doch auffallenden Unterschiede zwischen geredeter und geschriebener Sprache schon während des Vortrags zu berücksichtigen vermögen."[90]

Diese Einzelheiten des Verschriftlichungsprozesses verdeutlichen, daß es wesentliche Aufgabe der Parlamentsstenographen ist, die aufgenommenen Stenogramme sinn- und sprachgerecht wiederzugeben; sprachgerecht heißt in diesem Zusammenhang: den Normen der Schriftsprache angemessen.

So finden sich z.B. in der Verbandszeitschrift der Parlamentsstenographen[91] zahlreiche Hinweise auf die Problematik der 'Arbeit am Wortlaut'. Im Hinblick auf eine 'vorbildliche Übertragung' werden allgemeine Forderungen erhoben, die es bei der redaktionellen Bearbeitung des gesprochenen Wortlautes zu beachten gilt:

' 1. Forderung: Berücksichtigung formaler Gesichtspunkte
2. Forderung: Berücksichtigung der Rechtschreibregeln
3. Forderung: Berücksichtigung der grammatischen Regeln

4. Forderung: Prüfung nach Logik und sachlicher Richtigkeit
5. Forderung: Berücksichtigung der Gesetze von Sprache und Stil'.[92]

Die in diesem Katalog im einzelnen angesprochenen Aspekte verpflichten die Parlamentsstenographen weitgehend auf den Regelkodex der Schriftsprache, wie er etwa in den verschiedenen Dudenbänden fixiert ist.

Die Redaktionstätigkeit steht also ausschließlich unter dem Primat einer intakten Verständigung zwischen Redner und Leser, da evtl. sprachliche 'Unebenheiten' des gesprochenen Wortlautes, die den Kommunikationsablauf zwischen Redner und Zuhörer im Plenarsaal oder am Rundfunk-bzw. Fernsehgerät kaum störend beeinflussen, die Kommunikation für den Leser der 'Stenographischen Berichte' jedoch sehr erschweren können.

1.2.3.4. Abgrenzungsprobleme beider Textversionen

Die kommunikative Situation, in der sich gesprochene Bundestagsreden und deren für die Veröffentlichung bestimmten schriftsprachlichen Fassungen konstituieren, verweist auf ein spezifisches Abhängigkeitsverhältnis zwischen beiden Textversionen, dessen sprachtheoretische Implikationen abschließend erörtert werden sollen.

Grundlage für die geforderte Zweigliederung von gesprochener und geschriebener Sprache bildet die Annahme, daß beide Kommunikationsmedien gleichberechtigte, nebeneinander existierende Sprachformen darstellen, deren jeweilige spezifische Beschaffenheit auf unterschiedliche Voraussetzungen und Funktionen zurückzuführen ist.

Den Zusammenhang unterschiedlicher Sprachrealisierungsmöglichkeiten veranschaulicht ALTHAUS — in Anlehnung an VACHEK — durch folgendes Modell, das als Ausgangspunkt für die weiteren Überlegungen dient[93]:

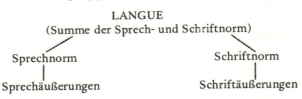

LANGUE
(Summe der Sprech- und Schriftnorm)

Sprechnorm — Schriftnorm

Sprechäußerungen — Schriftäußerungen

Sowohl Sprech- als auch Schriftäußerungen konkretisieren sich in einer Vielzahl möglicher Textsorten, wobei von der Hypothese ausgegangen wird, daß im Hinblick auf die Gesamtheit aller möglichen Äußerungen sowohl ein schriftfernes bzw. -nahes Sprechen als auch ein sprechnahes bzw. -fernes Schreiben ausgegrenzt werden können.

Das o.a. Modell läßt sich demnach durch eine weitere Differenzierung aufgrund einer möglichen Textsortengliederung ergänzen:

Sprechäußerungen		Schriftäußerungen	
schriftfern	schriftnah	sprechnah	sprechfern
z.B. spontanes Gespräch	Rede, Vortrag	z.B. Protokoll, Brief	wiss. Abhandlung

Ohne auf die spezifische Differenzierung derartiger Textsorten hier näher einzugehen[94], kann für die Beschreibung des vorliegenden Untersuchungsmaterials festgehalten werden, daß es sich bei den gesprochenen Bundestagsreden aufgrund der bereits diskutierten extraverbalen Merkmale um ein 'schriftnahes' Sprechen handelt; ebenso bedingen die besonderen Voraussetzungen, unter denen die 'Stenographischen Berichte' nach der Vorlage des gesprochenen Wortlautes konzipiert werden, eine Schriftsprache, die dem Medium der gesprochenen Sprache sehr nahe steht.

Die besondere Gegebenheit der Textsorte 'Bundestagsrede' im Medium der gesprochenen und der geschriebenen Sprache kann durch folgende Skizze verdeutlicht werden:

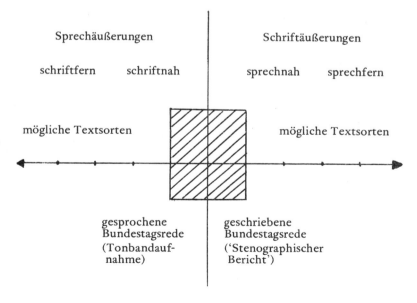

37

Eine derartige modellhafte Positionsbestimmung des ausgewählten Sprachmaterials anhand einer Textsortenskala läßt erkennen, daß die gesprochenen Bundestagsreden und ihre verschriftlichten Versionen sehr eng beieinander liegen und somit stärker durch Überschneidungen sowie gegenseitige Beeinflussungen bestimmt sind als andere Textsorten.

Die im Analyseteil der durchgeführten Untersuchung aufgewiesenen Unterschiede dürften daher Minimaldifferenzen zwischen beiden Kommunikationsmedien darstellen, die allerdings prinzipiell für alle Sprech- und Schriftäußerungen Geltung beanspruchen. Alle übrigen Textsorten müssen mindestens ebenso große Unterschiede aufweisen wie das vorliegende Sprachmaterial, wenn auch zu erwarten ist, daß etwa 'Extremtexte', die auf der oben angegebenen Skala weit auseinanderliegen, sicherlich gravierendere Unterschiede erkennen lassen.

Da jedoch bei diesen Textsorten die Möglichkeit einer Kontrastierung inhaltlich identischer Texte beider Kommunikationsmedien, denen zugleich in der Sprachwirklichkeit eine eigene kommunikative Funktion zukommt, nicht gegeben ist, sind sie in methodischer Hinsicht als Materialbasis für die vorliegende Untersuchung nicht geeignet.[95]

Bei der Erörterung der Abgrenzungsprobleme beider Textversionen muß schließlich auf eine weitere, bisher außer acht gelassene Gegebenheit eingegangen werden.

In der vorliegenden Arbeit werden gesprochene Texte mit ihren schriftkonstituierten Fassungen verglichen. Hierbei gilt es zu berücksichtigen, daß die 'Stenographischen Berichte' nicht von den Sprechern selbst, sondern von anderen Sprachteilhabern angefertigt sind; es kann daher nur bedingt von einer Identität der Sprachproduzenten gesprochen werden. Aufgrund dieser Einschränkung muß in Kauf genommen werden, daß der Umsetzungsprozeß eventuell durch unterschiedliche Individualstile bestimmt wird.

Dieser mögliche Verzerrungsfaktor dürfte jedoch dadurch aufgehoben werden, daß eine Gruppe von Parlamentsstenographen an der Konzipierung der verschriftlichten Texte mitwirkt.[96] Eine solche Handhabung schließt weitgehend aus, daß sich individuelle Sprachbesonderheiten stabilisierend auf die Textkonstitution auswirken.

Außerdem steht der Verschriftlichungsprozeß − wie bereits erörtert − für alle Parlamentsstenographen grundsätzlich unter dem Postulat der für die Schriftsprache fixierten Normen.

Ebenso sollte nicht außer acht gelassen werden, daß letztlich der Redner selbst aufgrund des ihm zustehenden Korrekturrechts bis zu einem gewissen Grad die schriftsprachliche Fassung beeinflußt.

1.2.3.5. Umfang des Sprachkorpus

Da die von den Parlamentsstenographen erstellten maschinenschriftlichen Fassungen aller Bundestagsreden sowie die entsprechenden Tonbandaufnahmen seit dem Jahre 1949 verfügbar sind, mußte im Hinblick auf die Korpusbildung eine geeignete Auswahl aus dem umfangreichen Gesamtmaterial vorgenommen werden.[97] Hierbei galt es, bestimmte Bedingungen zu beachten, damit die angestrebten Ergebnisse nicht etwa durch ungeeignete Vorentscheidungen beeinflußt wurden.

Als ein Auswahlkriterium wurde festgelegt, daß nur Reden von solchen Abgeordneten in das Korpus aufgenommen werden sollten, die mit einer bestimmten Häufigkeit während des Untersuchungszeitraums gesprochen haben.[98]

Die folgende Tabelle gibt Aufschluß darüber, wieviele Abgeordnete der verschiedenen im Bundestag vertretenen Parteien wie oft während der 1. Hälfte der 7. Legislaturperiode im Plenum eine Rede gehalten haben.

TABELLE 1: Differenzierung der Abgeordneten aufgrund der Anzahl ihrer Redebeiträge während des Erhebungszeitraums

Erhebungszeitraum: 13.12.72 - 21.2.75 = 150 Sitzungstage

Anzahl der Redebeiträge	Anzahl der Abgeordneten − diff. nach Parteizugehörigkeit −			Abgeordnete insgesamt
	SPD	CDU/CSU	FDP	
I 0	53	35	0	88
II 1 - 9	165	177	15	357
III 10 - 19	18	19	18	55
IV 20 u.m.	6	3	9	18
Abgeordnete insgesamt	242	234	42	518

Von allen 518 Abgeordneten des 7. Deutschen Bundestages haben also in einem Zeitraum von über zwei Jahren lediglich 430 Abgeordnete mit unterschiedlicher Häufigkeit vor dem Plenum gesprochen; 88 Mitglieder des Parlamentes sind nicht zu Wort gekommen.

Die Zahlen verdeutlichen, daß in den beiden großen Parteien − SPD und CDU/CSU − über 90 % der Abgeordneten überhaupt nicht oder weniger als 10 mal gesprochen haben. Eine Ausnahme bildet lediglich die FDP, die aufgrund der geringen Fraktionsstärke ihre Abgeordneten weit häufiger zu Redebeiträgen verpflichten muß als die großen Parteien.

Bei der Festsetzung der Grundgesamtheit möglicher Probanden wurden nunmehr diejenigen Abgeordneten berücksichtigt, die während des Untersuchungszeitraums zwischen 10 und 19 mal gesprochen haben (Gruppe III). Für die Auswahl dieser Gruppe waren folgende Gründe maßgebend:

(1) In der vorliegenden Untersuchung wird 'öffentliche Normalsprache'/ Standardsprache im mündlichen Gebrauch redegeübter Sprecher analysiert. Es wird hier festgelegt, daß diejenigen Abgeordneten, die innerhalb von zwei Jahren weniger als 10 mal im Plenum gesprochen haben (II) — in dieser Gruppe haben über 90 % weniger als 6 mal gesprochen, wie eine weitere Differenzierung ergab — dem Kriterium der Redegeübtheit in der öffentlichen Situation einer Parlamentsdebatte nicht genügen.[99]

Bei den ausgegrenzten redegeübten Sprechern (Gruppe III) handelt es sich um sogenannte 'Experten', von denen jede Partei eine begrenzte Anzahl zur Verfügung hat, und die relativ häufig in den unterschiedlichen Debatten eingesetzt werden. Die Abgeordneten der Gruppe II hingegen ergreifen im Plenum nur sehr selten das Wort; sie sollten daher in einer Untersuchung, die den öffentlichen Sprachgebrauch im Deutschen Bundestag thematisiert, nicht berücksichtigt werden.

(2) Diejenigen Abgeordneten, denen extrem häufig das Wort erteilt wird — z.B. den Fraktionsvorsitzenden oder den Geschäftsführern der Fraktionen — (Gruppe IV), sollen ebenfalls als mögliche Probanden ausscheiden, da ihre Anzahl zu gering ist. Eine Berücksichtigung dieser Gruppe könnte dazu führen, daß etwa ideolektale Varianten, mögliche Individualstile der Sprachverwendung, stark ins Gewicht fallen und die Ergebnisse einseitig verzerren.

(3) Die Anzahl der Abgeordneten von SPD, CDU/CSU und FDP ist in der Gruppe III nahezu identisch, so daß hier Redner der im Bundestag vertretenen Fraktionen gleichmäßig berücksichtigt werden können.

Alle während des Erhebungszeitraums gehaltenen Reden der 55 Bundestagsabgeordneten der Gruppe III wurden nun daraufhin überprüft, ob sie den genannten Merkmalen einer 'Stichwortrede' entsprechen. Dieses Ausgrenzungsverfahren bestimmte insgesamt 81 Reden von 28 verschiedenen Abgeordneten mit einer Aufnahmedauer von ca. 50 Stunden als geeignetes Untersuchungsmaterial.

Da allerdings eine vollständige Analyse des Sprachmaterials aller 28 Abgeordneten aufgrund des Umfangs ihrer Redebeiträge weder möglich noch sinnvoll war, mußte durch eine geeignete Stichprobe ein überschaubares Auswahlkorpus gewonnen werden, das die vorliegende Grundgesamtheit adäquat repräsentiert. Hierbei wurde darauf geachtet, daß zugleich — soweit wie möglich — der Zusammensetzung des Deutschen Bundestages in seinen sozialen und regionalen Gruppierungen entsprochen wurde.[100]

Eine Differenzierung der Sprecher erfolgte aufgrund folgender außersprachlicher Merkmale:

Geschlecht, Alter, Beruf, landschaftliche Herkunft, Dauer der Zugehörigkeit zum Deutschen Bundestag, Partei.

Auf diese Weise wurden Redebeiträge von 15 verschiedenen Abgeordneten mit einer Aufnahmedauer von insgesamt 30 Stunden ausgegrenzt. Von den Reden dieser Abgeordneten wurde jeweils eine in das Auswertungskorpus aufgenommen, wobei es zu beachten galt, daß die Beiträge von gleicher Länge waren, damit auch ein Vergleich der Reden untereinander möglich ist; als Richtmaß wurde eine Dauer von ca. 10 Minuten festgelegt.

Es ergab sich damit für das in der vorliegenden Untersuchung analysierte Sprachkorpus eine Sprechzeit von 2 1/2 Stunden Dauer.[101]

Das so ausgegrenzte Sprachkorpus umfaßt insgesamt 34 925 Wörter; davon entfallen auf die gesprochenen Reden 18 365 und auf die verschriftlichte Version in den 'Stenographischen Berichten' 16 560 Wörter.

Die folgende Zusammenstellung enthält die erforderlichen Angaben, die das Auswertungskorpus im einzelnen kennzeichnen[102]:

TABELLE 2: Zusammenstellung der Sprecher- und Rededaten des Auswertungskorpus

SPRECHER	GESCHLECHT	JAHR-GANG	BERUF	LAND-SCHAFTL. HERKUNFT	LEGIS-LATUR-PERIODE	PARTEI	THEMATIK	DAUER (MIN.)
(A)	weiblich	1918	Diplom-kaufmann	NRW	4.	FDP	Steuerreform	12
(B)	männlich	1937	Jurist	BW	2.	SPD	Bundesversorgungs-gesetz	11
(C)	"	1927	Agraring.	BW	2.	FDP	"	10
(D)	"	1927	Diplom-volkswirt	BE	3.	SPD	Haushaltsgesetz	10
(E)	"	1924	lt. Ange-stellter	HA	4.	SPD	Bundesversorgungs-gesetz	11
(F)	"	1920	kfm. Ange-stellter	HE	5.	SPD	Finanzplan	10
(G)	"	1941	Diplom-volkswirt	BW	1.	FDP	Steuerreform	10
(H)	"	1922	Jurist	BE	1.	FDP	Ostpolitik	10
(J)	"	1905	Elektro-meister	BE	4.	CDU	Sozialpolitik	6
(K)	"	1927	Jurist	BW	2.	SPD	Forschungspolitik	12
(L)	"	1931	Dozent	NS	3.	CDU	Agrarpolitik	7
(M)	"	1925	Oberland-wirtschafts-rat	BA	4.	FDP	"	11
(N)	"	1929	Jurist	BW	3.	CDU	Strafrechtsreform	10
(O)	"	1921	Philologe	RHPF	1.	CDU	KSZE	10
(P)	"	1921	Jurist	BA	2.	CSU	Wirtschaftspolitik	10

1.2.3.6. Auswahl der Analysekriterien und Gang der Untersuchung

Nach der Ausgrenzung des Untersuchungskorpus sowie der Beschaffung des Tonbandmaterials und der entsprechenden 'Stenographischen Berichte' galt es, einen Fragenkatalog aufzustellen, der für den Untersuchungsgang richtungweisend sein sollte.

Wie bereits erwähnt, liegt der vorliegenden Arbeit als primäres methodisches Prinzip der kontrastive Vergleich gesprochensprachlicher und schriftlicher Äußerungen zugrunde.

Um diesen Ansatz adäquat realisieren zu können, bot es sich an, eine Synopse zu erstellen, die das Belegmaterial kontrastiv in transkribierter (gesprochener) und schriftlich konzipierter Form ('Stenographische Berichte') enthält, und an der die Eigenbestimmtheit sowie spezifische Beschaffenheit gesprochener und geschriebener Sprache unmittelbar offenkundig wird.[103]

Die Erarbeitung einer derartigen Wort-für-Wort-Kontrastierung beider Sprachformen stellte im Untersuchungsgang zugleich das Ergebnis eines ersten Analyseschrittes dar.

Die Auswahl der Analysekriterien im einzelnen ergab sich in erster Linie aus dieser synoptischen Gegenüberstellung beider Textversionen. Daneben konnte auf Fragestellungen zurückgegriffen werden, deren Behandlung in der Literatur über die gesprochene Sprache als relevant angesehen wird.[104]

Im einzelnen wurden die Auswertungskategorien in der Weise operationalisiert, daß mit Hilfe quantitativer Methoden Häufigkeiten und Relationen beider Sprachverwendungsarten ermittelt und interpretiert werden konnten.

Ausgehend von einer Problematisierung unterschiedlicher Satzdefinitionen im Hinblick auf die Segmentierung gesprochener Sprache konnte in einem ersten, abgrenzenden Analyseschritt, der die Veränderungen der gesprochenen Reden in bezug auf syntaktische und semantische Merkmale quantitativ erfaßte[105], die Beobachtung gemacht werden, daß während des Verschriftlichungsprozesses häufiger verändernde Eingriffe im Bereich der Syntax als im Wortschatz vorgenommen werden. Die Fragestellung für den weiteren Untersuchungsgang konzentrierte sich daher insbesondere auf das Vorkommen bestimmter Sprachvariablen innerhalb der syntaktischen Fügung[106]; es wurden im einzelnen vier Phänomene ausgegrenzt:

Einfachsätze, Gefügesätze, Parenthesen und syntaktisch nicht anschließbare Sequenzen.

Folgende Merkmale, deren unterschiedliche Verwendung sich durch die Gegenüberstellung beider Textversionen zeigte, galt es, in einer umfassenden Analyse exakt zu bestimmen:

(1) Anzahl und Länge verschiedener syntaktischer Einheiten,

(2) Möglichkeiten syntaktischer Verschiebungen durch Tilgungen, Neubildungen, Reduktionen und Integrationen,

(3) Art konjunktionaler Einleitungen in Einfachsätzen,

(4) Häufigkeit und Verwendung abhängiger Gefügeteile,

(5) Vorkommen und Funktion von Kontakt- und Kommentarparenthesen,

(6) Erscheinungsformen syntaktisch nicht anschließbarer Sequenzen: Abbrüche, Verbesserungen, Wiederholungen, Kontaminationen, Drehsätze und Aussparungen von Redeteilen.

Bei der Bearbeitung des Zahlenmaterials wurden die typischen Verteilungsmerkmale dieser syntaktischen Kriterien durch Errechnung von Häufigkeiten ermittelt; die Darstellung der Ergebnisse erfolgte mit Hilfe von Tabellen, Diagrammen und erläuternden Ausführungen.

2. SYNOPTISCHE GEGENÜBERSTELLUNG GESPROCHENER UND GESCHRIEBENER BUNDES-TAGSREDEN

2.1. Einführung in die Texte — Transkriptionsverfahren

Das folgende Kapitel enthält das Auswertungskorpus in Form einer synoptischen Gegenüberstellung der gesprochenen und geschriebenen Bundestagsreden.

Im Hinblick auf die Aufbereitung und Anordnung des Textmaterials im einzelnen sind folgende Hinweise erforderlich:

Während die geschriebenen Texte graphisch fixiert und damit einer linguistischen Analyse unmittelbar zugängig waren, ließen sich die auf Tonbändern auditiv konservierten Reden nur akustisch reproduzieren. Eine Analyse der gesprochenen Texte simultan während des Redeablaufs erwies sich — selbst bei wiederholtem Abhören der Tonbänder — als äußerst schwierig und konnte kaum zu sicheren sowie überprüfbaren Ergebnissen führen. Es stellte sich daher die Forderung einer Medienübertragung in Form einer Transkription.

Für die schriftliche Fixierung der gesprochenen Reden konnten als Zeichen die Grapheme der deutschen Schriftsprache verwendet werden (literarische Transkription), da die Fragestellung der Arbeit phonologische Probleme weitgehend unberücksichtigt läßt.

Entscheidend bei der Übertragungsarbeit war die Erkenntnis, daß die für die Schriftsprache gebräuchliche Interpunktion und Segmentierung für die Transkription gesprochener Texte nicht uneingeschränkt übernommen werden kann, da das Interpunktionsinventar der Schriftsprache spezifische syntaktische Eigenarten der gesprochenen Sprache nicht abzudecken vermag und daher kaum eine für linguistische Analysen gesprochener Sprache geeignete Segmentierung garantiert. Es mußten also für die Transkription der Reden brauchbare Segmentierungskriterien gefunden werden.

Allerdings war es nicht notwendig, ein eigenes Transkriptionsverfahren zu erarbeiten; vielmehr konnte das Transkriptionsformular des Instituts für deutsche Sprache, das in der Forschungsstelle Freiburg für die Transkription gesprochener deutscher Standardsprache erstellt wurde, und das sich dort bereits in verschiedenen Einzelstudien bewährt hat, in modifizierter Form übernommen werden. [107]

Eine erste Grobsegmentierung der Texte konnte aufgrund der kontrastiven Gegenüberstellung der gesprochenen und verschriftlichten Bundestagsreden gewonnen werden:

Um das Kontinuum der Sprechsprache in überschaubare und mit der schriftlichen Fassung vergleichbare Segmente aufgliedern zu können, wurden 'Äußerungseinheiten', deren Ende in den 'Stenographischen Berichten' durch Punkt, Semikolon, Frage- oder Rufzeichen signalisiert wird, den entsprechenden 'Äußerungseinheiten' der gesprochenen Fassung gegenübergestellt.[108]

Die auf diese Weise gewonnenen Segmente wurden fortlaufend pro Rede durchnumeriert; sie bilden die Grundlage für den statistischen Befund. Die Indizierung dient zugleich dem Nachweis der im Analyseteil verwendeten Textbelege.

Bei der Transkription der gesprochenen Reden im einzelnen wurden in Anlehnung an das Transkriptionsformular der Freiburger Forschungsstelle folgende Zeichen verwendet:

:	schließt einen isolierten Hauptsatz (Einfachsatz) bzw. einen Gefügesatz ab.
s+ ... +s :	grenzt einen von einem übergeordneten Satz abhängigen Hauptsatz ein.
,+ ... +, :	kennzeichnet ein abhängiges Gefügeteil, das eingeleitet wird durch: unterordnende Konjunktion, Relativpronomen, Interrogativpronomen, Interrogativadverb.
i+ ... +i :	schließt einen Infinitiv mit *zu* und die ihm zugehörigen Erweiterungen ein.
/ :	steht zu Beginn eines Satzes, der eine oder mehrere syntaktisch nicht anschließbare Wortsequenzen bzw. normwidrige Kongruenzen und Rektionen enthält.
(...) :	kennzeichnet einen Einschub, der syntaktisch nicht angeschlossen ist, aber in semantischem Zusammenhang mit dem Satz steht ('Parenthese').
? :	steht am Ende einer Frage.

Zur näheren Kennzeichnung und Differenzierung der im Auswertungskorpus erfaßten Reden sowie der Redner seien noch folgende Erläuterungen gegeben:

Die vorgestellten Reden sind jeweils mit einem Kennbuchstaben versehen, um eine namentliche Nennung der Abgeordneten zu vermeiden.

In einem Vorspann zu jeder Rede finden sich außersprachliche Informationen, differenziert nach Sprecher-[109] und Rededaten. Die Sprecherdaten enthalten Hinweise auf die landschaftliche Herkunft der Abgeordneten: neben dem Bundesland, das gleichzeitig den Wahlkreis des betreffenden Redners kennzeichnet, sind der Geburtsort sowie weitere Aufenthaltsorte genannt. Die gegebenen Rededaten umfassen jeweils Thematik und Dauer der Rede, ferner Unterbrechungen durch mögliche Zurufe, Beifallsbekundungen und Zwischenfragen.

2.2. Auswertungskorpus: Bundestagsreden (A) - (P)

Bundestagsrede (A)

(a) S p r e c h e r d a t e n

    Geschlecht: weiblich
    Jahrgang: 1918
    Beruf: Diplomkaufmann
    landschaftliche Herkunft: Nordrhein-Westfalen
                    (Hagen, Dortmund, Berlin, Wuppertal)
    Zugehörigkeit zum Deutschen Bundestag: 4. Legislaturperiode
    Partei: F.D.P.

(b) R e d e d a t e n

    Thematik: Entwurf eines Zweiten Steuerreformgesetzes
            — Erste Beratung —
    Dauer: 12 Minuten
    Unterbrechungen: 7 (Zurufe: 4
                  Beifall: 1
                  Zwischenfragen: 2)

Stenographischer Bericht	Tonbandaufnahme
01 Herr Präsident! Meine Herren und Damen! Herr Kollege H., Sie haben soeben beklagt, daß das Verfahren bei der Einbringung dieses Gesetzes etwas ungewöhnlich sei.	(Herr Präsident) (meine Herren und Damen) (Herr Kollege H.) Sie haben eben beklagt ,+ daß das Verfahren mit dem Einbringen dieses Gesetzes etwas ungewöhnlich sei +, .
02 Ungewöhnlich ist das gar nicht, wenn zwei Fraktionen einen Gesetzentwurf einbringen.	ungewöhnlich is das gar nich ,+ wenn zwei Fraktionen einen Gesetzentwurf einbringen +, .
03 Wir haben zwar dem Bundesrat durch dieses Verfahren nicht die Gelegenheit zur Stellungnahme gegeben, aber ich frage Sie, was denn dadurch verpaßt worden ist.	(äh) wir haben dem Bundesrat in diesem Augenblick (äh) damit nich die Gelegenheit gegeben . aber was is denn verpaßt worden? .
04 Der Bundesrat hat ja zu der Vorlage bereits sein Votum abgegeben.	der Bundesrat hat (ja) zu der Vorlage schon vorgegeben .
05 Er hätte bloß abschreiben können, was er bereits in der 6. Legislaturperiode gesagt hat.	/ er hätte (ja) bloß abschreiben können (äh) ,+ was er bereits vor in der sechsten Legislaturperiode gemacht hat +, .

06 Aber nun sagen Sie: Das stimmt,	/ und nun sagen Sie s+ (ja) +s s+ aber es ist vermieden worden oder ver dadurch nicht möglich gewesen +s
aber die Bundesregierung hat auch diese Vorschläge des Bundesrates nicht in einem eventuellen neuen Entwurf eingearbeitet.	,+ daß die Bundesregierung auch diese Vorschläge des Bundesrates noch eingearbeitet hat +, .
(Abg. Dr. H.: Nicht berücksichtigt!)	
07 Aber wo geschieht denn so etwas?!	aber wo passiert das denn? .
08 Der normale Ablauf ist doch der, daß die Bundesregierung auf Grund der Stellungnahme des Bundesrates nicht den eigenen Entwurf ändert, sondern daß sie	das is doch formal nich der Weg . sondern die Bundesregierung (äh) wird (ja) allenfalls
zu den Vorschlägen des Bundesrates Stellung nimmt.	Stellung nehmen zu den Vorschlägen des Bundesrates . aber es hat noch keiner beim ersten Durchgang daraufhin das Gesetz geändert .
09 Formal ist also nichts versäumt worden.	/ deswegen is das formal (ja) überhaupt nichts versäumt .
10 Man kann ja die Vorschläge des Bundesrates und	/ denn es liegt zu dem alten Entwurf und den Stellungnahmen des Bundesrates auch
die Stellungnahme der Bundesregierung von damals nachlesen.	die Stellungnahme der Bundesregierung zu diesen Vorschlägen zu . es ist (also) formal überhaupt nichts versäumt worden .
11 Aber auch in der Sache ist nichts versäumt worden, – wir können das mit Befriedigung feststellen –, denn der Bundesrat hat ja sozusagen voll die Regierungs- vorschläge bestätigt.	aber es ist auch in der Sache nichts versäumt worden . und das stelln wir (ja) mit Befriedigung fest .
12 Denn was der Bundesrat zu diesem offensichtlich guten Gesetzentwurf der Bundesregierung kritisch zu sagen hatte, war so minimal, daß man es	/ ,+ was der Bundesrat sachlich zu diesem offensichtlich ausgezeichneten Gesetzentwurf der Bundesregierung zu sagen hat +, war so minimal ,+ daß man se wirklich

in kurzer Zeit
durcharbeiten kann;
13 es sind Ornamente.
14 Das zeigt doch, daß
dieser Teil der Reform
– die Herren haben ja
offensichtlich auch hier nichts
anzumerken; sonst wären sie
vielleicht da –

im wesentlichen vom Bundesrat
akzeptiert wurde.
15 Und auch das Expertengremium
vom Tegernsee,

zu dem ja ein Teil dieser
Herren gehörten,

hält das alles im Grunde
wohl für gut.
16 Deshalb haben wir
nicht das Bedürfnis gehabt,
die Herren noch einmal
damit zu belästigen.
17 Wir können gern die alten
Stellungnahmen
bei der Beratung
wieder verwenden.
18 Herr v. B., Sie haben mit Recht
darauf hingewiesen, daß es sehr
problematisch ist, Index-
zahlen in Steuergesetze
einzuführen.
19 Ich stimme Ihnen darin völlig zu.

20 Doch so wie die Dinge liegen
– das Bewertungsgesetz stammt
ja noch aus der Zeit einer
anderen Koalition; wir wollen
uns da gegenseitig keine
Vorwürfe über den Zeitdruck
machen –,

müssen wir dieses Verfahren
hinsichtlich der 140% bei der
Höherbewertung der Einheitswerte von 1964

in ner halben Stunde
durchlesen kann +, .
und es sind wirklich Ornamente .
/ das zeigt doch ,+ daß
hier im großen ganzen
(die Herren haben ja
auch offensichtlich hier nichts
einzuwenden .) (sonst wärn se
vielleicht da .)
daß dieser Teil der Reform (äh)
vom Bundesrat im wesentlichen doch
akzeptiert wurde +, .
/ ,+ und da dieses Expertengremium
,+ das (ja) auch zum Teil in
Tegernsee mit Ihnen zusammen
waren +,

(ja) auch im Grunde nur datselbe
herausgebracht hat +,
,+ (nämlich) daß es im Grunde
ganz gut is +,
(äh) deswegen haben wir (ja)
auch nich das Bedürfnis gehabt
i+ die Herren noch mal
zu belästigen damit +i
sondern können die alten
Stellungnahmen als Material
bei der Beratung
wieder vornehmen .
(Herr v. B.) Sie haben mit Recht
darauf hingewiesen ,+ daß es sehr
problematisch ist +, i+ Index-
zahlen ins Steuergesetz
einzuführen +i .
ich stimme Ihnen völlig zu .
/ und diese hundertvierzig Prozent
bei der Höherbewertung die
,+ die (ja) sagen +, (äh)
,+ so wie die Dinge liegen +, (äh)
(und das Bewertungsgesetz is
noch aus ner
andern Koalition .) (wir wolln
uns da ganix mitenander hier
vorwerfen .) (äh)

,+ so wie die Dinge liegen +,
müssen wir dieses Verfahren

notgedrungen einmal anwenden.	mal notgedrungen anwenden .
21 Wir stimmen da	wir stimmen da
überein.	miteinander überein .

(Zuruf von der CDU/CSU: Das ist ja einmalig!)

22 Ich möchte Sie jetzt auch	(äh) ich möchte auch Sie jetzt
nicht so verstehen, daß Sie	nicht so verstehn ,+ daß Sie
das, was Sie hinsichtlich der	bei den
anderen Freibeträge und Frei-	andern Freibeträgen Frei-
grenzen sagten,	grenzen und so weiter sagten +,
	s+ da muß man doch eigentlich
	jetzt gelegentlich mal wieder
	drangehn +s
	,+ daß Sie das jetzt
als Vorschlag für eine Art	in Form einer
Dynamik oder Indexanpassung	Dynamik oder einer Indexwertung
meinten.	verstehn +, .

(Abg. v. B.: Um Gottes willen! Bloß nicht!)

23 — Eben!	(eben)
24 Das möchte ich nur	das möcht ich nur
richtigstellen.	richtig hier stelln .
25 Wir sind uns sicher darin	wir sind uns sicher
einig, daß auch nach einer	einig ,+ daß auch nach einer
Steuerreform noch nicht das	Steuerreform noch nicht das
Ende aller	Weltende erreicht ist und das Ende
Steueränderungen erreicht ist,	jeglicher Steueränderungen +,
sondern daß wir gleich	,+ sondern daß wir gleich
im Anschluß daran	hinterher
	sicherlich wieder im einzelnen
die Gesetze und ihre festen	die Gesetze und ihre (äh)
Wertbeträge	Begrenzungen
sicherlich einmal wieder	
überprüfen müssen, so wie	überprüfen müssen +, ,+ so wie
wir es	wir das (ja) auch fünfunsechzig
mit der Steuerreform 1965	mit der Steuerreform
gemacht haben.	gemacht haben +, .
	/ und woher denn?
26 Daß sich Preise, Freigrenzen	,+ daß sich Preise und Freigrenzen
und Werte im Laufe	und Werte ändern im Laufe
der Zeit ändern, ist ja nicht	der Zeit +, ist (ja) nicht
eine "Erfindung" der letzten	eine Erfindung der letzten
zwei Jahre,	zwei Jahre .
sondern hat es schon zu allen	sondern das hat es (ja) zu allen
Zeiten,	Zeiten gegeben
auch schon zur Zeit	seit
des Alten Testaments, gegeben;	dem Alten Testament .
	da hat es (ja) auch schon mal
	(äh) Verschiebungen in den Preisen
	gegeben .
27 das ist also nicht	das ist (also) gar nicht
so neu.	so sehr neu .
28 Ich glaube, daß die	(äh) ich glaube ,+ daß (äh) die

Hoffnung auf Steuervereinfachung
– ich sage das hier mit

sich nicht in so starkem Maße
wird verwirklichen lassen,
wie wir das alle wohl möchten.
29 Das mögen wir alle
miteinander beklagen.
30 Aber wir alle miteinander werden
auch wieder Anträge stellen,
die eine oder andere Gruppe
oder Aufgabe
innerhalb der Steuergesetze
zu begünstigen.

31 Und jede solche neue Sonder-
föderung bringt der
Finanzverwaltung neue Arbeit.

32 Wir sind da alle im
selben Boot.

33 Gerechtigkeit auf
der einen Seite und Vereinfachung auf der anderen Seite
widersprechen sich nicht immer,
aber sie widersprechen sich
überall dort, wo man besondere
Wünsche nach Berücksichtigung
bestimmter Tatbestände
in ein Steuergesetz einbaut.
34 Das ist ja auch der
Grund, warum man mit der
Reduzierung von Steuer-
subventionen so schlecht fertig
wird: weil eben immer jemand

daran festhalten möchte.
35 Dennoch sollte es unser gemein-
samer Wunsch sein, so weit wie
eben möglich,
Sonderbestimmungen zu vermeiden.
36 Interessant, finde ich,
Herr v. B., das,
was Sie mit der Zusammenfassung
der Vermögen- und
Erbschaftsteuer vorschlugen.

Vereinfachung
(und hier sag ich das mit
allem Freimut .)
,+ die (äh) an diese Steuerreform
als Hoffnung geknüpft ist +,
sich nicht in sehr starkem Maße
wird verwirklichen lassen +, .

(äh) das mögen wir alle
mitenander beklagen .
/ aber wir alle miteinander werden
auch wieder Anträge stellen
i+ die eine oder andre Gruppe

im besonderen Verfahren
zu begünstigen +i
wir alle mitenander Sie und
auf allen Rängen dieses Hauses .
und jede neue solche Sonder-
förderung bringt die
Schwierigkeiten in die Finanzverwaltung .
/ wir sind da (also) alle im
selben Boot
und in der ,+ wenn Sie so wollen +,
in der gleichen Verdammnis .
/ Gerechtigkeit (nämlich) auf
der einen Seite und Vereinfachung
widerspricht sich nicht immer
aber verspricht sich
überall dort ,+ wo man besondere
Wünsche nach (äh) Berücksichtigung
oder Veränderung
in dieses Gesetz einbaut +, .
das is (ja) auch die
Schwierigkeit ,+ warum man mit den

Subventionen so schlecht fertig
wird +, ,+ weil immer jemand
so gerne
daran festhalten möchte +, .
dennoch sollte es unser gemein-
samer Wunsch sein so weit wie
eben möglich .

/ und nun finde ich das sehr
interessant (Herr v. B.)
die Zusammenfassung etwa
der Vermögensteuer und der
Erbschaftsteuer .

37 Da stoßen Sie bei uns
offene Türen auf.
38 Nur, davon habe ich bisher
aus Ihrer Fraktion
noch nichts gehört.
39 Und da Sie in diesem Teil
der Rede

auch per "ich" und nicht per "wir"
gesprochen haben, bin ich mir
noch nicht so sicher, ob das
etwa eine gemeinsame Auffassung
Ihrer Fraktion ist.
40 Man könnte sicher später einmal
darüber sprechen.
41 Das muß ja keineswegs zu einer
Entlastung der großen Vermögen
führen,
wie manche meinen.
42 Man könnte sicherstellen,
daß man
vom ähnlichen Personenkreis
das gleiche Steuervolumen
erhält.
43 Das gilt für die Steuerreform allgemein.

44 Nach unserer Vorstellung soll
bei dieser Steuerreform
eine
Aufkommensverschiebung
zwischen verschiedenen Steuerarten stattfinden;
45 die Reform darf nicht zu Minder-
einnahmen des Staates führen.

46 Wir haben ebenso
ausdrücklich gesagt,
daß sie auch nicht zu Steuermehreinnahmen
führen darf, weil wir meinen,
eine Reform läßt sich besser
und glaubwürdiger durchführen,
wenn man nicht den geheimen
Gedanken der Steuererhöhungen
dahinter vermuten muß.
47 Über das Wort "Reform" kann
man lange diskutieren.

/ haben Sie bei uns (also)
eine völlig offne Tür aufgestoßen .
nur hab ich das bisher
aus Ihrer Fraktion
noch nie gehört .
,+ und da Sie (ja) in diesem Teil
der Rede
(,+ wenn ich richtig
hingehört habe +,)
auch per ich und nicht per wir
gesprochen haben +, bin ich mir
noch nicht so sicher ,+ ob das
etwa eine gemeinsame Auffassung
Ihrer Fraktion ist +, .
darüber könnte man sicher
sprechen
,+ ohne daß das gleich als eine
Entlastung der großen Vermögen
angesehen wird +, .

denn man müßte (ja) auf der
andern Seite sicherlich
beim ähnlichen Personenkreis
das Geld
auch wieder reinkriegen .

/ wir können (ja) nicht hier zu
einer erheblichen in irgendeiner
Form Geld

,+ das bei dieser Steuerreform
(ja) lediglich in einer
Verschiebung
der Steuer-
arten sich verändert +,
/ ,+ nicht etwa zu Minder-
einnahmen des Staates führen
darf +,
/ ,+ wobei wir (ja) auch
ausdrücklich gesagt haben +,
s+ auch nicht zu Steuer-
mehreinnahmen im Rahmen der
Reform +s ,+ weil wir meinen +,
s+ Reform läßt sich besser
und glaubwürdiger durchführen +s
,+ wenn man nicht den geheimen
Gedanken der Steuererhöhungen
dahinter vermuten müßte +, .
(nun) über das Wort Reform kann
man lange diskutieren .

48 Ich meine jetzt nicht
die Kollegen hier im Hause;
49 aber draußen hat man hierzu

sehr Widersprüchliches gehört.
50 Die einen sagten, das geht
alles zu weit,

und die anderen,
das ist gar keine Reform,
das ist viel zu wenig.
51 Ich meine, das Wesentliche
an dieser Steuerreform
– und daran müssen wir
festhalten – ist, daß man
hier die entscheidenden Steuern,
die in sich verwoben oder
mindestens durch die Aufbrin-
gungshöhe miteinander
verbunden sind,
gleichzeitig ändert.
52 Eine solche sich über viele
Steuerarten erstreckende
Änderung kann nun allerdings

nicht so fundamental sein, wie
es der eine oder andere möchte,
weil nämlich Steuern,
wenn sie 25%
des Sozialprodukts ausmachen,
ein wichtiger Kalkulationsfaktor
und ein erheblicher Preisfaktor
sind.
53 Zu grobschlächtige
Änderungen würden eine erhebliche
Verschiebung der Belastung
bringen bis zur Existenzge-
fährdung ganzer Berufszweige
oder zur Gefährdung von
Arbeitsplätzen in bestimmten
Regionen.
54 Darum sind manchen,
sagen wir mal, fundamentalen
Reformen, wie sie manche
Puristen wünschen,
praktische Grenzen gesetzt,
ganz abgesehen von den
Vorstellungen der europäischen
Harmonisierung.
55 Nach unserer Auffassung
ist die Verschiebung der Steuer-

und jetzt mein ich nicht
die Kollegen hier im Hause .
/ aber draußen hat man immer
wieder gehört (ja) eigentlich
sehr widersprüchlich .
die einen sagten s+ das geht
alles zu weit +s
s+ und das ist viel zu viel +s .
und die andern sagten
s+ das is doch keine Reform +s
s+ das is (ja) viel zu wenig +s .
ich meine s+ das Entscheidende
an dieser Steuerreform
(und daran müssen wir auch
festhalten .) ist +s ,+ daß man
hier mehrere Steuern
,+ die in sich verwoben und
durch die Aufbrin-
gungshöhe mindestens miteinander
verbunden sind +,
gleichzeitig ändert +, .
/ einer solchen über viele
Steuerarten sich erstreckende
Änderung kann
(und das mag bedauert werden .)
nicht so fundamental sein ,+ wie
der eine oder andere möchte +,
,+ weil (nämlich) Steuern
,+ wenn sie fünfundzwanzig Prozent
des Sozialprodukts ausmachen +,
ein erheblicher Kalkulationsfaktor
ein erheblicher Preisfaktor
sind +, .
und eine zu grobschlächtige
Änderung würde eine erhebliche
Verschiebung der Belastung
bringen bis zur Existenzge-
fährdung ganzer Berufszweige
oder
Arbeitsplätze in bestimmten
Regionen .
und darum sind solchen
(sagen wer mal .) fundamentalen
Reformen ,+ wie manche
Puristen meinen +, einfach
praktische Grenzen gesetzt
,+ wenn ich mal von den
ausländischen Konkurrenzen
ganz absehe +, .
Reform ist aber nach unsrer Auffassung die Verschiebung der

arten untereinander
als Ganzes zu sehen.

56 Wenn wir die Eckwerte
dazu nehmen
— so unbekannt sind sie
nicht, denn sie standen ja
alle im Bulletin —,

dann müssen Sie doch zu-
geben, daß hier eine Sym-
metrie, der Versuch eines Aus-
gleichs der unterschiedlichen
Be- und Entlastungen nicht nur
im Volumen, sondern auch bei den
Belasteten und Betroffenen
vorgesehen ist, der im Grunde,
so meinen wir jedenfalls,
als tragbar und fortschrittlich
angesehen werden kann, wenn
man von Verschönerungen, die
wir im Ausschuß noch anbringen
können,
absieht.

57 Allerdings setzt das nach
unserer Auffassung voraus, daß
wir an diesem Gesamtkonzept
festhalten, auch möglichst
bezüglich des Termins.

58 Wir hätten gern
für alle Teile an einem gemeinsamen Zeitpunkt des Beginns
festgehalten.

59 Darum sind wir der Auffassung,
daß man, ohne den Gesamtzusam-
menhang der Reform zu zerstören,
die Grund- und die Erbschaftsteuer vorziehen könnte und müßte,
wie es ja auch der Herr
Bundesminister soeben andeutete.

60 Aber wie schon mein Kollege V.
eben sagte,

hat die vorzeitige Auflösung
des Bundestages
uns zeitlich in der Beratung
zurückgeworfen,
und die erheblichen Widerstände

Steuerarten untereinander .

/ und sie ist (so meine ich .)
wir können (ja) die Eckwerte
dazu nehmen
(so unbekannt sind die ja
gar nicht .) (die standen ja
alle schon im Bulletin .)
,+ wenn wir (also) die Eckwerte
dazu nehmen +, (äh)
dann müssen Sie (ja) doch zugeben ,+ daß hier ein eine Symmetrie der Versuch eines Aus-
gleichs der unterschiedlichen
Be- und Entlastungen nicht nur
im Volumen sondern auch in dem
Belasteten und Betroffenen (äh)
vorgesehen ist +, ,+ der im Grunde
(so meinen wir jedenfalls .)
doch als gelungen
angesehen werden kann +, ,+ wenn
man von Verschönerungen ,+ die
wir (ja) alle noch anbringen
können im Ausschuß +,
absehen wollen +, .
allerdings setzt das nach
unsrer Auffassung voraus ,+ daß
wir auch an diesem Gesamtkonzept
festhalten auch
in der Zeit +, .
wir hätten das (ja) sehr gerne
alles auf einen
Tag bekommen .

/ wir meinen
s+ es sollte sich begrenzen auf
das

,+ was auch Herr
Minister heute angesprochen hat +,
die Grundsteuer und die
Erbschaftsteuer +s .
/ ,+ aber wie schon mein Kollege
eben gesagt hat +,
(Herr Kollege V.) (äh)
die (äh) frühzeitige Auflösung
des Bundestages

und die erheblichen Widerstände

aus Karlsruhe werden uns in
einzelnen Punkten zu einer
gewissen Eile antreiben.
61 Auch drängen uns die Gemeinden
bezüglich der Grundsteuer.
62 Doch sollten wir davon absehen,
Herr Kollege H.,
für alle einheitswertabhängigen
Steuern ein Vorschaltgesetz

zu beschließen.
63 Denn es geht hier eben
nicht nur um die Frage,
wie wir um der Aufbringungs-
neutralität willen
die Mehreinnahmen aus den
höheren Einheitswerten
durch einen niedrigen Steuersatz wieder herunterbekommen,
sondern auch darum,
wie sich dann
die Belastung bei den
einzelnen Steuerpflichtigen
verschiebt.
64 Es bleibt alles besser ausge-
wogen, wenn wir die Vermögensteuer im Gesamtkonzept lassen,
zumal die Aufhebung der Steuer-
abzugsfähigkeit

— die übrigens auch nach
Meinung der Steuerreform-
kommission vorgesehen ist —,
diesen Zusammenhang
besonders unterstreicht.
65 Wir glauben daher, daß wir uns
ohne Schaden auf die Vorziehung
lediglich der Grundsteuer und
der Erbschaftsteuer

konzentrieren können,
die beide mehr oder weniger
etwas außerhalb der Forderung
nach Aufkommensneutralität und
des systematischen Zusammenhangs
liegen.
66 Die Grundsteuer, weil
tatsächlich ein Mehraufkommen
vorgesehen war, weil sie
auch verwaltungsmäßig völlig
anders zu sehen ist

aus Karlsruh werden uns (äh) in
einzelnen Punkten zu einer
gewissen Eile antreiben
/ und sicherlich auch die (äh)
Lage der Gemeinden .
wir sollten aber davon absehen

i+ die Vermögensteuer hier in
einem Vorschaltgesetz
(Herr H.)
voranzunehmen +i .
denn es geht (ja) hier eben
nicht nur um die Frage
s+ wie kriegen wir

das Mehr

durch einen niedrigen Steuersatz wieder runter? +s
sondern
s+ wie verschiebt sich hier
die Belastung innerhalb der
einzelnen Steuerpflichtigen? +s .

und dies ist besser ausge-
wogen ,+ wenn wir die Vermögensteuer im Gesamtkonzept lassen +,
,+ von der Steuer-
abzugsfähigkeit
,+ die aufgehoben werden soll +,
(übrigens nach
Meinung auch der Steuerreformkommission)

mal ganz abgesehen +, .
insofern glauben wir ,+ daß wir
an der Vorziehung
lediglich der Grundsteuer und
der Erbschaftsteuer deswegen
auch ohne Schaden uns darauf
konzentrieren können +,
,+ weil diese beiden
außerhalb
der Aufkommensneutralität

mehr oder weniger liegen +, .
/ (die Grundsteuer) ,+ weil
tatsächlich ein Mehraufkommen
vorgesehen war +, ,+ und weil sie
sich auch verwaltungsmäßig völlig
anders

und weil sie allein die Gemeinden betrifft,

die Erbschaftsteuer,
weil die mögliche Verschiebung
im Aufkommen sowieso nicht
exakt berechnet werden kann
und auch bei der Größenordnung
im Gesamtvolumen wohl
übersehen werden könnte.

und (äh) beim Empfänger einen
andern Kreis anspricht
als die übrigen Steuerarten +,
(und bei der Erbschaftsteuer)
,+ weil man diese Größenordnung
sowieso nicht
exakt berechnen kann +,
,+ und diese Größenordnung
im Gesamtvolumen auch wohl
übersehen werden könnte +,
,+ was hier an Verschiebung
möglicherweise entsteht +,.
ein Wort nur zu dem Vorwurf
(und damit möchte ich
schließen .) ,+ der eben wieder
anklang +, (Herr Kollege W.) .

(Vizepräsident: Eine Zwischenfrage, Herr Abgeordneter v.B.)
wolln Sie vorab? .
(bitte schön)

(v.B. CDU/CSU: Frau Kollegin F., habe ich Sie richtig verstanden, daß
dann in einer Übergangszeit bei der Vermögensteuer andere Einheitswerte des Grundvermögens gelten als bei der Erbschaftsteuer?)

67 Ja, das halte ich nicht
für schwierig.

(ja) das halte ich nicht
für schwierig .

68 Wir haben auch bei der
Einkommensteuer andere Werte
als bei der Vermögensteuer.

wir haben (ja) auch bei der
Einkommensteuer andre Werte
als bei der Vermögensteuer .

69 Das ist kein
Problem.

das ist (ja) (wohl) kein
Problem .

70 Jede Steuer hat ihre eigenen
Gesetze und Maßstäbe.

jede Steuer hat ihre eigenen
Gesetze und Maßstäbe .

71 Es steht nirgendwo geschrieben, daß ein Einheitswert ein
göttliches Gesetz ist, das
man nur ganz oder gar nicht
haben kann.

und es steht nirgendwo geschrieben ,+ daß ein Einheitswert ein
göttliches Gesetz sei +, ,+ das
man nur in dieser oder jener Form
haben kann +, .

72 Selbstverständlich kann man die
neuen Einheitswerte in dem
einen Gesetz gültig machen und
in dem anderen erst ein oder
zwei Jahre später,
genausogut wie Sie die Einheitswerte 1964 bei der Grundsteuer mit 100% ansetzen
und bei der Erbschaftsteuer
mit 140%.

/ man kann natürlich die
neuen Einheitswerte in dem
einen Gesetz gültig machen und
in dem andern erst en Jahr oder
zwei später das (äh)
,+ genausogut wie Sie die Einheitswerte (äh) bei der Grundsteuer mit hundert Prozent nehmen
und bei der Erbschaftsteuer
mit hundertvierzig Prozent +, .

73 Es steht nirgends geschrieben, daß das verboten ist.

/ steht (ja) nirgends geschrieben ,+ daß das verboten ist +, .

(Vizepräsident: Eine weitere Zusatzfrage des
Herrn Abgeordneten v.B.)

74 Ja, Sie können zwar die Erbschaftsteuer	(äh) (ja) die Erbschaftsteuer können Sie (ja) (nun) in der Terminologie
als eine Vermögensteuer bezeichnen, aber sie ist dennoch eine eigenständige Steuer mit einem eigenen Gesetz.	als Vermögensteuer ansehen .
75 Auch die Grundvermögensteuer ist eine Vermögensteuer.	Grundvermögensteuer is auch ne Vermögensteuer .
76 Aber da wollen Sie doch offensichtlich ebenso wie auch die Regierung und wir an den 100% festhalten, während Sie bei der Erbschaftsteuer auf 140% gehen wollen, obwohl beide Werte für Vermögensteuer gelten sollen.	/ aber da wollen Sie (ja) offensichtlich mit der Regierung und uns zusammen die hundert Prozent festhalten ,+ während Sie bei der Erbschaftsteuer auf die hundertvierzig Prozent gehn +, ,+ obwohl es beides Vermögensteuern sind +, . das ist

77 – Verschlägt ja nichts;	(ja) verschlägt (ja) nichts . / die Verfassung hat (ja) nicht verur oder
78 das Verfassungsgericht hat ja auch nicht verlangt, daß wir die Grundsteuer auf 140% anheben.	das Verfassungsgericht hat (ja) nicht verboten ,+ daß wir die Grundsteuer auf hundertvierzig Prozent anheben +, . (nein) das ist kein Grund .
79 Wir sind völlig frei, die einzelnen Steuerarten nach verschiedenen Maßstäben zu erheben, und wir sind nicht gezwungen, einen bestimmten Maßstab für alle Steuern zum gleichen Zeitpunkt gültig zu machen.	wir sind völlig frei i+ die einzelnen Steuerarten nach verschiedenen Maßstäben zu bewerten +i . und wir sind nicht gezwungen i+ einen bestimmten Maßstab für alle Steuern zum gleichen Zeitpunkt gültig zu machen +i .
80 Deswegen sehe ich einen solchen Weg – abgesehen vom Hauptveranlagungstermin, wie Sie ebenfalls wissen, Herr v.B. – durchaus als gangbar an.	und deswegen seh ich einen solchen Weg (,+ abgesehen vom Hauptveranlagungstermin +,) (,+ wie Sie das ja auch wissen +,) (Herr v.B.) durchaus (also) für verschiebbar an .
81 Ich wollte noch ein Wort zu dem Vorwurf des Herrn Kollegen W. sagen,	(nein) ich wollte noch ein Wort sagen zu dem Vorwurf des Herrn Kollegen W. eben ein wenig in der Replik offensichtlich (äh)

daß die Bundesregierung so
spät mit diesem Gesetz
herausgekommen sei.

82 Sie wissen sehr wohl, daß die
Eckwerte bereits im Mai
1971
vorlagen,
und das war zwei Monate,
nachdem
die Steuerreformkommission,
die ja neutral
und von uns nicht steuerbar war,
ihr Gutachten sehr verspätet
abgeliefert hatte.

83 Da dann allerdings die
Länder und die Verbände
sehr großen Wert darauf gelegt
haben, sich sehr langfristig
mit den Referentenentwürfen zu
beschäftigen,
und da wir etwas von Demokratie
halten und damit auch von
einer rechtzeitigen Beteiligung
der Länder − und das hat sich ja
offensichtlich ausgezahlt −
und auch der Verbände,
soweit sie praktisch und
sachlich mitarbeiten, hat es
eben eine ziemlich lange Zeit
gedauert.

84 Manche Länder haben gesagt,
die Zeit sei immer noch
zu kurz gewesen.

85 Ich glaube, wenn die Regierung
bei einer so weitreichenden
Materie
auf unsere demokratischen
verfassungsmäßigen Gremien
Rücksicht genommen hat, darf
man ihr das nicht
im nachhinein als
Zeitvergeudung vorwerfen.

86 Insoweit sollten wir uns
einig sein.

87 Nun haben wir die Vorlage
zu Beginn der vier Jahre
vor uns liegen,
und wir haben sicherlich die
Zeit, sie in Ruhe, aber,
wie ich
von allen Seiten als Wunsch

,+ daß die Bundesregierung so
spät mit diesem Gesetz
herausgekommen ist +, .
Sie wissen sehr wohl ,+ daß die
Eckwerte bereits im Mai
neunzehnhunderteinundsiebzig
vorlagen +, .
und das war zwei Monate
,+ nachdem mit Verspätung
die Steuerreformkommission
,+ die (ja) neutral war
und von uns nicht steuerbar +,
eben sehr verspätet ihr Gutachten
abgeliefert hat +, .
/ ,+ daß dann allerdings die
Länder und die Verbände einen
sehr großen Wert drauf gelegt
haben +, i+ sehr langfristig
mit diesen Referentenentwürfen
beschäftigt zu werden +i
,+ und da wir was von Demokratie
halten (das heißt .) auch von
einer rechtzeitigen Beteiligung
der Länder (und s hat sich ja
ausgezahlt offensichtlich .)
und auch von den Verbänden +,
,+ wo sie praktisch und
faktisch mitarbeiten +, hat s
eben einen ziemlichen Zeitraum
gedauert .
und manche Länder haben gesagt
s+ s ist immer noch
zu kurz +s .
/ ich glaube ,+ wenn wir

grade mit Rücksicht
auf demokratisch
verfassungsmäßige Gremien hier
Rücksicht drauf nehmen +, darf
man das nicht der Bundesregierung
im nachhinein als Zeitverlust oder
Zeitvergeudung anklagen .
und insoweit sollten wir uns (äh)
(wohl) einig sein .
nun haben wir es
zu Beginn von vier Jahren
vor uns liegen .
und wir haben sicherlich die
Zeit i+ das in Ruhe aber
,+ wie ich meine +,
i+ auch aus allem

und Absicht herausgehört zu
haben meine, auch zügig
zu beraten.
(Beifall bei den Regierungsparteien.)

herausgehört zu
haben +i zügig
zu beraten +i .
(danke schön)

Bundestagsrede (B)

(a) S p r e c h e r d a t e n

Geschlecht: männlich
Jahrgang: 1937
Beruf: Regierungsrat a.D. (Jurist)
landschaftliche Herkunft: Baden-Württemberg
(Dresden, Heidelberg, München,
Balingen/Südwürttemberg)
Zugehörigkeit zum Deutschen Bundestag: 2. Legislaturperiode
Partei: SPD

(b) R e d e d a t e n

Thematik: Entwurf eines Fünften Gesetzes über die Anpassung der
Leistungen des Bundesversorgungsgesetzes
— Erste Beratung —
Dauer: 11 Minuten
Unterbrechungen: 17 (Zurufe: 14
Beifall: 2
Zwischenfragen: 1)

Stenographischer Bericht

Tonbandaufnahme

01 Frau Präsidentin! Meine
sehr verehrten Damen und Herren!
Während F.J.S. den großen
Rammangriff gegen die Regierung
zu führen versuchte, überreichte
Herr L. den Strauß kleiner
finanzpolitischer Gänseblümchen,
darunter einige größere, allerdings bereits welke Blumen.
(Heiterkeit bei der SPD.)
02 Ich darf zu den einzelnen
Vorwürfen, die
hier in Hülle und
Fülle vorgetragen worden
sind, kurz Stellung nehmen.
03 Sie haben der Regierung vorge-
worfen, sie würde ständig

/ (Frau Präsidentin) (meine
sehr verehrten Damen und Herren)
,+ während F.J.S. den großen
Rammangriff gegen die Regierung
zu führen versuchte +, überreicht
Herr L. den Strauß kleiner
finanzpolitischer Gänseblümchen
dabei dabei einige größere allerdings welke bereits welke Blumen .

/ ich darf zu den einzelnen
einzelnen Vorwürfen ,+ die
wirklich (ja) in in Hülle und
Fülle hier vorgetragen worden
sind, kurz Stellung nehmen .
Sie haben der Regierung vorge-
worfen s+ sie würde ständig

59

höhere Steuern erheben und den kleinen Mann zur Ader lassen.
mehr Steuern erheben und den kleinen Mann zur Ader lassen +s .

(Zuruf von der CDU/CSU: Das tut sie auch!)

04 Sie sind nicht darauf eingegangen, daß die Steuerlastquote
bereits seit Jahren im Absinken
begriffen ist und mit den jetzt
getroffenen Maßnahmen in etwa
wieder den Stand von vor
1969
erreicht.

Sie sind nicht drauf eingegangen ,+ daß die Steuerlastquote
seit Jahren bereits im Absinken
begriffen ist und mit den jetzt
getroffenen Maßnahmen in etwa
wieder den Stand von vor
neunzehnhundertneunensechzig
erreicht +, .

(Zuruf von der CDU/CSU: Stimmt ja gar nicht!)

05 Genauso ist es.
genauso is es .

(Sehr richtig! bei der SPD. − Weitere Zurufe von der CDU/CSU.)

06 − Dann
kommen Sie doch bitte hier vor
und fangen Sie an, sachlich
zu argumentieren. −

/ dann dann bitte dann bitte
kommen Sie doch hier vor
und fangen Sie sachlich an
i+ zu argumentieren +i .

07 Genau die Steuerlastquote
ist der Maßstab, mit dem wir
messen.

denn genau die Steuerlastquote
ist der Maßstab ,+ an dem wir
messen +, .

08 Das ist die Meßlatte, mit der
wir die Gesamtbelastung der
Volkswirtschaft durch Steuern

zu messen haben.

/ das is die Meßlatte ,+ mit denen
wir das Aufkommen und den Anteil
des Staates an (äh) den öffentlichen Leistungen an dem Brutto-
sozialprodukt
zu messen haben +, .
/ dann haben Sie gesagt die im
Jahre neunzehnhunderteinsiebzig
sind Sie zurückgegangen auf den
Haushalt neunzehnhunderteinensiebzig haben gesagt

09 Dann sind Sie auf den
Haushalt 1971 zurückgegangen
und haben gesagt:
Die armen Länder sind die
großen Opfer der bundespoliti-
schen Maßnahmen geworden.

s+ die armen Länder sind die
großen Opfer der bundespoliti-
schen Maßnahmen geworden +s .

10 Als ob im Jahre
1971
irgendein Lehrer seine Stellung
etwa der Bildungsreform des
Bundes zu verdanken gehabt
hätte!

/ ,+ als sie als ob im Jahre
neunzehnhunderteinsiebzig
irgendein Lehrer seine Stellung
etwa der Bildungsreform des
Bundes zu verdanken gehabt
hätte +,

11 Das sind doch alles alte finanz-
politische Planungen der Länder
und deswegen von den Ländern
mitzuverantworten.

das sind doch alles alte finanz-
politische Planungen der Länder
und deswegen von den Ländern
mitzuverantworten .

12 Sie können so nicht den
Zusammenhang zwischen
der Reformpolitik des Bundes
und den Personalkosten der
Länder hier anführen.

Sie können (also) nicht den
Zusammenhang zwischen
Bund
und Land (äh) in Bezug auf die
Stellenpläne der Länder hier (äh)
anführen .

	dann haben Sie neunzehnhundert-zweiensiebzig
(Abg. L.: Mein lieber Mann, ich habe etwas anderes gesagt!)	
13 — Ja, das ist ein schöner pfälzischer Ausdruck, "mein lieber Mann".	(ja) das is en schöner pfälzscher Ausdruck mein lieber Mann .
14 Das sagt man immer in der Pfalz.	das sagt man immer in der Pfalz .
15 Aber das ist kein Argument.	aber das is kein Argument (mein Herr) (mein lieber Herr L.) .

(Vizepräsident: Gestatten Sie eine Zwischenfrage des Herrn Abgeordneten L.?)

| 16 Wenn mir das nicht von der Redezeit abgezogen wird, gern. | ,+ wenn mir das abgezogen wird von der Redezeit (gerne) +, |

(Vizepräsident: Bitte.)

(L. CDU/CSU: Haben Sie mich nicht richtig verstanden, Herr Kollege v.B., daß ich darauf hingewiesen habe, daß die Wucht der Personalausgaben bei den Ländern eben bedeutend größer ist, genauso wie im Bereich der Investitionen, und daß das Davonlaufen auf der einen Seite der Preise und auf der anderen Seite der Personalausgaben bei Ländern und Gemeinden natürlich mehr zu Buche schlägt und zu Buche schlagen muß als beim Bund, oder wollen Sie das nicht verstehen?)

| 17 Sehen Sie, Herr L., das ist eine sachliche Einlassung, über die man durchaus reden kann. | sehen Sie (Herr L.) s+ das is eine sachliche Einlassung +s ,+ über die man durchaus reden kann +, . |

(Zurufe von der CDU/CSU.)

| 18 Aber das, was Sie vorhin gesagt haben, klang anders: "Die Versprechungen dieser Bundesregierung haben dazu geführt, daß in den Personalhaushalten soundso viel mehr Ausgaben zu verzeichnen sind"; | aber das ,+ was Sie vorher gesagt haben +, klang ganz anders s+ die Versprechungen dieser Bundesregierung haben dazu geführt +s ,+ daß in den Personalhaushalten soundso viel mehr Ausgaben zu verzeichnen sind +, . |
| 19 genau das haben Sie gesagt. | (genau so) das haben Sie gesagt . |

(Abg. L.: Nein! — Abg. G.: Sie haben überhaupt nicht zugehört!)

| 20 — Natürlich habe ich genau zugehört; | (natürlich) ich hab genau zugehört . |
| 21 sonst hätte ich mir nicht die entsprechenden Notizen gemacht. | sonst hätt ich hier nich die Stichworte . |

(Weitere Zurufe von der CDU/CSU.)

/ dann haben Sie gesagt dann haben Sie

| 22 — Herr L., regen Sie sich doch nicht so auf. | (Herr L.) regen Se s doch nich so auf da drüber . |

/ wir werden doch über die Bühne

| 23 Im Haushaltsausschuß haben wir eine hervorragende Atmosphäre. | im Haushaltsausschuß haben wir eine hervorragende Atmosphäre . |

24 Hier geht es Ihnen von
der Fraktion der CDU/CSU
immer darum, nachzuweisen,
daß Sie gut
polemisieren
können.
25 Aber wir wollen hier bei den
Sachproblemen bleiben,
und die möchte ich mit Ihnen
zusammen erörtern.
(Abg. G.: Das ist doch Gelappe!)
26 Sie haben gesagt,

der Jahresabschluß 1972 sei
unsolide gewesen,
er habe 12 %
erreicht.
27 Dabei haben Sie verschwiegen,
daß die Bundesbahn nach Absprache mit der Opposition einen

Zuschuß
in Höhe von
1,7 Milliarden DM
bekommen hat.
(Abg. L.: Haben Sie nicht zugehört, daß ich das
hier festgestellt habe?)
28 – Herr L., kommen
Sie bitte hier herauf,
und halten Sie eine zweite Rede.
29 Aber ich bin jetzt nicht bereit,
diese Fragen in einem Dialog
mit Ihnen zu erörtern.
30 Dann hätten Sie sich
in Ihrer Rede anders fassen
müssen.
(Abg. L.: Ich habe nämlich gerade das festgestellt, was Sie sagten! –
Zuruf des Abg. W.)
31 Dann sind Sie auf die 120 Milliarden DM zu sprechen gekommen.

32 Diese Begrenzung des Haushaltsvolumens auf 120 Milliarden DM
liegt Ihnen offensichtlich
schwer im Magen.
33 Sonst könnten Sie hier nicht
argumentieren, das sei
sozusagen nur eine Folge des
Wahlkampfes gewesen;
34 denn Sie haben den in-
flationär aufgeblähten Haushalt,

hier gilt es immer
i+ der großen Fraktion der CDU/CSU
nachzuweisen +i
,+ daß man selbst
in Polemik (äh) gut machen
kann +, .
aber wir wollen hier bei den
Sachproblemen bleiben .
und die möcht ich mit Ihnen
zusammen erörtern .

/ neunzehnhundert haben Sie gesagt
s+ neunzehnhundertzweiensiebzig
sei der Abschluß
unsolide gewesen +s
s+ denn da hätt er zwölf Prozent
erreicht +s .
/ dabei haben Se verschwiegen
,+ daß die Bundesbahn nach Absprache mit Ihnen eine entsprechende einen entsprechenden
Zuschuß bekommen hat
in Höhe von
eins-Komma-sieben Milliarden
Mark +, .

(also) (Herr L.) dann kommen
Se (bitte) hier rauf .
und halten Se ne zweite Rede .
aber ich bin jetzt nicht bereit
i+ in einer Art Dialog
mit Ihnen das zu erörtern +i .
dann hätten Sie sich
vorher anders fassen
müssen in Ihrer Rede .

/ dann dann haben Sie dann haben
Sie gesagt der hunderzwanzig
Milliarden Demark .
/ das liegt Ihnen offensichtlich
hundertzwanzig Milliarden Demark
Begrenzung des Haushaltsvolumens
liegt Ihnen schwer im Magen .
denn sonst könnten Se hier nicht
argumentieren ,+ daß das
sozusagen nur eine Folge des
Wahlkampfs gewesen wäre +, .
/ denn dann hätten Sie den in-
flationär aufgeblähten Haushalt

den Sie heute so gern be-
kämpft hätten, den Punchingball,
den Sie gebraucht haben,
hier nicht vorgefunden.

35 Ich finde, es ist eine großartige Leistung des Finanz-
ministers und des ganzen
Kabinetts, den Haushalts-
anstieg in diesem Jahr, wo wir
natürlich mit Preissteigerungen
zu kämpfen haben, auf deren
Ursachen Sie hier nicht
eingehen wollen, auf
9,2 %

und die Schuldenaufnahme
in diesem Jahr auf 3,8 Milliarden DM zu begrenzen,
und das bei einem Brutto-
sozialprodukt von sage und
schreibe 900 Milliarden
DM;

36 das ist wiederum die Bezugsgröße,
zu der nach meiner Ansicht
wie nach der mancher
Theoretiker die Verschuldungsquote des Bundes
in Beziehung zu setzen ist.

37 Sie haben über die zeitliche
Verzögerung
der Einbringung des Haushalts
1973 gejammert.

38 Als ob das in früheren Jahren
nicht üblich gewesen ist,
daß man
im Jahre einer Bundestagswahl
eine Regierungsbildung abwartet
und diese neue
Regierung dann
den Haushaltsplan
vorgelegt hat!

39 Als ob man das früher nicht
hätte beobachten können!

40 Dann haben Sie davon geredet,
daß es sich nur um konjunktur-
bedingte Mehreinnahmen handle,

mit denen in der Finanzkasse
gerechnet werden könne.

41 Natürlich hängt das mit der Kon-
junktur zusammen.

,+ den Sie so gerne heute be-
kämpft hätten +, den Punchingball
,+ den Sie gebraucht haben +, den
haben Se hier nicht vorgefunden .

ich finde s+ es ist eine großartige Leistung des Finanz-
ministers und des ganzen
Kabinetts +s i+ diesen Haushalts-
anstieg in diesem Jahr ,+ wo wir
natürlich mit Preissteigerungen
zu kämpfen haben +, ,+ auf deren
Ursachen Sie natürlich nur nie
eingehn wolln +, (äh) auf
neun-Komma-zwei Prozent
zu begrenzen +i
i+ und die Schuldenaufnahme
auf drei-Komma-acht Milliarden Demark in diesem Jahr
zu begrenzen bei einem Brutto-
sozialprodukt von sage und
schreibe neunhundert Milliarden
Demark +i .

/ das ist wiederum die Bezugsgröße
,+ zu dem meiner Ansicht nach
auch gegenüber manchen
Theoretikern die Verschuldensquote des Bundes
zu betrachten ist +, .

dann haben Se von der zeitlichen
Verzögerung

gejammert .

,+ als ob das in früheren Jahren
nicht üblich gewesen ist +,
,+ daß man

eine Regierungsbildung abgewartet
hat +, ,+ und mit dieser neuen
Regierung und im Einvernehmen mit
dem Kabinett den Haushaltsplan
vorlegt +, .

,+ als ob man das früher nicht
hätte beobachten können +,
/ dann haben Sie davon geredet
s+ das ginge (äh) es es handele
sich (ja) nur um konjunktur-
bedingte Mehreinnahmen +s
,+ mit denen in der Finanzkasse
gerechnet werden könnten +, . (äh)
natürlich hängt das mit der Kon-
junktur zusammen .

42 Es hängt mit der Beschäftigung
zusammen.

43 Wenn wir abwarten,
was der Finanzplanungsrat im
Endeffekt zu der ganzen Frage
sagt, werden wir feststellen,
daß wir z.b. eine
höhere Beschäftigungsquote haben,
als ursprünglich angesetzt war,
und dementsprechend wahrscheinlich auch höhere Einnahmen.

44 Zu den 2000 Stellen,
Herr L.: Wir müssen es
abwarten.

45 Wir kennen Ihre
Äußerungen im letzten Jahr
zu der globalen Minderaus-
gabe von über 1 Milliarde DM.

46 Sie haben uns gesagt: Das
werden Sie nie erreichen.

47 Wir haben es tatsächlich
erreicht.

48 Hinsichtlich der 2000 Stellen
bin ich in gewissem Umfang
so skeptisch wie Sie,
aber ich nehme an, daß
wir auch das erreichen werden.

49 Zu den 5 % Zuwendungs-
empfängern teile ich
Ihre Meinung,
daß es Aufgabe
der Regierung wäre, das zu
verteilen und nicht dem
Parlament zu überlassen.

50 Dann haben Sie wieder gesagt:
Verschuldungsquote nur deshalb
so gering, mit 3,8
Milliarden DM
— immerhin wird das anerkannt —,
weil man mit inflations-
bedingten Mehreinnahmen zu
rechnen hat.

51 Wenn Sie aber die Argumentation
voll zu Ende führen wollen,
müssen Sie auf der anderen Seite
die inflationsbedingten Mehrausgaben in Rechnung stellen;

52 sonst wird kein Schuh daraus.

es hängt mit der Beschäftigung
zusammen .

,+ und wenn wir abwarten +,
,+ was der Finanzplanungsrat im
Endeffekt zur ganzen Frage
sagt +, werden wir feststellen
,+ daß wir (zum Beispiel) eine
höhere Beschäftigungsquote haben
,+ als ursprünglich angesetzt +,
und dementsprechend wahrscheinlich auch höhere Einnahmen +, .
(zu den zweitausend Stellen)
(Herr L.) lassen wir s
abwarten .
/ wir kennen wir kennen Ihre
Äußerungen
zu der (äh) globalen Minderaus-
gabe von über einer Milliarden
Dem Milliarde Demark .
da haben Sie uns gesagt s+ das
werden Sie nie erreichen +s .
wir haben es tatsächlich
erreicht .
(und mit den zweitausend Stellen)
ich bin in gewissem Umfang
mit Ihnen skeptisch .
aber ich nehme an ,+ daß
auch das wir erreichen werden +, .
bei den fünf Prozent Zuwendungs-
empfängern teile ich
Ihre Meinung .
da wäre es meiner Ansicht nach
Aufgabe der Regierung i+ das zu
verteilen +i i+ und nicht dem
Parlament das zu überlassen +i .
dann haben Sie wieder gesagt
s+ Verschuldensquote nur deshalb
so gering mit den drei-Komma-acht
Milliarden +s
(immerhin wird das anerkannt .)
,+ weil man (ja) mit inflationsbedingten Mehreinnahmen zu
rechnen hat +, .
/ aber dann müssen Sie natürlich
auch wieder
,+ wenn Sie die Argumentation
voll zu Ende führen +,
müssen Sie die inflationsbedingten Mehrausgaben auf der andern
Seite in Rechnung stellen . (äh)
sonst wird kein Schuh daraus .

53 Bei der Datenverarbeitung ist
der Haushalts-
politiker mit Ihnen durchgegan-
gen.
54 Die unkoordinierte Einführung
der Datenverarbeitung war
in den letzten Jahren eine Crux.
55 Das hat man erkannt,
und deshalb hat man eine Koordi-
nierungsstelle beim Innenministe-
rium für die Einführung aller
neuen Datenverarbeitungen
installiert.
56 Wenn Sie die letzten
Sitzungen des Rechnungsprüfungs-
ausschusses mitgemacht hätten
— die haben Sie
leider versäumt —

/ (äh) (Datenverarbeitung)
(Datenverarbeitung) das da is
(äh) (also) der Haushalts-
politiker mit Ihnen durchgegan-
gen .
die unkoordinierte Einführung
der Datenverarbeitung war
eine Crux in den letzten Jahren
,+ die man erkannt hat +,
,+ weshalb man eine Koordi-
nierungsstelle beim Innenministe-
rium für die Einführung aller
neuen Datenverarbeitungen
installiert hat +, .
/ ,+ und wenn Sie die letzten
Sitzungen des Rechnungsprüfungs-
ausschuß
(Herr J.) (die haben Sie
leider versäumt .)

(Abg. Dr. J.: Sie werden staunen, ich war da!)

und die Ausführungen der
Vertreter der Ressorts gehört
hätten, hätten Sie
festgestellt, daß auch da die
Dinge den Weg der Besserung
gehen.
57 Dann haben Sie die Ausgaben für
Bildung und Wissenschaft beklagt.
58 20 % würden
ausgewiesen,
in Wirklichkeit seien es jedoch
nur 10 %.
59 Sie haben nicht in Rechnung
gestellt, daß das Bundesaus-
bildungsförderungsgesetz jetzt
Bestandteil dieses Haushalts
ist.
60 Der allgemeine Haushalt Bildung
steigt um 20 %, wenn
man die Ausgaben für das Aus-
bildungsförderungsgesetz
abzieht.

(Abg. L.: Das ist noch zu wenig!)

61 Dann haben Sie
über die "Verteilerdemokratie"
lamentiert.
62 Das ist eine Gefahr,
in der sich
jede Demokratie,

wenn Sie die mitgemacht hätten
und da die Ausführungen der
Vertreter der Ressorts gehört
hätten +, dann kann man nur
feststellen ,+ daß auch da die
Dinge den Weg der Besserung
gehn +, .
dann haben Sie die
Bildung beklagt .
zwanzig Prozent würden angegeben
ausgewiesen .
in Wirklichkeit seien s
zehn Prozent . (äh)
Sie haben nicht in Rechnung
gestellt ,+ daß das Bundesaus-
bildungsförderungsgesetz jetzt
Bestandteil dieses Haushalts
ist +, .
der alte Haushalt Bildung
steigt um zwanzig Prozent ,+ wenn
man die Ausgaben für das Aus-
bildungsförderungsgesetz
abzieht +, .

(äh) dann haben Sie lamentiert
über die Verteilerdemokratie .

/ das is eine immer eine Gefahr
,+ in der sich natürlich

insbesondere jedoch die heutige
Opposition befindet, wie
wir ständig feststellen können,
die uns Ausgaben

in Höhe von Hunderten von
Millionen DM aufzudrücken
versucht.

63 Aber das beste Beispiel
einer Pleite gegangenen Verteilerdemokratie haben wir
unter der Kanzlerschaft Ludwig
Erhards gehabt.

64 Da war 1965
der Wahlkampf
mit den Geschenken der "Verteilerdemokratie" gewonnen
worden.

65 1966
mußten dann die entsprechenden
Positionen in Milliarden-
höhe mit dicken Gesetz-
gebungswerken wieder einge-
sammelt werden.
(Beifall bei der SPD.)

66 Nach der Wahl brauchte man
sich ja dann nicht mehr darum
zu kümmern, was die Be-
troffenen, z.B. die
Landwirte, dazu zu sagen
hatten.

67 Aber die Quittung haben Sie
1969 und in den folgenden Jahren
bekommen.

68 Die Investitionsquote sinkt.

69 Diese Besorgnis teile ich
mit Ihnen.

70 Sie sinkt um
1 bis 1,5%.

71 Ich glaube, daß wir es hier
mit der
konsequenten Folge der Theorie
zu tun haben, wonach
der Staatshaushalt der große
Bremsklotz an

dem Schwungrad der
gesamten Volkswirtschaft mit
einer geschätzten Wertschöpfung
von 900 Milliarden DM jährlich
zu sein habe.

insbesondere auch die
Opposition befindet +, ,+ wie
wir ständig feststellen können +,
,+ die uns (äh) Ausgaben in Mill
in Millionenhöhe
in Hunderte von
Millionenhöhe (äh) aufzudrücken
versucht +, .
/ aber das beste Beispiel von
einer Pleite gegangenen Verteilerdemokratie haben wir (ja)
unter dem Kanzlerschaft Ludwig
Erhards gehabt .
denn da war dann der fünfund-
sechziger Wahlkampf
mit dem Stichwort Vertei-
lerdemokratie sozusagen gewonnen
worden .
und neunzehnhundertsechsensechzig
mußte man dann die entsprechenden
Positionen wieder in Milliardenhöhe wieder in dicken Gesetz-
gebungswerken wieder ein-
sammeln

und brauchte sich dann natürlich
zunächst nicht darum
zu kümmern (äh) ,+ was die Betroffenen (zum Beispiel) die
Landwirtschaft dazu zu sagen
hatte +, .
aber diese Quittung haben Sie
dann neunundsechzig und folgende
(äh) tatsächlich bekommen .
die Investitionsquote sinkt .
diese Besorgnis teile ich
mit Ihnen .
sie sinkt um
ein bis anderthalb Prozent .
/ ich glaube ,+ daß wir es hier
mit der Folge
konsequenten Folge der Theorie
zu tun haben +, ,+ wonach die
der Staatshaushalt der große
Bremsklotz an (äh) der Scheiben-
bremse oder
dem Schwungrad der (äh) ganz
gesamten Volkswirtschaft mit
einer Wertschätzung
von neunhundert Milliarden Demark
zu tun habe +, .

72 Diese Bremswirkung kann
auf die Dauer natürlich nicht
funktioniert.
73 Ich glaube, wir müssen zu
einer Verstetigung der Staats-
ausgaben kommen und von dieser
Theorie wegkommen, die
in der Praxis nicht
funktioniert.
74 Ihr ganzes Gerede seit 1969,
im Wahlkampf, vor dem Wahlkampf,
war nur
— wir können es bald nicht
mehr hören —:
Inflation, Inflation, Staats-
bankrott.
75 Wir finden keinen Blick
der Opposition über die Grenzen,
keine Würdigung, daß mit der
Begrenzung des Ausgabenanstiegs
ein Beitrag zur Stabilisierung
geleistet worden ist, daß
die Begrenzung der Nettokredit-
aufnahme von 3,8
Milliarden DM ebenfalls
eine großartige Leistung ist,
und daß die Stillegung der

mit Sicherheit zu erwartenden
Steuermehreinnahmen ebenfalls
zu einer Reduzierung des Kredit-
bedarfs des Bundes führen wird.

76 Das Ergebnis all dieser Bemühungen seit 1969,
so miserabel die Preisstei-
gerungsquote auch ist, ist,
daß wir als Bundesrepublik
immer noch im unteren Feld der
europäischen Länder mit der
Preissteigerung liegen.
77 Sie müssen
die Tatsache zur Kenntnis
nehmen, daß wir bei den Import-
preisen
vom Februar letzten Jahres

zum Februar dieses Jahres
eine Preissteigerung
von sage und schreibe

und diese Bremswirkung kann
natürlich nicht funktionieren
auf die Dauer .
ich glaube s+ wir müssen zu
einer Verstetigung der Staats-
ausgaben kommen und weg von dieser
Theorie +s ,+ die (ja) auch
in der Praxis nicht immer
funktioniert +, .
Ihr ganzes Gerede im Wahlkampf
vor dem Wahlkampf seit neunzehnhundertneunensechzig
(wir können s bald nicht
mehr hören .) is
Inflation Inflation Staats-
bankrott .
/ dafür bei finden keinen Blick
über die Grenzen statt
keine Würdigung ,+ daß mit der
Begrenzung des Ausgabenanstiegs
ein Beitrag zur Stabilisierung
geleistet worden ist +, ,+ daß
die Begrenzung der Nettokredit-
aufnahme auf drei-Komma-acht
Milliarden Demark ebenfalls
eine großartige Leistung is +,
,+ und daß die Steuer die Still-
legung der zu erwarteten
mit Sicherheit zu erwartenden
Steuermehreinnahmen ebenfalls (äh)
zu einer Reduzierung des Kredit-
bedarfs des Bundes führen wird +,
,+ was ebenfalls eine Leistung
is +, .
das Ergebnis all dieser Bemühungen seit neunensechzig
,+ so miserabel die Preisstei-
gerungsquote auch ist +, ist
,+ daß wir als Bundesrepublik
immer noch im unteren Feld der
europäischen Länder mit der
Preissteigerung liegen +, .
/ und (meine Herren) Sie müssen
(eben) die Tatsache zur Kenntnis
nehmen ,+ daß wir bei den Import-
preisen eine Preissteigerung
von Januar letzten oder Februar
letzten Jahres
zu Februar dieses Jahres

von sage und schreibe

12,2 % zu verzeichnen haben. 78 So ist die Situation draußen in der Welt. 79 Da sind also internationale Faktoren am Werk. 80 Betreiben Sie als Opposition nicht immer diese nationale Nabelschau, und versuchen Sie nicht, das dieser Regierung in die Schuhe zu schieben. 81 Wir könnten weiß Gott ein sach- licheres und fruchtbareres Gespräch miteinander führen. (Beifall bei den Regierungsparteien.)	zwölf-Komma-zwei Prozent zu verzeichnen haben +, . so is die Situation draußen in der Welt . (also) hat das internationale Faktoren . und dann betreiben Sie doch nicht immer als Opposition diese nationale (äh) Nabelschau und versuchen i+ das dieser Regierung in die Schuhe zu schieben +i . wir könnten weiß Gott ein sach- licheres und fruchtbareres Gespräch mitenander führen .

Bundestagsrede (C)

(a) S p r e c h e r d a t e n

Geschlecht: männlich
Jahrgang: 1927
Beruf: Agraring./Landwirt
landschaftliche Herkunft: Baden-Württemberg
　　　　　　　　　　　　　(Hattenhofen/Wttbg., Nürtingen, Göppingen)
Zugehörigkeit zum Deutschen Bundestag: 2. Legislaturperiode
Partei: F.D.P.

(b) R e d e d a t e n

Thematik: Entwurf eines Fünften Gesetzes über die Anpassung der
　　　　　Leistungen des Bundesversorgungsgesetzes
　　　　　— Erste Beratung —
Dauer: 10 Minuten
Unterbrechungen: 13 (Zurufe: 11
　　　　　　　　　　　Beifall: 1
　　　　　　　　　　Zwischenfragen: 1)

Stenographischer Bericht	Tonbandaufnahme
01 Frau Präsident! Meine Damen und Herren! Ich glaube, Herr Kollege L. ist in seiner Rede, in der Darstellung des Haushalts und der mittel- fristigen Finanzplanung von einem möglichen Idealbild aus-	(Frau Präsident) (meine Damen und Herrn) ich glaube ,+ daß Herr Kollege L. bei seiner Rede in der Darstellung dieses Haushaltes und der mittel- frischtigen Finanzplanung von einem möglichen Idealbild aus-

gegangen, das nach Lage
der Dinge niemand
zu verwirklichen vermag.

02 Zu Beginn seiner
Ausführungen hat er davon ge-
sprochen, für die
Opposition sei die Stunde der
Alternative heute nicht ge-
geben.

03 Ich glaube, daß die Opposition darüber sehr froh ist,
und zwar deshalb, weil sie
genau weiß, daß der Haushalt
eben nach Lage der Dinge — so
wie sie sich
in den Zwängen von außen und
innen darstellen —
nicht wesentlich anders
zu realisieren ist, als
die Bundesregierung das mit
der Vorlage sowohl des Haushalts
als auch der mittelfristigen
Finanzplanung getan hat.

04 Es gibt nur wenige Punkte,
bei denen man bei der Opposition
eine Alternative sehen
kann.

05 Wenn ich die Unterlagen
richtig durchgelesen habe,
hat Herr N. einen Gegenvorschlag
zu den angeblichen
Steuererhöhungen gemacht

— das ist wohl im Zusammenhang
mit dem Stabilitätspaket
zu sehen —,
die die Bundesregierung
vornimmt.

06 Nach diesem Vorschlag soll die
Mineralölsteuer wegfallen.

07 An Stelle dessen soll ein Konjunkturzuschlag erhoben werden.

08 Dabei muß ich die Frage erheben, ob der Zinsentgang
bei dem Konjunkturzuschlag
nicht höher ist als das, was
der einzelne Autofahrer
auf der anderen Seite
hier im Schnitt
an Steuermehrleistungen an
den Staat zu erbringen hat.

gegangen ist +, ,+ das nach Lage
der Dinge niemand
zu verwirklichen mag +, .

,+ und wenn er da zu Beginn seiner
Ausführung davon ge-
sprochen hat +, ,+ daß für die
Opposition die Stunde der
Alternative heute nich gegeben sei +,
so glaube ich ,+ daß die Opposition darüber sehr froh ist
und zwar deshalb +, ,+ weil sie
genau weiß +, ,+ daß
eben nach Lage der Dinge (,+ so
wie sie sich darstellen
in den Zwängen von außen und
innen +,) die Dinge
nicht wesentlich anders
zu realisieren sind +, ,+ als das
hier von der Bundesregierung mit
der Vorlage sowohl des Haushalts
als auch der mittelfrischtigen
Finanzplanung geschehen ist +, .
es gibt (ja) nur wenige Punkte
,+ wo man bei der Opposition
eine Alternative ablesen
kann +, .
,+ aber wenn ich die Unterlagen
richtig durchgelesen habe +,
hat Herr N. einen Gegenvorschlag
gemacht zu den angeblichen
Steuererhöhungen
,+ die diese Bundesregierung
(im Zusammenhang mit em
Stabilitätspaket is das wohl
zu sehn .)

hier vornimmt +, .
und hier soll die
Mineralölsteuer wegfalln .
an Stelle dessen soll ein Konjunkturzuschlag kommen
/ ,+ wobei ich die Frage erheben muß +, ,+ ob der Zinsentgang
für diesen Konjunkturzuschlag
nicht höher ist +, ,+ was
auf der andern Seite im Schnitt
der einzelne Autofahrer
hier
an Mehrleistungen und Steuer für
den Staat zu erbringen hat +, .

09 Wenn ich draußen im Lande herumhöre und verfolge, was zu dem Stabilitätspaket gesagt wird: Ich habe kürzlich in einem Artikel gelesen, die Entscheidung der Bundes- regierung sei mittelstands- feindlich.	/ ,+ und wenn ich draußen im Land herumhöre +, ,+ was zu diesem Stabilitätspaket gesagt wird +, da hab ich kürzlich (also) in einem Artikel gelesen ,+ daß diese Entscheidung der Bundesregierung mittelstands- feindlich wäre +,.
10 Das hat sich insbesondere auf die Stabilitätsabgabe bezogen.	das hat sich insbesondere auf die Stabilitätsabgabe bezogen .
11 Ich habe daraus geschlossen, daß der Mittelstand für die Opposition bei Einkommen eines einzelnen von 100 000 DM und bei Ehegatten von 200 000 DM beginnt.	ich habe daraus geschlossen ,+ daß der Mittelstand bei der Opposition bei Einkommen eines einzelnen von hunderttausend und bei Ehegatten von zweihunderttausend Demark beginnt +,. (nun)

(Vizepräsident: Herr Kollege G., gestatten Sie eine
Zwischenfrage des Herrn Abgeordneten v.B.?)

12 Bitte schön!	(ja)

(v.B. CDU/CSU: Herr Kollege, ist Ihnen entgangen, daß
die Stabilitätsabgabe bei der Körperschaftssteuer bereits
bei Gewinnen unter 100 000 DM erhoben werden soll?)

(Abg. H.: Wissen Sie das? Das ist tatsächlich so!)

13 Das ist mir nicht entgangen, Herr Kollege.	/ ist mir nicht entgangen (Herr Kollege) .
14 Aber auch dort sind die Dinge bei weitem nicht so drastisch, wie sie von Ihren Kollegen draußen dargestellt werden.	/ aber auch dort aber auch dort sind die Dinge bei weitem nicht so drastisch ,+ wie sie von Ihren Kollegen draußen dargestellt werden +,.
15 Wenn man etwas so pauschal behauptet, muß man auf jeden Fall auch die Möglichkeit haben, zu sagen, daß die Dinge hier wohl ein- seitig gesehen werden.	/ (auf jeden Fall) ,+ wenn man so pauschal behauptet +, muß man andrerseits auch die Möglichkeit haben zu sagen ,+ daß die Dinge hier wohl ein- seitig gesehn werden +, .
16 Was die düsteren Voraus- sagen hinsichtlich der allgemeinen wirtschaftlichen Situation angeht, so glaube ich, hat Herr Kollege L. dem, was Herr Kollege S. zum besten gegeben hat, nicht nachgestanden, nur in der Unterschiedlichkeit des Temperaments.	/ ,+ und was die düstern Voraus- sagen (äh) die Situ (äh) allgemeine wirtschaftliche Situation angeht +, (so glaube ich .) ist der Herr Kollege L. dem ,+ was hier Herrn Kollege S. zum besten gegeben hat +, nicht nachgestanden nur in der Unterschiedlichkeit des Temperaments .
17 Ich glaube, daß muß man in	ich glaube s+ das muß man einmal

diesem Zusammenhang einmal
erwähnen.

18 Ich gehöre bestimmt nicht zu
denjenigen, die den Haushalt
mehr loben wollen,
als das
möglich ist.
(Abg. W.: G., sei ehrlich!)
19 Aber ich sage:

Er verdient das Prädikat
gut.

20 Wenn Sie einmal
zurückblicken in die Zeit,
in der Sie selber Verantwortung
getragen haben,
meine Damen und Herren von
der Opposition,
müssen Sie doch alles das
bestätigen, was Sie jetzt
bezweifeln.
21 Mißtrauen gegen Zahlenwerk,
die Tatsache, daß mehr Steuern
hereinkommen: Ja, soll
die Bundesregierung denn
diese Steuermehreinnahmen
eventuell eliminieren?
22 Ich bin der Meinung,
was die Bundesregierung tut,
kommt der Entwicklung
entgegen.
23 Sie rügen darüber hinaus
die Tatsache,
daß die Bundesregierung
versucht, 2 000 Stellen
einzusparen.

24 Natürlich muß der
Haushaltsausschuß
die Dinge sehr hart
angehen, wenn man tat-
sächlich die Einsparung von
2 000 Stellen erreichen will.
25 Aber, Herr Kollege L.,
ich glaube, ein Anfang
kann das sein.
26 Ein Anfang ist gemacht
worden.

in diesem Zusammenhang
erwähnen +s .
und ich gehöre bestimmt nicht zu
denen ,+ die diesen Haushalt
(nun) mehr loben wollen +,
,+ als das in irgendeiner Weise
möglich ist +, .

/ aber ich sage s+ er verdient
er verdient das Prädikat gut +s
s+ er verdient das Prädikat
gut +s .
/ ,+ und wenn Sie und wenn Sie
einmal zurückblicken +,
,+ und wenn Sie einmal
zurückblicken in die Zeit +,
,+ wo Sie selber Verantwortung
gehabt haben +,
(meine Damen und Herren von
der Opposition) dann
müssen Sie doch das alles
bestätigen ,+ was Sie
als Zweifel hier erheben +, .
(Mißtrauen gegen Zahlenwerk)
(die Tatsache ,+ daß mehr Steuern
hereinkommen +,) (ja) soll
denn diese Mehrsteuereinnahmen
eventuell die Bundesregierung
(nun) (äh) eliminieren? .
ich bin der Meinung
s+ das
kommt der Entwicklung
entgegen +s .
,+ und wenn Sie darüber hinaus
noch die Tatsache rügen +,
,+ daß diese Bundesregierung
versucht +, i+ zwei Stellen
einzusparen +i
so ist das sicher in der Weise
gerechtfertigt
,+ daß man (nun) von Seiten des
Haushaltsausschusses hier sicher
(äh) die Dinge sehr hart
angehen muß +, ,+ wenn man tatsächlich
zweitausend erreichen will +, .
/ aber (Herrn Kollegen L.)
ich glaube s+ ein Anfang
kann es sein +s .
und ein Anfang ist gemacht
worden .

27 Dies gilt wohl auch
für die Schattenhaushalte.

und diese Tatsache gilt wohl auch
für die Schattenhaushalte .

28 Ich bin der Auf-
fassung, man sollte sich
gegenseitig,
Opposition und Regierungsparteien, darauf einigen,
diese Dinge zu bereinigen;

/ ich bin eigentlich der Auffassung s+ man sollte sich
eigentlich gegenseitig
(Opposition und Regierungsparteien) dazu einmal verstehn +s
i+ diese Dinge zu bereinigen +i .

29 denn da bin ich mit Ihnen einig.

denn da bin ich mit Ihnen einig .

30 Nur sind hier keine Sünden
dieser
Regierung zu bereinigen,
sondern das geht viel weiter
zurück.

/ nur sind hier Sünden
zu bereinigen nicht dieser
Regierung
sondern schon viel weiter
zurück .

31 Diese Dinge sind viel
früher angelaufen.

/ diese Dinge sind (ja) viel
früher angelaufen
,+ als das jetzt eben (nein)
als das jetzt in Bezug auf die
Bereinigung gilt +, .

(Abg. H.: Als Sie noch den Finanzminister stellten!
– Weitere Zurufe von der CDU/CSU.)

32 Stellen Sie sich vor,
Herr Kollege L., Sie hätten hier
die Verantwortung,
und es würde Ihnen jemand
von der Opposition vorwerfen,

/ ,+ und wenn Sie
(Herrn Kollege L.) hier
die Verantwortung hätten +,
und es würde Ihnen jemand
vorwerfen ,+ der (nun) von
der Opposition spricht +,

daß die Finanzleute mit
Tricks arbeiteten.

,+ daß Finanzleute mit
Tricks arbeiten +,

33 Das gilt doch wohl für alle
Finanzleute, wenn Sie so
wollen, auf der ganzen Welt,
auch für die Finanzleute der
Länder, einschließlich der
Gemeinden.

so gilt das wohl für alle
Finanzleute ,+ wenn Sie so
wollen +, auf der ganzen Welt
auch für die Finanzleute der
Länder einschließlich der
Gemeinden .

34 Da nehme ich allerdings die Finanzleute des Bundes nicht aus.

da nehm ich allerdings die Finanzleute des Bundes nicht aus .

(Abg. Dr.A.: Widerspruch von Herrn M.!)

/ da da nehm ich

35 Da nehme ich niemanden aus.

da nehm ich niemand aus
,+ wenn hier (nun) diese
Dinge in entsprechender Weise
dargelegt werden +,

(Abg. Dr.M.: Aber auch nicht die Landwirte ausschließen!)

36 – Nein, auch nicht die
Landwirte.

(nein) (auch nicht die
Landwirte)
,+ wenn das möglich erscheint +,
i+ hier die Dinge zu klären +i .

37 Insgesamt gesehen können wir
wohl die Auffassung vertreten,
daß dieser Haushalt und die

denn insgesamt gesehen können wir
wohl die Auffassung vertreten
,+ daß wir

mittelfristige Finanzplanung
eine sinkende Investitionsquote

aufzuweisen haben.
38 Aber gerade diese Tatsache
— ich glaube, dazu sollten wir
uns auch einmal bekennen —
wird nicht von heute auf morgen
aus der Welt geschaffen
werden können.
39 Dann sprechen Sie hier davon,
daß dieser
Haushalt gewisse Risiken
beinhaltet.

40 Bisher ist wohl noch nie ein
Haushalt vorgelegt worden,
bei dem man zu Beginn des
Jahres nicht mit Risiken
hinsichtlich seiner Verwirklichung im Laufe des Jahres
rechnen mußte.

(Abg. L.: Genau das habe ich gesagt!)
41 — Herr Kollege L., es ist
in den letzten Jahren noch nie
so düster geworden,
wie Sie und der Herr Kollege S.
das jeweils zu Beginn eines
Jahres vorausgesagt haben.
(Abg. H.: Das ist doch schlimm genug!
von der CDU/CSU.)
42 Diese Hoffnung

haben wir als Regierungspartei.
43 Es wird nach unserer Auffassung
auch in diesem Jahr gutgehen.
44 Andererseits sagen Sie:

Natürlich müssen die Gemeinden
mehr bekommen,

und natürlich steht jedem
Arbeiter entsprechend der Infla-
tionsrate noch mehr Lohn zu.

45 Da muß ich Sie fragen:

---

eine sinkende Investitionsquote
in diesem Haushalt und in der
mittelfrischtigen Finanzplanung
aufzuweisen haben +,
/ ,+ aber gerade diese Tatsache
(ich glaube s+ dazu sollten wir
uns auch mal bekennen +s .)
nicht von heute auf morgen
aus der Welt geschafft
werden können +, .
,+ und wenn Sie hier davon sprechen +, ,+ daß hier dieser
Haushalt gewisse Risiken
beinhaltet +,
so ist das doch wohl auch
dahingehend zu sehen
/ ,+ daß noch nie ein
Haushalt vorgelegt worden ist +,
,+ bei dem man zu Beginn des
Jahres nicht damit rechnen muß +,
,+ daß im Laufe des Jahres (nun)
bei der Verwirklichung dieses
Haushaltes Risiken auftreten +, .
/ und es ist

(Herr Kollege L.) es ist
noch nie so düster geworden
in den letzten drei Jahren
,+ wie Sie und der Herr Kollege S.
jeweils zu Beginn eines
Jahres vorausgesagt haben +, .
— Weitere Zurufe

/ und diese diese Hoffnung
diese Hoffnung
(gestatten Sie .) die
haben wir als Regierungspartei .
und das wird auch in diesem Jahr
nach unsrer Auffassung gutgehen .
,+ denn wenn Sie (nun)
andrerseits sagen +,
s+ natürlich müssen die Gemeinden
mehr bekommen +s
,+ und wenn andrerseits gesagt
wird +,
s+ natürlich steht jedem
Arbeiter entsprechend der Infla-
tionsrate noch mehr Lohn zu
und alle diese Dinge +s
dann muß ich Sie fragen

73

Wo soll man denn eigentlich
beginnen, die Dinge in die
richtige Richtung zu bringen?
(Abg. Dr.A.: Das fragen wir Sie! — Weitere Zurufe
von der CDU/CSU.)

46 Ich bin der Meinung,
   daß die Bundesregierung

   mit der Vorlage des Stabili-
   tätspakets genau den richtigen
   Weg beschritten hat.

47 Die Opposition wäre gut
   beraten, wenn sie ihrerseits
   dort, wo sie Einfluß hat,
   die Dinge
   bei den Länderministern auch
   einmal ins rechte Licht
   rücken würde.

   (Abg. Dr.J.: Vor allem in Nordrhein-Westfalen!)
48 — Herr Dr.J.,

   die Entscheidung, eine
   Stabilitätsabgabe
   zu erheben
   so fair sollten wir sein,
   Herr N. hat das wenigstens in
   seinen Ausführungen bekräftigt —,
   ist im Endeffekt richtig,
   (Abg. Dr.J.: Das wird gar nicht bestritten!)
   und diese Gelder werden
   stillgelegt.
49 Nur habe ich hier bis jetzt
   vermißt, daß das auch von
   Ihren Sprechern gebührend

   zum Ausdruck
   gekommen ist.

50 Damit würde auch das wohl
   entfallen, was Sie,
   Herr Kollege L., hier
   gesagt haben, diese
   Entscheidung des Stabilitäts-
   paketes

s+ wo soll man eigentlich
beginnen? +s i+ die Dinge in die
richtige Richtung zu bringen +i .

/ und da bin ich der Meinung
und da bin ich der Meinung
s+ hat die Bundesregierung
hat die Bundesregierung
mit der Vorlage des Stabili-
tätspakets genau den richtigen
Weg beschritten +s .
/ und ich glaube
s+ die Opposition wäre gut
beraten +s ,+ wenn sie ihrerseits
dort ,+ wo sie Einfluß haben +,
bei den Länderministern hier
die Dinge auch
einmal ins rechte Licht
rücken würden +, .
/ und das Stabilitätspaket
das Stabilitätspaket
(Herr Doktor J.) ich glaube
(so fair sollten wir sein .)
(Herr N. hat es wenigstens in
seinen Ausführungen bekräftigt .)
,+ daß die Entscheidung i+ eine
Stabilitätsanleihe eine Stabilitätsabgabe zu erheben +i

im Endeffekt richtig ist +, .

und diese Gelder werden diese
Gelder werden stillgelegt .
ich habe es nur hier
vermißt ,+ daß das auch von
Ihren Sprechern bis jetzt entsprechend
zum Ausdruck und zur Geltung
gekommen ist +, .
/ (nun) damit würde auch doch
(wohl) entfallen
damit würde auch doch (wohl)
entfallen ,+ daß
(Herr Kollege L.) Sie hier
gesagt haben +, s+ diese
Entscheidung des Stabilitäts-
paketes

- das war sicherlich gemeint -
sei einseitig den Bürgern
aufgebürdet worden.
(Abg. L.: Habe ich gar nicht gesagt!)
51 Ich glaube, daß diese
Entscheidung

angesichts der allgemeinen
wirtschaftlichen Situation
von hoher Verantwortung
getragen war.

52 Wenn ich das alles gegenein-
ander abwäge,
so komme ich zu der Auffassung,
daß dieser Haushalt tatsächlich
nach den gegebenen Umständen
ein Haushalt der Vernunft ist.

53 Ich bin der Meinung,

daß sowohl der Haushalt dieses
Jahres als auch die mittelfristige Finanzplanung
die Note "gut" verdienen.

(Beifall bei den Regierungsparteien.)

(das war sicherlich gemeint .)
sei einseitig den Bürgern
aufgebürdet worden +s .

/ ich glaube s+ diese
Entscheidung war sicher gezielt
in einer Art und Weise +s
,+ die von hoher Verantwortung
angesichts der allgemeinen
wirtschaftlichen Situation
von hoher Verantwortung
getragen ist +, .
/ ,+ und wenn ich das alles gegen
wenn ich das alles gegenein-
ander abwäge +,
so bin ich der Auffassung
,+ daß dieser Haushalt
ein Haushalt der Vernunft
tatsächlich ist
nach den gegebenen Umständen +, .
und ich bin der Meinung
,+ daß er die Note gut
(sowohl der Haushalt dieses
Jahres als auch die mittel-
frischtige Finanzplanung)
verdient +, .
(vielen Dank)

Bundestagsrede (D)

(a) S p r e c h e r d a t e n

Geschlecht: männlich
Jahrgang: 1927
Beruf: Dipl.-Volkswirt
landschaftliche Herkunft: Berlin
Zugehörigkeit zum Deutschen Bundestag: 3. Legislaturperiode
Partei: SPD

(b) R e d e d a t e n

Thematik: Aussprache über das Haushaltsgesetz 1973
Dauer: 10 Minuten (Teil I einer Rede von insgesamt
            22 Minuten Dauer)
Unterbrechungen: 11 (Zurufe: 10
            Beifall: 1)

75

Stenographischer Bericht	Tonbandaufnahme
01 Herr Präsident! Meine sehr verehrten Damen und Herren! Wir von der sozialdemokratischen Fraktion waren schon gespannt, wann der Punkt in der Haus- haltsdebatte kommt, wo die Oppositionsredner, die für Sparen und Einschränkungen sind, von denen abgelöst werden, die für Mehrausgaben sind. 02 Dieser Wendepunkt lag genau in der Person des Herrn A.. 03 Er hat nach einigen Deklamationen, daß stillzulegende Gelder vielleicht doch wieder mobilisiert werden, angefangen, Bevölkerungsgruppen aufzuzählen, die er noch zusätzlich zu bedenken wünscht, — aus welchen Fonds denn wohl anders als aus dem Bundeshaushalt? 04 Er ging sogar so weit, die Kriegsopfer einzube- ziehen, die in diesem Jahr eine Steigerung ihrer Bezüge um mehr als 10% haben werden —, was notwendig ist. 05 Damit wird sich ihre reale Lebenslage verbessern, trotz der Preissteigerungen, die wir haben. (Zustimmung bei der SPD.) 06 Das bringt natürlich ein strukturelles Problem für diesen Haushalt. 07 Er hat sehr viele Aufwendungen für Einkommensübertragungen und nicht so starke Steigerungen	(Herr Präsident) (meine sehr verehrten Damen und Herrn) wir warn schon von der sozialdemokratischen Fraktion gespannt ,+ wann der Punkt in der Haus- haltsdebatte kommt +, ,+ wo die Redner ,+ die für Sparen und Einschränkungen sind +, von denen abgelöst werden +, ,+ die für Mehrausgaben sind +, . / und dieser Wendepunkt der hat genau an der Person des Herrn A. begonnen . / er hat bereits angefangen nach einigen Deklamationen ,+ daß wahrscheinlich die still- gelegten Gelder doch vielleicht wieder mobilisiert werden +, angefangen i+ Bevölkerungsgruppen aufzuzählen +i ,+ die er noch zusätzlich zu bedenken wünscht +, (und aus welchen Fonds denn wohl zu bedenken wünscht als anders aus dem Bundeshaushalt?) . er ging sogar so weit i+ die Kriegsopfer da einzube- ziehen +i ,+ die (ja) eine Steigerung ihrer Bezüge von mehr als zehn Prozent in diesem Jahr haben werden +, das ,+ was notwendig is +, . aber es is doch nich gesagt ,+ daß sich damit ihre reale Lebenslage verbessern wird +, . (nein) sie wird sich mit dieser Steigerungsrate verbessern trotz der Preissteigerungen ,+ die wir haben +, . und das is das Problem natürlich auch dieses Haushalts strukturell . er hat sehr viele Aufwendungen für Einkommensübertragungen und nicht so starke Steigerungen wie

für die Investitionen.	für die Investitionen
08 Er muß das in dieser	und muß das so haben in dieser
Gewichtung haben, weil wegen	Gewichtung ,+ weil wegen
der starken Preissteigerungen	der starken Preissteigerungen
ein großer Teil der Bevölkerung,	ein großer Teil der Bevölkerung
der auf Renten, Unterstützungen	,+ der auf Renten Unterstützungen
und Förderungsmaßnahmen ange-	und Förderungsmaßnahmen ange-
wiesen ist, vor dieser Preis-	wiesen ist +, vor dieser Preis-
steigerung geschützt werden	steigerung geschützt werden
muß.	muß +,.

(Abg. Dr.M.: Nur widerspricht es Ihren großen Worten über
die Reformen!)

	/ und dennoch und dennoch
09 Außerdem müssen gewisse	und dennoch müssen gewisse
Gesamtansätze eingehalten werden,	Gesamtansätze eingehalten werden
worauf auch Sie Wert legen,	,+ worauf Sie auch Wert legen +,
selbstverständlich.	(selbstverständlich).
10 Reform kann auf die Art und	/ Reform kann auf die Art und
Weise in einer Welt der Insta-	Weise in einer Welt der Insta-
bilität nur schritweise	bilität nur schrittweise
vorangeführt werden,	vorgeführt werden
nicht ruckweise.	nicht ruckweise nicht ruckweise .

(Abg. Dr.M.: Jetzt geht es aber zurück!)

11 — Es geht nicht zurück.	es geht nicht zurück .
12 Die Investitionen werden	die Investitionen werden
1973	neunzehnhundertdreiensiebzig
höher sein als	höher sein als
1972.	neunzehnhundertzweiensiebzig .
13 Das ist kein Zweifel.	das ist kein Zweifel .
	das ist kein Zweifel .
14 Sie gehen nicht in dem Tempo	sie gehen nicht in dem Tempo
voran, das wir und,	,+ das wir und
ich nehme an, auch die	(ich nehme an .) auch die
Regierung gern	Regierung gerne
sähen.	wünschen würden +,.

(Abg. Dr.M.: Sie gehen real zurück!)

15 Das ist	/ und das ist (nun) wiederum
Rücksichtnahme	eine Rücksichtnahme auf die
	Politik ,+ die Ihre Redner und
auf das Ziel, das Ihre Redner	auf diese Ziele die Ihre Redner
von heute vormittag bis heute	von heute vormittag bis heute
nachmittag gefordert haben:	nachmittag gefordert haben +,
Stabilität.	auf Stabilität .
16 Herr A. hat am Anfang seiner	und Herr A. hat am Anfang seiner
Ausführungen gefragt: wo geht	Ausführungen gefragt s+ wo geht
die Reise hin in der SPD?	die Reise hin in der SPD? +s .
17 Dr. B.hat am Morgen	und Herr Doktor B. hat am Morgen
in seiner Rede am Anfang	in seiner Rede auch im Anfang
gefragt:	gefragt:
wohin geht die Reise in der	s+ wohin geht die Reise in der
Bundesrepublik Deutschland?	Bundesrepublik Deutschland? +s .

18 Man kann natürlich auch fragen:
   wohin geht die Reise
   in der Welt?
19 Ich kann nur sagen:
   ich weiß es nicht.
20 Ich weiß nicht, wo die Welt,
   in der wir uns bewegen,
   in Europa, im Atlantischen
   Bündnis, in unserem Verhältnis
   zur Sowjetunion und den ost-
   europäischen Staaten,
   in zehn Jahren oder auch nur
   in fünf Jahren
   sein wird.
21 Ich weiß nicht einmal rück-
   blickend, ob die Welt in den
   letzten zehn Jahren politisch
   stabiler
   geworden ist.
22 Was haben wir
   Anfang der Fünfziger Jahre
   für Hoffnungen gehabt
   im Blick auf die
   Entwicklungsländer:
   daß es doch möglich sein
   würde, ein großes Maß an
   Demokratie dort zu verankern.
23 War nicht ein großer Teil der
   Hilfsbemühungen und Unter-
   stützungen diesem Punkt
   gewidmet?
24 Was ist von diesen Hoffnungen
   übriggeblieben?
25 Sicherlich, es gibt
   leuchtende Beispiele wie Indien.
26 Da gab es aber auch eine
   politische Führung, Nehru.

27 In den anderen Entwicklungs-
   ländern, in den meisten, hat
   es sich nicht so entwickelt,
   wie wir das gedacht hatten.
28 Wer dachte ziemlich genau vor
   zehn Jahren an Griechenland,
   wer dachte vor zehn Jahren daran,
   daß sich Portugal in einen
   unseligen Krieg verwickeln
   lassen würde, der selbstverständlich auch wiederum auf die
   internen politischen Strukturen

man kann natürlich auch fragen
s+ wohin geht die Reise
in der Welt? +s .
und (äh) ich kann nur sagen
s+ ich weiß es nicht +s .
ich weiß es nicht ,+ wo die Welt
,+ in der wir uns bewegen
in Europa im Atlantischen
Bündnis in userm Verhältnis
zur Sowjetunion und den ost-
europäischen Staaten +,
in zehn Jahren oder auch nur
in fünf Jahren
sein wird und stehen wird +, .
und ich weiß nicht einmal rück-
wirkend ,+ ob die Welt in den
letzten zehn Jahren politisch
stabiler oder besser
geworden ist +, .
was haben wir alle
für Hoffnungen gehabt
am Anfang der Fünfziger Jahre
über die
Entwicklungsländer?
,+ daß es doch möglich sein
würde +, i+ ein großes Maß an
Demokratie dort zu verankern +i.
und war nicht ein großer Teil der
Hilfsbemühungen und der Unter-
stützungen da diesem Punkt
gewidmet? .
und was ist aus diesen Hoffnungen
übriggeblieben? .
(sicherlich) es gibt
leuchtende Beispiele wie Indien .
da gab es aber auch eine
politische Führung (Nehru) .
/ sie haben ihn da sehr angegriffen damals sehr angegriffen .
aber in andern Entwicklungs-
ländern in den meisten hat
es sich nicht so entwickelt
,+ wie wir das gedacht hatten +, .
und wer dachte denn ziemlich vor
zehn Jahren an Griechenland? .
wer dachte vor zehn Jahren?
,+ daß Portugal sich in einen
unseligen Krieg verwickeln
läßt +, ,+ der selbstver-
ständlich auch wiederum auf die
internen politischen Strukturen

	dieses Landes zurückwirkt,	dieses Landes zurückwirkt +, .
	wer dachte an Nordirland,	wer dachte an Nordirland? .
	wer dachte an Kroatien, an die	wer dachte an Kroatien? die
	neuesten Vorgänge um die	neusten Vorgänge in der
	Zeitschrift "Praxis" und	Zeitschrift Praxis und
	ihre Autoren?	seine Autoren? .
29	In dieser Welt haben wir uns	in dieser Welt haben wir uns
	zu bewegen.	zu bewegen .
30	Ganz sicherlich ist Ihre Form	und ganz sicherlich ist Ihre Form
		der Bewegung (nämlich) des
	Stillstand, Verharren und	Stillstands und Verharrens und
	Nein zu jedem neuen Schritt,	des Neins zu jedem neuen Schritt
	zu jeder neuen Öffnung,	zu jeder neuen Öffnung
	nicht die richtige Politik.	nicht die richtige Politik .

(Abg. Dr.M.: Das glauben Sie doch selbst nicht!)

31	— Es ist nicht die richtige	das ist nicht die richtige
	Politik,	Politik .
	denn wir werden uns mit dieser	denn wir werden uns mit dieser
	Welt zusammen zu bewegen haben,	Welt zusammen zu bewegen haben
	zwar in vorsichtiger Abschätzung	in vorsichtiger Abschätzung
	der Risiken, aber in Entwicklung,	der Risiken aber mit Entwicklungen
	nicht mit Stehenbleiben.	nicht mit Stehenbleiben .
32	Denn Freiheit und Frieden	/ denn Freiheit und Frieden
	— das sind Ziele, um	(und das sind die Ziele ,+ um
	die es uns geht —	die es uns geht +, .)
	können wir nicht bewahren,	können wir nicht bewahren
	indem wir nur in den Start-	,+ indem wir nur in den Start-
	löchern sitzenbleiben,	löchern sitzenbleiben
		in den Startlöchern +,
	die Sie sich einmal gegraben	,+ die Sie sich gegraben
	haben und aus denen Sie	haben +, ,+ und aus denen Sie
	während Ihrer Regierungszeit	während Ihrer Regierungszeit
	nie herausgekommen sind.	nie herausgekommen sind +, .

(Abg. Dr.M.: Unsere Regierungen konnten sich noch sehen
lassen!)

		/ wir haben wir haben
33	— Nein, nein, Europa ist	(nein) (nein) Europa ist
	in den letzten Jahren	gestärkt worden
	gestärkt worden.	in den letzten Jahren .
34	Die EWG hat sich erweitert.	die EWG hat sich erweitert .
35	Es gibt einen europäischen	es gibt einen europäischen
	Währungsfonds;	Währungsfonds .
36	er wird Kompetenzen haben,	er wird Kompetenzen haben .
	und er wird mehr und mehr	und er wird mehr und mehr
	Kompetenzen bekommen.	Kompetenzen bekommen .

(Abg. D.: Wir waren doch nicht dagegen!)

37	Wir haben in diesem Lande	und wir haben in diesem Lande
	zwar wie in anderen europäischen	zwar wie in andern europäischen
	Ländern keine Preis-	Ländern auch keine Preis-
	stabilität;	stabilität .
38	aber wir haben hier	aber wir haben hier

79

politische Stabilität.
39 Ich bin dem Kanzler

dieser Regierung und allen
denen draußen im Lande
— Gewerkschaften, Verbänden und
Parteien —, die das möglich
gemacht haben und immer noch
möglich machen,
dafür dankbar.
(Abg. S.: Das ist ja ein Witz!)

40 Wir lassen uns doch
von Ihnen
(Abg. Dr.M.: Davon wollen Sie die Opposition ausnehmen?)
— Herr M., Sie sind einer
von denen, die gestern in der
Verantwortung standen,
das stimmt —

nicht in eine Position
manövrieren, wo wir das
Vertrauenskapital der Bevölkerung, die weiß,
daß diese Welt nicht voll-
kommen ist, und daß wir mit
anderen zu leben haben, durch
unbedachte Maßnahmen aufs Spiel
setzen.
(Beifall bei der SPD.)
41 "Einen Stabilitätspakt zu
schließen", das schreibt sich
leicht in einem Gutachten.

42 Doch wie kann man nach der Art
der Wahlpropaganda, die wir im
vorigen Herbst erlebt haben,
die sicherlich nicht auf die
Initiative von Unternehmer-
verbänden zurückzuführen ist,
aber von der Sie sich auch nicht
distanziert haben,

von "Pakt" reden?

43 Die Lohnabschlüsse
Anfang dieses Jahres mit rund
8,5%
sind stabilitäts- und
kostengerechter gewesen als
alles, was in anderen europäi-

politische Stabilität.
/ und ich bin dem Kanzler dafür
dankbar dem Kanzler
der Regierung und allen
denen draußen im Lande
(Gewerkschaften Verbänden
Parteien) ,+ die das möglich
gemacht haben und immer noch
möglich machen +, .

/ und wir lassen uns doch nicht
wir lassen uns doch nicht
von Ihnen

(Herr M.) (Sie sind einer
derjenigen ,+ die gestern in der
Verantwortung standen +, .)
(das stimmt .)
wir lassen uns doch
nicht von Ihnen in eine Position
manövrieren ,+ wo wir das
Vertrauenskapital der Bevölkerung ,+ die (ja) weiß +,
,+ daß diese Welt nicht voll-
kommen ist +, ,+ und daß wir mit
andern zu leben haben +, durch
unbedachte Maßnahmen aufs Spiel
setzen +, .

das schreibt sich doch leicht
in dem Gutachten
s+ Stabilitätspakt muß man
machen +s .
/ einen Pakt nach der Art von
Wahlpropaganda ,+ die wir im
vorigen Herbst gehabt haben +,
,+ der sicherlich nicht auf
Unternehmer-
verbände zurückzuführen is +,
,+ aber von der Sie sich auch
nicht distanziert haben +,
wie kann man wie kann man da
von Pakten reden
und von diesem Begriff? .
/ aber die Lohnabschlüsse am
Anfang dieses Jahres mit rund
acht-Komma-fünf Prozent die
sind stabilitätsgerechter und
kostengerechter gewesen als
alles ,+ was in andern europäi-

schen Ländern

passiert ist, und zwar
in Ländern mit und ohne
Preisstopp, in Ländern
mit und ohne Lohnstopp,

in Ländern auch mit ganz unterschiedlicher politischer
Freiheit.
44 Denn der Freiheitsgrad
in der Bundesrepublik
Deutschland ist sehr, sehr hoch,
(Abg. L.: Noch!)

und zwar nicht nur hier
im Parlament;
45 das ist selbstverständlich.
46 Sprechen Sie einmal mit Journalisten darüber,
wie spärlich der Informations-
fluß in Paris,
selbst in London gegenüber dem
ist, was sie hier an Nachrichten

bekommen können.
47 Das können Sie doch nicht
mit Begriffen wie "Nachzensur"
und "Vorzensur"
wegwischen.
48 Da liegt doch nicht das Problem
der Pressesteuerung.
49 Wogegen sich die Regierung

und auch die sozialdemokratische Fraktion wenden,

ist eine Selbststeuerung,
die weniger Eigensteuerung
der Journalisten

als vielmehr
einiger weniger, vielleicht
auch nur eines Verlegers ist.
50 Das muß man
korrigieren, auch wenn es
der SPD im letzten
Wahlkampf sicherlich
genutzt hat,

schen Ländern
bisher um diese Zeit herum
passiert ist
in Ländern mit Preisstopp mit
ohn ohne Preisstopp
mit Lohnstopp ohne Lohnstopp
in Ländern mit Pakten ohne Pakten
in Ländern auch mit ganz unterschiedlicher politischer
Freiheit +, .
/ denn der Freiheitsgrad hier
in der Bundesrepublik
Deutschland is sehr sehr hoch

sehr sehr hoch
nicht nur hier
im Parlament .
das ist selbstverständlich .
/ sprechen Sie mal mit Journalisten ,+ wo Informationen
wie der Informations-
fluß is in Paris wie spärlich
selbst in London gegenüber dem +,
,+ was hier an Nachrichten
und Arbeit
für sie möglich is +, .
das wischen Sie doch nich weg
mit Worten über Nachzensur
und Vorzensur .

da liegt doch nicht das Problem
der Pressesteuerung .
,+ wogegen sich die Regierung
wendet +,
,+ und wogegen sich auch die
sozialdemokratische Fraktion
wendet +,
ist eine Selbststeuerung
,+ die nicht nur Eigensteuerung
der Journalisten ist +,
,+ wie wir sie jetzt haben +,
,+ sondern die Selbststeuerung
einiger weniger vielleicht
auch nur eines einzelnen ist +, .
und das muß man ein bißchen
korrigieren, auch wenn es
sicherlich der SPD im letzten
Wahlkampf
genutzt hatte +,
i+ so frontal angegriffen zu
werden

von dem großen Zeitungstrust
frontal angegriffen zu werden.

51 Preisstabilität ist
   eine von vielen Bedingungen
   für die politische Stabilität,
   die wir haben.

52 Wir sind in den letzten
   Wochen hier ein Stück
   weitergekommen.

53 Die jüngste Währungspolitik hat
   eine neue Aktionsbasis
   eröffnet.

54 Der Bundesfinanzminister hat
   das wiederholt betont.

55 Wenn es in den nächsten Monaten
   zu keiner künstlichen Stützung
   des Dollars kommt,
   wird die Geldpolitik greifen,
   wird eine Basis für die Stabilisierung
   der Preise
   geschaffen werden.

56 Es ist auch gut für die USA,
   wenn eine künstliche Stützung
   des Dollars unterbleibt.

57 Das fördert die
   Gesundung
   dort
   wie bei uns.

58 Wir haben in diesem Fall
   Interessenidentität

   mit einem Land, das die Folgen
   eines Krieges zu überwinden hat,
   der

   sehr grausam und ressourcenver-
   schlingend war.

59 Um zwei bis zweieinhalb Millionen Menschen sind
   in den letzten vier Jahren

von dem großen Zeitungstrust +i .

auch das ist kein Grund
i+ dennoch die Verhältnisse da
so zu lassen +i .

denn auch die innere Freiheit
des Pressemannes i+ in seiner
Zeitung Dissens anmelden und
ausüben zu können +i gehört zur
Freiheit dazu ,+ die wir
verteidigen +, .
/ und die Preisstabilität is
eine Bedingung
für die politische Stabilität
,+ die wir haben +,
aber nich alle .
aber wir sind in den letzten
Wochen ein Stück
weitergekommen .
die Währungspolitik hat
eine ganz neue Aktionsbasis
eröffnet .
der Bundesfinanzminister hat
das wiederholt betont .
,+ und wenn es zu keiner
künstlichen Stützung des Dollars
in den nächsten Monaten kommt +,
wird Geldpolitik greifen und
wird die Basis für eine Stabilisierung auch
der Preisentwicklung in Zukunft
geschaffen werden .

und keine künstliche Stützung
ist auch gut für die USA .
/ denn das fördert seine
Gesundheit (äh) Gesundung
(die des Dollars)
und unsre Gesundung .
/ und wir haben
Intresseidentität in diesem Fall
Intressenidentität
mit einem Lande ,+ das die Folgen
eines Krieges zu überwinden hat ,+
,+ der sehr weit weg von uns
und dennoch
sehr grausam und ressourcenver-
schlingend war +, .
zwei bis zweienhalb Millionen Menschen in USA sind
in den letzten vier Jahren

in den USA

die Streitkräfte und die

Arbeitsplätze in der
Rüstungsindustrie vermindert
worden;
60 sie waren dort vorher
zusätzlich eingeschleust
worden.
61 Diese Zahl macht 3% des Be-
schäftigungspotentials aus,
eine Größenordnung, die
ausgereicht hat, um Amerika

und mit Amerika die Welt
in die Inflation zu führen.

...

nicht mehr in
den Streitkräften oder nicht
mehr in der

Rüstungsindustrie tätig .

und die sind dort vorher
zusätzlich eingeschleust
worden .
das sind drei Prozent des Be-
schäftigungspotentials
eine Größenordnung ,+ die
ausgereicht hat +, i+ um Amerika
in die Inflation
und mit Amerika die Welt
in die Inflation zu bringen +i .

...

Bundestagsrede (E)

(a) S p r e c h e r d a t e n

Geschlecht: männlich
Jahrgang: 1924
Beruf: Leitender Angestellter
landschaftliche Herkunft: Hamburg
Zugehörigkeit zum Deutschen Bundestag: 4. Legislaturperiode
Partei: SPD

(b) R e d e d a t e n

Thematik: Entwurf eines Fünften Gesetzes über die Anpassung der
Leistungen des Bundesversorgungsgesetzes
— Zweite und Dritte Beratung —
Dauer: 11 Minuten
Unterbrechungen: 18 (Zurufe: 8
Beifall: 9
Zwischenfragen: 1)

Stenographischer Bericht

Tonbandaufnahme

01 Herr Präsident! Meine
Damen und Herren!
Wie ist die Situation gegenüber
der vor vierzehn Tagen?
02 Es hat sich

(Herr Präsident) (meine
Damen und Herrn)
wie ist die Situation gegenüber
vor vierzehn Tagen? .
es hat sich
gegenüber vor vierzehn Tagen

83

nichts geändert.
03 Es sind die gleichen
Argumente,
es sind die gleichen Anträge
der Opposition.
04 Sogar die Unruhe der Opposition ist die gleiche geblieben,

wenngleich das gar keine heil-
same Unruhe ist, sondern eine
gewollte Unruhe.
05 Man will uns und der
Öffentlichkeit
vormachen, als brächte das
Fünfte Anpassungsgesetz zur
Kriegsopferversorgung

den Kriegsopfern keine
Gerechtigkeit.
06 Ich bin der Meinung
– und das wird von der Mehrheit
der Kriegsopfer auch unterstützt und anerkannt –,
daß durch den Stufenplan,

in einem besonderen Artikel
des Fünften Anpassungsgesetzes
vorgesehen haben,
auch unter Beachtung der finanz-
und konjunkturpolitischen Möglichkeiten und Notwendigkeiten
das geschieht, was notwendig
und möglich ist, nämlich
eine vorgezogene Rentenanpassung
in Stufen:
zum 1. Oktober 1974

– damit würden die Kriegsopfer
bereits im Jahre 1974

eine Rentenanpassung von durchschnittlich 15 v.H.
erhalten –
und dann zum 1. Juli 1975,

der nächsten Stufe in dieser
Rentenanpassung.
07 Die Kriegsopfer werden auch
für das Jahr 1975

nichts geändert .
es sind (äh) die gleichen
Argumente .
es sind die gleichen Anträge
der Opposition .
/ sogar die Unruhe der Opposition ist die gleiche geblieben
,+ wenn da
wenngleich das gar keine heil-
same Unruhe ist sondern eine
gewollte Unruhe +, .
/ und (äh) man will uns und der
Öffentlichkeit (äh) hier
vormachen ,+ als würde dieses
Fünftes Anpassungsgesetz zur
Kriegsopferversorgung
(meine Damen und Herrn)
den Kriegsopfern keine
Gerechtigkeit bringen +, .
ich bin der Meinung
(und das wird von der Mehrheit
der Kriegsopfer auch unterstützt und anerkannt .)
,+ daß durch den Stufenplan
,+ den wir jetzt
in das Fünfte Anpassungsgesetz
in einem besonderen Artikel

hineingebracht haben +,
auch unter Beachtung der finanz-
und konjunkturpolitischen Möglichkeiten und Notwendigkeiten
das geschieht ,+ was notwendig
und möglich ist +, (nämlich)
eine vorgezogene Rentenanpassung
in Stufen
zum ersten Oktober neunzehn-
hundertvierundsiebzig
(damit würden die Kriegsopfer
bereits neunzehnhundertvieren-
siebzig
durchschnittlich eine Rentenanpassung von fünfzehn vom Hundert
erhalten .)
und dann zum ersten Juli neun-
zehnhundertfünfensiebzig
die nächste Stufe in dieser
Rentenanpassung +, .
wir würden auch
für das Jahr neunzehnhundertfünfundsiebzig

eine Rentenanpassung von durchschnittlich 15%
erhalten.
08 Damit werden die Kriegsopfer
bereits ab 1. Oktober 1974

sowohl rechtlich als auch
materiell den Sozialrentnern
gleichgestellt werden.
09 Herr B., Sie wissen
doch genauso wie die
Öffentlichkeit
– auch wenn das inzwischen in
Vergessenheit geraten sein
sollte –,
daß die vorge-
zogene Rentenanpassung in der
Sozialversicherung deswegen
vorgenommen worden ist,
weil die Rentenanpassung
durch die Schuld der damaligen
CDU/CSU-Regierung im Jahre
1958
ausgefallen war, und
deshalb eine teilweise Nach-
holung dieser Rentenanpassung
durchgeführt wurde.
10 Wir haben damals bereits

mit aller Deutlichkeit darauf
hingewiesen, daß

eine vorgezogene Rentenanpassung
in der Kriegsopferversorgung
aus den gleichen rechtlichen
Gründen
nicht möglich ist.
11 Das wird von den Kriegsopfern
auch anerkannt.
12 Trotzdem haben wir diesen Stufenplan entwickelt, der, weil
wir meinen, daß hier auch
aus moralischen Gründen eine
Verpflichtung besteht, den
Kriegsopfern

das geben soll, was möglich
und notwendig ist.
13 Meine Damen und Herren,
die Anträge, die uns hier

eine Rentenanpassung von durchschnittlich fünfzehn Prozent
erhalten .
damit würden die Kriegsopfer
bereits ab ersten Oktober neun-
zehnhundertvierundsiebzig
sowohl rechtlich als auch
materiell den Sozialversicherten
gleichgestellt werden .
/ und (Herr B.) Sie wissen
doch genauso wie die (äh)
Öffentlichkeit
(,+ und wenn das inzwischen in
Vergessenheit geraten sein
sollte +,)
,+ daß die (äh) Rent die vorgezogene Rentenanpassung in der
Sozialversicherung deswegen
vorgenommen worden ist +,
,+ weil diese Rentenanpassung
durch die Schuld der damaligen
CDU/CSU-Bundesregierung im Jahre
neunzehnhundertachtenfünfzig
ausgefallen war +, ,+ und wir
hier eine teilweise Nach-
holung dieser Rentenanpassung
durchführen mußten +, .
und wir haben damals bereits
(meine Damen und Herrn)
mit aller Deutlichkeit darauf
hingewiesen ,+ daß
aus diesen gleichen rechtlichen
Gründen
eine vorgezogene Rentenanpassung
in der Kriegsopferversorgung

nicht möglich ist +, .
das wird auch anerkannt
von den Kriegsopfern .
trotzdem haben wir diesen Stufenplan entwickelt ,+ der ,+ weil
wir meinen +, ,+ daß hier auch
aus moralischen Gründen eine
Verpflichtung besteht +, den
Kriegsopfern
innerhalb dieses Stufenplanes
das geben soll +, ,+ was möglich
und notwendig ist +, .
/ (meine Damen und Herrn)
die Anträge ,+ die uns hier

vorliegen, und deren Kern der Antrag zu § 56 ist, der die Rentenanpassung zum 1. Juli 1973	vorliegen +, ,+ und dessen Kern (äh) der Antrag zu Paragraph sechsenfünfzig ist +, (nämlich) i+ die Rentenanpassung (äh) zum ersten Juli neunzehnhundertdrei- unsiebzig
vorsieht, haben ein Finanzvolumen für die Jahre 1973/74	vorzuziehn +i diese Anträge haben ein (äh) Finanzvolumen für die Jahre neunzehnhundert- dreiensiebzigvierensiebzig
von nicht weniger als — sage und schreibe — 575 Millionen DM.	von nicht mehr als (sage und schreibe) fünfhundertfünfunsiebzig Milli- onen Demark .

(Abg. G.: Ausgerechnet bei den Kriegsopfern sparen!)

14 — Mein lieber Herr G., Ihr Parteifreund Herr Kollege S. hat von einem aufgeblähten Sozialkonsum im Zusammenhang	/ (mein lieber Herr G.) Ihr Parteifreund der Herr Kollege S. hat von einem aufgeblähten (äh) Sozialkonsum im Zusammenhang mit dem Soz
mit dem Bundeshaushalt 1974 gesprochen.	mit dem Bundeshaushalt neunzehn- hundertvierensiebzig gesprochen .
15 Wie nennen Sie es eigentlich, wenn Sie solche Anträge hier einbringen, Herr Kollege G., ohne solide Deckungsvor- schläge für diese Anträge zu machen?	/ wie nennen Sie das eigentlich? ,+ wenn Sie einen solchen oder solche Anträge hier einbringen +, (Herr Kollege G.) i+ ohne solide Deckungsvor- schläge für diese Anträge zu machen +i .

(Beifall bei den Regierungsparteien.)

	/ Sie werf
16 Sie werfen den Koalitionsfraktionen auf der einen Seite vor, sie würden die Sozialleistungen über das hinaus verbessern,	Sie werfen dauernd den (äh) Regierungskoalitionen vor s+ sie würden über das hinaus die Sozialleistungen verbessern +s auf der einen Seite werfen Sie s vor über das hinaus
was Sie für richtig halten, und auf der anderen Seite	,+ was Sie für richtig halten +, . und auf der andern Seite (nich wahr)
stellen Sie immer wieder Anträge, die weit über das hinausgehen, was durch den Haushalt gedeckt ist.	stellen Sie immer wieder Anträge ,+ die weit über das hinausgehn +, ,+ was durch den Haushalt gedeckt ist +, .
17 Sie haben zu keiner Zeit bei den Beratungen dieser oder ähnlicher Anträge — auch nicht bei der Haushalts- beratung —	Sie haben zu keiner Zeit bei den Beratungen dieser Anträge oder ähnlicher Anträge (auch nich bei der Haushalts- beratung)

einen soliden Deckungsvorschlag
gemacht.

18 Meine Damen und Herren,
ich glaube, daß ich es
mir nun wirklich ersparen
kann, noch einmal auf
alle Argumente einzugehen;

19 sie sind vor vierzehn Tagen,
meine ich, hier
sehr ausgiebig besprochen
worden.

20 Sie sind ausgiebig auch
im Ausschuß besprochen worden.

21 Selbst unser Stufenplan
– vorgezogene Rentenanpassung
zum 1. Oktober 1974
in der ersten Stufe und zum
1. Juli 1975 in der
zweiten Stufe –
ist von einigen
Vertretern der Opposition im
Ausschuß unterstützt worden.

22 In der Schluß-
abstimmung des Ausschusses
haben Sie
dem ganzen Gesetz Ihre Zustimmung gegeben.

23 Um so mehr muß ich mich darüber
wundern, daß diese Anträge
hier erneut gestellt werden.

24 Ich habe bei der 1. Lesung
gesagt,
es handle sich um Schaufenster-
anträge;

25 ich meine
– das ist für mich inzwischen
Überzeugung geworden –:
jetzt sind es sogar
Agitationsanträge geworden,
(Beifall bei den Regierungsparteien.)
(Zurufe von der CDU/CSU: Unerhört!)
mit denen Sie versuchen,

draußen ein politisches Geschäft
zu betreiben.

26 Ich finde, das muß man dann hier
auch mit aller Deutlichkeit

einen soliden Deckungsvorschlag
(äh) gemacht .

(meine Damen und Herrn)
ich glaube ,+ daß (äh) ich
mir (nun) wirklich ersparen
kann +, i+ noch mal (äh) auf
alle Argumente einzugehen +i .
die sind vor vierzehn Tagen hier
(mein ich .)
sehr ausgiebig besprochen
worden .
/ sind auch ausgiebig
besprochen worden im Ausschuß .
und selbst (äh) unser Stufenplan
(vorgezogene Rentenanpassung
zum ersten Oktober vierensiebzig
in der ersten Stufe und zum
ersten Juli fünfunsiebzig in der
zweiten Stufe)
ist doch von einigen (äh)
Vertretern der Opposition im
Ausschuß unterstützt worden .
und dann haben Sie in der Schluß-
abstimmung im Ausschuß

diesem ganzen Gesetz Ihre Zustimmung gegeben .
um so mehr muß ich mich darüber
wundern ,+ daß diese Anträge
hier erneut gestellt werden +, .
und wissen Sie
s+ das ist für mich Überzeugung
inzwischen geworden +s .
ich habe letztesmal
gesagt
s+ das wären Schaufenster-
anträge +s .
(nun) (äh)

das sind (äh) inzwischen sogar
Agitationsanträge geworden

,+ mit denen Sie draußen versuch'en +,
i+ ein politisches Geschäft
zu betreiben +i .
/ und ich finde
ich finde s+ das muß man hier
auch mit aller Deutlichkeit dann

zum Ausdruck bringen.	zum Ausdruck bringen +s .

(Abg. M. meldet sich zu einer Zwischenfrage.)

27 — Herr Kollege M., wir wollen dieses Spielchen von vor vier- zehn Tagen nicht wiederholen. (Beifall bei den Regierungsparteien.)	(Herr Kollege M.) wir wollen dies Spielchen von vor vier- zehn Tagen hier nicht wiederholen .
28 Ich bin der Meinung, es wird höchste Zeit, daß das, was wir	/ ich bin der Meinung ,+ daß es höchste Zeit wird +, ,+ daß wir das ,+ was wir vorhaben
für die Kriegsopfer hier vorschlagen,	im Interesse der Kriegsopfer +,
auch über die Bühne geht und beschlossen wird, daß es von Ihnen nicht länger als notwendig aufgehalten wird.	daß das hier auch über die Bühne geht und beschlossen wird und von Ihnen nicht länger als nötig aufgehalten wird +, (nicht wahr) .

(Lebhafter Beifall bei den Regierungsparteien.)

(Vizepräsident: Gestatten Sie eine Zwischenfrage des Abgeordneten F.?)

29 Ich habe vor 14 Tagen — Sie können das im Protokoll nachlesen — ausreichend Gelegenheit gegeben, zu all den Einzelfragen der Kriegsopferversorgung Ihre Fragen zu stellen, und ich bin Ihnen in keinem Punkte eine Antwort schuldig geblieben.	ich habe Ihnen vor vierzehn Tagen (Sie können das nachlesen im Protokoll .) ausreichend Gelegenheit gegeben i+ zu all den Einzelfragen der Kriegsopferversorgung Ihre Fragen zu stellen +i . und ich bin Ihnen in keinem Punkte eine Antwort schuldig geblieben.
30 Aber ersparen Sie uns nun wirklich die Wiederholung dieses Auftritts von vor 14 Tagen;	aber ersparen Sie uns (nun) wirklich die Wiederholung dieses Auftritts von vor vierzehn Tagen .
31 es würde niemandem nützen.	es wird niemandem nützen .

(Beifall bei den Regierungsparteien.)

(Vizepräsident: Gestatten Sie eine Zwischenfrage des Herrn Abgeordneten F.?)

32 Na gut, Herr F.!	(Herr F.) (na gut) (äh) (,+ weil ich Sie so gern mag +,) (nich wahr)

(F. CDU/CSU: Herr Kollege G., halten Sie das Bemühen,
die soziale Besserstellung einer Randgruppe unserer
Gesellschaft, nämlich der Kriegsopfer, zu erreichen,
für Agitation und den entsprechenden Antrag für einen
Agitationsantrag?)

(Beifall bei der CDU/CSU.)

33 Nein, ich halte es für Agitation,	/ (nein) ich halte (nich wahr) das für einen Agitationsantrag

daß Sie mit Ihrem Antrag bewußt
über das im Augenblick
Notwendige

(Unruhe bei der CDU/CSU.)
— jawohl — wie auch über das
Mögliche hinausgehen.
(Beifall bei den Regierungsparteien.)
34 Es ist doch nicht wahr,
meine Damen und Herren,

daß die Kriegsopfer in jedem
Falle die Ärmsten der Armen in
diesem Volke wären.
35 Auch das muß man doch einmal
sagen,
und ich sage es hier im Bewußt-
sein dessen, was ich sage.
36 Wissen Sie,
daß ein großer Teil der
Kriegsopfer

ja auch noch arbeitet,
daß ein großer Teil der Kriegsopfer auch Renten aus der Sozialversicherung bezieht und auch
von daher an der Dynamisierung
der Renten teilnimmt?

37 Und trotzdem sind wir
nicht so weit gegangen wie
der frühere Bundeskanzler K.,
der seinem Arbeits-
minister den Auftrag gab,
doch einmal zu überlegen,
ob nicht die Grundrenten ganz
in Fortfall kommen könnten.

(Beifall bei der SPD.)

38 Wir müssen auch diejenigen
sehen,
die in Arbeit stehen,
und die durchaus in der
Lage sind, durch
Arbeit, durch ihre Leistung,
ihr Einkommen
zu verbessern.
39 Im übrigen haben wir nicht nur
ein Versorgungsgesetz,

,+ daß Sie bewußt mit Ihrm Antrag
über das Notwendige
(mein ich .) im Augenblick
als auch über das Mögliche

(jawoll) als auch über das
Mögliche hinausgehen .

/ es ist doch nicht wahr
(meine Damen und Herrn)
es ist doch nicht wahr
,+ daß die Kriegsopfer in jedem
Fall die Ärmsten der Armen in
diesem Volke wären +, .
auch das muß man doch einmal
sagen .
und ich sage es hier im Bewußt-
sein dessen ,+ was ich sage +, .
/ wissen Sie?
,+ daß ein großer Teil der
Kriegsopfer
daß ein großer Teil der Kriegsopfer
(ja) auch noch arbeitet +,
,+ ein großer Teil der Kriegsopfer auch Renten aus der Sozialversicherung bezieht und auch
von daher an der Dynamisierung
der Renten teilnimmt +,
(jawoll) .
/ und (äh) trotzdem sind wir
doch nicht so weit gegangen als
der frühere Bundeskanzler K.,
,+ der seinem früheren Arbeitsminister den Auftrag gab +,
i+ doch mal zu überlegen +i
,+ ob nicht die Grundrenten ganz
in Fortfall kommen könnten +,
(nich wahr)

/ (das heißt .)
auch für diejenigen +,

,+ die in Arbeit stehn +,
,+ und die (äh) durchaus in der
Lage sind +, i+ auch durch (äh)
Arbeit und durch ihre Leistung
ihr Einkommen noch
zu verbessern +i .
denn wir haben (ja) nicht nur
ein Versorgungsgesetz .

sondern auch Rehabilitations- gesetze,	wir haben auch Rehabilitations- gesetze .
und wir haben ein Schwerbeschä- digtengesetz, das der	wir haben ein Schwerbeschä- digtengesetz ,+ das der
beruflichen Eingliederung der	Eingliederung der
Behinderten dient.	Behinderten dient +, .
40 Auch das wollen wir erneut verbessern.	auch das wollen wir erneut verbessern hier .

(Abg. G. meldet sich zu einer Zwischenfrage.)

41 Ich meine, das muß man in einem Zusammenhang	/ ich glaube s+ das müssen wir in einem Zusammenhang in einem Zusammenhang
sehen.	sehn +s .

(Vizepräsident: Gestatten Sie eine Zwischenfrage
des Abgeordneten G.?)

	(meine Damen und Herrn)
42 Meine Damen und Herren, es muß hier	(meine Damen und Herrn) es muß hier doch mal mit aller Deutlichkeit
zum Abschluß dieser Debatte	zum Abschluß auch dieser Debatte (so meine ich .)
noch einmal mit aller Deutlich- keit	
festgestellt werden,	festgestellt werden
daß der Leistungsanstieg in	,+ daß der Leistungsanstieg in
der Kriegsopferversorgung durch	der Kriegsopferversorgung durch
die Dynamisierung der Renten	Dynamisierung der Renten
und durch die strukturellen	und durch die strukturellen
Verbesserungen, die wir auch	Verbesserungen ,+ die wir auch
in diesem Anpassungsgesetz	in diesem Anpassungsgesetz
wieder haben, zu einem um	wieder haben +, zu einem um
78% höheren	achtundsiebzig Prozent höheren
Aufwand pro Versorgungsberech- tigten gegenüber 1969	Aufwand pro Versorgungsberech- tigten gegenüber neunzehnhun- dertneunensechzig
geführt hat.	geführt hat +, .
43 Und wenn uns und	/ ,+ und wenn (äh) uns hier und
der Bundesregierung hier vorge- worfen wird,	der Bundesregierung vorge- worfen wird +,
wir agierten nur mit Prozentzahlen,	s+ wir würden hier nur mit Prozentzahlen (ä) agieren +s (meine Damen und Herrn)
dann will ich Ihnen einmal die	ich will Ihnen mal (äh) die
absoluten Zahlen dessen sagen,	nominellen Zahlen dessen sagen
was die Kriegsopfer im einzelnen	,+ was die Kriegsopfer im einzel-
mehr bekommen haben.	nen mehr bekommen haben +, .
44 Wir sind von 1969	/ aus dem im Jahre neunzehnhun- dertneunensechzig
mit einer Kriegsopfer-Leistung	mit einer Leistung
von 2 236 DM	von zweitausendzweihundert-
bis zum Jahre 1973	sechsunddreißig zum Jahre neun-

zu einer Kriegsopfer-Leistung
von 3 390 DM
gekommen.
45 Das ist
in der Zeit von 1969
bis 1973

absolut ein Mehr von 1 200 DM
je Versorgungsberechtigten.
46 Und nun will ich Ihnen sagen,
in welcher Weise die Kriegs-
opfer-Leistungen z.B.
in der Zeit von 1952
bis 1954

zurückgegangen sind.
47 1952 hatten wir ein
Minus von 6,2%,
1953 ein Minus von
0,9%, 1954
ein Minus von 2,2%
und 1957
ein Minus von
3%,
1960 sogar ein Minus von 7,1%.
48 Ich meine hiermit die Entwicklung des Aufwandes je Versorgungsberechtigten und des Brutto-
sozialproduktes je Einwohner
bzw. je Erwerbs-
tätigen.
49 Auch darf,

meine Damen und Herren,
nicht außer acht gelassen werden,
daß trotz Abnahme der
Personenzahl der Haushaltsbedarf
für die Kriegsopferversorgung
ständig steigt.
50 Er wird 1974

einschließlich der Kriegs-
opferfürsorge mehr als
10 Milliarden betragen.
51 Ich meine, daß sich das alles
sehr gut
— auch bei den Kriegsopfern —
sehen lassen kann.
52 Ich bin überzeugt, daß die

zehnhundertdreiensiebzig
mit einer Leistung
von dreitausenddreihundertneun-
zig .
das ist nominell ein Mehr
in der Zeit von neunzehnhundertneunensechzig bis neunzehnhun-
dertdreiensiebzig
von eintausendzweihundert .

und nun will ich Ihnen mal sagen
,+ in welcher Weise die Kriegs-
opfer-Leistungen
in der Zeit von neunzehnhundert-
zweiunfünfzig bis neunzehnhun-
dertvierenfünfzig (zum Beispiel)
zurückgegangen sind .
/ (nämlich) zweienfünfzig ein
Minus von sechs-Komma-zwei Prozent dreienfünfzig ein Minus von
null-Komma-neun Prozent vierunfünfzig ein Minus von zwei-
Komma-zwei Prozent siebenundfünfzig sogar ein Minus von
drei Prozent +, .

ich meine hier die Entwicklung des Aufwandes je Versorgungsberechtigten und des Brutto-
sozialprodukts je Einwohner
beziehungsweise je Erwerbs-
tätigen .
auch darf nicht außer acht gelassen werden
(meine Damen und Herrn)

,+ daß trotz Abnahme der
Personenzahl der Haushaltsbedarf
für die Kriegsopferversorgung
ständig steigt +, .
er wird neunzehnhundertvieren-
siebzig
einschließlich der Kriegs-
opferfürsorge mehr als
zehn Milliarden betragen .
ich meine ,+ daß sich das alles
sehr gut
(auch bei den Kriegsopfern)
sehen lassen kann +, .
ich bin überzeugt ,+ daß die

Kriegsopfer diese Leistung
zu würdigen wissen,
und ich bin überzeugt,
daß Ihre Anträge hier heute
abgelehnt werden, weil sie
abgelehnt werden müssen,
denn sie sind
— ich bleibe dabei —
nicht seriös.
(Beifall bei den Regierungsparteien.)
(Zuruf von der CDU/CSU: Unerhört!)

Kriegsopfer diese Leistung
zu würdigen wissen +, .
und (äh) ich bin überzeugt
,+ daß Ihre Anträge hier heute
abgelehnt werden +, ,+ weil sie
abgelehnt werden müssen +, .
denn sie sind
(ich bleibe dabei .)
nicht seriös .

Bundestagsrede (F)

(a) S p r e c h e r d a t e n

Geschlecht: männlich
Jahrgang: 1920
Beruf: kfm. Angestellter, Maurer,
Gewerkschaftsführer, Bundesminister
landschaftliche Herkunft: Hessen
(Obertiefenbach/Oberlahnkreis,
Limburg/Lahn, Frankfurt)
Zugehörigkeit zum Deutschen Bundestag: 5. Legislaturperiode
Partei: SPD

(b) R e d e d a t e n

Thematik: Beratung des Finanzplans des Bundes 1973-1977
Dauer: 10 Minuten
Unterbrechungen: 26 (Zurufe: 11
Beifall: 14
Zwischenfragen: 1)

Stenographischer Bericht

Tonbandaufnahme

01 Herr Präsident! Meine Damen
und Herren! Ich bin nicht
auf eine Rede vorbereitet.
02 Wenn ich es
richtig sehe, ist auch
nicht eingeplant, daß der
Verteidigungsminister heute
eine längere Rede zu Fragen der
Verteidigungspolitik hält.
03 Ich bin allerdings durch die
Ausführungen des Herrn
Kollegen W. veranlaßt worden,

(Herr Präsident) (meine Damen
und Herren) ich bin nicht
darauf vorbereitet .
,+ und wenn ich den Ablaufplan
richtig sehe +, ist das auch
nicht eingeplant ,+ daß der
Verteidigungsminister heute
eine längere Rede zu Fragen der
Verteidigungspolitik hält +, .
ich bin allerdings durch die
Ausführungen des Herrn
Kollegen W. veranlaßt worden

einige Anmerkungen dazu
zu machen.
04 Herr Dr. W. hat seine große
Besorgnis um meine Person
zum Ausdruck gebracht.
05 Das ist ja nicht neu.
06 Es ist seit
25 Jahren, seit
ich politisch tätig bin, so,
daß ich auch umstritten
bin.
07 Ich halte es gar nicht für
schlecht, daß über politische
Ansichten auch gestritten
wird.
(Beifall bei der SPD.)
08 Ich kann Sie beruhigen,
Herr Kollege W..
09 Wenn Sie meine Position

in meiner eigenen Fraktion
in Frage stellen,
so kann ich Ihnen nur sagen:
sie ist so gut, wie sie
selten gewesen ist,
denn ich habe bisher alles
geschafft, was ich in der
Fraktion zu schaffen hatte.
(Beifall bei der SPD.)

i+ von mir aus
einige Anmerkungen dazu
zu machen +i .
Herr Dokter W. hat seine große
Besorgnis um meine Person
zum Ausdruck gebracht .
das ist (ja) nicht neu .
sondern das geht (äh) seit
fünfundzwanzig Jahren so ,+ seit
ich politisch tätig bin +,
,+ daß ich auch umstritten
gewesen bin +, .
und ich halte das gar nicht für
schlecht ,+ daß über politische
Ansichten auch gestritten
wird +, .

ich kann Sie beruhigen
(Herr Kollege W.) .
/ ,+ wenn Sie meine Position
in der
in meiner eigenen Fraktion
in Frage stellen +,

s+ die ist so gut +s ,+ wie sie
selten gewesen ist +, .
denn ich hab bis jetzt alles
geschafft ,+ was ich in der
Fraktion zu schaffen hatte +, .

(Abg. Dr.A.: Wir gratulieren, Herr Minister!)

10 Wenn Sie mich für isoliert
halten, so muß ich Ihnen sagen:
So wichtig
Isolierband bei bestimmten
Gelegenheiten auch ist,
in meiner Fraktion gibt es
Isolierschichten nicht.
(Na, na! bei der CDU/CSU.)

11 Sie müßten mir einen Punkt
nennen, der auch nur andeutungsweise und synonym ausdrücken würde, daß ich von
meiner Fraktion isoliert
wäre.

/ ,+ wenn Sie
wenn Sie mich für isoliert
halten +, muß ich sagen
,+ so wichtig ich manchmal
Isolierband bei bestimmten
Gelegenheiten halte +,
s+ in meiner Fraktion gibt es
Isolierschichten nicht +s .

/ sondern sondern sondern
ich kann ich kann Ihnen nur
sagen s+ Sie müssen mir ein
Sie müßten mir einen Punkt
nennen +s
s+ Sie müssen mir einen Punkt
nennen +s ,+ der auch nur andeutungsweise und synonym ausdrücken würde +, ,+ daß ich von
meiner Fraktion isoliert
wäre +, .

12 Ich habe einmal versucht, in Ihrer Seele zu forschen.	ich habe mal versucht i+ in Ihrer Seele zu forschen +i .
13 Solche Ansichten wie die Ihre werden ja nicht nur hier zum Ausdruck gebracht, sondern ich lese sie auch in gewissen Zeitungen.	und das wird (ja) nicht nur hier zum Ausdruck gebracht . sondern ich lese das (ja) auch in gewissen Zeitungen .
14 Ich komme nur zu dem einen Schluß: Die Verteidigungspolitik, die diese Bundesregierung macht, ist so gut, daß Sie es der SPD nicht gönnen, daß sie diese Politik auf ihre Fahnen schreiben kann. (Beifall bei der SPD.)	/ ich komme nur zu dem einen Schluß s+ die Politik die Verteidigungspolitik ,+ die diese Bundesregierung macht +, ist so gut ,+ daß Sie nicht gönnen +, ,+ daß die SPD sie auch auf ihre Fahnen schreiben kann +, .
	/ deshalb versuchen Sie deshalb versuchen Sie deshalb versuchen Sie
15 Ich kann ja verstehen,	,+ was ich (ja) verstehen kann +,
daß Sie meiner Partei diesen Erfolg nicht gönnen.	,+ weil Sie der Partei das nicht gönnen +,
16 Deshalb versuchen Sie,	
den Erfolg mir allein zuzuschreiben, und versuchen,	,+ wenn das schon nicht zu vermeiden ist +, müssen wir wenigstens dem einen das anhaften lassen .
die SPD von mir und meiner Politik zu isolieren, weil im Lande ja anerkannt ist, daß die nicht schlecht ist.	aber wir müssen im übrigen die SPD von ihm isolieren ,+ weil das (ja) anerkannt im Lande nicht schlecht ist +, ,+ was da gemacht wird +, .
(Beifall bei der SPD.) (Zurufe von der CDU/CSU.)	
17 Dies halte ich für legitim, meine Damen und Herren.	dies halte ich für legitim (meine Damen und Herren) . dies halte ich für legitim .
(Abg. Dr.A. meldet sich zu einer Zwischenfrage.)	
18 — Herr Kollege, ich bitte Sie;	ich bitte (Herr Kollege) .
19 ich habe drüben den Staats- präsidenten von Obervolta sitzen.	ich habe drüben den Staats- präsidenten von Obervolta sitzen .
(Heiterkeit und Zurufe von der CDU/CSU.) (Abg. H.: Das ist ja köstlich!)	
20 Ich möchte bitten, daß Sie	/ ich möchte bitten ich möchte bitten ,+ daß Sie

das verstehen.   das verstehen +, .
(Vizepräsident: Gestatten Sie dennoch eine kurze
Zwischenfrage des Herrn Abgeordneten A.?)
(Dr. A., CDU/CSU: Ich wollte Sie nur fragen, Herr Minister,
wie das in Ihrer Fraktionssitzung nach Ihrer letzten Rede war.
Vielleicht können Sie uns darüber etwas sagen.)

21 Das war eine Sitzung, die   / dies war eine Sitzung ,+ die
   der allgemeinen   der allgemeinen der allgemeinen
   Auseinandersetzung über diese   Auseinandersetzung um diese
   Fragen gedient hat.   Fragen bedeutet hat +, .
22 Die Sitzung ist zustande   / die ist zustande
   gekommen, weil ich unter dem   gekommen ,+ weil ich unter dem
                                      Druck unter dem
   Zeitdruck des Parlaments nicht   Zeitdruck des Parlamentes nicht
   alles sagen konnte, was ich   alles sagen konnte +, ,+ was ich
   in dieser Rede zu sagen   hier in dieser Rede zu sagen
   vorhatte.   vorhatte +, und deswegen
   (Beifall bei der SPD.)
   (Abg. R.: Ha, ha, ha!)
   (Weitere Zurufe von der CDU/CSU.)
23 − Das wissen Sie doch!   (das wissen Sie doch .)
24 Das war abends um halb 9,   (das war abends um halb neun .)
   meine Herren.   (meine Herren)
   (Beifall bei der SPD.)
25 Deswegen habe ich in meiner   und deswegen in meiner
   Fraktion aus der Rede das   Fraktion
   nachgetragen, was ich   nachgetragen habe +, ,+ was ich
   dem Hohen Hause vorenthalten   diesem Hohen Hause vorenthalten
   mußte.   habe +, .
                                      / im übrigen
26 Im übrigen müßte ich ja   im übrigen müßt ich (ja)
   eigentlich gar nicht böse sein,   eigentlich gar nicht böse sein
   wenn Sie mich so sehr in   ,+ wenn Sie mich so sehr in
   Ihre Fürsorge einschließen,   Ihre Fürsorge einschließen +,
   meine Herren.   (meine Herren)
                                      müßt ich (ja) gar nicht böse
                                      sein ,+ wenn Sie mich in Ihre
                                      Fürsorge einschließen +, .
27 Ich will Ihnen sagen: In der   ich will Ihnen sagen s+ in der
   Tat halte ich das für gut.   Tat halte ich das für gut +s .
28 Ich sage Ihnen allen Ernstes,   ich sage Ihnen allen Ernstes
   daß es gut ist,
   daß der Verteidigungshaushalt   ,+ daß der Verteidigungshaushalt
                                      nicht der Haushalt ist +,
   nicht zu allervorderst im   ,+ der zu allervorderst im
   Spannungsverhältnis der Frakti-   Spannungsverhältnis der Fraktionen des Parlaments steht.   onen des Parlaments steht +, .
29 Das halte ich für gut.   das halte ich für gut .
30 Wenn Sie mich in   im übrigen ,+ wenn Sie mich in
   Ihre Fürsorge nehmen, so muß   Ihre Fürsorge nehmen +, muß

ich Ihnen im übrigen sagen:
So schwach bin ich nicht,
und meine Spannweite ist auch
nicht so eng, daß ich nicht
verkraften könnte, was ein
Verteidigungsminister immer zu
verkraften hat, ganz gleich,
woher er auch kommt.
31 Erlauben Sie mir ein paar
Feststellungen.
32 Ich stimme mit dem, was hier
gesagt worden ist, soweit
die verteidigungspolitischen
Erfordernisse in Betracht
kommen, im wesentlichen
überein.
33 Es ist auch gut, daß es um
die Sicherheit unseres Staates
keine großen und ätzenden
Kontroversen geben muß.
34 Erstens müssen wir den
Versuch machen, unseren Frieden zu sichern und weiter zu
festigen.
35 Das erreichen wir
in optimalem Maße, wenn wir
neben die militärische Vorsorge,
die sich
am Ausmaß der militärischen
Bedrohung orientiert,
ebenbürtig den nachhaltigen und
ernsten Versuch zur Verminderung der Spannung und

der Konfrontation setzen.
36 Das ist das, was sich
die Regierung vornimmt.
(Beifall bei der SPD.)
37 Wir stellen uns nicht von
einem Bein auf das andere,
sondern versuchen,
dem einen Bein, auf das
allein der Frieden über
15 Jahre gegründet war,
ein zweites Bein, nämlich
die Entspannung und die Verminderung der Konfrontation
zuzufügen.
(Beifall bei der SPD.)

ich Ihnen sagen
s+ so schwach bin ich nicht +s
s+ und meine Spannweite ist auch
nicht so eng +s ,+ daß ich nicht
verkraften kann +, ,+ was en
Verteidigungsminister immer zu
verkraften hat ganz gleich +,
,+ woher er auch kommt +, .
erlauben Sie mir ein paar
Feststellungen .
ich stimme mit dem ,+ was hier
gesagt worden ist +, ,+ soweit
die verteidigungspolitischen
Erfordernisse in Betracht
kommen +, im wesentlichen
überein .
auch dies ist gut ,+ daß es um
die Sicherheit unseres Staates
hier keine großen und ätzenden
Kontroversen geben muß +, .
(das Erste) wir müssen den
Versuch machen i+ unseren Frieden zu sichern und weiter zu
festigen +i .
dies erreichen wir dadurch
am optimalsten ,+ wenn wir
neben die militärische Vorsorge
,+ die sich orientiert
am Ausmaß der militärischen
Bedrohung +,
ebenbürtig den nachhaltigen und
ernsten Versuch zur Verminderung der Spannung und
zur Verminderung
der Konfrontation setzen +, .
dies ist das ,+ was
die Regierung sich vornimmt +, .

/ wir stellen uns nicht von
einem Bein auf das andere
sondern versuchen
i+ von dem einen Bein ,+ auf das
nur der Friede über
fünfzehn Jahre gegründet war +,
dem ein zweites Bein (nämlich)
die Entspannung und die Verminderung der Konfrontation
zuzufügen +i .

/ (und das zweite)
(das zweite)

38 Zweitens, wir wissen,
daß wir uns nicht über-
nehmen dürfen und
daß auf lange Sicht die An-
wesenheit der Vereinigten
Staaten in Europa nicht nur
der Sicherheit unseres Landes
wegen, sondern der freiheit-
lichen Lebensart ganz Westeuropas wegen erforderlich
bleibt.
39 Daran darf auch nicht
gerüttelt werden.
(Beifall bei der SPD.)
(Demonstrativer Beifall bei der CDU/CSU.)
40 Drittens, unsere Bundeswehr
erfüllt ihre Aufgabe und leistet
ihren vollen Beitrag im Bündnis
so, wie wir ihn selbst
für angemessen halten müssen.
41 Unsere Bundeswehr zählt zu den
guten Armeen in der Welt und
hat im Osten wie im Westen eine
gute Reputation.
42 Daran sollte hier niemand
rütteln,
meine Damen und Herren.
(Beifall bei der SPD.)
(Demonstrativer Beifall bei der CDU/CSU.)
(Abg. Dr.W. meldet sich zu einer Zwischenfrage.)
(Zuruf von der CDU/CSU: Gilt das für Herrn H.?)

43 — Sie haben doch gesehen, daß
meine Fraktion eben sehr
unterstrichen hat, was ich
hier gesagt habe,
Herr Kollege W..
44 Wieso zweifeln Sie
eigentlich daran?

45 Wenn wir nach Europa sehen
— ich erlaube mir, das
hier zu sagen —, dann müssen
wir ein wenig besorgter
um die Sicherung Westeuropas
sein
und um das, was jedes Land
in den letzten Jahren dazu
aufgewendet hat,

(das zweite) wir wissen
,+ wenn wir uns nicht übernehmen +,
,+ daß auf lange Sicht die An-
wesenheit der Vereinigten
Staaten von in Europa nicht nur
der Sicherheit unseres Landes
wegen sondern der freiheit-
lichen Lebensart ganz Westeuropas wegen erforderlich
bleibt +, .
daran darf auch nicht
gerüttelt werden .

(drittens) unsere Bundeswehr
erfüllt ihre Aufgabe leistet
ihren vollen Beitrag im Bündnis
auch so ,+ wie wir selbst ihn
für angemessen halten müssen +, .
unsere Bundeswehr zählt zu den
guten Armeen in der Welt und
hat im Osten wie im Westen eine
gute Reputation .
und daran sollte hier niemand
rütteln
(meine Damen und Herren) .

/ ich weiß ich weiß ich weiß da
wenn wir ich weiß das wenn wir
Sie haben doch gesehen ,+ daß
meine Fraktion das eben sehr
unterstrichen hat +, ,+ was ich
hier gesagt habe +, ,
(Herr Kollege W.) .
wieso zweifeln Sie
eigentlich daran? .
/ ich weiß ich weiß
,+ wenn wir nach Europa sehen +,
(und ich erlaube mir i+ das
hier zu sagen +i .) dann müssen
wir ein wenig besorgter sein
um die Sicherung Westeuropas

und das ,+ was jedes Land
dazu aufwendet in den letzten
Jahren +,

als wenn wir in unser
eigenes Land sehen.
46 Wir dürfen das, was wir
hier tun, nicht vor uns selbst
verkleinern und verniedlichen.
47 Wir wissen um das Kräfte-
verhältnis in der Welt.
48 Die erste Aufgabe, die wir
haben, ist, wachsam
bleiben.
49 Wachsamkeit bleibt der Preis
der Freiheit.
(Beifall bei der SPD.)
(Sehr gut! und Beifall bei der CDU/CSU.)
50 Wir haben keine Angst.

51 Unser Land und die Menschen in
diesem Land brauchen keine
Angst und keine Sorge um den
Frieden zu haben.
52 Diese Regierung tut, was
nötig ist, um ihren
Frieden zu sichern.
(Beifall bei der SPD.)

53 Ich möchte allerdings auch
davor warnen
— ich sage das ganz wertfrei —,
der Bevölkerung
aus welchen Gründen auch
immer

Angst einzuflößen und
in ihr Furcht auszulösen.
54 Wer ein Geschäft mit der
Angst und der Furcht der
Bevölkerung macht, leistet der
Sicherheit unseres Landes
keinen guten Dienst,
meine Damen und Herren.
(Beifall bei der SPD.)

55 Die Bundesregierung wird
in dieser Sorge und in dem,
was nötig ist,

keine Fragen offenlassen,
die beantwortet werden müssen.

56 Ich kann Ihnen hier sagen:

98

,+ als wenn wir in unser
eigenes Land sehen +, .
wir dürfen aber das ,+ was wir
hier tun +, nicht vor uns selbst
verkleinern und verniedlichen .
wir wissen um das Kräfte-
verhältnis in der Welt .
die erste Aufgabe ,+ die wir
haben +, ist i+ wachsam
bleiben +i .
Wachsamkeit bleibt der Preis
der Freiheit .

wir haben keine Angst .
/ unser Land
unser Land und die Menschen in
diesem Land brauchen keine
Angst und keine Sorge um den
Frieden zu haben .
diese Regierung tut ,+ was
nötig ist +, i+ um ihren
Frieden zu sichern +i .

/ ich möchte allerdings
auch davor warnen
ich möchte allerdings auch
davor warnen
(ich sag das ganz wertfrei .)
,+ daß
aus Gründen ,+ welche es auch
immer sein mögen +,
in der Bevölkerung
Angst eingeflößt und
Furcht ausgelöst wird +, .
,+ wer ein Geschäft mit der
Angst und der Furcht der
Bevölkerung macht +, leistet der
Sicherheit unseres Landes
keinen guten Dienst
(meine Damen und Herren) .

/ die Bundesregierung
die Bundesregierung wird sich
in dieser Sorge und in dem
,+ was sie als Antworten
darauf zu geben hat +,
keine Fragen stellen lassen
,+ die sie nicht beantworten
kann +, .
und ich kann Ihnen hier sagen

Bei allem, was ich als
Bundesminister der Verteidigung
zu tun habe, kann ich mich
zuerst und in vollem Umfange
auf die Zustimmung, die Hilfe
und Unterstützung des Bundes-
kanzlers berufen.
57 Ich bin in keinem Falle ohne
seine persönliche
Unterstützung gewesen.
(Beifall bei der SPD.)

s+ bei allem ,+ was ich als
Bundesminister der Verteidigung
zu tun habe +, kann ich mich
zuerst und im vollen Umfange
auf die Zustimmung und die Hilfe
und Unterstützung des Bundes-
kanzlers stellen +s .
ich bin in keinem Falle ohne
seine eigene
Unterstützung gewesen .

Bundestagsrede (G)

(a) S p r e c h e r d a t e n

Geschlecht: männlich
Jahrgang: 1941
Beruf: Diplomvolkswirt
landschaftliche Herkunft: Baden-Württemberg
(Schallstadt-Wolfenweiler, Reutlingen,
Tübingen, Lausanne, Freiburg i.b.)
Zugehörigkeit zum Deutschen Bundestag: 1. Legislaturperiode
Partei: F.D.P.

(b) R e d e d a t e n

Thematik: Entwurf eines Gesetzes zur Änderung vermögensteuer-
licher Vorschriften
— Zweite Lesung —
Dauer: 10 Minuten
Unterbrechungen: 7 (Zurufe: 4
Beifall: 3)

Stenographischer Bericht

Tonbandaufnahme

01 Herr Präsident! Meine Damen
und Herren! Endlich verstehe
ich, warum die CDU/CSU
bei der Steuerreform von
einer "sogenannten Steuerreform"
spricht;
02 denn wenn Herr H. eine "rechte
Reform" von uns erwartet,
hat er in der Tat recht,
auch zukünftig noch
von einer "sogenannten" Reform
zu sprechen.

(Herr Präsident) (meine Damen
und Herren) endlich verstehe
ich ,+ warum die CDU/CSU immer
von unsrer Steuerreform von
einer sogenannten Reform
spricht +, .
,+ denn wenn Herr H. eine rechte
Reform erwartet von uns +, dann
hat er in der Tat recht
,+ wenn er auch zukünftig noch
von der sogenannten Reform
spricht +, .

03 Eine "rechte Steuerreform" werden wir jedoch nicht machen. (Beifall bei den Regierungsparteien.)	
04 Noch eines bei den Ausführungen von Herrn H.	(äh) und noch eines
war für mich interessant:	war für mich interessant bei Herrn H.
er wertet den Zeitdruck, je nachdem, woher er kommt, einmal positiv und einmal negativ.	,+ daß er (also) den Zeitdruck je nachdem ,+ woher er kommt +, einmal positiv wertet und einmal negativ +,.
05 Wenn nämlich der Zeit- druck von der Opposition kommt,	,+ wenn (nämlich) der Zeit- druck von der Opposition kommt +, ,+ daß wir hier das jetzt durchgebracht haben +,
dann ist er gut.	dann wertet er das positiv +,.
06 Wenn aber die Koalitionsparteien zu Mehrarbeit und zu intensi- verer Arbeit im Ausschuß drängen, dann ist es ein unerträglicher Druck, der von der Opposition abgelehnt wird.	,+ und wenn wir zu Mehrarbeit und zu intensi- verer Arbeit im Ausschuß drängen +, dann ist das ein Negativum ,+ das hier von der Opposition abgelehnt wird +,.
07 Und danach kritisieren Sie die Eckwerte: erster, zweiter, dritter Eckwert!	(und zu den Eckwerten erster zweiter dritter Eckwert)
08 Herr H., wir sind uns bei den Prinzipien der Steuerreform einig und haben die Werte lediglich so angepaßt, daß sie in die jeweilige gesamtwirtschaftliche Landschaft passen.	(Herr H.) (Herr H.) wir waren bei den Prinzipien über die Steuerreform uns einig . und wir haben lediglich die Werte so angepaßt ,+ daß sie in die jeweilige konjunkturelle Landschaft passen +,.
(Widerspruch und Zurufe von der CDU/CSU.)	
09 Das heißt, wir haben im Jahr 1971	/ (das heißt .) wir haben in dem Jahr neunzehnhundertein- undsiebzig
nicht damit rechnen können, daß die Geldentwertung so schnell voranschreitet.	nicht nicht damit rechnen können ,+ daß die Geldentwertung o schnell vor sich geht +,
10 Deshalb haben wir die Werte nunmehr so angepaßt,	/ und haben die Werte so angepaßt und wenn se so angepaßt
daß sie der wirtschaftlichen Entwicklung Rechnung tragen, und daß sie – das ist ganz wichtig, und da gehen Sie doch hoffentlich mit –	,+ daß se sich hier reinpassen den jeweiligen Entwertungsraten gemäß +, ,+ und daß sie (und das ist ganz wichtig .) (und da gehen Sie doch hoffentlich mit .)

zumindest aufkommensneutral
bleiben.
11 Im übrigen wissen Sie, daß sie
in ihrer jetzigen Ausgestaltung
in ihrer Gesamtheit sogar
einen entlastenden Effekt
haben.
12 Insofern brauchen wir uns,
wenn wir bei der Steuer-
reform jetzt Halbzeit machen,
von der Opposition
keine Kabinenpredigt
anzuhören.
13 Wir können mit dem, was wir
hier vorlegen, vor die
Öffentlichkeit treten.
14 Wir haben – gegen Ihre Ängste
und Befürchtungen – jetzt einen
gemeinsamen Einheitswert für
die drei einheitswertabhängigen
Steuerarten: Grundsteuer, Erbschaftsteuer und Vermögensteuer,
15 Wir haben damit

die Doppelarbeit mit einem
Vorschaltgesetz vermieden.
16 Das Anliegen der FDP
– das sehen Sie ganz richtig,
Herr H. –,
nämlich die sachliche Einheit
der Steuerreform
sicherzustellen,
wurde dadurch gewahrt, daß
für das Jahr 1974

alle drei einheitswertabhängigen
Steuern aufkommensneutral
gestaltet wurden.
17 Das ist ein Anliegen
der FDP,
und wir haben uns deshalb
bei der Tarifgestaltung
einiges einfallen lassen,
um draußen
die sachliche Einheit sauber
darstellen zu können.
18 Wir haben noch etwas klargestellt
– weshalb die Opposition gar
keinen berechtigten Grund hat,

daß sie
aufkommensneutral
bleiben +,
(das heißt .) ,+ daß sie

einen entlastenden Effekt
haben in ihrer Gesamtheit +, .
insofern brauchen wir
,+ wenn wir jetzt bei der Steuerreform Halbzeit machen +, uns

keine Kabinenpredigt
von der Opposition gefallen-
lassen .
wir können mit dem ,+ was wir
hier vorlegen +, vor die
Öffentlichkeit treten .
wir haben (gegen Ihre Ängste
und Befürchtungen) jetzt einen
gemeinsamen Einheitswert für
die drei
Steuerarten Grundsteuer, Erb-
schafts und Vermögensteuer .
/ wir haben damit
wir haben damit
die Doppelarbeit von nem
Vorschaltgesetz vermieden .
/ und das Anliegen der S der FDP
,+ das Sie ganz richtig sehen +,
(Herr H.)
der sachlichen Einheit
der Steuerreform

wurde dadurch gewahrt ,+ daß
im Jahre neunzehnhundertvierund-
siebzig
die drei einheitswertabhängigen
Steuern aufkommensneutral
gestaltet wurden +, .
das war wirklich en Anliegen
von uns .
und wir haben uns dazu (äh)
in der ganzen Tarifgestaltung
einiges einfallen lassen
,+ daß hier draußen nachweislich
die sachliche Einheit sauber
dargestellt werden kann +, .
/ und wir haben noch was
(,+ was hier mit der Grund
ist +, ,+ weshalb die Opposition

das Gesetz abzulehnen —,
wir haben nämlich
in den Ausschußberatungen
in aller Deutlichkeit immer
wieder betont: wir wollen auch
bei den neuen Sätzen ab
1975
— mit 0,7%
für natürliche Personen und
1% für juristische
Personen —
eine stete Anpassung dieser
Sätze, wenn die Ein-
heitswerte sich verändern.

19 Das heißt im Klartext:
wir wollen kein überpropor-
tionales Ansteigen der Vermögensteuer bei Veränderungen
der zukünftigen Ausgangswerte.

20 Was die Freigrenzen
betrifft, die wir von
20 000 DM auf 70 000 DM

hochgeschraubt haben,
erstaunt es mich, daß Sie Ihre
Rechenkünstler heute gar nicht
ans Podium geschickt haben.

21 In der letzten Runde haben Sie
doch eigens Herrn B. hier
heraufgeschickt, um uns
vorzurechnen, daß es auch
einige — konstruierte — Beispiele gibt, in denen die neue
Erbschaftsteuer zu
Mehrbelastung führt.

22 Heute haben Sie
jene Rechenkünstler nicht
aufgeboten;

23 denn es wäre Ihnen verhältnis-
mäßig schwergefallen,
bei den Anhebungen der
Freibeträge ein Beispiel zu
konstruieren, in dem solche
Mehrbelastungen entstehen
würden.

24 Da Sie in diesem Hohen Hause
immer den Sparer zitieren,

sollten Sie auch einmal den Mut

das Gesetz ablehnt +,)
wir haben eines
in aller Deutlichkeit
in den Ausschußberatungen immer
wieder betont s+ wir wollen auch
bei den neuen Sätzen ab
fünfundsiebzig
(mit null-Komma-sieben Prozent
für natürliche Personen und
einem Prozent für juristische
Personen)
eine Anpassung der
Sätze dann +s ,+ wenn die Einheitswerte sich verändert +, .
(das heißt im Klartext .)
s+ wir wollen kein überpropor-
tionales Ansteigen der Vermögensteuer zukünftig bei Veränderung
der Ausgangswerte +s .
,+ und was die Freigrenzen
anbetrifft +, ,+ die wir von
zwanzigtausend auf siebzig-
tausend
hochgeschraubt haben +, da
erstaunt mich s ,+ daß Sie Ihre
Rechenkünstler heute gar nicht
ans Podium geschickt haben +, .
in der letzten Runde haben Sie
doch eigens Herrn B. hier
raufgeschickt i+ um hier uns
vorzurechnen +i ,+ daß es auch
einige konstruierte Beispiele gibt +, ,+ wo die
Erbschaftsteuer zu
Mehrbelastungen führt +, .
heute haben Sie
jenen Rechenkünstler hier nicht
hergeschickt .
denn es wär Ihnen verhältnis-
mäßig schwergefallen
i+ bei den Anhebungen bei den
Freibeträgen en Beispiel zu
konstruieren +i ,+ wo solche
Mehrbelastungen entstehen
würden +, .
/ ,+ und da Sie
immer den Sparer hier im Bund
hier in dem Hohen Haus
zitieren +,
sollten wir doch auch mal
sollten wir auch mal den Mut

haben, ein Beispiel
vermögensteuerlicher Entlastung
von Sparern durchzurechnen,
die heute
– bei einer Familie mit
zwei Kindern –
einen Freibetrag von
324 000 DM

in dem Gesetz zugebilligt
bekommen.
25 Das ist eine Erhöhung des
Freibetrages um
222 000 DM.
26 Wenn Sie
den bisherigen Steuersatz von
1% zu Grunde legen,
dann bedeutet es eine Steuer-
ersparnis von jährlich
2 220 DM.

27 Es soll in diesem Zusammenhang
auch nicht unerwähnt bleiben,
daß wir die Weichen

in Richtung auf eine breitere
Vermögensbildung
gestellt haben.
28 Jene Regelung paßt
somit auch zu dem,
was wir
mit der Körperschaftsteuer
vorhaben, wo wir nämlich die
Doppelbelastungen abschaffen
wollen und mit dem Anrechnungs-
verfahren auch hier vorschauend
die steuerlichen Regelungen
für ein Vermögensbildungsmodell

treffen.
29 Was die Gewerbesteuer
anbetrifft

– und daran sehen Sie,
daß Sie zu Unrecht einen ersten,
zweiten und dritten Eckwert
kritisierten –,
so haben wir auch hier die Eckwerte geändert, indem wir
den Freibetrag nicht,
wie ursprünglich vorgesehen,

haben i+ ein Beispiel

durchzurechnen von dem Sparer +i
,+ der heute
(bei einer Familie mit
zwei Kindern)
einen Freibetrag in Höhe von
dreihundertvierundzwanzig-
tausend Mark
in dem Gesetz hier zugebilligt
bekommt
(es heißt .) eine Erhöhung des
Freibetrages um zweihundertzwei-
undzwanzigtausend Demark +, .
/ ,+ wenn Sie den Steuersatz
den bisherigen Steuersatz von
einem Prozent zu Grunde legen +,
dann bedeutet es eine Steuer-
ersparnis von jährlich
zweitausendzweihundert Demark und
das zweihundertzwanzig Demark .
/ und das sollte hier
nicht verschwiegen werden
,+ daß wir hier die Weichen
gestellt haben im Hinblick (äh)
in Richtung auf eine breitere
Vermögensbildung
in dieser Bevölkerung +, .
und jene Regelung paßt
nahtlos zusammen mit dem
,+ was wir auch im Zusammenhang
mit der Körperschaftsteuer dann
vorhaben +, ,+ wo wir die
Doppelbelastung abschaffen
wollen und mit dem Anrechnungs-
verfahren auch hier vorschauend

für ein Vermögensbildungsmodell
hier die steuerlichen Gesetze
regeln +, .
/ ,+ was die Gewerbesteuer
anbetrifft +,
so ist der Freibetrag

(und Sie haben kritisiert erster
zweiter dritter Eckwert .)

wir haben auch hier den Eckwert verändert ,+ indem wir
nicht

von 7 200 DM auf
12 000 DM, sondern auf
15 000 DM

erhöht haben.
30 Das müßte doch eigentlich
in Ihrem Sinne gewesen sein.
31 Insofern verstehe ich die
Vorwürfe nicht, mit
denen Sie die Anpassung der
Eckwerte kritisieren.
32 Darüber,
daß der Einnahmeausfall den
Gemeinden über den Finanz-
ausgleich wieder zugeführt
werden soll, sind sich
alle Parteien einig.
33 Wir möchten noch darauf hinweisen, daß die Kürzung des
Gewerbeertrags um
1% des Einheits-
wertes der Betriebsgrundstücke
auf jetzt 1,2%
eine gewisse Gleichstellung
für Eigenbetriebe
mit Pachtbetrieben

bedeutet.
34 Die Opposition

ging auch in diesem Punkt weiter.
35 Herr H. deutete nämlich an,
daß die Gewerbe-
steuer eigentlich ganz
abgeschafft werden sollte.

36 Damit kann man natürlich
draußen Sympathien
gewinnen.
37 Wir glauben aber,
daß jene Art, Politik
nach dem Grundsatz zu machen:
die Ausgaben hoch, die Steuern
runter, nicht übermäßig
seriös ist;
38 denn wir stellen immer wieder
fest, daß damit in
der Bevölkerung lediglich

von siebentausendzweihundert auf
zwölftausend sondern auf
fünfzehntausend Mark
Freibetrag beim Gewerbeertrag
gingen +, .
/ das müßte doch alles in Ihrer
in Ihrem Sinne sein .
und insofern versteh ich die
Vorwürfe überhaupt nicht ,+ mit
denen Sie hier die Anpassung der
Eckwerte kritisieren +, .

,+ daß der Einnahmeausfall den
Gemeinden (äh) über den Finanz-
ausgleich wieder zugeführt
werden soll +, darin sind sich
alle Parteien einig .
wir können noch darauf hinweisen ,+ daß die Kürzung des
Gewerbeertrages um
das eine Prozent des Einheits-
wertes der Betriebsgrundstücke
auf jetzt eins-Komma-zwei Prozent
eine gewisse Gleichstellung
für die Betriebe
,+ die mit Pachtkosten
zu rechnen haben +,
bedeutet +, .
aber die Opposition
(und das war für mich
interessant .)
ging auch hier weiter
,+ indem Herr H. so andeutete +,
,+ daß eigentlich die Gewerbesteuer ganz
abgeschafft gehört +, .
(äh) das ist alles natürlich
(äh) sehr von der Sache her (äh)
geeignet
i+ um
draußen Sympathien
zu gewinnen +i .
aber wir finden
jene Art i+ Politik zu machen
nach dem Grundsatz
die Ausgaben hoch die Steuern
runter +i nicht übermäßig
seriös +i .
denn wir stellen immer wieder
fest ,+ daß Sie da draußen in
der Bevölkerung lediglich

gewisse Erwartungen
geweckt werden, die Sie genauso-
wenig erfüllen könnten
wie wir,
(Zustimmung bei der SPD.)
es sei denn,
Sie würden entsprechend den
Vorschlägen zur europäischen
Steuerharmonisierung

die Mehrwertsteuersätze in
einer Weise
erhöhen,
die wir aus Gründen der
sozialen Gerechtigkeit nicht für
vertretbar halten.
(Beifall bei der SPD.)
39 Die Opposition hat schon

1969
die Gewerbesteuersenkung
gefordert.

40 Komischerweise haben Sie dies
erst zu einem Zeitpunkt
gefordert, als Sie in der
Opposition waren.
41 Das sollte man hier
nicht verschweigen.
(Abg. Dr. H.: Das stimmt doch nicht!)
(Abg. Dr. W.: Ach, sind das alles Sprüche!)
42 Meine Damen und Herren,
Sie sehen
— und damit komme ich zum
Schluß —,

die Steuerreform ist
ein Beweis dafür,
daß der gemeinsame Nenner
zwischen den Koalitionsparteien
keineswegs so klein ist,
wie es die Opposition
draußen immer wieder
darstellt.
43 Ich teile den Optimismus
von Herrn H.,
daß wir die Einkommensteuerreform
1975

gewisse Erwartungen
wecken +, ,+ die Sie genauso-
wenig erfüllen könnten
wie wir +, .
/ es sei denn
es sei denn
(und Sie würden auch das mit
dem Europagedanken machen .)

,+ daß Sie dann mit dem Mehr mit
den Mehrwertsteuersätzen in
einer Weise
noch oben gehen würden +,
,+ die wir aus Gründen der
sozialen Gerechtigkeit nicht
vertreten würden +, .
/ (äh) die Opposition hat schon
neunzehnhundert
(Sie sagten das .)
neunzehnhundertneunundsechzig
die Gewerbesteuersenkung
gefordert .
(Herr H.) (auch das war
für mich interessant .) (äh)
denn Sie haben sie
erst zu dem Zeitpunkt
gefordert ,+ als Sie in der
Opposition waren +, .
das sollte man hier doch
nicht verschweigen .

/ wir sehen
(und damit komme ich zum
Schluß .)
wir sehen
in der Steuerreform
den Beweis
,+ daß der gemeinsame Nenner
zwischen den Koalitionsparteien
keineswegs so klein ist +,
,+ wie Sie ihn
immer draußen
darstellen wollen +, .
ich teile
mit Herrn H. den Optimismus
,+ daß wir
neunzehnhundertfünfundsiebzig

vorlegen und

1976
auch die Körperschaftsteuer
miteinander in dem Sinne
regeln,
  (Abg. Dr. H.: Das glauben Sie!)
wie wir es jetzt
vorgesehen haben.
44 Insofern kann die FDP mit
  einiger Zufriedenheit
  feststellen, daß wir glaubhaft
  und für alle Bürger deutlich

die sachliche Einheit der
Steuerreform gewahrt haben.
45 Die FDP stimmt daher dem
  vorliegenden Vermögensteuergesetz zu.
  (Beifall.)

die Einkommensteuer hier
vorlegen werden +, ,+ und
daß wir
neunzehnhundertsechsundsiebzig
auch die Körperschaftsteuer
miteinander regeln in dem
Sinne +,

,+ wie wir sie jetzt
vorgelegt haben +, .
/ insofern kann die FDP mit
einiger Zufriedenheit hier
feststellen ,+ daß wir glaubhaft
und für alle deutlich
die Einheit
die sachliche Einheit der
Steuerreform gewahrt haben +, .
und wir können dem
vorliegenden Vermögensteuergesetz zustimmen .

Bundestagsrede (H)

(a) S p r e c h e r d a t e n

Geschlecht: männlich
Jahrgang: 1922
Beruf: Jurist, Senator a.D.
landschaftliche Herkunft: Berlin
                         (Stettin, Berlin)
Zugehörigkeit zum Deutschen Bundestag: 1. Legislaturperiode
Partei: F.D.P.

(b) R e d e d a t e n

Thematik: Tätigkeitsbericht 1973 der Bundesregierung
          — Deutschland- und Ostpolitik —
Dauer: 10 Minuten
Unterbrechungen: 17 (Zurufe: 13
                      Beifall: 4)

Stenographischer Bericht

Tonbandaufnahme

01 Herr Präsident! Meine Damen
   und Herren! Es war sicher
   nützlich und notwendig, daß
   der Kollege H. in seinem
   Diskussionsbeitrag noch einmal

(Herr Präsident) (meine Damen
und Herrn) es war sicher
nützlich und notwendig ,+ daß
der Kollege H. in seinem
Diskussionsbeitrag noch einmal

auf die unübersehbaren
positiven Aspekte einer
neuen Deutschland- und Ostpolitik hingewiesen hat.

02 So sind wir noch
einmal daran erinnert worden,
daß der Opposition
durch die neue Ostpolitik

überhaupt erst die Voraussetzungen dafür geschaffen
worden sind, daß sie hier
heute Lagevergleiche ziehen
und über schlechte Lagen reden
konnte.
(Beifall bei der FDP.)

(Abg. Dr.M.: Aber Herr Kollege!)

03 Ohne diese veränderte Politik,
meine Damen und Herren,
gäbe es überhaupt nichts von
jenen Beziehungen zwischen
den beiden Staaten in Deutschland, an denen Sie den
ganzen Tag herumgenörgelt
haben.

04 Wenn man die Diskussions-
beiträge der Kollegen M. und A.
gehört hat,
dann muß man glauben,
die Lage der Nation habe sich

schrecklich verdüstert.
05 Nun, es fällt Ihnen offensichtlich von Hause aus
schwer,
nicht schwarzzumalen.

06 Aber es würde der Aussprache und
der Fortentwicklung dieser
Politik nützlicher sein,
wenn wir nicht so
schwarzweißmalen würden.
07 Man muß zwar in kräftigen
Strichen deutlich die Konturen
zeichnen,
(Abg. Dr.M.: Die sind immer schwarz-weiß!)

auf jene unübersehbaren aber
doch positiven Aspekte einer
neuen Deutschland- und Ostpolitik hingewiesen hat +,
,+ damit wir überhaupt noch
einmal merken +,
,+ wie denn
durch die veränderte neue Lage
in dieser Ostpolitik
der Opposition
überhaupt die Voraus-
setzungen dafür geschaffen
worden sind +, ,+ daß sie hier
heute über Lage Lagevergleiche
und schlechte Lagen reden
kann +, .

(meine Damen und Herrn)
ohne diese veränderte Politik

gäbe es überhaupt nichts an
jener Beziehungslage zwischen
den beiden Staaten in Deutschland ,+ an denen Sie (ja) den
ganzen Tag rumnörgeln
können +, .
(meine Damen und Herrn)
,+ wenn man die Diskussions-
beiträge der Kollegen M. und A.
hört +,

dann hat sich die Lage der
Nation
nur schrecklich verdüstert .
(nun) es fällt Ihnen offensichtlich von Hause (äh) aus
schwer
i+ nicht schwarzzumalen +i .
/ aber es würde
es würde der Aussprache und
auch der Fortentwicklung dieser
Politik nützlicher sein
,+ wenn wir nicht so
schwarzweißmalen würden +, .
man muß gewiß in kräftigen
Strichen deutlich Konturen
zeichnen .
und doch sollten wir nicht
so tun

aber es sollte nicht so
geschehen,
daß behauptet wird,
diese Regierung,
die mit ihrer Politik

Erstarrung und Resig-
nation
überwinden mußte, habe
überhaupt keine Leistungen
aufzuweisen.

08 Die grotesken Überzeichnungen,
meine Damen und Herren,
sind es, die
die Diskussion erschweren.
09 Wenn Herr M.
(Zuruf von der FDP: Wer ist das?!)
zum Schluß seiner Aus-
führungen die große
geschichtliche Dimension bemüht
und dazu ausführt,
daß die Bundesregierung und
die sie tragenden Koalitionsparteien auf dem Abmarsch in den
Kommunismus seien

(Abg. Dr.M.: Das hat er nicht gesagt!)
— doch, doch, lesen Sie es sich
selbst noch einmal durch —,
dann muß er sich sagen lassen:
Das war ja wohl
nichts!
10 Meine Damen und Herren,
auch die Opposition sollte
zugestehen, daß die Bundesregierung
in ihrem Tätigkeitsbericht für
das Jahr 1973 von dem
Grundlagenvertrag

im Zusammenhang mit dem UNO-
Beitritt der beiden
deutschen Staaten, bei dem
durch die Haltung

der Bundesregierung der Eintritt

,+ als sei hier nichts
geschehen +,

,+ als habe diese Regierung
in ihrer Politik
und in ihrem Bemühen
i+ all das aufzutauen +i
,+ was an Erstarrung und Resig-
nation in der Vergangenheit
vorhanden war +,
überhaupt keine Leistung
zu erbringen +,.
/ (meine Damen und Herrn)
und diese grotesken
diese grotesken Bilder

sind es ,+ die eigentlich
die Diskussion erschweren +,.
/ ,+ wenn Herr M.

(äh) zum Schluß seiner Ausführungen in die große (äh)
geschichtliche Dimension greift
und dann (äh) ausführt +,
,+ daß die Bundesregierung und
die sie tragenden Koalitionsparteien auf dem Abmarsch in den
Kommunismus seien +,
dann kann

(doch doch hörn Sie sich das
selbst noch einmal an .)
dann würde ich sagen
s+ das war (ja) wohl
nichts +s.
/ (meine Damen und Herren)
wir sollten
zugestehen ,+ daß die Bundesregierung mit Recht
in ihrem Tätigkeitsbericht für
das Jahr neunensiebzig von dem
Grundlagenvertrag
als dem herausragenden politischen Ereignis des vergangenen
Jahres
im Zusammenhang mit dem UNO-
Beitritt der beiden
deutschen Staaten ,+ bei dem wir
durch die Haltung und die
Politik
der Bundesregierung den Eintritt

der DDR in dieses Forum der
Welt ermöglicht
wurde,
mit Recht als dem herausragenden
politischen Ereignis des vergangenen Jahres spricht.

11 Dieser Vorgang verdient die
Wertung nicht nur wegen seiner
spezifischen Bedeutung für die
Lage der Nation, sondern wegen
seines unbestreitbaren
internationalen Ranges.

12 Dieser Vertrag
ist dann vom Bundesverfassungsgericht ausdrücklich
als mit dem Grundgesetz
vereinbar erklärt worden,
und damit sind die verfassungs-
rechtlichen Einwände der Opposition zu den Akten gelegt.

der DDR in diesem Gremium der
Weltgemeinschaft ermöglicht
hat +,.

und dieser Vorgang verdient die
Wertung nicht nur wegen seiner
spezifischen Bedeutung für die
Lage der Nation sondern wegen
seines unbestrittenen
internationalen Ranges.
/ und dieser Vertrag (äh) der
ist vom Bundesverfassungsgericht dann ausdrücklich
als mit dem Grundgesetz
vereinbar erklärt worden.
und damit sind die verfassungs-
rechtlichen Einwände der Opposition zu den Akten gelegt
worden.
(meine Damen und Herrn)
es mutet

(Abg. J.: Das ist zu einfach, Herr Kollege H.)

(Abg. Dr.M.: Das paßt gar nicht zu Ihnen!)

13 – Ich komme darauf, Herr J.. –

ich komme darauf (Herr J.).

14 Es mutet nun etwas sonderbar
an, wenn ausgerechnet die

mit ihrem Rechtsbegehren
zurückgewiesene Opposition
die Bundesregierung jetzt mit
Penetranz immer wieder
auffordert, sich auch
künftig

verfassungskonform zu verhalten.

/ aber es mutet etwas sonderbar
an ,+ wenn ausgerechnet die
mit ihrem Begehren
mit ihrem Rechtsbegehren
zurückgewiesene Opposition
der Bundesregierung (nun) mit
Penetranz immer wieder
nachsagt +, s+ sie würde sich
künftig
wahrscheinlich nicht mehr
verfassungskonform verhalten +s
s+ und deshalb müsse sie stünd-
lich sie daran ermahnen
und erinnern +s .

15 Dabei gibt es überhaupt keinen
Grund, gerade
dieser Regierung nachzusagen,
sie würde entgegen der Staats-
praxis den Spruch des Gerichts
nicht beachten.
(Zuruf von der CDU/CSU.)

16 Ob das Verhalten der
Opposition allerdings

es gibt überhaupt keinen
Grund (meine Herrn) i+ grade
dieser Regierung nachzusagen +i
s+ sie würde entgegen der Staats-
praxis den Spruch des Gerichts
nicht beachten +s .

,+ ob das Verhalten der
Opposition allerdings
i+ hier penetrante Rechts-
übungen zu betreiben +i

den laufenden Verhandlungen
nützt, wage ich zu
bezweifeln.
(Beifall bei der FDP.)
17 Ich vermag darin jedenfalls
keine konstruktive Deutschland-
politik zu erblicken.

18 Es wirkt auch peinlich, wenn
in einer solchen Situation

der Herr Kollege A. hier ans
Pult tritt und dann seine
Schläge aus dem Wurstkessel des
Grundgesetzes austeilt.

19 Das sollten wir unterlassen.
(Abg. G.: Was heißt das denn "Wurstkessel des Grundgesetzes"?
Können Sie das mal erklären?!)

20 − Lesen Sie das einmal nach, was
der Herr Kollege A.

der SPD-Fraktion dieses Hauses
für ein besseres Verständnis des
Grundgesetzes und der Ent-
scheidungspraxis des Verfassungs-
gerichts
geglaubt hat
andienen zu müssen −.

(Abg. S.: Das Auge W. ruht wohlgefällig auf Ihnen!)

(Abg. G.: Sagen Sie doch mal, was der "Wurstkessel des Grundgesetzes"
ist!)

21 Auch ein weiterer Beitrag
in der Diskussion verdient,
so meine ich,
herben Widerspruch.
22 Den Bundesminister B.
− so mußte ich die Ausführungen
von Herrn M. verstehen −
im Zusammenhang mit dem ausge-
handelten Transitabkommen und
dem darin enthaltenen Miß-
brauchstatbestand zum Handlanger
der DDR und ihrer Fluchthelfer-
prozesse zu machen,
scheint mir wirklich eine so

---

den laufenden Verhandlungen
dient +, wage ich zu
bezweifeln .
ich vermag darin jedenfalls
keine konstruktive Deutschland-
politik zu erblicken .
und (meine Damen und Herrn)
lassen Sie mich das sagen
s+ es wirkt peinlich +s ,+ wenn
in einer solchen Situation
und bei dieser Sachlage
der Herr Kollege A. hier ans
Pult tritt und dann (äh)
Schläge aus dem Wurstkessel des
Grundgesetzes austeilt +, .
das sollten wir unterlassen .
das sollten wir unterlassen .

/ lesen Sie lesen Sie
lesen Sie das mal nach ,+ was
der Herr Kollege A.
gemeint hat +, i+ an Belehrungen
der SPD-Fraktion dieses Hauses
und (äh) ihrem Verständnis vom
Grundgesetz und von den Entscheidungen des Verfassungs-
gerichts

anbieten und andienen zu
müssen +i .

(meine Damen und Herrn)
(meine Damen und Herrn)
und auch ein weiterer Beitrag
in der Diskussion verdient
(so meine ich .) (äh) einen
herben Widerspruch .
/ i+ den Bundesminister B.
(so mußt ich die Ausführungen
von Herrn M. verstehen .)
im Zusammenhang mit dem ausge-
handelten Transitabkommen und
dem darin enthaltenen Miß-
brauchstatbestand zum Handlanger
der DDR und ihrer Fluchthelfer-
prozesse zu machen +i das
scheint mir is wirklich eine so

billige Polemik, die wir uns	billige Polemik ,+ daß wir uns
nicht leisten sollten.	die nicht leisten solln +,.
	denn an der Stelle

(Abg. Dr.M.: Man kann objektiv zum Handlanger des
DDR-Systems werden, ohne es subjektiv zu wollen!)

23 — Subjektiv hilft hier nicht	/ i+ subjektiv auch dort nicht
mehr weiter. —	mehr zuzugestehen +i

(Abg. G.: Sie sollten sich Herrn B. nicht leisten!)

24 Gerade	denn (meine Damen und Herrn)
an dieser Stelle weiß es	an der Stelle wissen Sie es
die Opposition besser,	als Opposition besser .
und wenn Sie es nicht	,+ und wenn Sie es nicht besser
wissen sollten, dann lassen Sie	wissen sollten +, lassen Sie
sich schleunigst von einem	sich von einem
solchen Sachkenner wie dem	solchen Sachkenner wie dem
Kollegen G. informieren.	Kollegen G. informieren .
25 Sie alle sollten	/ Sie wissen alle und er weiß
aus der Entstehungsgeschichte	aus der Entstehungsgeschichte
wissen,	
	und sagt es (ja) auch immer
	wieder
daß	,+ daß
	auch nach der Überzeugung der
	Auffassung der Westmächte
dieses Abkommen	dieses Abkommen
das wir alle wollten,	,+ das wir alle wollten +,
und das eine so entscheidende	,+ und das eine so entscheidende
Funktion	und eminente Funktion
für die Sicherung der Stadt	für die Sicherung der Stadt
Berlin, ihrer Zukunft	Berlin und der Zukunft
und Lebensfähigkeit	der Lebensfähigkeit
hat	dieser Stadt hat +,
auch nach Auffassung der West-	
mächte	
nur	daß es nur zu kriegen war
mit einer solchen Mißbrauchs-	mit einer solchen Mißbrauchs-
regelung	regelung +,
zu kriegen war;	
26 andernfalls hätten wir es über-	,+ oder daß wir es über-
haupt nicht bekommen.	haupt nicht erlangen konnten +,.
27 Daraus jetzt	i+ daraus jetzt
	(ich würde wirklich sagen .)
	leichtfertige und
grobe Vorwürfe	grobe Vorwürfe abzuleiten
gegen ein Mitglied dieser	gegen ein Mitglied dieser
Regierung abzuleiten,	Regierung +i
an dem man sich	,+ an dem man sich sonst sicher
als Opposition gerne	als Opposition reiben kann und
reiben möchte, das,	reiben möchte +, das
meine ich, ist	(mein ich .) ist
Kritik	an dieser Stelle

unter der Gürtellinie.

unter der Gürtellinie .
(meine Damen und Herrn)

(Beifall bei den Regierungsparteien.)

(Abg. J.: Herr G. hat doch Anlaß zu dem ganzen
Streit durch seine Äußerungen gegeben!)

28 Der Bundeskanzler hat heute vor-
mittag in seiner Erklärung von
unserer europäischen Verpflichtung gesprochen.

29 Ich glaube,
es ist an der Zeit,
zum Abschluß einer Debatte
über die Ostpolitik und
unserer Aussprache über die
Weiterentwicklung der
Beziehungen zwischen den beiden
Staaten in Deutschland
unseren Partnern in der EWG
dafür Dank zu sagen, daß
sie den für die Entwicklung
dieser Beziehungen so wichtigen
Interzonenhandel als einen die
DDR privilegierenden Handel
zugelassen haben.

30 Es ist erfreulich,
feststellen zu können,
daß sich

merkantile Erwägungen bei
unseren Partnern nicht
in den Vordergrund geschoben
haben.

31 Sie haben bei Ihrer Politik

der Vernunft den Vorrang
gegeben
und stets solidarisch
entschieden.

32 Es bleibt zu hoffen,
daß es uns gelingt,

in Westeuropa die Rückschläge
der letzten Tage bald zu
überwinden und den Weg

zur politischen Union
wieder freizumachen.

(meine Damen und Herrn)
der Bundeskanzler hat heute vor-
mittag in seiner Erklärung von
unsrer europäischen Verpflichtung gesprochen .
/ und ich glaube
s+ es ist gut +s
i+ zum Abschluß einer Debatte
über die Ostpolitik
einer Aussprache über die
Weiterentwicklung unsrer
Beziehungen zwischen den beiden
Staaten in Deutschland auch
unsern Partnern in der EWG
dafür Dank zu sagen +i ,+ daß
sie den für die Entwicklung
unsrer Beziehungen so wichtigen
Interzonenhandel als einen die
DDR privilegierenden Handel
zuläßt +,

,+ und daß sich
hier zu keiner Zeit
merkantile Erwägungen bei
unsern Partnern
in den Vordergrund geschoben
haben +, .
es ist erfreulich
i+ sagen zu können +i
,+ daß wir hier mit einer politischen solidarischen Entscheidung
der Vernunft den Vorrang
gegeben haben +, .

es bleibt zu hoffen
,+ daß es uns gelingt +,
i+ mit unsrem Beitrag
in Westeuropa die Rückschläge
der letzten Tage bald zu
überwinden +i i+ und den Weg
zur politischen Einheit und
zur politischen Union
wieder freizumachen +i .

33 Daneben sollten wir weiter den Ausgleich mit den Ländern des Ostblocks suchen.	daneben sollten wir weiter den Ausgleich mit den Ländern des Ostblocks suchen .
34 Dies in voller Absicherung und mit Unterstützung der Europäischen Gemeinschaft zu tun, entspricht unserer Überzeugung.	i+ dies in voller Absicherung und mit Unterstützung der Europäischen Gemeinschaft fortzuführen +i ist unsre Überzeugung .
35 Auf lange Sicht könnte dann gerade der Beitrag, den die beiden deutschen Staaten zur Normalisierung ihrer Beziehungen leisten, die entscheidende Brücken-funktion zwischen Ost und West in Europa schaffen. (Beifall bei den Regierungsparteien.)	auf lange Sicht könnte dann grade der Beitrag der beiden deutschen Staaten zur Normalisierung ihrer Beziehungen zur entscheidenden Brücken-funktion für Ost und West in Europa werden .

Bundestagsrede (J)

(a) S p r e c h e r d a t e n

Geschlecht: männlich

Jahrgang: 1905

Beruf: Elektromeister, Gewerkschaftssekretär

landschaftliche Herkunft: Berlin
(Schaffhausen, Kr. Saarlouis, Berlin)

Zugehörigkeit zum Deutschen Bundestag: 4. Legislaturperiode

Partei: CDU

(b) R e d e d a t e n

Thematik: Entwurf eines Gesetzes über Konkursausfallgeld

Dauer: 6 Minuten

Unterbrechungen: 11 (Zurufe: 8
Beifall: 2
Zwischenfragen: 1)

Stenographischer Bericht	Tonbandaufnahme
01 Frau Präsidentin! Meine Damen und Herren! Ich habe nicht die Absicht, bei so vorgerückter Stunde und bei dieser Besetzung des Hauses hier große Ausführungen zur Sache zu machen.	(Frau Präsidentin) (meine Damen und Herrn) ich habe nicht die Absicht i+ bei so vorgerückter Stunde und bei so viel Besuch hier große sachliche Ausführungen dazu zu machen +i .
02 Aber lassen Sie mich eine	aber lassen Sie mich doch eine

Bemerkung
zu den Ausführungen des
Kollegen U. machen.
03 Herr Kollege U., wenn Sie
sagen, daß das ein altes
Anliegen der SPD sei, dann
wundere ich mich, daß Sie erst
heute, 1974,

dazu kommen,
eine solche Vorlage zu
begrüßen.
04 Sie sind erstens seit
1969 mit der FDP allein
in der Regierung, hätten
also die Gelegenheit
gehabt,
und jetzt sagen Sie plötzlich,

das sei ein altes Anliegen.

05 Zweitens wäre es
viel besser, wenn diese Regierung eine Wirtschaftspolitik
betriebe, die die

in letzter Zeit
leider, leider
so häufigen Konkurse
vermieden hätte.
(Beifall bei der CDU/CSU.)

Bemerkung machen
zu den Ausführungen des
Kollegen U. .
(Herr Kollege U.) ,+ wenn Sie
sagen +, ,+ daß das ein altes
Anliegen der SPD sei +, da
wunder ich mich ,+ daß Sie
heute neunzehnhundertvieren-
siebzig
erst dazu kommen +,
i+ dies zu
begrüßen +i .
/ Sie sind erstensmal seit
neunensechzig allein mit der FDP
in der Regierung hätten
(also) die Gelegenheit
gehabt .
und jetzt kommen Sie plötzlich
sagen
,+ daß es en altes Anliegen
ist +, .
/ (zweitens) es wäre (ja)
viel besser ,+ wenn diese Regierung eine Wirtschaftspolitik
betreiben würde +, ,+ die die
an sich leider leider
in letzter Zeit

so häufigen Konkurse
vermieden worden wären +, .

und schließlich möcht ich etwas
sagen ,+ daß wir natürlich an
einer Regelung intressiert
sind +, ,+ die die

(Vizepräsident: Gestatten Sie eine Zwischenfrage?)
06 — Bitte schön!   (bitte schön)
(Abg. U., SPD: Herr Kollege M., wollen Sie damit sagen,
daß es in der Regierungszeit der CDU/CSU keine Konkurse
gegeben hat, und wissen Sie nicht, daß die Arbeitnehmer Verluste
in Höhe von 20 Millionen DM — ich habe die Zahlen soeben
genannt — haben hinnehmen müssen, wobei Sie sich auf diesem
Gebiet überhaupt nicht gerührt haben?)
07 Herr Kollege U., erstens   (Herr Kollege U.) erstensmal
habe ich im Augenblick keine   hab ich im Augenblick keine
Statistik zur Hand,   Statistik
um nachzuweisen, daß es   i+ um nachzuweisen +i ,+ ob
früher weniger Konkurse als   früher weniger Konkurse als wie
heute gegeben hat;   heute stattfinden +, .
(Zurufe von der CDU/CSU: Viel weniger!)
08 aber zweitens möchte ich   / und zum Zweiten möcht ich

sagen:	sagen
	,+ soweit soweit soweit ich mich
	(also) ganz
Nach meinem Gedächtnis und nach	nach meinem Gedächtnis und nach
den Zeitungsmeldungen	dem ,+ was Zeitungsmeldungen
	früher gebracht haben +,
waren früher weniger Konkurse	s+ waren s weniger
als heute.	wie heute +s .
(Zuruf von der SPD: Das Gedächtnis läßt nach!)	
09 Und drittens möchte ich sagen,	und drittens möchte ich sagen
daß Sie ja niemand daran	s+ es hätte Sie (ja) niemand
gehindert hätte, auch	gehindert +s i+ auch zu
seinerzeit,	seinerzeit
als Sie noch in der	
Opposition waren,	
einen solchen Gesetzentwurf	einen solchen Gesetzentwurf
vorzulegen.	vorzulegen +i .
(Abg. U.: Sie haben überhaupt nichts gemacht!)	
10 — Eine Opposition	/ und da aber die Opposition
kann doch genauso gut wie die	kann doch genauso gut wie die
Regierungspartei einen solchen	Regierungspartei einen solchen
Entwurf vorlegen.	Entwurf vorlegen .
	/ seit neun (äh)
11 Außerdem sind Sie seit	außerdem sind Sie seit seit
1966 mit in der	sechsensechzig mit in der
Regierung.	Regierung (also) .
12 Nun möchte ich noch folgendes	nun möchte ich noch folgendes
zur Sache sagen.	sachlich sagen .
13 Herr Bundesminister,	(Herr Bundesminister) (äh)
zum großen Teil folgen wir	zum großen Teil folgen wir
Ihren Darstellungen.	Ihren Darstellungen .
14 Ich möchte sagen,	/ ich möchte sagen
daß selbstverständlich dann,	
wenn es sich um vertrags-	,+ wenn es sich um vertrags-
mäßige Leistungen handelt,	mäßige Leistungen handelt +,
	s+ dann soll selbstverständlich
den Arbeitnehmern bei einem	den Arbeitnehmern bei einem
eventuellen Konkurs	eventuellen Konkurs oder
	(leider leider sage ich .)
	beim Konkurs auch
gewährleistet sein muß,	gewährleistet sein +s
daß sie ihren verdienten Lohn	,+ daß sie ihrn Verdienst
	und Lohn
für geleistete Arbeit	für geleistete Arbeit
bekommen.	bekommen +, .
	/ (zweitens)
15 Daß wir an einer solchen	,+ daß wir intressiert sind
Regelung interessiert sind,	an einer solchen Regelung +,
— wir sind etwas ruhiger und	(wir sind etwas ruhiger und
zurückhaltender —,	etwas zurückhaltender .)
(Abg. Dr.N.: Rückständiger!)	

können Sie daran erkennen,
daß wir vor Wochen, ich
persönlich, in einer Fragestunde gefragt haben, was
die Regierung zu tun gedenkt,
um angesichts solch häufiger
Konkurse, die jetzt

eintreten und von denen
in der Presse berichtet wird,
eine entsprechende Regelung
zu finden.

,+ daß wir intressiert sind +,
können Sie daraus erkennen
,+ daß wir vor Wochen ich
persönlich hier in einer Fragestunde gefragt haben +, ,+ was
die Regierung gedenkt zu tun +,
i+ um bei solchen häufigeren
Konkursen ,+ die jetzt
eigentlich
eintreten und
in der Presse berichtet wird +,
eine entsprechende Regelung
findet +i .

(Abg. Dr.S.: Nachdem die Regierungsvorlage bereits
beschlossen war, kamen Sie mit der Frage in der Fragestunde!)

16 — Herr Kollege S.,
Sie können das wissen,
da Sie einer Regierungspartei
angehören und wahrscheinlich
einen besseren Draht haben als
wir, während wir nur aus Presse-
meldungen erfahren, was
draußen eigentlich vorgeht.
(Zuruf des Abg. Dr. N.)

(ja) (Herr Kollege S.)
das können Sie wissen
,+ nachdem sie in der Regierung
sind und wahrscheinlich
en besseren Draht haben wie
wir und wir nur aus Presse-
meldungen erfahren +, ,+ was
eigentlich draußen vorgeht +, .

17 Meine Damen und Herren,

wir teilen Ihre Auffassung,

daß die Mittel für die Zahlung
des Konkursausfallgeldes
von der Bundesanstalt für
Arbeit verwaltet
bzw. ausgezahlt
werden sollen.
18 Hier ist das nah an der
Arbeitsvermittlung,
hier ist es nah an der Berufs-
beratung, hier gehört es hin.
19 So wird vermieden,
daß durch eine neue Institution

wieder komplizierte Verfahren

eingeleitet werden.
20 Außerdem sind wir mit
Ihnen der Meinung,
daß das Konkursausfallgeld

/ (nun)
(meine Damen und Herrn)
(äh) ich darf insofern (äh)
nur sagen
,+ daß wir Ihre Auffassung
teilen +,
,+ daß die Mittel für
das Konkursausfallgeld beim Bund
bei der Bundesanstalt für
Arbeit irgendwie verwaltet
beziehungsweise ausgezahlt
werden soll +, .
hier ist es nah an der
Versicherung .
hier ist es nah an der Berufs-
beratung . hier gehört es hin

i+ um weniger
komplizierte Verfahren
irgendwie durch ein neues
Gesetz wieder
einzuleiten +i .
/ außerdem sind wir auch mit
Ihnen der Meinung ,+ daß das
daß das Konkursausfallgeld auch

auch von den
Arbeitgebern, die
mit den Arbeitnehmern
in einem Vertragsverhältnis
standen,
aufgebracht werden soll
und daß die Arbeitnehmer
vor allen Dingen keinen Ausfall
in ihrer Rentenversicherung
erfahren dürfen.
21 Das sind zwei Punkte, die
ich hier ganz besonders
herausstellen muß.
22 Im übrigen aber behalten wir uns
vor, weil wir an diesem Gesetz
besonders interessiert sind,

im Ausschuß kräftig
mitzuwirken.
(Beifall bei der CDU/CSU.)

(hier mach ich natürlich
eine kleine Bemerkung .)
auch letzten Endes von den
Arbeitgebern ,+ die (ja)

im Vertragsverhältnis
mit den Arbeitnehmern standen +,
auch aufgebracht werden soll +,
,+ vor allen Dingen daß
die Arbeitnehmer keinen Ausfall
in ihrer Rentenversicherung
erfahren +,.
das sind zwei Punkte ,+ die
ich ganz besonders hier
herausstellen muß +,.
/ im übrigen aber behalten wir
vor ,+ weil wir eben
besonders intressiert sind
an diesem Gesetz +,
i+ im Ausschuß kräftig
mitzuwirken +i .

(Abg. Dr. S.: Schön! Am Mittwoch auf der Tagesordnung!)

(Abg. Dr. H.: Um Besserungen zu bringen!)

Bundestagsrede (K)

(a) S p r e c h e r d a t e n

Geschlecht: männlich
Jahrgang: 1927
Beruf: Jurist
landschaftliche Herkunft: Baden-Württemberg
                    (Danzig, Göttingen, Köln, Freiburg,
                     Bad Honnef-Rhöndorf)
Zugehörigkeit zum Deutschen Bundestag: 2. Legislaturperiode
Partei: SPD

(b) R e d e d a t e n

Thematik: Antrag der CDU/CSU
          betr. Zukunft der Forschungszentren
Dauer: 12 Minuten (letzter Teil einer Rede von insgesamt
                    40 Minuten Dauer)
Unterbrechungen: 5 (Zurufe: 4
                    Beifall: 1)

Stenographischer Bericht

01 Ich darf jetzt noch

kurz auf die Frage
eingehen, die ja auch von Ihnen
unter dem Stichwort
"gesellschaftlicher Bedarf"

angesprochen worden ist:
Was sind denn nun eigent-
lich Ziele der Forschungspolitik, und was ist der ge-
sellschaftliche Bedarf?
02 — Wir haben es oft genug gesagt,
aber ich darf es Ihnen noch
einmal sagen.

03 Der erste Bereich ist der Bereich
der Wettbewerbsfähigkeit der
deutschen Wirtschaft und damit
der Sicherheit der Arbeitsplätze.
04 Die liegt in unser aller
Interesse.
05 Hier geht es darum
— und deshalb hängt diese Frage
eng mit der Prognose
zusammen —,
sicherzustellen, daß
man keine Prestigeprojekte
fördert.
06 Die Europa-Rakete habe ich z.B.
für ein Prestigeobjekt gehalten,
abgesehen davon, daß
sie ja leider zu einem Instrument der Meeresforschung

statt der Weltraumforschung
geworden ist.
07 Wir müssen aber auch aufpassen,
daß wir auf diesem indu-
strienahen Gebiet nicht nur
das fördern, wofür die
schönsten Anträge vorgelegt
werden.
08
Nur mit einer guten Prog-
nose kann ich in etwa abschätzen,
was der gesamtgesell-
schaftliche Bedarf ist.

Tonbandaufnahme

darf ich jetzt noch
(Herr Kollege L.)
ganz kurz auf die Frage
eingehn? ,+ die (ja) auch
unter
gesellschaftlichem Bedarf
von Ihnen
angeschnitten is +,
s+ was sind denn (nun) eigentlich Ziele der Forschungspolitik? +s s+ und was is der ge-
sellschaftliche Bedarf? +s .
wir haben s oft genug gesagt .
aber ich darf es Ihnen noch
einmal sagen .
ich glaube
,+ daß der erste Bereich der is
der Wettbewerbsfähigkeit der
deutschen Wirtschaft und damit
der Sicherheit der Arbeitsplätze +, .
dies liegt in unser aller
Intresse .
hier geht es nur darum
(und darum hängt die Frage
eng mit der Prognose
zusammen .)
i+ sicherzustellen +i ,+ daß
man weder Prestigeprojekte
fördert +, .
die Europa-Rakete hab ich
für n Prestigeprojekt gehalten
,+ abgesehen davon +, ,+ daß
sie (ja) leider zu einem Instrument der Meeresforschung
geworden is
statt der Weltraumforschung +, .

und wir müssen aufpassen
,+ daß wir auf diesem indu-
strienahen Gebiet nicht nur
fördern das +, ,+ wofür die
schönsten Anträge vorgelegt
werden +, .
(das heißt .)
,+ daß ich aber mit der Prognose etwa abschätzen kann +,
,+ was denn der gesamtgesell-
schaftliche Bedarf sein kann +, .

09 Der Bedarf eines Industrie-
zweiges an Forschung und Entwicklung mag ein ganz anderer
sein als der der Gesellschaft.
10 Ich habe schon in der
Debatte vom 17.

Januar
anläßlich der Vorstellung
unseres neuen Energieprogramms
gesagt: Während heute der
Eindruck entsteht, die Öl-
krise sei vorbei,
bin ich davon
überzeugt: sie hat gerade
angefangen.
11 Wir sehen schon auf dem Uran-
gebiet, auf dem Gebiet der Bunt-
metalle, was in anderen roh-
stoffproduzierenden Ländern
vor sich geht.
12 Wir sehen auch schon, daß
sowohl durch die
multinationalen Konzerne
als auch
durch bilaterale Abmachungen
der Technologietransfer der
alten Industriestaaten in die
sich entwickelnden Staaten
sehr schnell zunehmen wird
– mit der zweiten Folge,
daß die Konkurrenz der alten
Industriestaaten um fortgeschrittene "sophisticated"
Technologie sehr viel härter
werden wird, als er es bisher
gewesen ist.

13 Die Modernisierung unserer
Wirtschaftsstruktur, um dem
Lande die Chance zu geben,
weiter an der Spitze zu bleiben, unseren Arbeit-
nehmern die Chance zu geben,
sichere und gute Arbeits-
plätze zu haben, wird in weit
höherem Maße als bisher von
einer aktiven Forschungs- und
Entwicklungspolitik abhängen.

14 Diese These hat
inzwischen sehr viel Zustim-

denn der Bedarf eines Industrie-
zweiges an Forschung und Entwicklung mag ein ganz anderer
sein als der der Gesellschaft .
/ und hier hab ich schon in der
Debatte vom siebzehnten Januar
anläßlich der Vorstellung
unsres neuen Energieprogramms
gesagt ,+ während heute so der
Eindruck entsteht +, s+ die Öl-
krise sei vorbei +s
s+ ich bin fest davon
überzeugt +s s+ sie hat grade
angefangen +s .
wir sehn schon etwa auf m Uran-
gebiet auf m Gebiet der Bunt-
metalle ,+ was in andern roh-
stoffproduzierenden Ländern
vor sich geht +, .
und wir sehn auch schon ,+ daß
sowohl durch die
Multis
wie
in bilateralen Gesprächen
der Technologietransfer der
alten Industriestaaten in die
sich entwickelnden Staaten
sehr schnell zunehmen wird
mit der zweiten Folge +,
,+ daß die Konkurrenz der alten
Industriestaaten um fortgeschrittene sophisticated
Technologie sehr viel härter
werden wird +, ,+ als er bisher
gewesen is +,
,+ und daß daher auf diesem
Gebiet
die Modernisierung unsrer
Wirtschaftsstruktur i+ dem
Land die Chance zu geben +i
i+ weiter an der Spitze zu bleiben +i i+ und unsern Arbeitnehmern die Chance zu geben +i
i+ sichere und gute Arbeitsplätze zu haben +i in weit
höherem Maße als bisher von
einer aktiven Forschungs- und
Entwicklungspolitik abhängen
wird +,
(eine These) ,+ die
inzwischen sehr viel Zustim-

mung aus der Industrie gefunden,
auch aus den Gewerkschaften.
15 Die beste Dar-
stellung findet sich in einem
Vortrag, den Herr Pro-
fessor S. vor etwa vierzehn
Tagen in der Ebert-Stiftung
gehalten hat.
16 Er wird
ab nächster Woche im Druck
vorliegen.
17 Auf diesem Gebiet betreiben wir
z.B. das Programm der elektro-
nischen Bauelemente.

18 Die Hochtemperaturreaktoren,
verbunden mit Prozeßwärme, mit
der Möglichkeit geschlossener
Versorgungssysteme — wie sie
etwa Professor S. vorgeschlagen hat —, mit den Möglichkeiten in der Metallurgie

— Stahldirektreduktion —
könnten eine weitere wesentliche
Entwicklungslinie der deutschen Industrie darstellen.

19 Die Tatsache, daß die
Industrie dafür einen Arbeits-
kreis gegründet hat,
zeigt, daß sie
die Dinge genauso sieht.
(Abg. L.: Da haben wir doch einen guten Antrag eingebracht!)
20 Noch eine Fußnote:

Wir sollten nicht meinen,
daß
die größten Erfolge
an Innovation
nur
im gewerblichen, industriellen
Sektor
zu erreichen sind.
21 Ich bin überzeugt, daß
wir
im öffentlichen Sektor
noch Produktionsreserven
haben, die,

mung aus der Industrie gefunden
hat auch aus den Gewerkschaften
und vielleicht die beste Darstellung gefunden hat in einem
Vortrag +, ,+ den Herr Professor S. vor etwa vierzehn
Tagen in der Ebert-Stiftung
gehalten hat +,
,+ und der (glaub ich .)
nächste Woche im Druck
vorliegen wird +,.
und auf diesem Gebiet haben wir
etwa das Programm der elektro-
nischen Bauelemente .
ich bin ganz sicher
,+ daß Hochtemperaturreaktoren
(verbunden mit Prozeßwärme mit
der Möglichkeit geschlossener
Versorgungssysteme ,+ wie
etwa Professor S. sie vorgeschlagen hat +, mit den Möglichkeiten in der Metallurgie)
(Hochtemperaturreaktor verbunden mit
Stahldirektreduktion)
eine der wesentlichen
Entwicklungsphasen der deutschen Industrie demnächst
sein wird +,.
und die Tatsache ,+ daß die
Industrie einen Arbeits-
kreis dafür gegründet hat +,
zeigt (ja) ,+ daß sie hier
die Dinge genauso sieht +,.

(noch eine Fußnote)
(Herr L.)
ich würde nur eines sagen
s+ wir sollten nicht meinen +s
,+ daß dieses an Innovation
die größten Erfolge

nur bringen wird
im gewerblichen industriellen
Sektor +,.

/ ich bin fest überzeugt ,+ daß
wir noch Produktionsreserven
im öffentlichen Sektor

haben +,

wenn man sie einmal wirklich
systematisch angeht,
nicht geringer sind −
aber ich will jetzt nicht auf
mein Sorgenkind Post oder auf
die Bahn zu sprechen kommen.
(Zuruf von der CDU/CSU: Sollen wir dazu auch
eine Anfrage einbringen?)

22 Ein zweiter Bereich
ist

die Mitwirkung
der Forschungspolitik an der
Ausgestaltung unseres Gemein-
wesens im Innern, an dem, was
heute unter dem Begriff
Lebensqualität
zusammengefaßt wird.

23 Sie werden zugeben, daß
sich die Dinge hier
sehr geändert haben.

24 Hier gehen wir eben weg von
der nur nach außen gerichteten
naturwissenschaftlichen Groß-
forschung und in Gebiete hinein,
in denen die Forschung
der Gesellschaft für die Lösung ihrer inneren Probleme
direkt zugute kommt.

25 Ein Beispiel, das
auf der Schwelle
zwischen Außen und Innen steht,
ist die Nachrichtentechnologie,
von der ich hier noch einmal
sagen will, warum sie mir
Sorge macht.

26 Ob man nun die Breit-
bandkommunikation nimmt, die
fertig ist, oder ein paar
Jahre wartet, bis die
Lichtfaser da ist:
Hier gibt es eine fertige Technologie, die die Gesellschaft
mehr ändern wird als alles,
was wir sonst im Forschungsbereich heute machen.

27 Sie kann morgen angewandt
werden, und diese Gesellschaft
hat noch nicht einmal eine vage

,+ wenn man denen mal wirklich
systematisch angehen würde +,
,+ die nich geringer sind +, .
aber ich will jetzt nicht auf
mein Sorgenkind Post oder auf
die Bahn zu sprechen kommen .

/ in einem zweiten Bereich
in einem zweiten Bereich
haben wir das Problem
(ich würde sagen .) der
Ausgestaltung der Mitwirkung
der Forschungspolitik an der
Ausgestaltung unsres Gemein-
wesens im Innern das ,+ was
man heute unter dem Begriff
Lebensqualität
hält +, .
und hier (Herr L.)
werden Sie doch zugeben ,+ daß
sich die Dinge
sehr geändert haben +, .
/ hier gehn wir eben weg von
der nur nach außen gerichteten
naturwissenschaftlichen Groß-
forschung in Gebiete rein
,+ in denen Forschung direkt
der Gesellschaft für die Lösung ihrer inneren Probleme
zugute kommen +, .
ein Beispiel ,+ das so
auf der Schwelle
steht +,
ist die Nachrichtentechnologie
,+ von der ich noch mal
sage +, ,+ warum sie mir
Sorge macht +, .
,+ ob man (nun) die Breit-
bandkommunikation nimmt ,+ die
fertig is +, oder en paar
Jahre wartet +, ,+ bis die
Lichtfaser da is +,
hier is eine fertige Technologie ,+ die die Gesellschaft
mehr ändern wird als alles +,
,+ was wir sonst im Forschungsbereich heute machen +, .
die kann morgen angewandt
werden . und diese Gesellschaft
hat noch nich mal ne vage

121

Vorstellung davon,
wie der Bremer Fall
zeigt,
was wir eigentlich damit
machen wollen.

28 Ich bin sehr froh, daß
die in der Regierungserklärung
angekündigte Kommission

für den Ausbau des technischen
Kommunikationssystems inzwischen
ins Leben gerufen worden ist
und einen sehr guten Anfang
genommen hat.

29 Auf dem Gebiet
der Lebensqualität
liegen
— neben der Umweltforschung —
die drei Gebiete "Humanisierung
der Arbeitswelt", "kommunale
Technologien" und "Technik im
Dienste der Gesundheit".

30 Sie sind auch wichtig
— ich glaube,
auch Sie halten das für
einen legitimen Gesichtspunkt —

für die Öffentlichkeitsarbeit
der Forschungspolitik:
Den Menschen im Lande, die
für die Forschung Geld
aufbringen
in Milliardenhöhe,

bewußt zu machen:
Tua res agitur!

31 Ich habe kürzlich auf dem
20. Kongreß der
Arbeitswissenschaften zu dem
Thema "Humanisierung der Arbeitswelt' Stellung genommen

32 Die Technologie kann eine Menge
machen, vorausgesetzt,
daß wir uns darin einig
sind
— leider ist Herr W.,

der sich mit dem Problem

in Ihrer Grundsatzkom-
mission beschäftigt, gerade

Vorstellung davon
(,+ wie der Bremer Fall
zeigt +,) (ja)
,+ was wir eigentlich damit
machen +, .
/ und ich bin sehr froh ,+ daß
die in der Regierungserklärung
angekündigte Kommu (äh)
Kommission
für den Ausbau des technischen
Kommunikationssystems
ins Leben gerufen worden is
und einen sehr guten Anfang
genommen hat +, .
und auf diesem Gebiet
des inneren Bereiches
liegen (nun)

die drei Gebiete Humanisierung
der Arbeitswelt kommunale
Technologien und Technik im
Dienste der Gesundheit
/ ,+ die wichtig auch is
(Herr L.) (und ich glaube
s+ Sie würden das auch für
einen legitimen Gesichtspunkt
halten +s .)
für die Öffentlichkeitsarbeit
in der Forschungspolitik +,
i+ den Menschen im Lande ,+ die
(ja) Geld
aufbringen sollen und
aufbringen in Milliardenhöhe
für die Forschung +,
bewußt zu machen +i
Tua res agitur .
ich hab neulich auf em
zwanzigsten Kongreß der
Arbeitswissenschaften zu dem
Thema Humanisierung der Arbeitswelt Stellung genommen.
die Technologie kann ne Menge
machen ,+ vorausgesetzt +,
,+ daß wir uns darin einig
sind +,
(leider ist Herr W.
grade weggegangen
,+ der sich mit den Problemen
beschäftigt
in Ihrer Grundsatzkom-
mission +, .)

weggegangen —,
daß die "Theorie der Freizeit"
in dem Sinne "Sei die Ar-
beitswelt auch noch so
schlecht, der Mensch kann
ja Mensch werden und sich
regenerieren in der Freizeit"
total falsch ist.

33 Richtig ist vielmehr:
Der Arbeitnehmer wird in seinem
Selbstverständnis,

in seinen Möglichkeiten von
dem bestimmt, was am
Arbeitsplatz vorgeht.

34 Dafür gibt es keinen Ersatz,
und darum haben wir uns zusammen mit den Arbeits-
wissenschaften
um die Gestaltung seines
Arbeitsplatzes
zu kümmern.

35 Das ist übrigens eines der
Gebiete, in denen bereits

sozialwissenschaftliche Be-
gleitaufträge erteilt worden
sind, weil man
das Problem der Humanisierung
des Arbeitsplatzes nicht
isoliert als technisches Problem
sehen darf, sondern Sozial-
wissenschaften, Arbeitswissenschaften, Organisationswissen-
schaften hinzunehmen muß.

36 Im Grunde geht es
— bis einschließlich der Frage
der Mitbestimmung —
um die Frage der Produktionsabläufe.

37 Kommunale Technologie:
Das ist der Versuch, in die
Gemeinden und in die Städte
alles hineinzugeben, was an
technischen Hilfen da ist.

38 Denn heute wissen die Städte

,+ daß die Theorie der Freizeit
in dem Sinne s+ sei die Arbeitswelt auch noch so
schlecht +s s+ der Mensch kann
(ja) Mensch werden und sich
regenerieren in der Freizeit +s
total falsch is +, .
sondern das Problem is
s+ er wird in seinem
Selbstverständnis
in seinem Eigenwert
in seinem Sozialstatus
in seinen Möglichkeiten von
dem bestimmt +s ,+ was am
Arbeitsplatz vorgeht +, .
und dafür gibt es keinen Ersatz .
und darum haben wir uns zusammen mit den Arbeits-
wissenschaften

zu kümmern .
(übrigens dies auch ne
Frage von Ihnen .)
dies is eines der
Gebiete ,+ in dem schon
die meisten
sozialwissenschaftlichen Be-
gleitaufträge erteilt worden
sind +, ,+ weil man (nämlich)
das Problem der Humanisierung
des Arbeitsplatzes nicht als
isoliert technisches Problem
sehen darf sondern Sozial-
wissenschaften Arbeitswissenschaften Organisationswissen-
schaften mit hinzunehmen muß +, .
/ is (ja) im Grunde

eine Frage der Produktionsabläufe
bis einschließlich der Frage
der Produktionsabläufe
/ (kommunale Technologien)
der Versuch i+ in die
Gemeinden und in die Städte
alles reinzugeben +i ,+ was an
technischen Hilfen da is +, .
/ denn heute wissen die Städte

123

oft nicht: Welche Müllver-
brennungs- oder -verga-
sungsanlage eignet sich dort
oder dort?
Welche Lösungen für
Versorgungs- und Entsorgungs-
probleme gibt es schon?

39 Wir haben hier übrigens einen
sehr interessanten Versuch gemacht:
Wir haben fünf Weltraum-
firmen aufgefordert, uns
Studien darüber anzufertigen,
was denn die Weltraumtechno-
logie für die kommunale
Technologie bedeuten kann.

40 Wir werden

die besten dieser Studien

veröffentlichen.

41 Das Ergebnis,

das von diesem Gebiet
auf kommunale Probleme übertragen werden kann,
hat uns selbst frappiert.

42 Das geht hin bis zu Fragen
der kommunalen Planung und der
Gebiete, die Kollege V.
im Augenblick stark
ausbaut: der Bau- und der
Siedlungsforschung.

43 Technik im Dienst der
Gesundheit:
Hier versuchen wir, auch
dem kranken Menschen
klarzumachen, daß es sich
lohnt, Geld in die Technik
zu stecken, die ihm —
sei es nun mit künstlichen
Organen, sei es mit
Knochenersatz — helfen kann,
die aber auch

für das Gesamtgesundheitswesen
Bedeutung gewinnt,
etwa in den angewandten Daten-
verarbeitungsversuchen im
Bereich der freien Praxis,

nich s+ welche Müllab (äh) verbrennungsanlage oder -verga-
sungsanlage eignet sich dort
oder dort? +s
s+ welche
Versorgung Entsorgungs-
probleme gibt es schon ? +s .

wir haben übrigens einen
sehr intressanten Versuch gemacht
s+ wir haben fünf Weltraum-
firmen aufgefordert +s i+ uns
Studien darüber zu machen +i
,+ was denn die Weltraumtechno-
logie für die kommunale
Technologie bedeuten kann +, .

wir werden die Studien
(glaub ich .)
(jedenfalls zwei von Ihnen)
,+ die wir für die auf-
schlußreichsten halten +,
veröffentlichen .

das Ergebnis
hat selbst uns frappiert
,+ was von diesem Gebiet
übertragen werden kann
auf andre Dinge +, .

das geht dann hin bis zu Fragen
der kommunalen Planung und den
Gebieten ,+ die der Kollege V.
(ja) im Augenblick stark
ausbaut +, der Bau- und der
Siedlungsforschung.
/ (Technik im Dienst der
Gesundheit)
auch mit dem Versuch i+ hier
den kranken Menschen auch
klarzumachen +i ,+ daß es sich
lohnt +, i+ Geld in die Technik
zu stecken +i ,+ die ihm
(sei es nun mit künstlichen
Organen) (sei es mit
Knochenersatz) helfen kann +,
,+ die vor allen Dingen aber
auch
für das Gesamtgesundheitswesen
eine Riesenbedeutung gewinnt
etwa in den angewandten Daten-
verarbeitungsversuchen im
Bereich der freien Praxis

im Bereich der Krankenhäuser
und in der Kombination von
freier Praxis, Krankenhaus und
öffentlichem Gesundheitssy-
stem.
44 Schließlich
   – last, but not least –
   die Grundlagenforschung.
   (Zuruf des Abg. L.)

45 Da auch dort immer nach-
   gefragt wird
   – ich habe es schon oft
   gesagt –,
   wo hier denn der gesellschaft-
   liche Bedarf für Grundlagenforschung liegt,
   möchte ich wiederholen:
   er liegt in dem,

   was für die Erweiterung
   unseres Welthorizonts und
   Selbstverständnisses aus der
   Grundlagenforschung
   gewinnen.
46 Mein Beispiel
   gegen die Kritiker, die
   sagen, Ausgaben für
   Grundlagenforschung seien nicht
   gesellschaftsrelevant,
   ist:
   Wer das behauptet,
   müßte behaupten, die
   kopernikanische Wendung sei
   nicht gesellschaftsrelevant
   gewesen.

47 Zum anderen
   liegt die Gesellschaftsrelevanz
   der Grundlagenforschung in dem,
   was die Grundlagenforschung für
   die angewandte Forschung
   bedeutet,
   wobei wir uns im übrigen
   auch mit den Grund-
   lagenforschern heute
   einig sind,

im Bereich der Krankenhäuser
und in der Kombination von
freier Praxis, Krankenhaus und
öffentlichem Gesundheitssy-
stem +,.
(schließlich
(last but not least)
die Grundlagenforschung)

(Herr L.) (but not least
hab ich gesagt .)
/ ,+ und da auch dort wieder
gefragt wird +,
(ich hab es nun schon so oft
gesagt .)
,+ wo denn der gesellschaft-
liche Bedarf der Grundlagenforschung liegt +,

s+ er liegt genau in dem
(,+ was Sie nun auch gesagt
haben +,)
(es hätten meine Worte sein
können .) einmal in dem +s
,+ was wir für die Erweiterung
unsres Welthorizonts und unsres
Selbstverständnisses aus der
Grundlagenforschung
gewinnen +,.
/ mein Beispiel is immer das
gegen die Kritiker ,+ die
sagen +, s+ Ausgaben für
Grundlagenforschung wären nich
gesellschaftsrelevant +s
sag ich immer
,+ wer das behauptet +,
s+ müßte behaupten +s s+ die
kopernikanische Wendung wäre
nich gesellschaftsrelevant
gewesen +s .
das kann man kaum
(zweitens)
die Grundlagenforschung is
(ja) der Boden der angewandten Forschung der mittel-
bare Nutzen der Grundlagenforschung
,+ wobei wir uns im übrigen
einig sind auch mit den Grund-
lagenforschern heute +,

daß das nicht heißt, daß
man einfach Mittel für alles
ausgeben kann.
48 Dazu ist die Grundlagenforschung in den Naturwissen-
schaften heute viel zu teuer.
49 Vielmehr muß man auch dort

— die Max-Planck-Gesellschaft
tut es bereits, interessan-
terweise unter Hinzu-
ziehung ausländischer
Fachleute —
planen.
50 Ich freue mich übrigens auch,
daß sich die Grundlagenfor-
schungsorganisationen der
westlichen Länder

zu einem gemeinsamen Bund

zusammengefunden haben.
51 Man kann
die Frage stellen:
Ist es nicht
für den Forschungsminister
besser,
wenn er alles Geld gezielt
für angewandte Forschung,
für bestimmte Projekte
ausgibt,
statt es in die Grundlagenforschung,

in die Selbstverantwortung der
Max-Planck-Gesellschaft
zu geben,
womit er nicht so viel politisch nicht so viel "vorzeigen"
kann
wie mit irgendeinem Programm?
52 Ich bin der Meinung, der
Forschungsminister wäre falsch
beraten, wenn er das
machen würde.
53 Nicht daß ich meinte,
wir könnten und sollten
die Prognose nicht verbessern.
54 Trotzdem bin ich der Meinung,
wir sollten

s+ das heißt nicht +s ,+ daß
man sinnlos Mittel für alles
ausgeben kann +,.
dazu ist die Grundlagenforschung in den Naturwissen-
schaften heute zu teuer.
sondern man muß auch dort
planen
(die Max-Planck-Gesellschaft
tut es ja übrigens intressanterweise gleich unter Zu-
ziehung von ausländischen
Fachleuten .).

ich freue mich übrigens auch
,+ daß die Grundlagenfor-
schungsinstitute der
westlichen Länder
sich (ja) zusammengefunden
haben
in einer europäischen
Institution +,.

und man kann natürlich jetzt
die Frage stellen
s+ is es nich besser
für en Forschungsminister? +s

s+ er gibt alles Geld gezielt
aus für angewandte Forschung
für bestimmte Projekte +s

i+ statt es in die Grundlagenforschung zu geben
(das heißt .)
in die Selbstverantwortung der
Max-Planck-Gesellschaft +i .

und damit kann er (ja) politisch nich so viel vorzeigen

wie mit irgendeinem Programm .
ich bin der Meinung s+ der
Forschungsminister wäre falsch
beraten ,+ wenn er das
machen würde +,.
/ ,+ nich das ich nich meine +,
s+ wir könnten
Prognose verbessern +s .
trotzdem bin ich der Meinung
s+ wir sollten

die Chance, die Zukunft
wirklich und etwa im Detail
zu gestalten,
relativ nüchtern beurteilen.
55 Das Beste für eine Forschungspolitik ist immer
noch eine sehr breite Grundlagenforschung, die es erlaubt, wenn die Entwick-
lung ganz anders verläuft, als
man angenommen hat,

aus diesem breiten Fundus
neue Antworten zu finden.

56 Lassen Sie mich zum Schluß ein
kurzes Wort zur internationalen Zusammenarbeit sagen.
57 Nach der Antwort auf die
Große Anfrage ist der Auftrag
des Pariser Gipfels vom Oktober
1972 erfüllt worden:
Am 14. Januar
1974
ist ein europäisches Aktions-
programm
auf dem Gebiet der Forschung
beschlossen worden.
58 Ich freue mich besonders,
daß die von der Kommission
– ich darf hier Herrn D.
noch einmal danken –
und von uns selbst

forcierte Frage
eines Zusammenarbeitsver-
fahrens
– wir nennen das ein
Verfahren der Konsultation
und Konfrontation –
im neuen CREST-Ausschuß
verwirklicht worden ist.
59 Ich glaube, damit ist endlich
ein verfahrensmäßiges Instrument geschaffen, weiter
zu kommen, als wir bisher
– leider – auf dem europäischen Gebiet gekommen
sind.

relativ nüchtern bleiben über
die Chance +s i+ die Zukunft
wirklich und etwa im Detail
zu gestalten +i .

und das Beste für eine Forschungspolitik is dann immer
noch eine sehr breite Grundlagenforschung ,+ die es erlaubt +, ,+ wenn die Entwicklung ganz anders geht +, ,+ als
man angenommen hat +,
i+ eben doch
aus diesem breiten Fundus auch
neue Antworten zu finden +i .
ich glaube s+ auch darin
stimmen wir überein +s .
lassen Sie mich zum Schluß ein
kurzes Wort zur internationalen Zusammenarbeit sagen .
nach der Antwort auf die
Große Anfrage der Auftrag
vom Pariser Gipfel vom Oktober
zwoensiebzig erfüllt worden
s+ am vierzehnten Januar
vierensiebzig
ist ein europäisches Aktions-
programm beschlossen worden
auf em Gebiet der Forschung +s .

ich freue mich besonders
,+ daß die von der Kommission
(ich darf hier auch Herrn D.
noch einmal dafür danken .)
und der deutschen Seite
vor allen Dingen
forcierte Frage (nämlich)
eines Zusammenarbeitsver-
fahrens
(,+ was wir genannt haben das
Verfahren der Konsultation
und Konfrontation +,) (nun)
im neuen CREST-Ausschuß
verwirklicht worden is +, .
ich glaube s+ damit ist endlich
ein verfahrensmäßiges Instrument geschaffen +s i+ weiter
zu kommen +i ,+ als wir bisher
(leider) auf dem europäischen Gebiet gekommen
sind +, .

60 Mein Besuch in den Vereinigten
Staaten hat
gezeigt, daß die
Ansätze, das Problemverständnis,
die Art, wie man an Probleme
herangeht, nirgends ähnlicher
ist als zwischen der Bundesrepublik und den Vereinigten
Staaten.
61 Es war eine gute Reise,
gerade auch auf dem Hintergrund
der mancherlei Spannungen,
die wir heute erleben.
62 Wir haben eine Reihe von
Abkommen geschlossen, eine
Reihe von neuen Projekten in
Angriff genommen, für die
in Kürze Delegationen
ausgetauscht werden.
63 Und wir waren uns mit der
amerikanischen Regierung

darüber einig, daß
nicht etwa deutsch-ameri-
kanischer Bilateralismus in
der Forschungs- und Technologiepolitik eine Alternative
zu Europa sein kann.
64 Wir waren uns einig,
daß wir versuchen
sollten, was wir
beim Weltraum-Labor bereits
erreicht haben:
daß die besonders gute
deutsch-amerikanische Zusammenarbeit zum Schrittmacher

für eine
amerikanisch-europäische
Zusammenarbeit wird.
65 Ich glaube, darin
stimmen nicht nur die
Deutschen und die Amerikaner,
darin stimmen die Europäer
und die Amerikaner überein:
Die Probleme der Welt sind

,+ daß das hier ein Bereich
is +, ,+ in dem man nich
Hosianna schrein kann +,
darüber bin ich völlig mit
Ihnen einig .
der Besuch in den Vereinigten
Staaten hat intressanterweise
gezeigt ,+ daß vielleicht die
Ansätze das Problemverständnis
die Art ,+ wie man an Probleme
rangeht +, nirgends ähnlicher
is als zwischen der Bundesrepublik und den Vereinigten
Staaten +, .
es war eine sehr gute Reise
auch grade auf dem Hintergrund
der mancherlei Spannungen
,+ die wir heute haben +, .
/ wir haben eine Reihe
Abkommen geschlossen eine
Reihe neue Projekte in
Angriff genommen ,+ für die
in Kürze Delegationen
ausgetauscht werden +, .
/ und wir waren uns mit der
amerikanischen Regierung
in allen Stellen
darüber einig ,+ daß es
nich etwa ein deutsch-ameri-
kanischer Bilateralismus in
der Forschungs- und Technologiepolitik eine Alternative
zu Europa sein kann +, .
sondern wir waren uns einig
,+ daß wir versuchen
sollten +, ,+ was wir (ja)
beim Weltraum-Labor
erreicht haben +,
,+ daß die besonders gute
deutsch-amerikanische Zusammenarbeit zum Schrittmacher
wird
für eine erweiterte
amerikanisch-europäische
Zusammenarbeit +, .
und ich glaube s+ darin
stimmen nicht nur die
Deutschen und die Amerikaner +s
s+ darin stimmen die Europäer
und die Amerikaner überein +s
s+ die Probleme der Welt sind

zu groß, und die
Ressourcen der Welt sind
zu knapp geworden,
als daß wir uns

nationale Eigenbrötelei
auf dem Gebiet der Forschungs-
und Technologiepolitik
noch länger leisten könnten.

(Beifall bei den Regierungsparteien.)

zu groß +s s+ und die
Ressourcen der Welt sind
zu knapp geworden +s
,+ als daß man sich
nationalstaatliche oder
nationale Eigenbrötelei
auf em Gebiet der Forschungs-
und der Technologiepolitik
noch länger leisten könnte +,.
(Schönen Dank)

Bundestagsrede (L)

(a) S p r e c h e r d a t e n

Geschlecht: männlich
Jahrgang: 1931
Beruf: Landvolkhochschul-Dozent
landschaftliche Herkunft: Niedersachsen
(Deutsch-Krone/Pommern, Schneidemühl,
Osnabrück, Bonn, Lingen/Ems)
Zugehörigkeit zum Deutschen Bundestag: 3. Legislaturperiode
Partei: CDU

(b) R e d e d a t e n

Thematik: Agrarpolitik
— Aktuelle Stunde —
Dauer: 7 Minuten
Unterbrechungen: 5 (Beifall: 5)

Stenographischer Bericht

Tonbandaufnahme

01 Herr Präsident! Meine
sehr verehrten Damen und
Herren!
Der gestrige Kabinettsbe-
schluß zur Verweigerung der
Beschlüsse des Ministerrats
der EG

von der vergangenen Woche hat
nach Überzeugung der CDU/CSU-
Fraktion zwei verhängnisvolle
Konsequenzen.
02 Erstens: Dieser Beschluß
ist nach unserer Auffassung
ein Affront gegen die berech-

/ (Herr Präsident) (meine
sehr verehrten Damen und
Herrn)
der gestrige Kabinettsbe-
schluß zur Verweigerung der
Beschlüsse des Ministerrats
der EG
vom vergangenen
von der vergangenen Woche hat
nach Überzeugung der CDU/CSU-
Fraktion zwei verhängnisvolle
Konsequenzen .
(erstens) dieser Beschluß
ist nach unsrer Auffassung
ein Affront gegen die berech-

tigten Interessen der Landwirtschaft, der Landwirtschaft
auch in unserem Lande.

03 Wir haben
in der vergangenen Woche nach
dem Beschluß des Ministerrats erklärt, dieser
Beschluß werde sicher nicht
dazu führen, daß kurz-
fristig durchgreifende Ein-
kommensverbesserungen
erfolgen werden.

04 Es kann aber überhaupt kein
Zweifel bestehen,
daß eine Verbesserung

des Preisniveaus innerhalb
der Europäischen Gemeinschaft,
das nach den tiefen Einbrüchen
bei dem Erzeugerpreisniveau
gegeben ist,
wenigstens einen Teil des
vorhandenen Inflations- und
Kostendrucks beseitigt
hätte.

05 Wir sind allerdings der
Meinung,

— und dies ist schon in der
Fragestunde sichtbar
geworden +,
daß es unter Umständen
sinnvoller gewesen wäre,
diese Entscheidung
— selbst auf einem etwas
niedrigeren Level —
zum 1. Juli

herbeizuführen.

06 Herr Minister E.,
natürlich hätte
der Ratspräsident die Chance
gehabt, die Kommission dahin
zu drängen, eine ent-
sprechende Vorlage
zu machen.

07 Dies wäre in der Tat der
bessere Weg gewesen.
(Beifall bei der CDU/CSU.)

---

tigten Intressen der Landwirtschaft der Landwirtschaft
auch in unserem Lande .
(meine Damen und Herrn)
wir haben in der Tat
in der vergangenen Woche nach
dem Beschluß des Ministerrats erklärt ,+ daß dieser
Beschluß sicher nicht
dazu führt +, ,+ daß kurz-
fristig durchgreifende Ein-
kommensverbesserungen
erfolgen werden +, .
/ es kann aber überhaupt kein
Zweifel darüber bestehen
,+ daß eine Verbesserung
der Preise
des Preisniveaus innerhalb
der Europäischen Gemeinschaft
aufgrund der tiefen Einbrüche
im Erzeugerpreisniveau

wenigstens einen Teil des
notwendigen Inflations- und
Kostendrucks beseitigt
hätte +, .
wir sind allerdings der
Meinung
(meine Damen und Herrn)
(und dies ist in der
Fragestunde schon sichtbar
geworden .)
,+ daß es unter Umständen
sinnvoller gewesen wär +,

(selbst auf einem etwas
niedrigeren Level)
i+ zum ersten Juli
diese Entscheidung
herbeizuführen +i .
/ und (Herr Minister E.)
natürlich hätte der Minister
der Ratspräsident die Chance
gehabt i+ die Kommission dahin
zu drängen +i i+ eine entsprechende Vorlage
zu machen +i .
dies wäre in der Tat der
bessere Weg gewesen .

/ (nur) (meine Damen und

08 Fehler und Versagen in der
Vergangenheit sind nicht
durch Nichtstun in der
Gegenwart
zu korrigieren.
(Beifall bei der CDU/CSU.)

09 Im Zusammenhang mit den
Erhöhungen des Erzeugerpreisniveaus wird nun sehr oft
— und das ist unter-
schwellig auch in Verbindung
mit dem gestrigen Kabinettsbeschluß geschehen —
der Vorwurf erhoben, dies
alles verstoße gegen die
Stabilitätspolitik.

10 Wenn man den Beschluß des
Kabinetts von gestern so interpretiert,
dann — der Überzeugung bin ich —
ist dies unredlich
und auch
unwahrhaftig;
11 denn in der Ziffer 3 des
gestrigen Kabinettsbeschlusses
läßt man ja durchaus
erkennen, daß man dem
Vorschlag der Kommission,
eine 4%ige Anhebung des Erzeugerpreisniveaus vorzunehmen,
nach wie vor die Zustimmung
zu geben bereit ist.
12 Es geht also

um eine Differenz von 1%,
sprich um 0,06%
für den Lebens-
haltungsindex.

13 Wer in dieser Situation,
bei der schlechten Einkommens-
entwicklung der Landwirtschaft,
glaubt, dies verweigern
zu sollen, der
muß sich allerdings fragen
lassen, ob er bereit ist,
die notwendige soziale

Herrn) Fehler
Fehler und Versagen in der
Vergangenheit ist nicht
zu korrigieren
durch Nichtstun in der
Gegenwart .

(meine Damen und Herrn)
im Zusammenhang mit den
Erhöhungen des Erzeugerpreisniveaus wird (nun) sehr oft
(und nirgendwo ist dies unter-
schwellig auch in Verbindung
mit dem gestrigen Kabinettsbeschluß geschehen .)
der Vorwurf erhoben s+ dies
alles verstoße gegen die
Stabilitätspolitik +s .
(meine Damen und Herrn)
,+ wenn man den Beschluß des
Kabinetts gestern so interpretiert +,
da bin ich der Überzeugung
s+ dies ist unredlich +s
s+ und dies ist auch
unwahrhaftig +s .
denn in der Ziffer drei des
gestrigen Kabinettsbeschlusses
läßt man (ja) durchaus
erkennen ,+ daß man dem
Vorschlag der Kommission
(vier Prozent)

nach wie vor die Zustimmung
zu geben bereit ist +, .
es geht also
(meine Damen und Herrn)
um ein Prozent
(sprich) um null-Komma-null-
sechs Prozent für den Lebens-
haltungsindex .
(meine Damen und Herrn)
,+ und wer in dieser Situation
bei der schlechten Einkommens-
entwicklung der Landwirtschaft
glaubt +, i+ dies verweigern
zu sollen +i der allerdings
muß sich fragen
lassen ,+ ob er bereit ist +,
i+ die notwendige soziale

131

Gerechtigkeit und soziale
Symmetrie in diesem Lande
wiederherzustellen.
(Beifall bei der CDU/CSU.)

14 Es war nicht zuletzt
der Bundeslandwirtschafts-
minister selber, der vor der
Öffentlichkeit nach Schluß der
Ratssitzung in Brüssel deutlich gemacht hat, daß er
es nicht für sinnvoll gehalten
hätte, um eines Prozents
willen die Verhandlungen
scheitern zu lassen.

15 Aber

dieser Kabinettsbeschluß von
gestern ist,
wie wir meinen,
darüber hinaus und vor allem
auch ein Affront gegen die
Interessen Europas.

16 Die CDU/CSU hat seit 1969
wiederholt vielfach
eine Bestandsaufnahme
der gemeinsamen Agrarpolitik
gefordert.

17 Wir waren uns immer darüber im
klaren, daß nicht zuletzt
mit den Entscheidungen des
Jahres 1969 in der
Währungspolitik eine Überprüfung der Instrumentarien
des gemeinsamen Agrarmarkts
notwendig sei.

18 Wir haben die Bundesregierung
seit Monaten

in einer Fülle von Fragen
bestürmt, darauf hinzu-
wirken, daß wettbewerbs-
verfälschende nationale Maß-
namen in anderen Ländern
beseitigt werden müssen.

19 Soweit
also Übereinstimmung.

20 Die Frage ist nur,
ob der Zeitpunkt und der
sachliche Zusammenhang dazu
geeignet waren, jetzt die
Machtfrage zu konstruieren,

Gerechtigkeit und soziale
Symmetrie in diesem Land
aufrechtzuerhalten +i .

es war (ja) nicht zuletzt
der Bundeslandwirtschafts-
minister selbst ,+ der vor der
Öffentlichkeit nach Schluß der
Ratssitzung in Brüssel deutlich gemacht hat +, ,+ daß er
es nicht für sinnvoll gehalten
hätte +, i+ um eines Prozents
willen die Verhandlungen
scheitern zu lassen +i .
aber
(meine Damen und Herrn)
dieser Kabinettsbeschluß von
gestern ist
(,+ wie wir meinen +,)
darüber hinaus und vor allem
auch ein Affront gegen die
Intressen Europas .
die CDU/CSU hat seit neunun-
sechzig wiederholt vielfach
eine Bestandsaufnahme

gefordert .
wir waren uns immer darüber im
klaren ,+ daß nicht zuletzt
mit den Entscheidungen des
Jahres neunensechzig in der
Währungspolitik eine Überprüfung der Instrumentarien
des gemeinsamen Agrarmarktes
notwendig sei +, .
wir haben
seit Monaten die Bundes-
regierung
in einer Fülle von Fragen
bestürmt i+ darauf hinzu-
wirken +i ,+ daß wettbewerbs-
verfälschende nationale Maßnahmen in andern Ländern
beseitigt werden müssen +, .
(soweit (meine Damen und
Herrn) also Übereinstimmung)
/ die Frage ist nur
,+ ob der Zeitpunkt und der
sachliche Zusammenhang dazu
geeignet war +, i+ jetzt die
Machtfrage zu konstruieren +i

wie dies mit dem Kabinettsbeschluß geschehen ist.
(Beifall bei der CDU/CSU.)

21 Wir müssen doch fragen,
ob wir dem Ziel,
das im Kabinettsbeschluß
sichtbar wird, nämlich
eine Beseitigung von Wettbe-
werbsverzerrungen, eine Aufnahme von Gesprächen zu einer
Fortentwicklung der Agrarpolitik in der Gemeinschaft,
näherkommen
oder ob wir dieses Ziel
damit gefährden.
22 Und ich sage:
Wir gefährden dieses
Ziel!
23 Denn, meine Damen und Herren,
was wird die Folge sein?
24 Die Folge wird sein,
daß jetzt andere Länder

auf Grund des Drucks, in
dem sie sich
befinden,
zusätzliche nationale
Maßnahmen treffen.
25 Lassen Sie mich schließen.

26 Der Beschluß wird in seinen
negativen Auswirkungen ein,
wie ich glaube,
trauriges, aber klassisches
Beispiel dafür sein,
daß die Regierung S.,
und ich möchte in diesem
Zusammenhang sagen:
die Regierung S./A.,
eine feste, zielstrebige
Politik vielfach
mit einer Politik des Holz-
hammers und der Schulmei-
sterei verwechselt.
27 Wir fordern Sie zur
Revision dieses Beschlusses
auf.
28 Der Herr Minister E. aber

,+ wie dies mit dem Kabinettsbeschluß geschehen ist +, .

/ (meine Damen und Herrn)
wir müssen doch fragen
,+ ob man das Ziel
,+ das im Kabinettsbeschluß
sichtbar wird +, (nämlich)
eine Beseitigung von Wettbe-
werbsverzerrung eine Auf-
nahme von Gesprächen zu einer
Fortentwicklung der Agrarpolitik in der Gemeinschaft
wir dem Ziel näherkommen +,
,+ oder ob wir dieses Ziel
damit gefährden +, .
und ich sage
s+ wir gefährden dieses
Ziel +s .
denn (meine Damen und Herrn)
was wird die Folge sein? .
die Folge wird sein
,+ daß jetzt andre Länder
zusätzliche nationale
Maßnahmen bestimmen
auf Grund des Drucks +, ,+ in
dem sie sich in ihren Ländern
befinden +, .

und lassen Sie mich schließen.
lassen Sie mich schließen
(meine Damen und Herrn) .
der Beschluß wird in seinen
negativen Auswirkungen
(,+ wie ich glaube +,) ein
trauriges aber ein klassisches
Beispiel dafür sein
,+ daß die Regierung S.
(und ich möchte in diesem
Zusammenhang sagen
die Regierung S./A. .)
eine feste zielstrebige
Politik vielfach verwechselt
mit einer Politik des Holz-
hammers und der Schulmei-
sterei +, .
wir fordern Sie jetzt zur
Revision dieses Beschlusses
auf .
und der Herr Minister E.

muß sich fragen lassen,
ob er auf Grund seiner Aussagen von der vergangenen
Woche und des Beschlusses von
gestern sein Amt noch weiter
ausführen kann.
(Lebhafter Beifall bei der CDU/CSU.)

muß sich fragen lassen
,+ ob er auf Grund seiner Aussagen von der vergangenen
Woche und des Beschlusses von
gestern sein Amt noch weiter
ausführen kann +, .

Bundestagsrede (M)

(a) S p r e c h e r d a t e n

Geschlecht: männlich
Jahrgang: 1925
Beruf: Oberlandwirtschaftsrat, Bundesminister
landschaftliche Herkunft: Bayern
(Oberschleißheim/München, Miesbach,
Bad Wiessee)
Zugehörigkeit zum Deutschen Bundestag: 4. Legislaturperiode
Partei: F.D.P.

(b) R e d e d a t e n

Thematik: Agrarpolitik
— Aktuelle Stunde —
Dauer: 11 Minuten
Unterbrechungen: 38 (Zurufe: 25
Beifall: 13)

Stenographischer Bericht	Tonbandaufnahme
(mit Beifall begrüßt)	
01 Herr Präsident! Meine sehr verehrten Damen und Herren! Sie sehen — Herr B., damit darf ich gleich eine Frage von Ihnen beantworten —, ich stehe immer noch, (Heiterkeit)	(Herr Präsident) (meine sehr verehrten Damen und Herrn) Sie sehen (und damit Herr B. darf ich gleich eine Frage von Ihnen beantworten .) s+ ich steh immer noch +s

(Dr. R., CDU/CSU: Aber ziemlich wackelig!)

| wenn es auch manchmal nur mit Gips geht. 02 Gips ist eben ein wichtiges Produkt. | ,+ wenn s auch manchmal nur mit Gips geht +, . aber es is ein wichtiges Produkt . |

(R., CDU/CSU: Wenn das andere Bein auch noch weg ist,
wird es aber ernst!)

| 03 Meine sehr verehrten Damen und Herren, Herr Kollege R. | aber (meine sehr verehrten Damen und Herrn) (Herr Kollege R.) |

134

ich will Ihnen gerne
antworten.
04 Ich glaube, Sie haben
den Kabinettsbeschluß von
gestern nicht ganz gelesen.

ich will (ja) gerne Ihnen
antworten .
ich glaube s+ Sie haben nich ganz
den Kabinettsbeschluß
gestern gelesen +s .

(Zuruf von der CDU/CSU: Die Pressemitteilung!)

05 So, wie ich ihn ge-
lesen habe und wie ihn
andere gelesen haben –

denn (äh) so ,+ wie ich ihn gelesen habe +, und so ,+ wie ihn
andre gelesen haben +,

(N., CDU/CSU: Haben Sie ihn nur gelesen oder waren Sie dabei?)

06 – Herr N.,
Sie waren noch in den Windeln,
da habe ich schon lesen können.

/ (na) (na) (Herr N.) ich
da warn Sie noch in den Windeln .
da hab i schon lesen können .

(Heiterkeit und Beifall bei der FDP und der SPD.)

(Dr.C., CDU/CSU: Das ist kein sehr starkes Argument!)

/ (na) wissen Sie

07 – Und lauter Schreien ist
kein Zeichen für lesen können,
Herr Kollege C..

s+ und lau und lauter Schrein is
kein Zeichen für lesen können +s .

aber lauter Schrein is auch kein
Zeichen für lesen können
(Herr Kollege C.)

08 Das müssen Sie Ihrem
Kollegen N. sagen.

/ das müssen Sie Ihrn
Kollegen N. sagen (net) .

/ (äh) in dem Beschluß lautet
(nämlich) (ja) aber und nun
frag ich mich

09 Nun frage ich mich, warum sich
die Opposition
eigentlich so stark macht.

ich frage mich ,+ warum eigentlich
die Opposition in dieser Frage
sich so stark macht +, .

10 Sie haben eine Große Anfrage
eingebracht,
die ich
ebenso wie diese Aktuelle Stunde
sehr begrüße.

/ denn sie hat eine Große Anfrage

,+ die ich sehr begrüße
ebenso diese Aktuelle Stunde +,

,+ damit man eine

(Dr.h.c.W., CDU/CSU: Nicht beantwortet!)

11 Verehrter Herr Kollege,
wir arbeiten schneller,
als wir früher bei unseren
Großen Anfragen
bedient worden sind.

/ (na) (verehrter Herr Kollege)
wir arbeiten schneller
,+ wie wir früher mit unsern
Großen Anfragen beantwortet
bedient worden sind +, .

Sie können sehn

12 Die Große Anfrage wird
beantwortet.

s+ die Große Anfrage wird
beantwortet +s .

13 Ich selbst lege großen Wert
darauf
– damit Sie sich nur keine
Illusionen machen –,
daß diese Debatte noch vor den
Wahlen in Bayern stattfindet,

/ und ich leg großen Wert selbst

(,+ damit Sie sich keine
Illusionen machen +,)
,+ daß diese Debatte noch vor den
Wahlen in Bayern stattfindet +, .

135

denn ich kann die Karten
auf den Tisch legen.
(N., CDU/CSU: Gezinkte!)
14 Darauf können Sie sich
verlassen.
15 Das werden Sie noch sehen.
(Beifall bei der FDP und der SPD.)
(Zuruf des Abg. N., CDU/CSU.)
16 — Deswegen brauchen Sie
nicht nervös zu werden,
Herr N..
17 Bleiben Sie ruhig.
18 Das ist viel besser.

19 Schonen Sie Ihre Nerven.
20 Sie wollen ja reden.
21 Schreien Sie doch nicht immer
von Ihrem Platz aus.
22 Reden Sie doch einmal von hier.

23 Ich verstehe Sie gar nicht.
(Beifall bei der FDP und der SPD.)

denn ich kann die Karten
auf n Tisch legen .
/ (nich) können sich drauf
verlassen .
/ ich (äh) das werden Sie sehn .

(na) (äh) deshalb brauchen Se
doch nit nervös werden
(Herr N.)
bleiben Se mal ruhig .
es is viel besser .
es ist viel besser (net) .
schonen Sie Ihre Nerven .
und Sie wolln (ja) reden .
gehn S doch immer da raus .

warum schrein S do drin immer?
/ ,+ wenn S doch mal hier da
vorn (net)
ich versteh des gar net .

(K.-S., CDU/CSU: Kommen Sie doch einmal zur Sache!)

24 In der Großen Anfrage heißt es
zur Wettbewerbslage:
(Redner zitiert.)
25 Antwort:
Das hat sich
in dem gestrigen Kabinettsbeschluß niedergeschlagen.
26 Der Regierungschef hat
die Verantwortung
übernommen
und nimmt sich dieser Frage
selber an.
27 Ich bin sehr froh darüber,
denn das hat
vor ihm noch keiner
in dieser Form praktiziert.
(Beifall bei der FDP und der SPD.)
(Lachen bei der CDU/CSU.)

in dieser Großen Anfrage heißt es
zur Wettbewerbslage .

ich muß sagen
s+ das hat sich niedergeschlagen
in dem gestrigen Kabinettsbeschluß +s .
und es hat
die Verantwortung der Regierungschef übernommen
,+ da er sich dieser Frage
selber annimmt +, .
/ und ich bin sehr froh .
denn das hat vor mir noch kei
vor ihm noch keiner
gewagt (äh)

(ja) vor ihm noch keiner
gewagt (ne) .

(J., CDU/CSU: So desavouiert hat noch keiner!)
(K., CDU/CSU: Wir hatten gute Fachminister.)

das (äh) bin ich sehr froh .
und (äh) so so gilt es so gilt es

(Weitere Zurufe von der CDU/CSU.)
28 Herr Kollege K.,

(also) (Herr Kollege K.)

Sie können doch bitte
hier heraufkommen.
29 Ich weiß nicht,
warum Sie immer Ihre
Stimmbänder strapazieren.
(K., CDU/CSU: Das ist doch meine Sache!)
30 Sie brauchen sie doch für Ihren
Wahlkampf, damit Sie den Leuten
vieles erzählen können.

31 Aber wenn Sie wollen,

ich kann natürlich auch
mehrstimmig reden.

32 Eines muß ich Ihnen sagen:
Hier geht es doch um eine
Forderung von Ihnen,

und wenn ich alle Ihre Fragen
lese, so muß ich feststellen,
daß sich eine Reihe davon
genau an diesem Punkt
niederschlägt.
33 Ein letztes Wort
zur Bestandsaufnahme.
34 Ich will nicht immer mit
dem Jahr 1969 anfangen,
denn ich weiß,
da gibt es immer wieder
Ressentiments usw.
35 Lassen Sie mich aber doch
in aller Nüchternheit sagen:
der französische Franc
— und da brauchen wir uns
noch gar nicht
über die Aufwertung
zu unterhalten —

ist doch abgewertet worden,
als es diese Regierung
noch nicht gab.
36 Da wurde doch zum erstenmal die
Kluft sichtbar,
daß das Instrument des Gemeinsamen Agrarmarkts nicht in der
Form funktionsfähig sein kann,
weil die Wirtschafts- und

Sie könn doch bitte
da rausgehn .
ich weiß
s+ warum strapazieren Sie mir Ihre
Stimmbänder? +s .
ich weiß gar net .

Sie brauchen s doch für Ihren
Wahlkampf ,+ damit Sie den Leuten
vieles erzählen können +, .
/ (äh) aber i mein
,+ wenn Sie das so wollen +,
ich mein wir können (äh) ich mein
s+ ich kann natürlich auch
mehrstimmig reden +s
,+ wenn Sie wolln und den Versuch
machen +, (net) .
/ aber eines muß ich Ihnen sagen
s+ hier is doch eine
Forderung von Ihnen +s .
,+ und wenn ich Ihre wenn ich
wenn ich wenn ich (äh)
und wenn ich alle Ihre Fragen
lese +, dann muß ich sagen
s+ eine Reihe Ihrer Fragen
schlagen sich genau an diesem Punkt
nieder +s .
(und ein letztes Wort
zur Bestandsaufnahme)
/ ich will nicht immer mit
dem Jahr neunensechzig anfangen .
ich weiß s+ da gibt s (äh)
da gibt s immer wieder dann
Ressentiments unsoweiter +s .
/ aber lassen Sie mich noch
in aller Nüchternheit sagen
s+ der Franc
(und jetzt wolln wir uns

über die Aufwertung
noch gar nicht unterhalten .)
der französische Franc
ist doch abgewertet worden noch +s
,+ als es diese Regierung
noch nicht gab +, .
da wurde doch die erste
Kluft bereits offensichtlich
,+ daß das Instrument des Gemeinsamen Agrarmarkts nicht in der
Form funktionsfähig sein kann +,
,+ weil die Wirtschafts- und

137

Währungsunion durch Währungsver-
änderungen gefährdet wird und,
wie ich heute leider feststellen muß, auf lange Zeit
auf Grund ökonomischer Ungleich-
gewichte in Europa, die
diese Regierung nicht
zu verantworten hat,
(Zuruf von der CDU/CSU.)
einfach nicht zu realisieren
ist.
(Zuruf von der CDU/CSU.)
37 — Nein, verehrter Kollege,
hier ist der Kollege F.,
ihn können Sie fragen,
ich brauche das doch nicht
zu wiederholen.

38 Sicherlich ist es nicht so,
daß sich Aufwertungen in absoluten Kostensenkungen der Landwirtschaft niederschlagen;
39 aber daß eine Landwirtschaft
in einem Aufwertungsland mit
niedrigeren Preissteigerungs-
raten in der Wirtschaftlichkeit

gegenüber einer Landwirtschaft
in einem Lande
mit 20%iger Inflations-
rate zumindest nicht benachteiligt werden darf,
werden Sie doch
als ökonomisches Faktum nicht
abstreiten können.
(Beifall bei der FDP und der SPD.)
40 Das ist der Grund,
warum wir eine gewisse Position
eingenommen haben.
41 Dann nannten Sie ein Weiteres:
Nationale Beihilfen.
42 Ich habe schon gesagt,
das war unsere Position,

wie sie auch von Ihnen gefordert worden ist, nämlich
zu sagen, wenn wir
jetzt in dieser Frage
etwas machen,

darf dies nicht noch

Währungsunion durch Währungsver-
änderungen gefährdet wird und
,+ wie ich heute leider feststellen muß +, auf lange Zeit
auf Grund ökonomischer Ungleich-
gewichte in Europa ,+ die nicht
diese Bundesregierung
zu verantworten hat +,

einfach nicht zu realisieren
ist +, .

(nein) (verehrter Kollege)
hier ist der Kollege F.,

ich brauch Ihnen das doch nicht
wiederholen .
/ und i (äh) ich will das (äh)
sicherlich is es nicht so
,+ daß Aufwertungen sich in absoluten Kostensenkungen der Landwirtschaft niederschlägt +, .
/ ,+ aber daß eine Landwirtschaft
in einem Aufwertungsland mit
niedrigeren Preissteigerungs-
raten in der Wirtschaftlichkeit
mindest nicht benachteiligt ist
als wie die Landwirtschaft

mit zwanzig Prozent Inflations-
raten +,

das müssen Sie werden Sie doch
mir ökonomisch nicht
abstreiten können .

/ das ist der Punkt das is (äh)
,+ warum wir eine gewisse Position
eingenommen haben +, .
und dann sagen Sie ein Weiteres
(nationale Beihilfen) .
/ ich habe das schon gesagt
s+ das war unsre Position
unsre Position +s
,+ die von Ihnen ge-
fordert worden is +,
i+ zu sagen +i ,+ wenn wir schon
jetzt in dieser Frage machen
etwas machen +,
s+ dann muß doch
diese Frage darf doch nicht doch

zusätzlich zu einer Eskalation,
d.h. zu einer
weiteren Desintegration
durch zusätzliche nationale
Maßnahmen führen.

43 Möglicherweise waren andere
Länder schon dabei,
neue Maßnahmen
zu ergreifen.

44 Das wäre das Ende des
Gemeinsamen Agrarmarktes und dann
mit Sicherheit
der Anfang vom Ende eines
gemeinsamen Europa.

45 Das war auch der Grund, warum
ich gesagt habe, ich stimme
ad referendum zu.

46 Ich stehe dazu, weil ich es
für Europa für wesentlich gehalten habe und auch heute noch
halte.
(Beifall bei der FDP und der SPD.)

47 Lassen Sie mich noch zu einem
letzten Punkt kommen:
Stabilitätspolitik.

48 Niemand will Stabilitätspolitik
auf dem Rücken der Landwirtschaft machen.
(v. A.-N., CDU/CSU: Sie tun es nur!)

49 − Das ist eine Unterstellung,
die ich zurückweisen muß,
verehrter Herr Kollege.
(Beifall bei der FDP und der SPD.)

50 Schauen Sie sich
die Entwicklung der Rinderpreise an.

51 Wir haben sehr viele
Maßnahmen eingeleitet, um
sie wieder zu
stabilisieren,
und wir haben sogar einiges
getan, damit selbst
die Schweinepreise wieder aus
der Talsohle herausgeführt
werden.

52 Das können Sie doch nicht
abstreiten.

53 Lesen Sie sich doch einmal die
Protokolle von Reden früherer
Finanzminister der CDU/CSU

---

zusätzlich zu einer Eskalation
(und das heißt .) zu einer
weiteren Desintegration führn
durch zusätzliche nationale
Maßnahmen +s .
und möglicherweise waren andre
Länder schon im Zuge
i+ neue Maßnahmen
herbeizuführen +i .
/ und das wäre das Ende des
Gemeinsamen Agrarmarkts und dann
aber auch mit Sicherheit
das Anfang vom Ende eines
gemeinsamen Europas .
das war auch der Grund ,+ warum
ich gesagt habe +, s+ ich stimme
ad referendum zu +s .
und ich stehe dazu ,+ weil ich es
für Europa für wesentlich gehalten habe und auch heute noch
halte +, .

lassen Sie mich einen
letzten Punkt noch sagen
(Stabilitätspolitik) .
niemand will Stabilitätspolitik
auf dem Rücken der Landwirtschaft machen .

das is eine Unterstellung
,+ die ich zurückweisen muß +,
(sehr verehrter Herr Kollege) .

/ wir haben
schauen Sie sich im Augenblick
die Entwicklung der Rinderpreise an .
/ und wir haben mit sehr vielen
Maßnahmen einiges getan i+ um
Rinderpreise wieder zu
stabilisieren +i .
und wir haben sogar einiges
getan ,+ damit wir auch selbst
die Schweinepreise wieder aus
der Talsohle wieder herausgeführt
werden +, .
das können Sie doch nicht
abstreiten .
lesen Sie sich einmal
Protokolle von früheren
Finanzministern der CDU/CSU

durch, wie diese zu den
Problemen gestanden haben.
(Beifall bei Abgeordneten der FDP und der SPD.)
(Zurufe von der CDU/CSU.)

54 Ich kann Ihnen das an Hand eines
Auszugs aus Protokollen nachweisen.

55 Ich bin in der Tat der Meinung,
daß der Beschluß als solcher
– und das möchte ich prinzipiell
feststellen –,
zwischen den Wirtschaftsjahren
Preiserhöhungen durchzuführen,
nur im Notfall gerechtfertigt
ist.
56 Das kann keine Dauerein-
richtung sein.
57 Insoweit muß dafür auch eine
politische Absichtserklärung
der Gemeinschaft vorgelegt
werden.
58 Das ist auch

in den Marktordnungen
nicht vorgesehen.
59 Vielmehr ist
die jährliche Feststellung
der Preise geregelt.

60 Ich vertrete nach wie vor
die Auffassung, daß es sachliche Bedenken im Hinblick
auf den Kompromiß gibt.
61 Politisch ist es eine andere
Frage.
62 Deshalb ist es doch erlaubt,
nochmals eine Ratssitzung
einzuberufen und über diese
politischen Bedenken zu reden.
63 Die deutsche Delegation hat
sich bereit erklärt, bereits
am Samstag zu dieser Ratssitzung
zusammenzukommen.
64 Da kann doch kein Mensch sagen,
wir seien nicht bereit,
diese Frage miteinander

durch ,+ wie die zu diesen
Problemen gestanden sind +, .

/ da muß da (äh) das muß da (äh)
wir können Ihnen (äh)
ich kann Ihnen da einen
Auszug aus Protokollen nachweisen .
ich kann Ihnen einen Auszug aus
Protokollen nachweisen .
ich bin in der Tat der Meinung
,+ daß der Beschluß als solcher
(und das möcht ich prinzipiell
feststellen .)
i+ zwischen den Wirtschaftsjahren
Preiserhöhungen durchzuführen +i
nur im Notfall gerechtfertigt
ist +, .
das kann nicht eine Dauerein-
richtung sein .
und insoweit muß auch dafür eine
politische Absichtserklärung
der Gemeinschaft vorgelegt
werden .
/ das ver das is auch
gar nicht vorgesehen
in den Marktordnungen .

denn in den Marktordnungen ist
vorgesehen die Festsetzung
jährlich der Preise .
/ und erz und ich (äh) habe
nach wie vor (äh)
ich vertrete hier nach wie vor
die Auffassung ,+ daß es sachliche Bedenken
gibt an den Kompromiß +, .
politisch is es eine andre
Frage .
und deshalb is es doch erlaubt
i+ nochmals eine Ratssitzung
einzuberufen und über diese
politischen Bedenken zu reden +i .
und die deutsche Delegation hat
sich bereit erklärt i+ bereits
am Samstag zu dieser Ratssitzung
zusammenzukommen +i .
da kann doch kein Mensch sagen
s+ wir sind nicht bereit +s
i+ diese Frage mitenander

auszudiskutieren.
(Beifall bei der FDP und der SPD.)

65 Wir haben der Kommission
auch Alternativvorschläge
gemacht.
66 Sie können zwar sagen,
wir hätten sie nicht
durchgesetzt.
67 Bei neun Mitgliedern
wird man sich immer orientieren müssen, wohin am Schluß
die Mehrheitsmeinung geht.
68 Ich habe im Rat
expressis verbis
vorgeschlagen
und es auch zuvor in meiner
Antwort gesagt:
man wird doch kostensenkende
Maßnahmen, beispielsweise bei
Handelsdünger und ähnlichem,
und zwar mit communautären
Mitteln –
durchführen können.
(E., CDU/CSU: Warum tun Sie es denn nicht, warum berücksichtigen Sie es dann nicht?)
69 – Weil sich andere Länder
festgelegt haben auf diese be-
rühmten 4 %, die
auch ursprünglich der Deutsche
Bauernverband gefordert hat
und wo dann die COPA gesagt
hat: Nein, wenn wir jetzt
schon 4 % bekommen
dann gehen wir auf
8 %!
70 So war doch die Situation!
71 Es gibt sogar Mitgliedstaaten
des COPA, die gegen den
8%-Beschluß gestimmt
haben.
(W., SPD: Hört! Hört!)
72 Ich weiß das.
73 Da Bauernverbandspräsidenten
unter uns sitzen,

werden Sie wissen, welche
Mitglieder das sind.
74 Ich bin bereit, sie zu
nennen.

auszudiskutieren +i .
/ das kann doch aber
wir haben
auch Alternativvorschläge
der Kommission gemacht .
Sie können sagen
s+ die haben Sie nicht
durchgesetzt +s .
/ bei Neunen wird sich
wird man sich immerhin orientieren müssen ,+ wo am Schluß
die Mehrheitsmeinung hingeht +, .
/ ich habe
expressis verbis im Rat
vorgeschlagen .
und ich hab es zuvor in meiner
Antwort gesagt
s+ man wird doch kostensenkende
Maßnahmen (beispielsweise) bei
Handelsdünger und ähnliches
und zwar mit communautären
Mitteln und ähnliches mehr +s .

/ ,+ weil sich andere Länder
festgelegt haben auf diese be-
rühmten vier Prozent +, ,+ die
auch ursprünglich der Deutsche
Bauernverband gefordert hat +,
,+ und wo dann die COPA gesagt
hat +, ,+ wie wenn wir jetzt
schon vier Prozent bekommen +,
s+ dann gehn wir auf
acht Prozent +s .
so war doch die Situation .
und es gibt sogar Mitgliedstaaten
der COPA ,+ die gegen den
acht-Prozent-Beschluß gestimmt
haben +, .
ich weiß das . ich weiß das .
,+ und nachdem unter uns
Bauernverbandspräsidenten
sitzen +,
werden +, Sie wissen ,+ welche
Mitglieder das sind +, .
ich bin bereit i+ sie zu
nennen +i .
ich bin bereit i+ sie zu

141

75 Aus diesem Grunde ist dann
dieser Kompromiß so zustande
gekommen.
76 Ich habe ihn ad referendum
angenommen,
und ich habe
gesagt: Die endgültige Entscheidung muß mein Kabinett
fällen.
(Zuruf von der CDU/CSU: Kanzler!)
77 Diese Entscheidung ist gestern
mit einer Auflage in Form
"ja, aber" gefallen.
(Zurufe von der CDU/CSU.)
78 Ich halte das insgesamt für
die Offenlegung der Problematik
der Agrarpolitik für nicht
unwesentlich.
(Beifall bei der FDP und der SPD.)
79 Wir werden in Kürze im Rat einen
endgültigen Beschluß fassen,
dessen bin ich sicher.
(Dr. C., CDU/CSU: Na!)
80 Aber ich bin auch sicher,
daß es mit der Zeit zu einer
Bestandsaufnahme kommt,
die einfach notwendig ist.

81 Insoweit kann,
glaube ich,
niemand von einer Diskriminie-
rung unserer Landwirtschaft
sprechen.
(E., CDU/CSU: Na!)
82 Im Gegenteil: sie muß sogar
froh sein, und
sie hat sogar angeboten,
mitzuarbeiten — zumindest
haben mir dies maßgebliche Ver-
bandsvertreter gesagt —
an einer vernünftigen Bestandsaufnahme, weil jedermann
das Gefühl hat, daß eine
Politik, die
Verbraucher, Erzeuger, Steuer-
zahler gleichermaßen verärgert,
auf die Dauer nicht betrieben
werden kann.
83 Das geht nicht!
(Beifall bei der FDP und der SPD.)

aus diesem Grund is dann
dieser Kompromiß so zustande
gekommen .
/ ich habe ihn ad referendum
angenommen .
und ich hab ich ich ich habe
gesagt s+ die endgültige Entscheidung muß mein Kabinett
fällen +s .

und diese Entscheidung is gestern
mit einer Auflage in Form
ja aber gefallen .

und ich halte das insgesamt für
die Offenlegung der Problematik
der Agrarpolitik für nicht
unwesentlich .

wir werden in Kürze im Rat einen
endgültigen Beschluß fassen .
darüber bin ich sicher .

aber ich bin sicher
,+ daß es mit der Zeit zu einer
Bestandsaufnahme kommt ,+
,+ die einfach notwendig ist +, .
/ und ich und
insoweit
(glaub ich .) kann
niemand von einer Diskriminie-
rung unsrer Landwirtschaft
sprechen .

/ (im Gegenteil) sie muß sogar
froh sein . und sie hat sich
sie hat sich sogar angeboten
i+ mitzuarbeiten (zumindest
haben s mir maßgebliche Ver-
bandsvertreter gesagt .)
an einer vernünftigen Bestandsaufnahme +i ,+ weil jedermann
das Gefühl hat +, ,+ daß eine
Politik ,+ die auf die Dauer
Verbraucher Erzeuger Steuer-
zahler gleichermaßen verärgert +,
auf die Dauer nicht betrieben
werden kann +, .
das geht nicht .

84 Wir wissen allerdings, daß das ein Punkt ist, der für unsere europäischen Partner von ganz hohem Gewicht ist.	wir wissen allerdings ,+ daß das ein Punkt is +, ,+ der für unsere europäischen Partner von ganz hohem Gewicht is +, .
85 Deshalb werde ich alles in meinen Kräften Stehende tun, daß es in dieser Frage für alle Beteiligten zu einem befriedigenden Ergebnis und Kompromiß kommt.	und deshalb werd ich alles in meinen Kräften Stehende tun ,+ daß es in dieser Frage für alle Teile zu einem befriedigenden Ergebnis und Kompromiß kommt +, .

(Anhaltender Beifall bei der FDP und der SPD.)

Bundestagsrede (N)

(a) S p r e c h e r d a t e n

Geschlecht: männlich
Jahrgang: 1929
Beruf: Rechtsanwalt
landschaftliche Herkunft: Baden-Württemberg
         (Dirgenheim/Kr. Aalen, Tübingen, Bonn,
         Stuttgart, Kirchheim u. Teck)
Zugehörigkeit zum Deutschen Bundestag: 3. Legislaturperiode
Partei: CDU

(b) R e d e d a t e n

Thematik: Entwurf eines Gesetzes über die Entschädigung
    für Opfer von Gewalttaten
    – Erste Beratung –
Dauer: 10 Minuten
Unterbrechungen: 5 (Zurufe: 4
        Beifall: 1)

Stenographischer Bericht	Tonbandaufnahme
01 Herr Präsident! Meine sehr geehrten Damen und Herren! Ich darf zu dem nunmehr von der Bundesregierung vorgelegten Gesetzentwurf über die Entschä- digung für Opfer von Gewalttaten für die CDU/CSU-Fraktion wie folgt Stellung nehmen. 02 Wir begrüßen ausdrücklich die Vorlage dieses Entwurfs. 03 Wir bedauern aber gleichzeitig, Herr Minister, daß Sie	(Herr Präsident) (meine sehr geehrten Damen und Herrn) ich darf zu dem nunmehr von der Bundesregierung vorgelegten Gesetzentwurf über die Entschä- digung von Opfern von Straftaten für die CDU/CSU-Fraktion wie folgt Stellung nehmen . wir begrüßen ausdrücklich die Vorlage dieses Entwurfs . wir bedauern aber gleichzeitig (Herr Minister) ,+ daß Sie zur Vorlage dieses Entwurfs

bzw. Ihre Vorgänger
zur Vorlage dieses Entwurfs
drei Jahre gebraucht haben.

04 Unsere Fraktion hat bereits
durch Anfragen im Jahre
1970
— es war damals die Kollegin
G. aus der CSU —
dieses Problem "auf den Weg gebracht", wie Sie von der Regie-
rungsseite immer so schön
sagen.

05 Nachdem auf diese Anfragen,
in deren Beantwortung
versprochen wurde,

etwa in einigen Monaten werde
eine Vorlage kommen,
ein Jahr nichts geschehen ist,
hat meine Fraktion
im Jahre 1971
eine Vorlage eingebracht, die
in diesem Hause in der ersten
Lesung beraten wurde, zu
deren Verabschiedung es dann
leider nicht mehr kam.

06 Inzwischen sind immerhin drei
Jahre vergangen, bis Sie für
die nach unserer Auffassung
wichtige Materie, die wichtiger
als vieles andere ist, was
wir in den letzten drei Jahren
hier verabschiedet haben,
eine Gesetzesvorlage gebracht
haben.

07 Ich erinnere z.B. an die
Demonstrationsstrafrechtsnovelle
oder an das Vierte Strafrechts-
änderungsgesetz und andere,
entschuldigen Sie,
beinahe hätte ich gesagt:
Scherze, auf die wir hier sehr
viele Monate verwendet
haben.

08 Die heutige Vorlage
betrifft eine Materie,
die längst regelungsbedürftig
ist.

09 Das muß zur leidvollen Vorge-
schichte dieses Gesetzes
gesagt werden.

bzw. Ihre Vorgänger

drei Jahre gebraucht haben +, .
unsre Fraktion hat bereits
durch Anfragen im Jahre
neunzehnhundertsiebzig
(es war damals die Kollegin
G. aus der CSU .) (äh)
dieses Problem auf den Weg gebracht ,+ wie Sie von der Regie-
rungsseite immer so schön
sagen +, .
,+ nachdem auf diese Anfragen
,+ in denen
versprochen wurde
in der Antwort +,
s+ etwa in einigen Monaten würde
eine Vorlage kommen +s nichts
geschehen ist ein Jahr nichts +,
hat meine Fraktion eine Vorlage
im Jahre einundsiebzig
vorgelegt ,+ die dann auch
in diesem Hause in der ersten
Lesung beraten wurde +, ,+ zu
deren Verabschiedung es dann
leider nicht mehr kam +, .
/ inzwischen sind immerhin drei
Jahre vergangen ,+ bis Sie für
die nach unsrer Auffassung
wichtige Materie ,+ die wichtiger
ist als vieles andere +, ,+ was
wir in den letzten drei Jahren
hier verabschiedet haben +, .

,+ wenn ich an die
Demonstrationsnovelle erinnere
oder an das Vierte Strafrechts-
änderungsgesetz und andere
(entschuldigen Sie .)
(beinah hätt ich gesagt .)
Scherze +, ,+ wo wir hier sehr
viele Monate drauf verwendet
haben +, .
/ das
wäre eine Materie gewesen
,+ die längst regelungsbedürftig
sind +, .
das muß zur leidvollen Vorge-
schichte dieses Gesetzes
gesagt werden .

(Zustimmung bei der CDU/CSU.)
10 Lassen Sie mich nun

zum Inhalt des Gesetzentwurfes
für meine Fraktion folgendes
erklären.
11 Die Regelung der

mit diesem Gesetzentwurf angesprochenen Materie ist auch nach
unserer Auffassung, wie ich bereits ausgeführt habe,
dringend erforderlich.
12 Allzulange ist in unserer Strafrechtspolitik die Diskussion nur
um den Straftäter, seine Beurteilung und Verurteilung und
seine Behandlung im Strafvollzug gegangen.
(Zustimmung bei der CDU/CSU.)
13 Ich habe nichts dagegen.
14 Aber

die Opfer der Straftaten,
vor allem der schweren Straftaten, der Gewalttaten,
sind völlig untergegangen.
15 Sie wurden meistens nur einmal
erwähnt, nämlich in dem
Zeitungsbericht über die Tat.
16 Sie wurden sowohl von den Poli-
tikern wie auch von der öffentlichen und der veröffent-
lichten Meinung dann vergessen
und ihrem Schicksal überlassen.

17 Diesem Sachverhalt will der vorliegende Gesetzentwurf abhelfen.
18 Es muß deutlich werden, daß
die vielen tausend Opfer
– man spricht von
35 000 bis 40 000
Opfern von Straftaten –
in Zukunft, wenn sie sich
ansonsten nicht helfen
können und sofern die
versicherungsmäßigen und gesetzlichen Schadenersatzansprüche
nicht zu verwirklichen sind
– entweder weil der Täter

lassen Sie mich (nun)
(meine Damen und Herrn)
zum Inhalt des Gesetzentwurfes
folgendes für meine Fraktion
erklären .
/ die Regelung der
mit dieser
mit diesem Gesetzentwurf angesprochenen Materie ist auch nach
unsrer Auffassung ,+ wie ich bereits ausgeführt habe +,
dringend erforderlich .
/ allzulange ist in unsrer Strafrechtspolitik die Diskussion nur
um den Straftäter seine Beurteilung und Verurteilung und
seine Behandlung im Strafvollzug gesprochen worden .

(äh) ich habe nichts dagegen .
/ aber es ist völlig untergegangen
sind völlig untergegangen
die Opfer der Straftaten
vor allem der schweren Straftaten der Gewalttaten .

sie wurden meistens nur einmal
erwähnt (nämlich) in dem
Zeitungsbericht über die Tat .
sie wurden sowohl von den Poli-
tikern wie auch von der öffentlichen Meinung und der veröffentlichten Meinung dann vergessen
und ihrem Schicksal überlassen .
diesem Tatbestand oder
diesem Sachverhalt will der vorliegende Gesetzentwurf abhelfen .
/ es muß deutlich werden ,+ daß
die vielen tausend Opfer
(und man spricht von etwa
fünfunddreißig bis vierzigtausend
Opfern von Straftaten ,+
in Zukunft vom Staat ,+ wenn sie
ansonsten sich nicht helfen
können +, ,+ wenn die
versicherungsmäßigen und gesetzlichen Schadenersatzansprüche
nicht zu verwirklichen sind +,
(,+ entweder weil der Täter

nicht gefaßt und überführt
werden kann, oder weil er
mittellos ist —,
Hilfe vom Staat bekommen

und nicht länger mit ihrem
Schicksal allein gelassen werden.
19 Der soziale Rechtsstaat hat sich
sowohl aus rechtspolitischen wie
auch aus sozialstaatlichen
Gründen
um die Folgen solcher
Gewalttaten zu sorgen.
20 Wenn der Staat,
aus welchen Gründen auch immer,
nicht in der Lage ist
— und es ist seine Hauptaufgabe,
die Bürger vor Gewalttaten
möglichst umfassend zu
schützen —,

das zu tun
— und man könnte sehr viel
darüber nachsinnen, aus welchen
Gründen es bei uns
immer schwieriger wird,
Gewalttaten zu verhindern —,

muß er den Opfern dieser
Gewalttaten mit einer
finanziellen Entschädigung beispringen, soweit die Ent-
schädigung versicherungsrecht-
lich oder gesetzlich nicht
geregelt ist oder nicht zu
verwirklichen ist.
21 Insofern sind wir,

glaube ich,
erfreulicherweise
in diesem Hause inzwischen nach
mehrjähriger Diskussion darin
einig, daß das Anliegen,
das diesem Gesetzentwurf
zugrunde gelegt ist,
gerechtfertigt ist.
22 Es geht also meines Erachtens
nur noch um die Art der Durch-
führung, um die Trägerschaft

nicht gefaßt und überführt
werden kann +, ,+ oder weil er
mittellos ist +,)
dann ist es Pflicht eines Staates
i+ hier einzugreifen +i .

der soziale Rechtsstaat hat
sowohl aus rechtspolitischen wie
auch aus sozialstaatlichen
Gründen hier sich
um die Folgen solcher
Gewalttaten zu sorgen .
/ ein Staat ,+ der
aus welchen Gründen auch immer
nicht in der Lage ist +,
(und es ist seine Hauptaufgabe
i+ die Bürger vor Gewalttaten
möglichst umfassend zu
schützen +i .)
,+ wenn er aber aus welchen
Gründen auch nicht

(man könnte sehr viel
darüber nachsinnen ,+ aus welchen
Gründen es
immer schwieriger wird bei uns +,
i+ Gewalttaten zu verhindern +i .)
wenn der Staat dies nicht kann +,
dann muß er den Opfern dieser
(äh) Gewalttaten mit einer
finanziellen Entschädigung beispringen ,+ soweit die Entschädigung versicherungsrecht-
lich gesetzlich nicht
geregelt ist oder nicht zu
verwirklichen ist +, .
insofern sind wir
erfreulicherweise
(glaub ich .)

in diesem Hause inzwischen nach
mehrjähriger Diskussion
einig ,+ daß das Anliegen
,+ das diesem Gesetzentwurf
zugrunde gelegt ist +,
gerechtfertigt ist +, .
/ es geht also meines Erachtens
nur noch um die Art der Durch-
führung um die Trägerschaft
um (äh) wer soll das bezahlen?

und natürlich auch
um die Kosten

und deren Träger.
23 Sie alle wissen,
daß wir von der CDU/CSU-Fraktion
mit unserem Gesetzentwurf im
Jahre 1971
eine sogenannte versicherungs-
rechtliche Lösung über die Un-
fallversicherung vorgeschlagen
haben.
24 Sie,
Herr Minister,
schlagen nun
die Regelung im Rahmen des
Bundesversorgungsgesetzes vor.
25 Ich darf Ihnen versichern,
daß das für uns keine Grundsatzfrage ist.
26 Wir werden in den Ausschüssen
sehr nüchtern zu überlegen haben,
welche Regelung

im Interesse der Opfer der
Straftaten die sinnvollere
ist.
27 Uns kommt es vor allem darauf
an, daß wir zur Beratung
dieses Gesetzes nicht noch einmal zwei oder drei Jahre brauchen und dann vielleicht wieder
neu beginnen müssen.
28 Wir geben diesem Gesetz
im Interesse der Opfer
von Straftaten
eine allererste Priorität.

29 Über eines wird zu reden
sein, über die Kosten.
30 Herr Minister,
die Bundesregierung hat sehr
schlicht und einfach
– und von ihrer Seite aus
verständlich –
in den Entwurf
hineingeschrieben:
die Kosten dieses Gesetzes
tragen die Länder.
31 Ich persönlich

um die Kosten
natürlich auch .

Sie wissen alle
s+ wir haben
mit unserem Gesetzentwurf im
Jahre neunzehnhunderteinensiebzig
eine sogenannte versicherungs-
rechtliche Lösung über die Un-
fallversicherung vorgeschlagen +s .

Sie schlagen (nun)
(Herr Minister)

die Regelung im Rahmen des
Bundesversorgungsgesetzes vor .
ich darf Ihnen versichern
,+ daß das für uns keine Grundsatzfrage ist +, .
wir werden in den Ausschüssen
sehr nüchtern zu überlegen haben
,+ welche Regelung
die sinnvollere
im Intresse der Opfer der
Straftaten
ist +, .
uns kommt es vor allem drauf
an ,+ daß wir zur Beratung
dieses Gesetzes nicht noch
mal zwei oder drei Jahre brauchen und vielleicht dann wieder
neu beginnen müssen +, .
wir geben diesem Gesetz

eine allererste Priorität
im Intresse der Opfer
von Straftaten .
(äh) über eines wird zu reden
sein über die Kosten .
/ Sie (Herr Minister) und
die Bundesregierung hat sehr
schlicht und einfach
(,+ und von ihrer Seite aus
verständlich +,)

hereingeschrieben
s+ die Kosten dieses Gesetzes
tragen die Länder +s .
/ ich persönlich

— wir haben das noch nicht	(wir haben das noch nicht
völlig ausdiskutiert —	völlig ausdiskutiert .)
bin der Meinung, daß dann,	bin der Meinung
wenn die Regelung im Rahmen	,+ wenn die Regelung im Rahmen
des Bundesversorgungsgesetzes	des Bundesversorgungsgesetzes
kommt,	kommt +, s+ gehört
vom sachlichen und vom ver-	vom sachlichen und vom ver-
fassungsrechtlichen Gesichts-	fassungsrechtlichen Gesichts-
punkt her	punkt her muß die Kosten
der Bund die Kosten tragen muß.	der Bund tragen +s .
32 Darüber werden wir diskutieren;	darüber werden wir diskutieren .
33 wir wollen uns hier nicht	wir wollen uns hier nicht
endgültig festlegen.	endgültig festlegen .
34 Auf eines möchte ich	auf eines möcht ich
noch hinweisen.	noch hinweisen .
35 So sehr dieser Gesetzentwurf	/ (äh) bei aller Begrüßung
zu begrüßen ist,	dieses Gesetzentwurfes
darf es doch nicht dazu kommen,	darf es nicht dazu kommen
daß der Gewalttäter, der	,+ daß der Gewalttäter und der
Straftäter völlig aus der Ver-	Straftäter völlig aus der Ver-
antwortung entlassen wird, und	antwortung entlassen wird und
	auf Kosten des Steuerzahlers
daß die Wiedergutmachung	die Wiedergutmachung
auf Kosten des Steuerzahlers	
geschieht.	geschieht +, .
36 Das wäre unter finanziellen	das wäre sowohl unter finanziellen
Gesichtspunkten,	Gesichtspunkten sehr bedenklich
aber auch unter strafrechts-	aber auch unter strafrechts-
politischen Gesichtspunkten	politischen Gesichtspunkten .
sehr bedenklich.	

(Abg. v.S., FDP: Der Regress ist doch jetzt drin!)

37 — Dem Straftäter muß	/ der Straftäter muß
	der Strafrechts (äh)
	(Sie können sich ja nachher
	melden .) (Herr Kollege)
	der Strafrechtstät (äh) der
	Straftäter muß das Gefühl behal-
	ten und es muß ihm im Bewußtsein
	gehalten werden
— bei aller Bejahung der	(bei aller Bejahung der
Resozialisierung —	Resozialisierung)
im Bewußtsein gehalten werden,	
daß er durch seine Straftat	,+ daß er durch seine Straftat
oder seine Gewalttat Mitmenschen	oder seine Gewalttat Mitmenschen
rechtswidrig und schuldhaft	rechtswidrig und schuldhaft
Schaden zugefügt hat.	Schaden zugefügt hat +, .
	/ lassen Sie mich

(Abg. v.S., FDP: Das sage ich doch!)

38 — Ja, ich möchte das sehr	(ja) ich möchte das sehr
unterstreichen.	unterstreichen .
39 Ich sage das auch für	ich sage das (ja) auch für

die rechtspolitische Diskussion,
denn es darf auch nach außen
nicht so verstanden werden,
als würden wir,

was die Wiedergutmachung des
Schadens anbetrifft,
den Straftäter aus seiner
Verantwortung
völlig entlassen.
40 Ich weiß sehr wohl, was in den
Gesetzentwürfen steht.
41 Da brauche ich von Ihnen
keinen Hinweis.

42 Zum Schluß aber noch zwei
weitere Anregungen:
43 Wir sollten im Rahmen der Beratung dieses Gesetzentwurfs und
auch der Strafvollzugsreform
überlegen, ob es nicht sinnvoll
ist, neben der gesetz-
lichen Regelung, die wir hier
schaffen, einen Fonds einzuführen, an den die Geldstrafen
und Geldbußen der Straftäter
abgeführt werden — statt sie in
die Stadtkasse fließen zu
lassen —, damit aus diesem Fonds
— neben den gesetzlichen
Leistungen — in besonders
schweren Fällen und auch in
rechtlichen Grenzfällen den
Opfern von Straftaten
geholfen werden kann.
44 Ich wundere mich

— auch als Anwalt —,
wie der Staat bei uns darum
besorgt ist, "seine" Geld-
strafe
und seine Kosten
hereinzubekommen
wie wenig er sich aber darum
kümmert oder
bisher gekümmert hat
— und deshalb machen wir
das Gesetz —,
was mit den Schäden der Opfer
der Straftaten geschieht.

die rechtspolitische Diskussion .
es darf auch nach außen
nicht so verstanden werden
,+ als ob wir
den Straftäter aus seiner
Verantwortung
,+ was die Wiedergutmachung des
Schadens anbetrifft +,

völlig entlassen +, .
ich weiß sehr wohl ,+ was in den
Gesetzentwürfen drin steht +, .
da brauch ich von Ihnen
keinen Hinweis .
ich hab mich sehr damit befaßt .
(zum Schluß aber noch eine
weitere Anregung)
wir sollten im Rahmen der Beratung dieses Gesetzentwurfs und
auch der Strafvollzugsreform
überlegen ,+ ob es nicht sinnvoll
wäre +, i+ neben der gesetzlichen Regelung ,+ die wir hier
schaffen +, einen Fonds einzuführen +i ,+ an den die Strafen
und Geldbußen der Straftäter
abgeführt werden (anstatt an
die Stadtkasse) +,
,+ damit aus diesem Fonds
(neben den gesetzlichen
Leistungen) in besonders
schweren Fällen und auch
rechtlichen Grenzfällen (äh) den
Opfern von Straftaten
geholfen werden könnte +, .
/ ich wundere mich
immer wieder
(auch als Anwalt)
,+ wie der Staat bei uns darum
besorgt ist +, i+ seine Geld-
strafe zu bekommen +i
i+ und seine Kosten
zu bekommen +i ,+ und
wie wenig er sich darum
kümmert
gekümmert hat bisher +,
(und deshalb machen wir
das Gesetz .)
,+ was mit den Schäden der Opfer
der Straftaten geschieht +, .

45 Das ist ein Vorschlag,
den ich in der Beratung zu
überdenken bitte.

46 Ein Zweites,
wir müßten daran denken,
daß der Straftäter in einer
sinnvollen und sein Leistungs-
vermögen nicht übersteigenden
Weise von vornherein mit in die
Wiedergutmachung des Schadens
einbezogen wird.

47 Ich weiß sehr wohl, daß das
im Augenblick noch sehr oft
an der Mittellosigkeit

scheitert.

48 Aber wir müssen im Rahmen
der Beratungen des Strafvoll-
zugsgesetzes,
wo wir zu einem
vernünftigen Entlohnungssystem
der Gefangenen für ihre Arbeit
in den Gefängnissen kommen
wollen,

dafür sorgen, daß hier

von Anfang an ein Teil
zur Wiedergutmachung des
Schadens verwendet wird.

49 Bei diesen beiden Anregungen,
meine Damen und Herren,
möchte ich
es bewenden lassen.

50 Auf alle Einzelheiten
des Gesetzentwurfs
einzugehen,
würde jetzt zu weit führen.

51 Ich weiß sehr wohl,
daß wir uns in den Ausschüssen
noch über viele Dinge
werden unterhalten müssen,
über das Subsidiaritätsprinzip,
über die Frage,
ob Angehörige, die
verletzt wurden,
mit einbezogen werden sollen.

52 Über all diese Fragen können
wir in den Ausschüssen beraten.

53 Ich darf dem Hohen Haus
versichern, daß meine Fraktion

das ist ein Vorschlag
,+ den ich in der Beratung zu
überdenken bitte +, .

(ein Zweites)
wir müßten daran denken
,+ daß der Straftäter in einer
sinnvollen und sein Leistungs-
vermögen nicht übersteigenden
Weise von vornherein mit in die
Wiedergutmachung des Schadens
einbezogen wird +, .

ich weiß sehr wohl ,+ daß das
sehr oft
an der Mittellosigkeit
im Augenblick noch
scheitert +, .

/ aber wir müssen im Rahmen
der Beratung des Strafvoll-
zugsgesetzes
,+ bei der wir zu einem
vernünftigen Entlohnungssystem
der Gefangenen für ihre Arbeit
in den Gefängnissen kommen
wollen +,
müssen wir
dafür sorgen ,+ daß hier
ein Teil
von Anfang an
zur Wiedergutmachung des
Schadens verwendet wird +, .

/ mit diesen beiden Anregungen
(meine Damen und Herrn)
möcht ich

i+ ohne auf alle Einzelheiten
des Gesetzentwurfs +i .

das würde jetzt zu weit führen .
/ (äh) ich weiß sehr wohl
,+ daß wir in den Ausschüssen
uns noch über viele Dinge
unterhalten werden müssen
über das Subsidiaritätsprinzip
über die Frage +,
,+ ob Angehörige ,+ die
verletzt wurden +, ob die
mit einbezogen werden sollen +, .
über all diese Fragen können
wir in den Ausschüssen beraten .
ich darf dem Hohen Haus
versichern ,+ daß meine Fraktion

an einer zügigen Beratung dieses
Gesetzentwurfs interessiert ist
und alles dafür tun wird,
damit dieser Gesetzentwurf
im Interesse der Opfer von
Straftaten und Gewalttaten
sehr bald verabschiedet wird.
(Beifall bei der CDU/CSU.)

an einer zügigen Beratung dieses
Gesetzentwurfs intressiert ist
und alles dafür tun wird +,
,+ daß dieser Gesetzentwurf
im Intresse der Opfer von
Straftaten und Gewalttaten
sehr bald verabschiedet wird +, .

Bundestagsrede (O)

(a) S p r e c h e r d a t e n

Geschlecht: männlich
Jahrgang: 1921
Beruf: Philologe, Staatssekretär a.D.
landschaftliche Herkunft: Rheinland-Pfalz
(Gerolstein, Daun, Paris, Bonn)
Zugehörigkeit zum Deutschen Bundestag: 1. Legislaturperiode
Partei: CDU

(b) R e d e d a t e n

Thematik: Große Anfrage der Fraktion der CDU/CSU
betr. Konferenz über Sicherheit und Zusammenarbeit
in Europa (KSZE)
Dauer: 10 Minuten (erster Teil einer Rede
von insgesamt 50 Minuten Dauer)
Unterbrechungen: 8 (Zurufe: 4
Beifall: 3
Zwischenfragen: 1)

Stenographischer Bericht	Tonbandaufnahme
01 Frau Präsidentin! Meine Damen und Herren! In Kürze wird der Herr Bundeskanzler nach Moskau fahren.	(Frau Präsidentin) (meine sehr verehrten Damen und Herren) in Kürze wird der Herr Bundeskanzler nach Moskau fahren .
02 Es ist gut, daß wir vorher hier den Versuch machen, das Ausmaß der Übereinstimmung zwischen den Fraktionen und das Ausmaß der Nichtübereinstimmung festzuhalten.	und es ist in der Tat gut ,+ daß wir vorher hier den Versuch machen +, i+ das Ausmaß der Übereinstimmung zwischen den Fraktionen und das Ausmaß der Nichtübereinstimmung festzuhalten +i .
03 Ich will zu diesem Versuch einen Beitrag leisten.	ich werde zu diesem Versuch beizutragen versuchen .
04 Ich glaube trotz mancher polemi-	ich glaube trotz mancher polemi-

151

scher Töne an unsere Adresse,

daß es hier

in den wirklich essentiellen
Fragen
doch mehr Gemeinsames gibt,
als es bisweilen der Fall zu
sein scheint.
05 Ich will das deutlich machen,
indem ich
einige der Fragen aufgreife,
die von der Koalition hier
aufgeworfen worden sind.
06 Zunächst einmal,

verehrter Herr Kollege M. aus
B., ich wundere mich etwas über
die Logik Ihrer geschichtlichen
Ausführungen.
07 Sie haben dem Bundeskanzler A.
ein sehr großes Lob
wegen seiner Politik gespendet,
weil sie die Voraussetzung der
Entspannungspolitik,

also unsere Sicherheit durch das
westliche Bündnis,
erst möglich gemacht habe.
08 Dann aber sind Sie auf die alte,
historische Diskussion von
1952
zurückgekommen und haben A.
wegen eben dieser Politik
massiv getadelt.
09 Entweder − oder!

10 Entweder hatte A. recht,
als er die Voraussetzung für eine
machtpolitisch realistische
Politik schuf,
oder aber seine Politik
war falsch.
(Beifall bei der CDU/CSU.)
(Lachen und Zurufe von der SPD.)
11 Im übrigen hat der Kollege M.
neben manch Ungereimtem und
Fehlern auch
einiges gesagt, auf das ich
positiv eingehen könnte.

scher Töne ,+ die gegen uns
gerichtet worden sind +,
,+ daß hier doch mehr Gemeinsames ist
in ganz essentiellen
Fragen +,

,+ als es der Fall zu
sein scheint +, .
ich will das aber deutlich machen
,+ indem ich Punkt für Punkt
einige der Fragen aufgreife +,
,+ die von der Koalition hier
aufgeworfen worden sind +, .
(zunächst einmal)
(Herr Kollege M.)
(verehrter Herr Kollege M. aus
B.) ich wundere mich etwas über
die Logik Ihrer historischen
Ausführungen .
Sie haben dem Bundeskanzler A.
ein sehr großes Lob gespendet
wegen seiner Politik
,+ die die
Entspannungspolitik
möglich macht
also die Eingliederung in das
westliche Bündnis +, .

und dann sind Sie auf die alte
historische Diskussion von
neunzehnhundertzweienfünfzig
zurückgekommen und haben ihn

massiv getadelt .
(entweder oder)
Sie haben hier nur die Möglichkeit i+ eines zu sagen +i .
entweder war diese Politik richtig
und die Voraussetzung einer
machtpolitisch realistischen
Politik .
oder sie
war falsch .

im übrigen hat der Kollege M.

einiges gesagt ,+ auf das ich
gern positiv eingehen werde +, .

12 Herr Kollege P., Sie haben
sich darüber gewundert, daß der
Kollege M. eine positive Äußerung in dem Sinne

getan hat,
wir begrüßten die Konferenz,
wenn ...
13 Diese unsere Haltung ist doch
seit langem bekannt.
14 CDU und CSU haben
bereits im Herbst 1972

in ihrem gemeinsamen Wahlpro-
gramm gesagt:
(Redner zitiert.)

15 Herr Kollege P.,
Sie haben Äußerungen
des damaligen Außenministers
B.
aus dem Jahre 1969 zitiert.

16 Herr B. hat damals

keineswegs ein volles Ja zur
KSZE gesagt,
sondern er hat sie von ganz
kräftigen Bedingungen abhängig
gemacht, die allerdings hinter-
her durch den Verlauf der Ostpolitik entfielen.
17 Auch wir begrüßen wie Sie,
daß die Amerikaner und die
Kanadier dabei sind, daß im
Prozeduralen einiges erreicht
worden ist.
18 Aber Sie können doch
weiß Gott nicht sagen,
SPD und FDP seien
immer für diese Konferenz
gewesen.
19 Sie haben lediglich Bedingungen aufgegeben,
die wir aufrechterhalten
haben.
20 Zweitens haben Sie gesagt,
wir sollten die Konferenz
nicht mit der deutschen
Frage belasten

(Herr Kollege P.) Sie haben
sich gewundert ,+ daß der
Kollege M. eine positive Äußerung in dem Sinne
über die Konferenz
getan hat +,
,+ daß wir sie begrüßen +,
,+ wenn .
dieses ist
seit langem bekannt .
die CDU (äh) CSU hat
neunzehnhundertzweiensiebzig
im Herbst
in ihrem Wahlpro-
gramm bereits gesagt .

(im übrigen)
(Herr Kollege P.)
Sie haben
den damaligen Bundesaußenminister
B. zitiert
aus dem Jahre neunzehnhundertneunensechzig .
/ (Herr Kollege P.)
damals hat der Bundeskanzler
(äh) der Bundesaußenminister
keineswegs ein volles Ja zur
KSZE gesagt .
sondern er hat sie von ganz
kraftvollen Bedingungen abhängig
gemacht ,+ die allerdings hinter-
her durch den Verlauf der Ostpolitik entfallen sind +, .
wir begrüßen wie Sie auch
,+ daß die Amerikaner und die
Kanadier dabei sind +, ,+ daß im
Prozeduralen einiges erreicht
worden ist +, .
aber Sie können doch
nicht sagen
,+ daß früher die SPD und die FDP
immer für diese Konferenz
gewesen sind +, .
sondern Sie haben bestimmte Bedingungen damals aufgestellt
,+ die wir aufrechterhalten
haben +, .
zweitens haben Sie gesagt
s+ wir sollten die Konferenz
nicht belasten mit der deutschen
Frage +s .

<table>
<tr><td>

21 Ich möchte dazu folgendes fragen,
Herr Kollege P.: Wer wollte
denn jahrelang diese
Konferenz?
22 Das war die Sowjetunion.

</td><td>

ich möchte folgendes sagen
(Herr Kollege P.) s+ wer wollte
denn jahrelang diese
Konferenz? +s .
das war die Sowjetunion .
/ und ich glaube
s+ aus sowjetischer Sicht gesehen

</td></tr>
</table>

21 Ich möchte dazu folgendes fragen,   ich möchte folgendes sagen
Herr Kollege P.: Wer wollte   (Herr Kollege P.) s+ wer wollte
denn jahrelang diese   denn jahrelang diese
Konferenz?   Konferenz? +s .
22 Das war die Sowjetunion.   das war die Sowjetunion .
   / und ich glaube
   s+ aus sowjetischer Sicht gesehen

23 Die Deutschlandfrage ist   ist die deutsche Frage
— an sowjetischen Interessen-   (,+ nach sowjetischen Intressenmaßstäben gemessen —   maßstäben gemessen +,) +s .
in Gestalt der Frage nach der
Unverletzlichkeit der Grenzen
ein zentrales sowjetisches Motiv
für diese Konferenz.

(Abg. P., SPD: Sie wollte nicht diese, sondern eine andere!)

24 — Sie wollte — wenn Sie die   sie wollte (,+ wenn Sie die
Texte ab 1966   Texte ab sechsensechzig
nachlesen,   nachlesen +,)
sehen Sie das —
diese Konferenz.   diese Konferenz .
25 Es sind Verbesserungen   / es sind Verbesserungen
hinsichtlich Teilnehmerkreis,   in den
Methoden und Prozeduren   Methoden und in den Prozeduren
im Sinne unserer Wünsche
eingetreten.   eingetreten .
(Abg. P., SPD: Aha!)
aber die Sowjetunion war immer   aber sie war immer
in allererster Linie

   essentiell an einer Lösung
an einer abschließenden Lösung   an einer abschließenden Lösung
der deutschen Frage   der deutschen Frage intressiert
mit Hilfe dieser Konferenz
interessiert,
die ihren Interessen, so wie   ,+ die ihren Intressen ,+ so wie
sie diese sieht, entspricht.   sie sie sieht +, entspricht +, .
26 Infolgedessen müssen wir als   und infolgedessen müssen wir als
Partner der Sowjetunion in   Partner der Sowjetunion in
dieser Frage sehen, was die   dieser Frage sehen ,+ was die
Sowjetunion mit der deutschen   Sowjetunion mit der deutschen
Frage auf der KSZE will.   Frage auf der KSZE will +, .
   ich glaube
27 Wir stimmen hier doch wohl in   ,+ daß wir in
hohem Maße darin überein,   hohem Maße hier übereinstimmen +,
daß die Sowjetunion kaum   ,+ daß die Sowjetunion wohl nicht
an die spanisch-portugiesische   an die spanisch-portugiesische
Grenze denkt, wenn sie von der   Grenze denkt ,+ wenn sie an die
Unverrückbarkeit der Grenzen   Unverrückbarkeit der Grenzen
spricht, auch nicht an die   denkt +, auch nicht an die
finnisch-russische.   finnisch-russische +, .
28 Ich bin gewiß: es   sondern ich glaube s+ es
gibt eine Grenze in Europa,   gibt eine Grenze in Europa +s

die nach sowjetischen Interessenmaßstäben von essentieller Bedeutung für die Sowjetunion ist:
das ist die innerdeutsche Grenze.

29 Über den rechtlichen, politischen und moralischen Charakter dieser Grenze gibt es einen ganz tiefen Dissens zwischen der Bundesregierung und der Sowjetunion.

30 Das ist doch bekannt aus der Zeit der Ratifikationsberatungen hier in diesem Hause, als Herr G. im April 1972 noch einmal ausdrücklich sagte, Unverletzlichkeit dieser Grenze bedeute nicht nur Gewaltverzicht gegenüber dieser Grenze, sondern völkerrechtliche Endgültigkeit.

31 Sie können alle Texte des Sowjetblocks zur KSZE nachlesen, Sie können alle einschlägigen Texte im Ostblock, die von Rang und Relevanz sind, nachlesen: immer wieder ist es die innerdeutsche Grenze, die im Zentrum der rechtlich-politischen Offensive steht.

32 Ich verstehe,

aus der subjektiven Interessenbetrachtung und mit den Maßstäben der Sowjetunion gesehen, dieses Beharren

auf der endgültigen Schließung dieser Frage, auf der endgültigen Tötung der Hoffnung auf eine Wiedervereinigung Deutschlands in Freiheit.

(Präsident: Herr Abgeordneter, gestatten Sie eine Zwischenfrage des Herrn Abgeordneten P.?)

33 Bitte sehr!

(Abg. P., SPD: Stimmen Sie mir zu, daß die Forderungen, die der damalige Außenminister B. als Vorbereitung zu dieser

---

,+ die nach sowjetischen Intressenmaßstäben gesehen von essentieller Intressenbedeutung für die Sowjetunion ist +,
s+ das ist die innerdeutsche Grenze +s .
und über

diese Grenze gibt es einen ganz tiefen Dissens zwischen der Bundesregierung und der Sowjetunion .
das ist doch bekannt aus den Verhandlungen noch vor (äh) den Ratifikationsverhandlungen hier in diesem Hause
,+ als Herr G. noch einmal ausdrücklich gesagt hat +,
,+ daß es eben nicht nur um Gewaltverzicht gehe

sondern um Endgültigkeit +, .
und Sie können alle Texte des Sowjetblocks zur KSZE nachlesen .
Sie können alle einschlägigen Texte im Ostblock ,+ die von Rang und von Relevanz sind +, nachlesen
s+ immer wieder ist es die innerdeutsche Frage +s .

und ich verstehe
,+ wenn Sie so wollen +,
,+ aus der sowjetischen Intressenbetrachtung und mit den Maßstäben der Sowjetunion gesehen +,
dieses Beharren
auf der deutschen Frage
auf der endgültigen Lösung der deutschen Frage
auf der endgültigen Tötung der Hoffnung auf eine Wiedervereinigung Deutschlands in Freiheit .

(bitte sehr)

Konferenz gestellt hat, erfüllt worden sind? Ich lese sie vor: Erstens. An eine Europäische Sicherheitskonferenz dürfen keinerlei Vorbedingungen geknüpft werden. Zweitens. Eine solche Konferenz muß grundsätzlich vorbereitet werden. Drittens. Unsere Nordamerikanischen Bündnispartner müssen an einer solchen Konferenz als vollberechtigte Partner teilnehmen.

(Abg. Dr.M., CDU/CSU: Er hat nicht alle Zitate dabei!)

Viertens. Es muß begründete Aussicht dafür bestehen, daß auch auf einer solchen Konferenz einige Fortschritte erzielt werden.)

34	Darauf antworte ich sehr gern, Herr Kollege P..	(ja) darauf kann ich sehr gerne antworten (Herr Kollege P.) .
35	Mit dem, was Außenminister B. damals Vorbedingungen nannte, war die von der Sowjetunion geforderte vorherige Anerkennung der DDR und die Zustimmung zur vollberechtigten Teilnahme der DDR an dieser Konferenz gemeint.	das ,+ was der Außenminister B. damals Vorbedingungen nannte +, war die von der Sowjetunion geforderte vorherige Anerkennung der DDR und die vollberechtigte Teilnahme der DDR an dieser Konferenz . zu dieser Anerkennung
36	Zur Erfüllung dieser Vorbedingung war die Regierung K./B. nicht bereit.	war die Regierung K./B. nicht bereit .
	(Beifall bei der CDU/CSU.)	
37	Ich wende mich nun dem geschätzten Kollegen B. zu und möchte ihm folgendes sagen.	ich wende mich dann dem geschätzten Kollegen B. zu und möchte ihm folgendes sagen .
38	Herr Kollege, Sie haben Ihrerseits ein in der Tat wichtiges Problem wieder aufgerollt, das der Doppeldeutigkeit.	(Herr Kollege) sie haben in der Tat ein sehr wichtiges Problem Ihrerseits wieder aufgerollt . ich halte fest ,+ daß Sie das Problem der Doppeldeutigkeit in dieser intensiven Form aufgerollt haben +, .
39	Herr Kollege B., ich darf Ihnen eine Stelle aus einer Antwort der Bundesregierung B./S. auf eine Große Anfrage der CDU im Frühjahr 1970 vorlesen, d.h. während der Vertrags-Vor-Verhandlungen von Herrn B. in Moskau.	(Herr Kollege B.) ich darf Ihnen einen Text vorlesen aus einer Antwort der Bundesregierung B./S. auf eine Große Anfrage der CDU im Frühjahr neunzehnhundertsiebzig (das heißt .) während der Vertragsverhandlungen von Herrn B. in Moskau .
40	Damals haben wir uns schon nach der Bedeutung der Mehrdeutigkeit ⌐ in der Sicht der Regierung — erkundigt.	damals haben wir uns schon nach der Bedeutung der Mehrdeutigkeit erkundigt .
41	Die Bundesregierung antwortete:	und die Bundesregierung antwortete .

(Redner zitiert.)
42 Herr Kollege B., dieses
Problem wird uns noch lange
begleiten.
43 Ich darf Sie daran erinnern,
daß unser Kollege K. (B.) neulich ein Zitat vorgetragen hat,
das mir anzuzeigen scheint,
worum es in der KSZE auch
jetzt wieder geht.
44 Bereits

vor der Ratifizierung der Ostverträge sagte 1972
eine polnische Pressestimme
– es war sicherlich nicht die
private Meinung eines
Redakteurs – :
(Redner zitiert.)
45 Verehrter Herr Kollege B.,
ich habe große Sorge, daß Sie
in diesem Zusammenhang unseren
mächtigen Vertrags-Partner,
die Sowjetunion,
nicht ernst genug nehmen.
46 Es ist unmöglich, mit einer
solchen Macht in so essentiellen
Fragen monatelang zu
verhandeln, einen Text
zu erarbeiten und dann zu
sagen:
Wie wir das auslegen,
das ist eine ganz andere Frage,
vor allen Dingen dann,
wenn es der anderen Macht
darauf ankommt, daß wir
bisherige Positionen aufgeben.
47 Ich verstehe Sie
aus diesem Grund nicht.
48 Im übrigen ist es eine
Erfahrung aller, die sich

in Vertragsverhandlungen mit der
Sowjetunion begeben haben,
daß die Sowjetunion hier in
sehr großer Ehrlichkeit ihre
Interpretationen schon während
der Verhandlungen klarmacht.
49 Sie können der Sowjetunion
vieles vorwerfen;
50 und ich sehe sie als eine Macht

(Herr Kollege B.) dieses
Problem wird uns noch lange
begleiten .
denn ich darf Sie daran erinnern
,+ daß unser Kollege K. (B.) neulich ein Zitat vorgetragen hat +,
,+ das mir anzuzeigen scheint +,
,+ worum es in der KSZE auch
jetzt wieder geht +, .
/ bereits (äh)
vor Abschluß der Ostverträge (äh)
vor der Ratifizierung der Ostverträge sagte
eine polnische Pressestimme
(und sicherlich nicht eine
private Meinung eines
Redakteurs) .

und (verehrter Herr Kollege B.)
ich habe große Sorge ,+ daß Sie
in diesem Zusammenhang unseren
mächtigen Partner
die Sowjetunion
nicht ernst genug nehmen +, .
es ist unmöglich i+ mit einer
solchen Macht in so essentiellen
Fragen monatelang zu
verhandeln +i i+ einen Text
herbeizuführen +i i+ und zu
sagen +i
,+ wie wir das auslegen +,
s+ das is ne ganz andre Frage
vor allen Dingen dann +s
,+ wenn es der anderen Macht
darauf ankommt +, ,+ daß wir
bisherige Positionen aufgeben +, .
ich verstehe Sie
aus diesem Grund nicht .
/ im übrigen ist es eine
Erfahrung aller ,+ die sich
mit Vertrags
in Vertragsverhandlungen mit der
Sowjetunion begeben haben +,
,+ daß die Sowjetunion hier in
sehr großer Ehrlichkeit ihre
Interpretationen schon während
der Verhandlungen klarmacht +, .
Sie können der Sowjetunion
vieles vorwerfen .
und ich sehe sie als eine Macht

an, die
die vitalen Interessen

unseres Volkes
mißachtet und verletzt.
51 Aber eines können Sie ihr nicht
vorwerfen: daß sie ihre stra-
tegischen Ziele und das, was
sie auf dem Wege
zu diesen Zielen
will, nicht in aller
Deutlichkeit sagt.
52 Sie praktiziert in dieser Frage
kaum Doppeldeutigkeit.
53 Ich glaube,
es ist besser, wir er-
halten uns ein Klima der
Klarheit, das aufrichtig

dieses oder jenes Element
der Spannung

in Kauf nimmt und schätzt,
als daß wir eine Pseudo-
entspannung auf solchen unklaren
Begriffen
aufbauen,
die dann zu einem Streit

zwischen einem Mächtigen und
einem Schwachen
führen müssen,
den wir dann nicht
bestehen können.
(Beifall bei der CDU/CSU.)

54 Es gibt ein klassisches Werk
in Amerika, das sich mit der
russischen Vertragspolitik
befaßt.
55 Dort heißt es:
(Redner zitiert.)
56 Uns wird immer entgegen-
gehalten: Dann können Sie
eben praktisch mit kommunisti-
schen Ländern keine Verträge
abschließen.
57 Das ist falsch.
58 Ich bin der Auffassung
— ich sage das,

an ,+ die
in wesentlichen Intressen
gegen die Intressen
unsres Volkes
steht +, .
aber eines können Sie ihr nicht
vorwerfen ,+ daß sie ihre stra-
tegischen Ziele und das ,+ was
sie auf dem Wege

will +, nicht in aller
Deutlichkeit sagt +, .
sie schätzt in dieser Frage
die Doppeldeutigkeit nicht .

/ und ich glaube
s+ es ist besser +s s+ wir erhalten uns ein Klima der
Klarheit +s ,+ das
unter Umständen
dieses oder jenes Element
der Spannung
aufrichtiger Spannung
enthält +,
,+ als daß wir eine Pseudo-
entspannung auf solchen unklaren
Begriffen

,+ die dann zu Streit
führen müssen (und zwar)
zu einem Streit
zwischen Mächtigen und
Kurzen (äh) +,

,+ daß wir dann nicht
bestehen können +, .

/ es gibt eine ne
es gibt ein klassisches Werk
in Amerika ,+ das sich mit der
russischen Vertragspolitik
befaßt +, .
und dort heißt es .

nun wird uns immer entgegen-
gehalten s+ dann können Sie
eben mit kommunisti-
schen Ländern keine Verträge
abschließen +s .
ich teile diese Auffassung nicht .
ich bin

damit wir uns
hier klar verstehen —,

daß es zwischen der Sowjetunion und uns durchaus Zonen der
Interessenübereinstimmung gibt.

59 Es gibt zwei Fehlhaltungen:

die Marge der Interessenübereinstimmung zu unterschätzen
und in einem total negativen
Verhältnis zur Sowjetunion
zu stehen.

60 Ich halte das für das Ende
der Außenpolitik und für das
Ende der Diplomatie.

61 Aber es gibt auch die andere
Gefahr, Herr Kollege.

62 Sie beherrschte die
letzten Jahre:
die Überschätzung des Ausmaßes
der Interessenübereinstimmungen.

63 Genau auf diesen Punkt
kommt es in diesem
Zusammenhang an.

...

(,+ damit wir uns ganz
klar hier verstehen +,)
der Auffassung
,+ daß es zwischen der Sowjetunion und uns durchaus Zonen der
Intressenübereinstimmung gibt +, .
es gibt zwei Fehler
i+ die Zone
die Marge der Intressenübereinstimmung zu unterschätzen +i
i+ und in einem total negativen
Verhältnis zur Sowjetunion
zu stehen +i .
ich halte das für das Ende
der Außenpolitik und für das
Ende der Diplomatie .
aber es gibt auch eine andere
Gefahr (Herr Kollege) .
und ich glaube
s+ das ist die Gefahr der
letzten Jahre gewesen +s
,+ daß das Ausmaß
der Intressenübereinstimmung
überschätzt worden ist +, .
und genau auf diesen Punkt
kommt es in diesem
Zusammenhang an .

...

Bundestagsrede (P)

(a) S p r e c h e r d a t e n

Geschlecht: männlich
Jahrgang: 1921
Beruf: Rechtsanwalt
landschaftliche Herkunft: Bayern
(Bad Oeynhausen, Altötting, München,
Mainz, Bonn)
Zugehörigkeit zum Deutschen Bundestag: 2. Legislaturperiode
Partei: CSU

(b) R e d e d a t e n

Thematik: Entwurf eines Gesetzes über die weitere Sicherung des
Einsatzes von Gemeinschaftskohle in der Elektrizitäts-
wirtschaft
— Zweite und Dritte Beratung —

159

Dauer: 10 Minuten
Unterbrechungen: 2 (Zurufe: 1
Beifall: 1)

Stenographischer Bericht	Tonbandaufnahme
01 Frau Präsident! Meine Damen und Herren! Mit Interesse haben wir die Ausführungen von Herrn Bundesminister F. zur Kenntnis genommen.	/ (Frau Präsident) (meine Damen und Herrn) mit Intresse haben wir die Ausführungen von Herrn Bundesministers F. zur Kenntnis genommen .
02 Wir werden zu diesen Ausführungen noch einiges zu sagen haben.	wir werden zu diesen Ausführungen noch einiges zu sagen haben .
03 Ich selbst, meine Damen und Herren, werde mich mit der Art und Weise der Finanzierung des Verstromungs- gesetzes befassen.	/ ich selbst (meine Damen und Herrn) werde mich befassen mit der Art und Weise der Finanzierung des Verstromungs- gesetzes damit eigentlich über die Frage ,+ die hier und dort noch strittig ist +, .
04 Um von vornherein jedes Mißverständnis auszuschließen, darf ich noch einmal darauf hinweisen, daß man mit der energiepolitischen Zielsetzung des Dritten Verstromungsgesetzes grundsätzlich einverstanden sein kann, selbst,	i+ um von vornherein jedes Mißverständnis auszuschließen +i darf ich noch mal drauf hinweisen ,+ daß man mit der energiepolitischen Zielsetzung des Dritten Verstromungsgesetzes grundsätzlich einverstanden sein kann +, ,+ selbst wenn man das eine oder andere nicht will +,
wenn einem das eine oder andere in diesem Gesetz nicht gefällt.	,+ wenn einem das eine oder andere
05 Darüber	nicht gefällt +, . / zu energiepolitischen Fragen ,+ die hiermit im Zusammenhang stehn +,
wird mein Kollege S. sprechen.	wird sich mein Kollege Doktor S. befassen .
06 Ich möchte zunächst noch einmal betonen, daß wir natürlich alle	ich möchte hier aber noch einmal betonen ,+ daß wir natürlich alle intressiert sind
an einer höchstmöglichen Sicher- heit in der Energieversorgung interessiert sind, und daß wir zu dieser auch	an einer höchstmöglichen Sicher- heit in der Energieversorgung +,
	,+ und daß wir hierzu auch beitragen müssen
durch die Bereitstellung der	durch die Bereitstellung der

erforderlichen Mengen von Steinkohle für die Verstromung
beitragen müssen.

07 Ob wir deshalb
bei der Finanzierung des
Verstromungsgesetzes
von einem bewährten Verfahren
abweichen sollen,

ist eine andere Frage.
08 Sie soll hier noch
einmal aufgegriffen werden.
09 Mir scheint, daß die Notwendigkeit, ein Drittes Verstromungsgesetz heute zu
verabschieden, nicht zur Folge
haben sollte, daß wir bei
der Finanzierung einen falschen
einen unglücklichen oder sogar
einen verhängnisvollen Weg
gehen.
10 Das wäre doch die Folge

des Sondervermögens;
11 das wäre so, wenn man die Hand
dazu gäbe, daß an diesem
Parlament

– jedenfalls teilweise –
vorbeiregiert werden könnte.
12 Können wir das eigentlich als
Parlamentarier zulassen?
13 Dürfen wir als Parlamentarier
schweigen,
wenn es darum geht,
neue Schattenhaushalte
zu bilden,

dem Parlament einen Teil
seiner Kontrollrechte zu
nehmen?
14 Ich darf

– wenigstens andeutend –
weiter fragen: Ist das eigentlich verfassungspolitisch er-

erforderlichen Mengen von Steinkohle bei der Verstromung +, .

,+ ob wir deshalb

von einem bewährten Verfahren
abweichen sollen +,
(meine Damen und Herrn)
,+ ob wir deshalb von bewährten
Haushaltslösungen abweichen
sollen +,
i+ uns hier einem Sonderver-
mögen zuzuwenden +i
das ist eine andre Frage .
aber sie soll hier doch noch
einmal diskutiert werden .
mir scheint ,+ daß die Notwendigkeit i+ ein Drittes Verstromungsgesetz bald und heute zu
verabschieden +i nicht zur Folge
haben sollte +, ,+ daß wir bei
der Finanzierung einen falschen
einen unglücklichen oder sogar
einen verhängnisvollen Weg
gehen +, .
das is oder wäre die Folge
(meine Damen und Herrn)
des Sondervermögens
(nämlich) ,+ wenn man die Hand
dafür gibt +, ,+ daß an diesem
Parlament
an diesem Hohen Hause
(jedenfalls teilweise)
vorbeiregiert werden kann +, .
können wir das eigentlich als
Parlamentarier zulassen? .
dürfen wir als Parlamentarier
dafür unsre Hand reichen?
,+ wenn es darum geht +,
i+ eben solche Schattenhaushalte
zu bilden +i
,+ wenn es darum geht +,
i+ dem Parlament einen Teil
seiner Kontrollrechte zu
nehmen +i .
und ich darf
(meine Damen und Herrn)
(,+ wenigstens andeutend +,)
weiter fragen s+ ist das eigentlich verfassungspolitisch er-

wünscht, ist das ver-
fassungsrechtlich überhaupt
möglich?
15 Das sind Fragen, zu
denen Herr Professor Z
noch Stellung nehmen wird.
16 Ich möchte sie wenigstens in
diesem Zusammenhang einmal an-
reißen.
17 Natürlich ist es klar,

daß man ein Gesetz
finanzieren muß, wenn man
es im Prinzip bejaht.

18 Das ist nichts Neues.
19 Das machte man bisher

über Haushalte und nicht mit
Hilfe einer verkappten oder gar
versteckten Steuer, deren
Aufkommen dann in einem Sonder-
vermögen ohne parlamentarische
Kontrolle oder mit nur sehr
wenig parlamentarischer
Kontrolle erscheint.
20 Nun werden Sie sagen,
meine Damen und Herren
von den Regierungsparteien:
Im Haushalt steht kein Geld
mehr zur Verfügung.
21 Gut, dann sagen Sie das.
22 Aber sagen Sie auch, warum
kein Geld mehr zur Verfügung
steht, nämlich einfach deshalb,
weil die Mittel infolge der
uns allen bekannten inflatio-
nären Entwicklung
— um das einmal ganz klar
auszusprechen —
verwirtschaftet sind.
23 Das hören Sie nicht gern,

und das ist

bestimmt kein Grund, ein
Parlament auf einem
Teilgebiet zu entmachten.

wünscht? +s s+ ist das ver-
fassungsrechtlich überhaupt
möglich? +s .
(nun) das sind Fragen ,+ mit
denen sich Herr Professor Z.
noch befassen wird +,.
ich möchte sie wenigstens in
diesem Zusammenhang einmal an-
reißen .
natürlich ist es klar
(meine Damen und Herrn)
,+ daß man ein Gesetz
finanzieren muß +, ,+ wenn man
es im Prinzip bejaht +,.
das ist klar .
und das ist nichts Neues .
/ das machte man bisher
(das wissen wir .)
über Haushalte und nicht mit
Hilfe einer verkappten oder gar
versteckten Steuer ,+ deren
Aufkommen dann in einem Sonder-
vermögen ohne parlamentarische
Kontrolle oder mit nur sehr
wenig parlamentarische
Kontrolle erscheint +,.
nun werden Sie sagen
(meine Herrn)
von den Regierungsparteien)
s+ im Haushalt steht kein Geld
mehr zur Verfügung +s .
(gut) dann sagen Sie das .
aber sagen Sie auch ,+ warum
kein Geld mehr zur Verfügung
steht einfach deshalb +,
,+ weil die Mittel infolge der
uns allen bekannten inflatio-
nären Entwicklung
(i+ um mal ganz klar das
auszusprechen +i)
verwirtschaftet sind +,.
das hörn Sie nicht gerne
(meine Damen und Herrn) .
aber Sie können sich leider von
dieser Entwicklung nicht frei-
sprechen .
aber das is
(mein ich .)
erst recht kein Grund i+ ein
Parlament jedenfalls auf einem
Teilgebiet zu entmachten +i .

24 Wir sollten in dieser Legisla-
tive bestrebt sein, unsere
Kontrollfunktionen gegenüber der
Exekutive voll wahrzunehmen.
25 Wir

von der Opposition wollen das
jedenfalls.
26 Wir wollen diese Kontrolle ausüben, zumal wir

nach all unseren Erfahrungen in
den letzten Jahren
kein Vertrauen
zu dieser Regierung
haben.
27 Meine Damen und Herren, in
einigen Wochen werden wir in
diesem Hohen Hause darüber ent-
scheiden müssen, ob wir die
Heizölsteuer verlängern oder
nicht, eine Steuer, die
zu einem Teil einer ähnlichen
Zielsetzung wie das Verstromungsgesetz entsprang.
28 Wie gut und vernünftig wäre es
gewesen, das
Aufkommen aus
dieser Steuer für dieses Verstromungsgesetz zu verwenden.
29 Die hierfür notwendigen Gelder
sind aber nicht mehr da,
die Gründe
habe ich
soeben genannt.
30 Nun mußte eine andere Methode
her.
31 Herr Minister, ich habe
aufmerksam verfolgt,

wie Sie sich

für die Art der Finanzierung,
wie sie in dem Regierungsent-
wurf vorgeschlagen worden ist,
eingesetzt haben.
32 Gerade deshalb sage ich
ausdrücklich:
Wir wissen,
daß wir etwas

wir sollten in dieser Legisla-
tive bestrebt sein i+ unsere
Kontrollfunktion gegenüber der
Exekutive voll wahrnehmen +i .
wir
(meine Damen und Herrn)
von der Opposition wolln das
jedenfalls .
wir wollen diese Kontrolle ausüben ,+ zumal wir
zu dieser Regierung
nach all unsren Erfahrungen in
den letzten Jahren
nicht mehr sehr viel Vertrauen

haben +, .
(meine Damen und Herrn) in
einigen Wochen werden wir in
diesem Hohen Haus darüber ent-
scheiden müssen ,+ ob wir die
Heizölsteuer verlängern oder
nicht +, (eine Steuer) ,+ die
zu einem Teil einer ähnlichen
Zielsetzung wie das Verstromungsgesetz entsprang +, .
/ wie gut und vernünftig wäre es
eigentlich gewesen i+ das
Auskommen das Aufkommen aus
dieser Steuer für dieses Verstromungsgesetz zu verwenden +i .
das Geld
scheint nicht mehr da zu sein .
i+ die Gründe
(hab ich mir erlaubt .)
eben hier zu nennen +i .
nun mußte eine andre Methode
her .
und (Herr Minister) ich hab
eben aufmerksam zugehört ,+ wie
Sie begründet haben +, ,+ oder
wie Sie sich
eingesetzt haben
für diese Art der Finanzierung +,
,+ wie sie in dem Regierungsent-
wurf vorgeschlagen worden ist +, .

und ich möchte
ausdrücklich sagen
s+ wir wissen +s
,+ daß wir etwas
zu zahlen haben

für eine höchstmögliche Sicherheit in der Energieversorgung
zu zahlen haben;
33 Wir wissen und
respektieren auch, daß dazu
der Einsatz einer großen Menge
Steinkohle bei der Verstromung
notwendig ist.
34 Das sind Maßnahmen, die man
bezahlen muß, wenn man eine

wichtige öffentliche Aufgabe
zu erfüllen hat.

35 Nur: die Art
— Sonderhaushalt, Sonderver-
mögen, Schattenhaushalt,
versteckte Steuer —

scheint nicht gut zu sein.
36 Die Methode ist schlecht.
37 Ein Parlamentarier sollte da
— so meine ich jedenfalls —
eigentlich nicht mitmachen.
38 Man nimmt diesem Parlament etwas,
was sich in kurzer Zeit,
meine Damen und Herren,
als viel, ja als sehr viel
erweisen kann.
39 Man setzt hier etwas in
Bewegung, von dem man nicht
weiß und nicht wissen kann,
ob und wann es wieder zum
Stillstand kommt.

40 Wir sollten nicht mit Sonderver-
mögen, wir sollten nicht mit
versteckten Steuererhöhungen
arbeiten, sondern klar aussprechen, was wir wollen,
und
welche Mittel dafür erforderlich sind.
(Zuruf von der SPD: Ja, dann tun Sie das doch!)
41 Damit können wir

vor allen Bürgern
dastehen.

für eine höchstmögliche Sicherheit in der Energieversorgung +, .

und wir wissen auch und
respektieren auch ,+ daß dazu
der Einsatz einer großen Menge
Steinkohle bei der Verstromung
notwendig ist +, .
/ das sind Dinge ,+ die man
bezahlen muß +, ,+ wenn man eine
echte eine
wichtige öffentliche Aufgabe
zu erfüllen kann zu erfüllen
hat +, .
(nur) die Art
(Sonderhaushalt) (Sonderver-
mögen) (Schattenhaushalt)

(meine Damen und Herrn)
scheint nicht gut zu sein .
die Methode is schlecht .
ein Parlamentarier sollte
(so mein ich jedenfalls .) da
eigentlich nicht mitmachen .
man nimmt diesem Parlament etwas
,+ das sich in kurzer Zeit
(meine Damen)
als viel (ja) als sehr viel
erweisen kann +, .
man setzt hier etwas in
Bewegung ,+ von dem man nich
weiß und nich wissen kann +,
,+ ob und wann es wieder zum
Stillstand kommt +, .
/ das (meine Herrn) sollten
wir hier (meine Damen und
Herrn) sollten wir nich tun .
wir sollten nicht mit Sonderver-
mögen wir sollten nicht mit
versteckten Steuererhöhungen
arbeiten sondern klar aussprechen ,+ was wir wollen +,
und klar aussprechen
,+ welche Mittel dafür erforderlich sind +, .

/ damit können wir
besser darstellen darstehen
vor allen Bürgern .

vielleicht können wir das .

42 Das scheint mir jedenfalls
besser zu sein, als
ihnen praktisch eine mehr-
prozentige Erhöhung der Strom-
preise per Gesetz frei Haus zu
liefern.

43 Sie wissen, meine Damen und Herren von den Regierungsparteien,
daß sich der Bundesrechnungshof
über diese Ihre Vorschläge sehr
kritisch ausgelassen hat.

44 Da war auch die Rede von der Ein-
engung des parlámentarischen Bud-
get- und
Kontrollrechts, und zwar,
wie es hieß, für einen
wichtigen Bereich der
Wirtschaftspolitik.

45 Trotz dieser kritischen Stellung-
nahme — das ist doch wohl
eine kompetente Stelle —,
meine Damen und Herren, haben
Sie es abgelehnt, im Verlaufe
der parlamentarischen Behandlung
auf Ihren Finanzierungsvorschlag,
wie ich es ausdrücken
darf, zu verzichten.

46 Nun, Sie haben heute noch
Gelegenheit, Ihre Meinung zu
ändern.

47 Dem dient unser
Änderungsantrag 7/2739,
mit dem wir er-
reichen möchten, daß das Son-
dervermögen abgelehnt wird
und die notwendigen Aus-
gaben für das Verstromungsgesetz
in den normalen Haushalt
eingegliedert werden.

48 Vielleicht ist es doch besser,

haushaltspolitisch zu dem zurückzukehren oder bei dem zu
bleiben, was sich über Jahr-
zehnte in allen parlamentarischen Demokratien bewährt hat.

49 Erhalten wir uns das — das
möchte ich betonen — was verfassungspolitisch geboten
und nach meiner Ansicht ver-
fassungsrechtlich

auf jeden Fall scheint mir das
besser zu sein i+ als allen
Bürgern hier praktisch eine mehr-
prozentige Erhöhung der Strom-
preise per Gesetz frei Haus zu
liefern +i .

Sie wissen (meine Damen und
Herrn)
,+ daß der Bundesrechnungshof sich
diesem Vorgehen gegenüber sehr
kritisch ausgelassen hat +,.

auch da war die Rede von der Ein-
engung des parlamentarischen Bud-
getrechtes und des parlamentarischen Kontrollrechtes und das
(,+ wie es hieß +,) für einen
wichtigen Bereich der
Wirtschaftspolitik .

trotz dieser kritischen Stellung-
nahme (und das ist doch wohl
eine kompetente Stelle .)
(meine Damen und Herrn) haben
Sie es abgelehnt i+ im Verlaufe
der parlamentarischen Behandlung
auf Ihren Finanzierungsvorschlag
(,+ wie ich es so ausdrücken
darf +,) zu verzichten +i .

(nun) wir haben heute noch
Gelegenheit dazu . Sie können
heute noch Ihre Meinung ändern .

dem dient eigentlich unser Ab-
änderungsantrag siebenzwanzig-
neunenddreißig ,+ mit dem wir erreichen möchten ,+ daß das Son-
dervermögen abgelehnt wird +,
,+ und daß die notwendigen Ausgaben für das Verstromungsgesetz
in den normalen Haushalt
eingegliedert werden +,.

/ vielleicht is es doch besser
i+ zurückzukehren oder dazu-
bleiben +i (haushaltspolitisch
mein ich .)
,+ was sich über Jahr-
zehnte in allen parlamentarischen Demokratien bewährt hat +,.

erhalten wir uns das (das
möcht ich betonen .) ,+ was verfassungspolitisch geboten ist +,
,+ und was ver-
fassungsrechtlich nach meiner

notwendig ist: das Bud-
get- und Kontrollrecht des Parlaments in unserem System der
Gewaltenteilung und der
Gewaltenbalance!

(Beifall bei der CDU/CSU.)

Ansicht notwendig ist +, das Bud-
get- und Kontrollrecht des Parlaments in unserem System der
Gewaltenteilung und der
Gewaltenbalance .

3. DARSTELLUNG UND INTERPRETATION DER UNTERSUCHUNGSERGEBNISSE

3.1. Segmentierungsmodus und Satzdefinition

Grundlegende Voraussetzung für eine abgrenzende Analyse gesprochener und geschriebener Sprache — besonders im Hinblick auf die Beschreibung und Interpretation syntaktischer Gegebenheiten — ist es, einen geeigneten Segmentierungsmodus zu bestimmen, der beiden Repräsentationsformen der Sprache gerecht wird und damit zugleich die Einheitlichkeit des Zählverfahrens sowie die Vergleichbarkeit der in der quantitativen Analyse ermittelten Werte sicherstellt.

Bei einer Eingrenzung des Untersuchungsgegenstandes auf das Medium der geschriebenen Sprache dürften hinsichtlich der Bestimmung von Satzgrenzen kaum grundsätzliche Schwierigkeiten auftreten, obwohl es trotz der Vielfalt von Definitionsversuchen auch für die Schriftsprache bis heute noch keinen in jeder Hinsicht akzeptablen und allgemein verbindlichen Satzbegriff gibt.[110]

Dieser Mangel ist sicherlich weitgehend dadurch bedingt, daß die grammatische Größe 'Satz' als ein theoretisches Konstrukt auf jeweils unterschiedlichen sprachsystematischen Konzeptionen basiert. Im Hinblick auf die verschiedenen Satzdefinitionen der einzelnen Syntax-Theorien resümiert HUNDSNURSCHER:

> "Der Satz wird in der modernen Linguistik als Explikandum einer Syntaxtheorie aufgefaßt, so daß sich Satzdefinitionen mit Allgemeingültigkeitsanspruch erübrigen; statt dessen werden orientierende Begriffsbestimmungen angeboten:
>
> (1) 'Ein Satz ist zunächst einmal das, was ein Sprecher als Satz aufgefaßt wissen will' ...
> (2) 'Der Satz ist die größte Einheit der grammatischen Beschreibung' ...
> (3) 'Ich sehe den Satz als kleinste selbständige sprachliche Einheit an' ...".[111]

Trotz dieser sehr allgemeinen und wenig eindeutigen Bestimmungen lassen sich bei der Analyse schriftkonstituierter Texte die Auswertungsprobleme im Hinblick auf mögliche Gliederungseinheiten relativ leicht lösen, da die bereits gesetzten Interpunktionszeichen eine entscheidende Analyse- und Interpretationshilfe darstellen.

So kann z.B. EGGERS, der für die statistische Auswertung von Sätzen der deutschen Gegenwartssprache die Schriftenreihe 'Rowohlts Deutsche Enzyklopädie' sowie die 'Frankfurter Allgemeine Zeitung' und damit schriftlich konzipierte Texte als Ausgangsmaterial verwendet, mit einer von den Autoren vorgegebenen Aufgliederung des Textkontinuums in Satzeinheiten und einem hieraus weitgehend formal bestimmten Satzbegriff arbeiten:

"Als Satz gilt ... jede Sinneinheit, deren Ende der Autor ... durch deutliche Einschnittsmarkierungen, den Punkt, das Fragezeichen, das Ausrufzeichen, in seltenen Fällen auch durch den Doppelpunkt, bezeichnet hat."[112]

Allerdings ist auch ein derartig bestimmter Satzbegriff nicht unproblematisch, da er zahlreiche Einzelphänomene nicht abzudecken vermag. So werden etwa einerseits Satzreihen (zwei oder mehrere vollständige Hauptsätze), andererseits Satzgefüge (Hauptsatz und ein oder mehrere Nebensätze) lediglich als e i n Satz ausgegrenzt. Differenzierte Aussagen im Hinblick auf eine quantitative Bestimmung syntaktischer Fügungen sind jedoch nur dann möglich, wenn Satzreihen in Hauptsätze und Satzgefüge in ihre einzelnen syntaktischen Bestandteile aufgelöst werden.

Dieses zusätzliche Erfordernis macht deutlich, daß eine ausschließlich auf Interpunktionszeichen beruhende Satzbestimmung bereits innerhalb der Schriftsprache, in der aufgrund der gesetzten Interpunktionszeichen von einer relativ festen Bezugsbasis ausgegangen werden kann, zu eng gefaßt ist.

Die Segmentierung von Grundeinheiten sprachlicher Kommunikation bei der Aufbereitung des Sprachmaterials in Untersuchungen gesprochener Sprache ist allerdings mit erheblich größeren Schwierigkeiten verbunden, da hier eine Grobsegmentierung aufgrund vorhandener Zeichensetzung völlig fehlt.

So verweist etwa LESKA in ihrer Untersuchung auf die Probleme einer syntaktischen Segmentierung gesprochener Äußerungen, für die es ihrer Meinung nach

"kein durchgehend anzuwendendes Kriterium"[113]

gibt. Im Zusammenhang mit der Bestimmung von Satzreihen betont sie, daß es oft nicht auszumachen ist, ob ein Sprecher zwei Sätze zu einer Satzverbindung verknüpfen oder ob er sie als getrennte Sätze verstanden wissen will; aufgrund dieser Schwierigkeit verzichtet die Autorin daher in ihrer Untersuchung auf eine Analyse von Satzreihen.

Insgesamt legt sie ihrer Arbeit einen sehr allgemeinen und weitgefaßten Satzbegriff zugrunde, wenn sie definiert:

"Unter einem Satz verstehen wir jede syntaktische Gliederungseinheit, die alleinstehend kommunikativen Effekt zeigen kann."[114]

Eine derartige Satzbestimmung bietet zwar die Möglichkeit, insbesondere auch solche syntaktischen Sequenzen in die Analyse einzubeziehen, die nach der schriftsprachlichen Satzdefinition als 'defektiv' zu bezeichnen sind; im Hinblick auf eine differenzierte Syntaxuntersuchung, in der es Einzelphänomene zu bestimmen gilt, dürfte dieser Satzbegriff allerdings kaum eindeutig operationalisierbar sein.

In der bisher erschienenen Literatur zur gesprochenen Sprache wird vielfach die Intonation als grundlegend für die Bestimmung von Satzgrenzen angesehen. So stellt bereits LERCH fest:

> "Der Satz ist eine sinnvolle sprachliche Äußerung, die durch die Stimmführung als abgeschlossen gekennzeichnet ist...Eine wenn auch sinnvolle sprachliche Äußerung, die durch die Stimmführung nicht als abgeschlossen gekennzeichnet ist, ist demnach kein Satz."[115]

Die Beziehung zwischen syntaktischer Struktur und Intonation ist somit für die gesprochene Sprache von entscheidender Bedeutung. LERCH und Autoren neuerer Untersuchungen[116] weisen nach, daß die Intonation die Gliederungsabsicht des Sprechers nach Sinneinheiten erkennen läßt: An der Senkung der Stimme wird der Abschluß eines Gedankengangs, an der Hebung die Weiterführung deutlich.

Bei den Transkriptionsarbeiten der vorliegenden Bundestagsreden hat sich jedoch gezeigt, daß die Intonation, die das jeweilige Satzende signalisieren soll, keineswegs so eindeutig ist, wie aufgrund der skizzierten Überlegungen angenommen werden könnte. Zwar wird grundsätzlich ein Zusammenhang zwischen der Stimmführung und der Abgrenzung syntaktischer Einheiten deutlich, jedoch läßt sich trotz wiederholten Abhörens der Tonbandaufnahmen keine einheitliche Anwendung durch die Sprecher feststellen, da die Segmentierung der gesprochenen Reden weitgehend durch emotionale, assoziative und situative Elemente geprägt ist.

Diese relativ freie Handhabung der Intonation dürfte im einzelnen auf folgende Beobachtungen zurückzuführen sein:

Die Stimme durchläuft in jedem Sprechvorgang eine ganze Skala von Tonhöhen, die sich selbst im Verlauf einer Silbe noch verändern können. Überdies fallen möglicherweise gleich intendierte Intonationsgestaltungen von Sprecher zu Sprecher recht unterschiedlich aus, so daß die Satzgrenzen immer fließender werden. Gerade diese Erscheinung läßt das vielschichtige Problem einer Segmentierung aufgrund der Lautstruktur eines Satzes besonders deutlich werden. Außerdem beeinflußt die Zufälligkeit der Redeplanung vielfach in hohem Maße Intonation und Syntax, so daß die Segmentierung eines Satzes keineswegs immer sinnbedingt zu sein braucht.

Eine Segmentierung der Texte aufgrund der Intonation allein muß im Hinblick auf diese Bedingtheiten ausgeschlossen werden, da ein derartiges Gliederungsverfahren einer mehr oder weniger willkürlichen Eigeninterpretation des Transkribenden sehr nahe kommt.

Die bisher skizzierten Überlegungen machen deutlich, daß eine von den in der Schriftsprache gebräuchlichen Segmentierungsmöglichkeiten völlig gelöste Bestimmung eindeutiger Satzgrenzen in der gesprochenen Sprache wohl kaum durchführbar ist.

Es bleibt daher zu fragen, ob nicht etwa in Anlehnung an die Schriftsprache geeignete Ausgrenzungskriterien in modifizierter Form übernommen werden können.

Die normative schriftsprachliche Grammatik, z.B. die des Duden, versteht unter einem Satz eine 'gegliederte Einheit' und postuliert als Grundelemente eines vollständigen Aussagesatzes Subjekt und Prädikat, die durch konstitutive und freie Satzglieder erweitert werden können. [117]

Die strikte Anwendung dieser Satzdefinition im Hinblick auf eine Segmentierung der gesprochenen Sprache ist jedoch ebenfalls problematisch, da bei der Transkription der Tonbandaufnahmen die Abgrenzung nach 'Einheiten' aufgrund der bereits erwähnten intonatorischen Unzulänglichkeiten nicht exakt durchgeführt werden kann und vielfach eine subjektive Interpretation darstellt. Ebenso gewährleistet die Bestimmung 'gegliedert', deren präzise Definition in der Duden-Grammatik fehlt, keine adäquate Segmentierung als Grundlage für ein zuverlässiges Zählmaß.

Es ist weiterhin fraglich, ob die traditionelle Subjekt-Prädikat-Bindung als eine notwendige Voraussetzung für eine syntaktische Segmentierung gesprochener Sequenzen angenommen werden muß. Diese Bedingung stellt mit Recht GROSSE infrage:

> "Mit der Minimalforderung der traditionellen Grammatik, Subjekt und Prädikat als unabdingbare Komponenten eines Satzes zu bezeichnen und damit einen polaren gegenseitigen Bezug als Charakteristikum hervorzuheben, ist kaum etwas anzufangen; denn es stellt sich sehr viel dringender die Frage nach dem möglichen Maximalumfang, den ein Satz haben darf, wenn er noch verstanden werden kann und zur Gliederung der sprachlichen Information beiträgt." [118]

WINKLER weist darauf hin, daß jeder Sprachwissenschaftler, der Texte gesprochener Sprache zum Gegenstand seiner Untersuchungen macht, spätestens zu dem Zeitpunkt, wenn er das auditiv Wahrgenommene zum Zwecke der wissenschaftlichen Analyse in ein visuell verfügbares Medium transponiert, vor sprachlichen Gebilden steht,

> "die sich zwar deutlich als sprachliche Einheiten aus dem Redeganzen aus-

gliedern, jedoch zwischen dem Redeganzen und dem Satz im grammatischen Sinn eine Mitte halten. Und das in zweierlei Weise. Einmal ergeben diese Gebilde keine geschlossene Satzform ... Zum anderen umgreifen sie oft mehrere im grammatischen Sinn eindeutig geschlossen geprägte Sätze."[119]

Diese Überlegungen machen die Unsicherheit in bezug auf einen adäquaten Segmentierungsmodus für die gesprochene Sprache deutlich und lassen erkennen, daß der traditionelle Satzbegriff als eine durch Subjekt und verbum finitum geschlossene sprachliche Fügung zumindest in bezug auf die gesprochene Sprache entschieden zu eng gefaßt ist; mit ihm sollen Äußerungen charakterisiert werden, die grammatisch 'offen' oder 'geschlossen' sind oder gar aus einer Folge mehrerer, jedoch eng zusammengehöriger Sätze bestehen.

Eine hieraus zu folgernde Ablehnung der schriftsprachlichen Satzdefinition und somit die Verwerfung der Annahme von Satzeinheiten überhaupt — wie es etwa ZIMMERMANN vorschlägt —[120] ist jedoch weder möglich noch sinnvoll, da sich ein Großteil der gesprochenen Sprache am normierten Regelsystem der Schriftsprache orientiert und den dort kanonisierten Sprachmustern weitgehend entspricht.

Ein Unterschied zur Schriftsprache ergibt sich vornehmlich — wie die folgende Analyse des Sprachkorpus zeigt — aus Art und Häufigkeit der Verwendung bestimmter syntaktischer Konstruktionen. Es besteht daher nicht das Erfordernis, etwa ein eigenes grammatisch-syntaktisches System für die gesprochene Sprache zu bestimmen, sondern vielmehr eine Klassifizierung der Selektionsmöglichkeiten vorzunehmen, die für die gesprochene Sprache konstitutiv sind.

Grundsätzliche Probleme bringen hierbei die erwähnten 'defektiven' Äußerungen mit sich, die nach der normativen Grammatik als 'unvollständige' Sätze zu bezeichnen sind. Gerade ihre Erfassung und Deskription muß bei einer Analyse gesprochener Sprache gesichert sein, da sie syntaktische Charakteristika des gesprochenen Mediums darstellen; sie sind autonome Träger kommunikativer Funktionen und somit als Satzeinheiten zu verstehen.[121]

Ein wichtiges Erfordernis der vorliegenden Untersuchung ist es daher, derartige Sequenzen bei der Satzbestimmung mitzuberücksichtigen und den traditionellen Satzbegriff im Hinblick auf diese besonderen Formen zu erweitern.

Als Grundlage für die Segmentierung der gesprochenen Bundestagsreden dient die im Transkriptionsformular der Forschungsstelle Freiburg festgelegte Satzdefinition, da sie bei einem Vergleich von geschriebener und gesprochener Sprache weniger methodische Schwierigkeiten aufzuweisen scheint als die bisher erörterten Gliederungsversuche:

"Als Hauptsatz bzw. Satzgefüge gelten Wortsequenzen, die von einem finiten Verb regiert werden; Subjekt ist erforderlich.

S o n d e r v o r s c h r i f t e n :
1. Ein Imperativ gilt als Hauptsatz; dazu gehören auch Infinitive mit imperativer Bedeutung (z.B.: *nicht rauchen*).
2. Subjektlose Passivkonstruktionen gelten als Satz.
3. Ist ein Satzglied des Hauptsatzes durch einen Nebensatz ersetzt, gilt der Hauptsatz als vollständig...
4. Wendungen wie: *mich friert; mir ist kalt;* ... gelten als Hauptsatz."[122]

Dieser in Anlehnung an ERBEN definierte Satzbegriff, der den Satz als 'kleinste relativ selbständige Redeeinheit mit dem Angelpunkt des verbum finitum' bestimmt[123], ermöglicht — einschließlich der angeführten 'Sondervorschriften' — ein durchgehend konsistentes Zählverfahren für die gesprochenen Reden und deren verschriftlichte Version in den 'Stenographischen Berichten'.

Um die bereits erwähnten, nach den Normen der Schriftsprache als 'unkorrekt' zu bezeichnenden Sequenzen mitberücksichtigen zu können, soll außerdem gelten:

5. Syntaktisch nicht anschließbare Sequenzen werden wie Sätze im Sinne der o.a. Definition behandelt.[124]

Die Einbeziehung derartiger syntaktischer Phänomene ist zum einen durch ihre besondere kommunikative Funktion innerhalb der gesprochenen Reden begründet. Zum anderen macht die kontrastierende Abgrenzung von gesprochener Sprache und Schriftsprache ihre Mitberücksichtigung notwendig, da bei einer Ausklammerung ein quantitativer Vergleich beider Sprachformen nicht mehr durchführbar ist. Sie werden daher innerhalb der Einfach- und Gefügesatzanalysen gleichwertig miterfaßt.

Aufgrund ihrer spezifischen Beschaffenheit und Funktion innerhalb der gesprochenen Reden sowie dem sich hieraus ergebenden besonderen Erkenntnisinteresse werden diese Charakteristika des gesprochenen Wortlautes in einem eigenen Kapitel gesondert analysiert.[125]

Bei der Aufbereitung des vorliegenden Sprachmaterials, das inhaltlich identische Texte im Medium der gesprochenen und geschriebenen Sprache kontrastiv repräsentiert, war es zunächst notwendig, solche Gliederungseinheiten auszugrenzen, die umfassendere syntaktische Fügungen abdecken als der von der Freiburger Forschungsstelle verwendete Satzbegriff.[126]

Zur Gewinnung erster Gliederungseinheiten, die beiden Textversionen gerecht werden, wurde daher folgendes Verfahren durchgeführt:

Um das Kontinuum der gesprochenen Reden in überschaubare und mit der schriftkonstituierten Fassung der 'Stenographischen Berichte' vergleichbare Segmente aufgliedern zu können, wurden Äußerungseinheiten, deren Ende in den 'Stenographischen Berichten' durch Punkt, Semikolon, Frage- oder Rufzeichen signalisiert wird, den entsprechenden Sequenzen der gesprochenen Fassung gegenübergestellt.

Nur eine derartige Grobsegmentierung, die zunächst von der bereits gegliederten und somit verfügbaren schriftsprachlichen Fassung ausgeht, in größte, innerhalb beider Textversionen genau festlegbare Einheiten macht eine Kontrastierung des gesprochenen und verschriftlichten Sprachmaterials möglich und bietet den Vorteil einer festen Bezugsbasis, die durch die gesprochenen Reden allein nicht gegeben ist.

Der Terminus 'Äußerungseinheit' bezieht sich demnach als ein von der schriftsprachlichen Interpunktion gewonnener formaler Segmentierungsbegriff nur auf Gliederungseinheiten in den 'Stenographischen Berichten'; diese Segmente können sich als folgende syntaktische Fügungen repräsentieren[127].

(1) als alleinstehende Hauptsätze,
(2) als aneinandergereihte Hauptsätze,
(3) als alleinstehende Gefügesätze,
(4) als verbundene Gefügesätze,
(5) als mit einem oder mehreren Hauptsätzen/Gefügesätzen verbundene Gefügesätze,
(6) als alleinstehende Parenthesen.

Derartige syntaktische Strukturen werden in den 'Stenographischen Berichten' durch Punkt, Semikolon, Frage- oder Rufzeichen abgeschlossen.

Für die gesprochenen Reden gilt zur Identifizierung von Satzeinheiten nach der Freiburger Transkriptionsvorschrift:

"Jeder isolierte Hauptsatz bzw. jedes Satzgefüge wird mit einem (.) (Punkt) abgeschlossen, d.h. Parataxe wird nicht gekennzeichnet".[128]

Eine solche Segmentierung der 'Stenographischen Berichte' konnte bei der Erstellung der Synopse nicht vorgenommen werden, da sie einen Eingriff in die schriftkonstituierte Fassung im Hinblick auf die unter (2), (4) und (5) angegebenen syntaktischen Fügungen bedeutet hätte und somit ein Verstoß gegen das auch für die 'Stenographischen Berichte' festgelegte Prinzip der getreuen Wiedergabe gewesen wäre.

Die vergleichende Analyse beider Textversionen aufgrund statistisch ermittelter Häufigkeiten macht es jedoch notwendig, solche Satzeinheiten auszugrenzen, die eindeutig in beiden Textversionen festgelegt werden können, damit ein einheitliches Zählmaß gewährleistet ist.

Diese Bedingung führte dazu, daß die unter (2), (4) und (5) genannten Verknüpfungen, die jeweils durch das Interpunktionszeichen Komma voneinander abgetrennt sind, aufgelöst werden mußten, damit sie der für die gesprochene Fassung festgelegten Vorschrift genügen.

Beide Textversionen wurden daher für die Ermittlung des quantitativen Befundes in

  (1) Einfachsätze,
  (2) Gefügesätze,
  (3) alleinstehende Parenthesen

segmentiert.

Als nächst kleinere Segmente wurden 'Satzabschnitte' ausgegrenzt. Unter diesen in Anlehnung an LESKA verwendeten Terminus werden folgende Segmente subsumiert:

  (4) Trägersätze in Gefügesätzen,
  (5) abhängige Gefügeteile,
  (6) integrierte Parenthesen.

Zur Erläuterung dieser verschiedenen syntaktischen Kodierungsmöglichkeiten dienen folgende Definitionen und Beispiele:

(1) Als E i n f a c h s ä t z e werden solche Äußerungen bezeichnet, die lediglich aus einem Hauptsatz bestehen und von keinem übergeordneten Satz abhängen.[129]

  Typ[130]:   wir begrüßen ausdrücklich
  die Vorlage dieses Entwurfs . (N 02)

Ebenso wird der zusammengezogene Satz dieser Kategorie zugeordnet[131]:

  Typ: unsere Bundeswehr zählt zu den guten
  Armeen in der Welt und hat im Osten
  wie im Westen eine gute Reputation . (F 41)

(2) Ein G e f ü g e s a t z besteht aus einem Hauptsatz und einem oder mehreren abhängigen Gefügeteilen; das Abhängigkeitsverhältnis ist formal gekennzeichnet.

  Typ: ich darf Ihnen versichern
  ,+ daß das für uns keine Grundsatzfrage ist +, . (N 25)

(3) siehe (6).

(4) Der übergeordnete Hauptsatz der abhängigen Gefügeteile wird nach GLINZ als T r ä g e r s a t z bezeichnet.[132]

(5) Als a b h ä n g i g e G e f ü g e t e i l e gelten:

   (a) abhängige uneingeleitete Sätze[133]

      Typ: ich glaube s+ wir müssen zu einer
             Verstetigung der Staatsausgaben kommen +s . (B 73)

   (b) Nebensätze[134]

      Typ: ich glaube ,+ daß die Opposition
             darüber sehr froh ist +, .   (C 03)

   (c) satzwertige Infinitivkonstruktionen[135]

      Typ: wir sollten in dieser Legislative bestrebt
             sein i+ unsere Kontrollfunktion gegenüber
             der Exekutive voll wahrzunehmen +i .   (P 24)

(6) P a r e n t h e s e n sind 'Redeteile, die außerhalb des Satzverbandes stehen'.[136] Sie werden nach folgenden Funktionen differenziert[137]:

   (a) Kontaktparenthesen

      Typ: – (Herr Präsident) (meine Damen
             und Herren)
             – (nicht wahr) (ja) (wohl)

   (b) Kommentarparenthesen

      Typ: ich meine s+ das Entscheidende an
             dieser Steuerreform
             (und daran müssen wir auch festhalten)
             ist +s ...   (A 51)

Parenthesen gelten als i n t e g r i e r t , wenn sie innerhalb eines Einfach- oder Gefügesatzes vorkommen (z.B. Typ 6 b).

A l l e i n s t e h e n d e Parenthesen (3) finden sich außerhalb dieser syntaktischen Fügungen und werden daher als selbständige Äußerungs- einheiten erfaßt.

      Typ: (so weit ... also Übereinstimmung) . (L 19)

175

3.2. Häufigkeitsverteilung unterschiedlicher Veränderungsmöglichkeiten

Als Ausgangspunkt für die Beschreibung und Interpretation der Analyseergebnisse vorliegender Untersuchung, in der Art und Grad möglicher Unterschiede zwischen gesprochenen und verschriftlichten Bundestagsreden exakt bestimmt und somit spezifische Regularitäten gesprochener Sprache erforscht werden, soll die Darbietung und Diskussion der durch den Verschriftlichungsprozeß insgesamt bewirkten Veränderungen dienen. Dabei gilt es, eine erste Sichtung des Belegmaterials vorzunehmen und zugleich das Spektrum möglicher Veränderungen offenzulegen.

Ausgehend von der Frage, welche Äußerungseinheiten der 'Stenographischen Berichte' den authentischen Wortlaut der gesprochenen Reden unverändert wiedergeben, wurden zunächst alle Äußerungseinheiten nach den Merkmalen 'mit/ohne Änderung' differenziert. Damit eine Äußerungseinheit der Kategorie 'ohne Änderung' zugeordnet werden konnte, galt als Bedingung: Die 'schriftkonstituierte' Fassung muß sowohl im Hinblick auf die syntaktische Strukturierung als auch in bezug auf den Wortschatz unverändert dem gesprochenen Wortlaut der Rede entsprechen, wobei etwaige Veränderungen in lautlicher Hinsicht, z.B. Verschleifungen, unberücksichtigt bleiben. Genügt eine Äußerungseinheit diesem Kriterium nicht, so wird ihr das Merkmal 'mit Änderung' zugesprochen.

Der quantitative Befund dieser beiden qualitativen Merkmale, die der direkten Beobachtung unmittelbar zugänglich und somit eindeutig meßbar sind, vermittelt einen Gesamteindruck im Hinblick auf die Unterschiede zwischen beiden Textversionen. Nur anhand dieser Grobkategorien kann eine alle Einzelphänomene umfassende Charakterisierung des gesprochenen und verschriftlichten Sprachmaterials insgesamt vorgenommen werden, da die für den weiteren Untersuchungsgang festgelegten Kriterien aufgrund ihrer akzentuierten Auswahl und Spezifizierung stets nur Teilaspekte beider Sprachmedien berücksichtigen können.

Wie die Daten in TAB. 3 zeigen, sind von allen 836 Äußerungseinheiten der 'Stenographischen Berichte' lediglich 118 in ihrer gesprochenen Fassung völlig unverändert wiedergegeben. Dieser absolute Wert macht relativ 14 % des geschriebenen Auswertungskorpus aus, bei 718 Äußerungseinheiten (86 %) wurde in den gesprochenen Wortlaut verändernd eingegriffen.

Der Vergleich der Werte für die jeweiligen Reden im einzelnen, der in Form einer Rangskala durchgeführt ist (TAB. 4 / DIAGR. 1), macht deutlich, daß die ermittelten Durchschnittswerte (86 % / 14 %) das Verhältnis zwischen geänderten und unveränderten Äußerungseinheiten bei allen Abgeordneten eindeutig widerspiegeln.

Trotz einer Streuungsweite von 30 % — die maximalen / minimalen Einzelwerte für Äußerungseinheiten mit Änderungen liegen bei 98 % / 68 %, für Äußerungseinheiten ohne Änderungen bei 32 % / 2 % — kann die Feststellung getroffen werden, daß während des Verschriftlichungsprozesses grundsätzlich bei allen gesprochenen Reden umfangreiche Veränderungen vorgenommen wurden, deren Ausmaß bei allen Abgeordneten weit mehr als die Hälfte ihrer in den 'Stenographischen Berichten' wiedergegebenen Äußerungseinheiten betrifft.

Eine weitere Differenzierung dieses ersten Analysebefundes ergibt sich aus der Beschreibung der grammatisch-syntaktischen Strukturierung der einzelnen Äußerungseinheiten.

Im Zusammenhang mit den Überlegungen im Hinblick auf einen der gesprochenen Sprache angemessenen Satzbegriff wurde festgelegt, daß eine Äußerungseinheit durch einen Einfachsatz, einen Gefügesatz oder eine alleinstehende Parenthese repräsentiert werden kann. [138]

Im folgenden soll nunmehr geklärt werden, ob von den Satzstrukturen 'Einfachsatz' und 'Gefügesatz' [139] eine bestimmte Form bevorzugt einer redaktionellen Bearbeitung durch die Parlamentsstenographen unterzogen wird, oder ob beide syntaktischen Kodierungsmöglichkeiten in gleicher Häufigkeit verändert werden. Es gilt also, die Häufigkeitsverteilung der Äußerungseinheiten 'ohne / mit Änderung' durch eine Analyse der Häufigkeitsverteilung auf die einzelnen Satzstrukturen zu präzisieren.

TAB. 5 und DIAGR. 2 zeigen, wie sich die Veränderungen auf die jeweiligen Satzformen verteilen:

Von den verschriftlichten 387 Einfachsätzen sind 90 (23 %) und von den 493 Gefügesätzen 29 (6 %) ohne jede Veränderung aus der gesprochenen Fassung übernommen worden. Dieses Ergebnis macht deutlich, daß einfache Hauptsätze fast viermal (6 : 23) so oft die Chance haben, in ihrem gesprochenen Wortlaut unverändert in den 'Stenographischen Berichten' zu erscheinen als Gefügesätze. 94 % aller Gefügesätze und 77 % aller Einfachsätze enthalten verändernde Eingriffe.

Ein möglicher Grund für die absolut und relativ geringeren redaktionellen Bearbeitungen im Einfachsatzbereich dürfte sicherlich die in der Regel eher überschaubare Länge dieser syntaktischen Fügung sein. [140] Der gesprochene Gefügesatz hingegen scheint aufgrund seiner vielfach umfangreicheren Strukturierung eher eines 'korrigierenden' Eingriffs durch die Parlamentsstenographen zu bedürfen. [141]

Diese vorläufige Interpretation kann allerdings erst bei der differenzierten Einfach- und Gefügesatzanalyse detaillierter ausgeführt und begründet werden. Der Befund vermittelt jedoch bereits einen ersten Einblick in den vielschichtigen Komplex von Bedingungen und Wirkungen des Verschriftlichungsprozesses und somit in mögliche Besonderheiten der gesprochenen (und geschriebenen) Sprache.

Nach diesen ersten, noch unspezifizierten Hinweisen auf die Häufigkeitsverteilung der von den Parlamentsstenographen vorgenommenen Veränderungen insgesamt gilt es, die verschiedenen sprachlichen Merkmale vorzustellen, nach denen die redaktionellen Bearbeitungen des gesprochenen Wortlautes kategorisiert werden.

Bei der Zielformulierung und Problemstellung der vorliegenden Arbeit wurde bereits anhand der Beschreibung eines kurzen Textausschnittes deutlich, daß während des Verschriftlichungsprozesses sowohl im Bereich der Syntax als auch des Wortschatzes verändernde Eingriffe beobachtet werden können. [142]

Die Ermittlung des quantitativen Befundes der Veränderungen innerhalb dieser beiden Bereiche [143] hat ergeben, daß insgesamt 582 mal bei den 718 geänderten Äußerungseinheiten in bezug auf den Wortschatz und 702 mal im Hinblick auf syntaktische Phänomene [144] von den Parlamentsstenographen verändernd in den gesprochenen Wortlaut eingegriffen wurde. Dieses Zahlenverhältnis war zunächst grundlegend für die Akzentuierung des weiteren Untersuchungsganges auf eine Beschreibung und Interpretation der Besonderheiten beider Textversionen im Bereich der Syntax. [145]

Um das weite Feld syntaktischer Bearbeitungsmöglichkeiten überschaubar eingrenzen zu können, wurde dieser Bereich zunächst mit Hilfe von drei Kategorien aufgeschlüsselt, die als bestimmend für die grundlegenden Abweichungen beider Textversionen anzusehen sind, und aus denen mögliche Charakteristika der gesprochenen Reden abgeleitet werden können:

(1) syntaktische Verschiebungen,
(2) Wortstellung,
(3) /- Sequenzen.

Diese Phänomene sollen anhand von Beispielen erläutert werden:

(1)

Stenographischer Bericht [146]	Tonbandaufnahme [146]
Die unkoordinierte Einführung der Datenverarbeitung war in den letzten Jahren eine Crux. Das hat man erkannt, und deshalb hat man eine Koordinierungsstelle beim Innenministerium für die Einführung aller neuen Datenverarbeitungen installiert.	die unkoordinierte Einführung der Datenverarbeitung war eine Crux in den letzten Jahren ,+ die man erkannt hat +, ,+ weshalb man eine Koordinierungsstelle beim Innenministerium für die Einführung aller neuen Datenverarbeitungen installiert hat +, . (B 54/55)

Der vorgestellte Textausschnitt enthält in seiner gesprochenen Fassung einen recht umfangreichen Gefügesatz, bestehend aus einem Hauptsatz als Trägersatz mit zwei abhängigen Gefügeteilen; am Ende dieses Redeabschnittes steht gemäß der Freiburger Satz-/Gefügesatzdefinition ein Punkt.

Während des Verschriftlichungsprozesses wurde dieser Gefügesatz in einen Einfachsatz und eine Satzreihe (2 Hauptsätze) segmentiert, so daß die entsprechende 'schriftkonstituierte' Fassung nunmehr aus drei Einfachsätzen besteht. [147]

Ein derartiger Eingriff in die syntaktische Strukturierung der gesprochenen Reden bedingt eine quantitative Verschiebung, und zwar eine E r h ö h u n g der Anzahl 'schriftkonstituierter' Sätze gegenüber der gesprochenen Fassung.

Ebenso weist das Auswertungskorpus zahlreiche Belege dafür auf, daß sich die Parlamentsstenographen der konträren Segmentierungsmöglichkeit bedienen, die dann zu einer V e r m i n d e r u n g der Anzahl 'schriftkonstituierter' Sätze führt, wie nachfolgender Redeausschnitt zeigt:

Der normale Ablauf ist doch der, daß die Bundesregierung auf Grund der Stellungnahme des Bundesrates nicht den eigenen Entwurf ändert, sondern daß sie	das is doch formal nich der Weg .
zu den Vorschlägen des Bundesrates	sondern die Bundesregierung (äh) wird (ja) allenfalls Stellung nehmen zu den Vorschlägen des Bundesrates .

Stellung nimmt.

aber es hat noch keiner
beim ersten Durchgang da-
raufhin das Gesetz geändert .
(A 08)

Gegenüber drei Einfachsätzen in der gesprochenen Fassung, die formal
durch das Interpunktionszeichen 'Punkt' segmentiert sind, findet sich in
den 'Stenographischen Berichten' aufgrund einer integrierenden Zusammenfassung lediglich ein längerer Gefügesatz.

TAB. 6 zeigt, daß insgesamt 199 (28 %) aller veränderten Äußerungseinheiten derartige und ähnliche Eingriffsformen aufweisen, die unter dem
Oberbegriff 'syntaktische Verschiebung' zusammengefaßt sind. In Kapitel 3.3.2. werden die verschiedenen Möglichkeiten dieser für den Verschriftlichungsprozeß typischen Erscheinungen systematisch erfaßt und
besonders unter funktionalem Apsekt vorgestellt und interpretiert.

(2) Die o.a. Beispiele enthalten außerdem Belege für eine Veränderung
der vom Redner gewählten Wortstellung[148]:

Die ... Einführung ...
war

in den letzten Jahren
eine Crux.

... daß die Bundesregierung ...

zu den Vorschlägen
des Bundesrates

die ... Einführung ...
war
eine Crux
in den letzten Jahren

(B 54/55)

... die Bundesregierung
wird Stellung nehmen
zu den Vorschlägen
des Bundesrates .
(A 08)

Das Ergebnis der Auswertung zeigt (TAB. 6), daß in bezug auf die Wortstellung bei insgesamt 247 (35 %) Äußerungseinheiten verändernd eingegriffen wurde.

Hier ist die Tendenz zu beobachten, daß der Redner vielfach seine Äußerungen entsprechend dem assoziativen Gedankengang artikuliert und dabei sogenannte 'Ausklammerungen' vornimmt. Auf dieses Phänomen soll
besonders bei der Analyse des Satzrahmens innerhalb abhängiger Gefügeteile detailliert eingegangen werden.[149]

(3) Schließlich wird das bereits bei der Erörterung der Satzproblematik
erwähnte Phänomen syntaktisch nicht anschließbarer Wortsequenzen
ausgegrenzt, das dadurch bestimmt ist, daß aufgrund der spezifischen
Bedingungen und Möglichkeiten mündlicher Kommunikation syntaktische Regeln der normativen Grammatik (der Schriftsprache) außer acht
gelassen werden:

180

Wenn Sie die letzten	/ ,+ *und wenn Sie* die letzten
Sitzungen des Rechnungs-	Sitzungen des Rechnungs-
prüfungsausschusses	prüfungsausschuß
mitgemacht hätten	
	(Herr J.)
− die haben Sie leider	(die haben Sie leider
versäumt −	versäumt .)

(Abg. Dr. J.: Sie werden staunen, ich war da!)

wenn Sie die mitgemacht hätten

...   ...

(B 56)

Der Redner unterbricht hier die mit einem abhängigen Gefügeteil (Nebensatz) begonnene Äußerungseinheit durch die unmittelbare Anrede eines Kollegen (Kontaktparenthese) sowie durch einen zusätzlichen Hinweis (Kommentarparenthese) auf den bereits genannten Tatbestand. Diese den Redeablauf unterbrechenden Einschübe − außerdem wird der Sprecher durch einen Zuruf aus dem Plenum in seinen Ausführungen gestört − führen dazu, daß die begonnene syntaktische Konstruktion nicht zu Ende geführt wird, und der Redner seine Äußerungseinheit neu beginnen muß.

Der quantitative Befund dieser typischen Erscheinungen der gesprochenen Sprache macht deutlich, daß es sich bei insgesamt 256 (37 %) der Äußerungseinheiten mit Änderung um derartige, im Sinne der schriftsprachlichen Norm 'defektiven' Satzgebilde handelt (TAB. 6). Kapitel 3.3.6. gibt Aufschluß darüber, unter welchen Bedingungen diese Sequenzen im einzelnen entstehen und nach welchen Kriterien sie von den Parlamentsstenographen für die schriftkonstituierte Fassung redigiert ('korrigiert') werden.

TABELLE 3: Häufigkeitsverteilung der Äußerungseinheiten ohne/mit
Änderung

Sprecher	Anzahl aller Äußerungs- einheiten Belege gesamt a.H.* r.H.*		ohne Änderung Belege gesamt a.H. r.H.		mit Änderung Belege gesamt a.H. r.H.	
	836	100 %	118	14 %	718	86 %
(A)	87		5	6	82	94
(B)	81		19	23	62	77
(C)	53		3	6	50	94
(D)	61		11	18	50	82
(E)	52		7	13	45	87
(F)	57		18	32	39	68
(G)	45		1	2	44	98
(H)	35		5	14	30	86
(J)	22		2	9	20	91
(K)	65		3	5	62	95
(L)	28		4	14	24	86
(M)	85		11	13	74	87
(N)	53		14	26	39	74
(O)	63		6	10	57	90
(P)	49		9	18	40	82

*a.H. = absolute Häufigkeit
r.H. = relative Häufigkeit

TABELLE 4: Häufigkeitsverteilung der Äußerungseinheiten ohne/mit
Änderung — Rangordnung der Sprecher —
(Rang 1: relativ höchstes Vorkommen)

Rang	Äußerungseinheiten ohne Änderung	Sprecher	Äußerungseinheiten mit Änderung	Sprecher
(1)	32 %	(F)	98 %	(G)
(2)	26 %	(N)	95 %	(K)
(3)	23 %	(B)	94 %	(C)
			94 %	(A)
(4)	18 %	(D)	91 %	(J)
	18 %	(P)		
(5)	14 %	(L)	90 %	(O)
	14 %	(H)		
(6)	13 %	(E)	87 %	(M)
	13 %	(M)	87 %	(E)
(7)	10 %	(O)	86 %	(H)
			86 %	(L)
(8)	9 %	(J)	82 %	(P)
			82 %	(D)
(9)	6 %	(A)	77 %	(B)
	6 %	(C)		
(10)	5 %	(K)	74 %	(N)
(11)	2 %	(G)	68 %	(F)

DIAGRAMM 1: Häufigkeitsverteilung der Äußerungseinheiten
ohne/mit Änderung — Rangordnung der Sprecher —

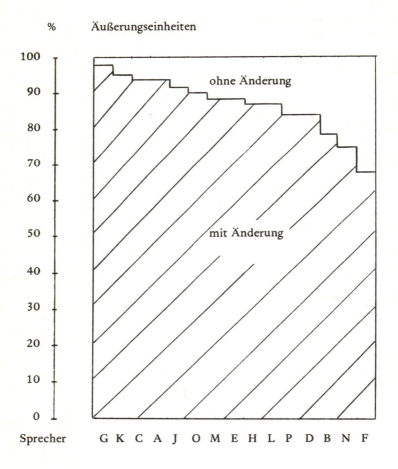

TABELLE 5: Häufigkeitsverteilung der Äußerungseinheiten ohne/mit Änderung — Einfach- (ES) und Gefügesätze (GF) —150

Sprecher	Anzahl aller				ohne Änderung						mit Änderung					
	ES		GF		ES			GF			ES			GF		
	Belege a.H. 387	gesamt r.H. 100%	Belege a.H. 493	gesamt r.H. 100%	Belege a.H. 90	gesamt r.H. 23%	Belege a.H. 29	gesamt r.H. 6%			Belege a.H. 297	gesamt r.H. 77%	Belege a.H. 464	gesamt r.H. 94%		
(A)	42		53		3	7	1	2			39	93	52	98		
(B)	46		36		16	35	3	8			30	65	33	92		
(C)	17		36		3	18					14	82	36	100		
(D)	35		31		11	31	1	3			24	69	30	97		
(E)	26		32		6	23	5	16			20	77	27	84		
(F)	20		37		12	60	4	11			8	40	33	89		
(G)	14		34				1	3			14	100	33	97		
(H)	13		24		4	31	1	4			9	69	23	96		
(J)	10		15		1	10					9	90	15	100		
(K)	22		46		3	14	1	2			19	86	45	98		
(L)	10		17		3	30	1	6			7	70	16	94		
(M)	52		43		7	13	4	9			45	87	39	91		
(N)	26		27		10	38	4	15			16	62	23	85		
(O)	34		31		5	15					29	85	31	100		
(P)	20		31		6	30	3	10			14	70	28	90		

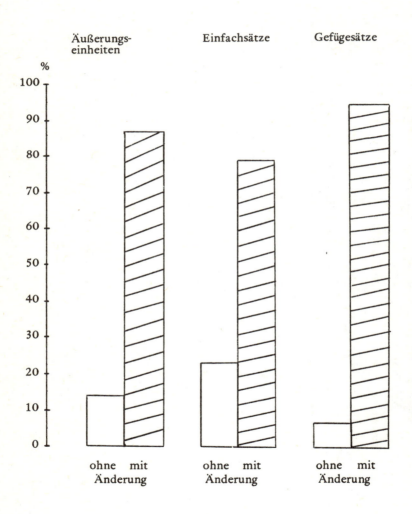

DIAGRAMM 2: Häufigkeitsverteilung der Äußerungseinheiten
ohne/mit Änderung — Einfach- und Gefügesätze —

TABELLE 6: Häufigkeitsverteilung typischer Veränderungsmöglichkeiten im Bereich der Syntax

Sprecher	Verschiebung		Wortstellung		/-Sequenz			
	Belege a.H. 199	gesamt r.H. 28 %	Belege a.H. 247	gesamt r.H. 35 %	Belege a.H. 256	gesamt r.H. 37 %	Belege a.H. 702	gesamt r.H. 100 %
(A)	30	36	22	27	31	37	83	100
(B)	9	15	23	38	29	47	61	100
(C)	22	38	14	24	22	38	58	100
(D)	9	21	16	37	18	42	43	100
(E)	8	18	18	40	19	42	45	100
(F)	12	30	11	28	17	42	40	100
(G)	19	39	16	33	14	28	49	100
(H)	14	42	8	24	11	34	33	100
(J)	8	29	11	39	9	32	28	100
(K)	19	32	26	44	14	24	59	100
(L)	5	28	7	39	6	33	18	100
(M)	13	18	25	35	33	47	71	100
(N)	7	15	24	50	17	35	48	100
(O)	10	33	13	43	7	24	30	100
(P)	14	39	13	36	9	25	36	100

3.3. Verwendung unterschiedlicher grammatisch-syntaktischer Strukturen

3.3.1. Häufigkeitswerte syntaktischer Kodierungsmöglichkeiten

Zu Beginn der syntaktischen Feinanalyse stellt sich die Frage nach der Häufigkeitsverteilung möglicher Erscheinungsformen syntaktischer Gebilde.

Eine Unterteilung der verschiedenen Satzstrukturen wird aufgrund der bereits bekannten drei Formen

(1) Einfachsatz,
(2) Gefügesatz,
(3) alleinstehende Parenthese

vorgenommen.

Die quantitative Bestimmung dieser unterschiedlichen Strukturierungsweisen ermöglicht einen Einblick in die syntaktische Grobstruktur des Untersuchungsmaterials; zugleich gibt sie eine Antwort auf die Frage, ob und inwieweit sich der Verschriftlichungsprozeß auf die syntaktische Organisation der gesprochenen Reden auswirkt.

Das in TAB. 7 und DIAGR. 3 dargestellte Ergebnis der Auswertung zeigt, daß die Unterschiede zwischen gesprochener und verschriftlichter Version sowohl hinsichtlich der Verwendung von Gefügesätzen als auch der von Einfachsätzen sehr gering sind; für beide syntaktischen Grundmuster läßt sich lediglich eine Differenz von 1 % zugunsten der 'Stenographischen Berichte' nachweisen.

Im Hinblick auf den Gebrauch isolierter Parenthesen ergibt sich allerdings eine eindeutige Unterscheidung zwischen gesprochener und verschriftlichter Version [151]: Ihr Anteil ist in der mündlichen Fassung genau doppelt so hoch wie in den 'Stenographischen Berichten' (4 % / 2 %). Da ihr Vorkommen im gesamten Auswertungskorpus jedoch äußerst gering ist, kann die Interpretation dieser Werte lediglich Tendenzen andeuten. Erst die differenzierte Analyse des gesamten Parenthesebereichs, also auch solcher Parenthesen, die innerhalb von Einfachsätzen und Gefügesätzen vorkommen ('integrierte Parenthesen'), wird hier allgemeinere Aussagen zulassen.

In bezug auf das quantitative Analyseergebnis hinsichtlich der Verwendung der syntaktischen Grundmuster 'Einfachsatz / Gefügesatz' bleibt jedoch festzuhalten, daß sich die gesprochenen Reden von ihren 'schriftkonstituierten' Fassungen kaum unterscheiden. Für die syntaktische Kodierung der Äußerungen bedienen sich Sprecher und Schreiber nahezu gleich häufig des Einfachsatzes; dies gilt ebenso für die Strukturierung mit Hilfe des Gefügesatzes. Die eindeutige Bevorzugung einer bestimmten syntaktischen Grundformungsmöglichkeit kann medienspezifisch also nicht nachgewiesen werden.

Allerdings zeigen die ermittelten Daten, daß sowohl in den gesprochenen Reden als auch in den 'Stenographischen Berichten' der Anteil der Gefügesätze den der Einfachsätze bei weitem übersteigt. Das Verhältnis beträgt in der gesprochenen Fassung 54 % / 42 %, in der 'schriftkonstituierten' 55 % / 43 %. In beiden Textversionen liegt also der Anteil der Gefügesätze um 12 % über dem der Einfachsätze.

Vergleicht man dieses Ergebnis mit der von EGGERS gemachten Feststellung, daß die Verwendung des einfachen Hauptsatzes

"ein sehr wesentliches Element unserer Gegenwartssprache"[152]

ist, so kann diese Beobachtung durch das vorliegende Auswertungskorpus nicht bestätigt werden.

Auch die von WEISS recht pauschal formulierte Bemerkung

"Selbst oberflächliche Beschäftigung mit gesprochenen Texten läßt bereits erkennen, daß der Anteil des Einfachsatzes auffallend hoch ist."[153]

muß in Frage gestellt werden.

Es besteht jedoch die Möglichkeit, daß die ermittelten Daten auf die hier vorgenommene Ausgrenzung der spezifischen Textsorte 'Parlamentsrede' zurückzuführen sind. Im Unterschied etwa zur Textsorte 'spontanes Gespräch' eignet ihr eher ein reflektierendes Moment, das sich möglicherweise im häufigeren Gebrauch komplexer syntaktischer Strukturen niederschlägt.

Dieser evtl. textsortenspezifisch bedingte Einfluß auf das vorliegende Analyseergebnis wird jedoch durch die Untersuchungen von DEUTRICH und WACKERNAGEL-JOLLES abgeschwächt.

Auch DEUTRICH bemerkt in seinem Auswahlkorpus den geringen Anteil von Einfachsätzen; er stellt fest:

"Im spontanen Sprechen machen einfache Hauptsätze ... nur etwa 40 % aller Äußerungen aus."[154]

Und WACKERNAGEL-JOLLES resümiert:

"Man kann also nicht sagen, daß die spontane mündliche Rede vorwiegend aus Einfachsätzen besteht."[155]

Diese hier ausschließlich an der Textsorte 'spontanes Gespräch' gewonnenen Erkenntnisse machen deutlich, daß das Ergebnis der vorliegenden

Untersuchung 'mehr Gefügesätze als Einfachsätze' nicht etwa textsorten-spezifisch bedingt ist, sondern eher ein allgemeines Kennzeichen der deutschen Gegenwartssprache bestätigt.

TABELLE 7: Häufigkeitsverteilung unterschiedlicher grammatisch-syntaktischer Strukturen

	GESCHRIEBEN		GESPROCHEN	
Anzahl aller	Belege a.H.	gesamt r.H.	Belege a.H.	gesamt r.H.
Sätze	898	100 %	929	100 %
Gefügesätze	493	55	500	54
Einfachsätze	387	43	387	42
alleinstehende Parenthesen	18	2	42	4

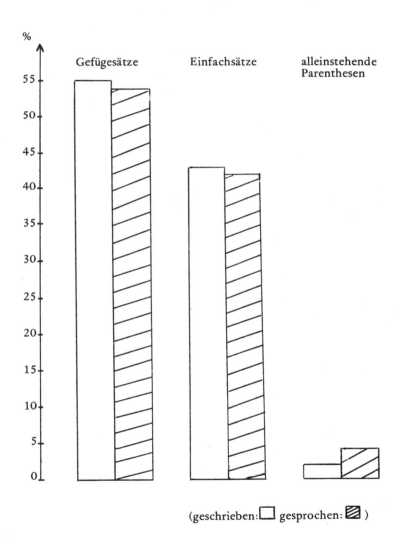

DIAGRAMM 3: Häufigkeitsverteilung unterschiedlicher
grammatisch-syntaktischer Strukturen

(geschrieben:☐ gesprochen:▨)

3.3.2. Möglichkeiten syntaktischer Verschiebungen

3.3.2.1. Vorkommen und Auswirkung

Die quantitative Frequenzanalyse im Einfach- und Gefügesatzbereich hat gezeigt, daß hinsichtlich der Verwendung beider syntaktischer Grundmuster kaum nennenswerte Unterschiede zwischen gesprochener und verschriftlichter Rede bestehen; bei den Einfachsätzen ist der absolute Wert für beide Versionen sogar identisch (387 : 387).

Allerdings machte die systematische Sichtung und Auswertung des Belegmaterials offenkundig, daß der Verschriftlichungsprozeß häufig die bereits erwähnten syntaktischen Verschiebungen zwischen Einfach- und Gefügesätzen sowie abhängigen Gefügeteilen verursacht.[156] Es war demnach im Unterschied zum Ergebnis der Frequenzanalyse durchaus von verändernden Eingriffen in bezug auf die syntaktische Grundstrukturierung auszugehen.

Eine Bewertung der Zahlenverhältnisse im Hinblick auf die Möglichkeit syntaktischer Verschiebungen ließ die Vermutung aufkommen, daß ein Austauschprozeß vorliegen könnte, der die beobachteten minimalen Differenzen im Einfach- und Gefügesatzbereich begründete. Es war anzunehmen, daß sich die durch den Verschiebungsprozeß im einzelnen veränderten Frequenzen bestimmter Satzmuster bei der Endaddition weitgehend wieder aufhoben.

In einem gesonderten Untersuchungsgang mußten daher Häufigkeit und Art möglicher syntaktischer Verschiebungen ermittelt werden. Dieses Analyseverfahren zeigte dann deutlich die Auswirkungen des Verschriftlichungsprozesses auf die syntaktische Grundstrukturierung der gesprochenen Reden.

Die systematische Erfassung der syntaktischen Verschiebungen zwischen Einfach- und Gefügesätzen ergab, daß die Parlamentsstenographen in bezug auf die 387 gesprochenen Einfachsätze während des Verschriftlichungsprozesses insgesamt 94 mal und in bezug auf die 500 gesprochenen Gefügesätze insgesamt 45 mal verändernd eingegriffen haben.

Im einzelnen zeigt die Aufrechnung der durch den Verschriftlichungsprozeß entstandenen syntaktischen Verschiebungen zwischen Einfach- und Gefügesätzen folgende Werte:

(1) Von den 387 g e s p r o c h e n e n E i n f a c h s ä t z e n wurden 340 in bezug auf ihre syntaktische Struktur unverändert in die 'Stenographischen Berichte' übernommen:

    – 25 Einfachsätze wurden ersatzlos gestrichen,
    – 16 Einfachsätze wurden in Gefügesätze integriert,

— 6 Einfachsätze wurden zu Gefügesätzen.

(2) Von den 387 g e s c h r i e b e n e n E i n f a c h s ä t z e n sind 47 in einer anderen syntaktischen Form gesprochen worden:

— 27 Einfachsätze sind durch die Segmentierung langer Gefügesätze entstanden,
— 15 Einfachsätze sind durch die Eliminierung einzelner Gefügeteile in Gefügesätzen entstanden,
— 5 Einfachsätze wurden neu hinzugefügt.

(3) Von den 500 g e s p r o c h e n e n G e f ü g e s ä t z e n wurden 474 in bezug auf ihre syntaktische Struktur unverändert in die 'Stenographischen Berichte' übernommen:

— 11 Gefügesätze wurden ersatzlos gestrichen,
— 15 Gefügesätze wurden durch die Eliminierung einzelner Gefügeteile zu Einfachsätzen.

(4) Von den 493 g e s c h r i e b e n e n G e f ü g e s ä t z e n sind 19 in einer anderen syntaktischen Form gesprochen worden:

— 11 Gefügesätze sind durch die Segmentierung langer Gefügesätze entstanden,
— 8 Gefügesätze sind durch die Umformung von Einfachsätzen entstanden.

Die folgende Skizze verdeutlicht die aufgrund der durchgeführten Redigierungen entstandenen syntaktischen Verschiebungen:

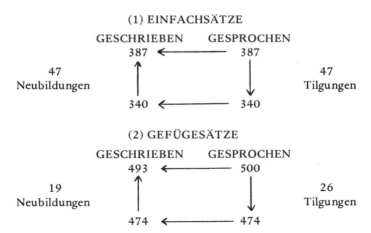

(1) EINFACHSÄTZE

	GESCHRIEBEN	GESPROCHEN	
	387 ◄———	387	
47 Neubildungen	↑	↓	47 Tilgungen
	340 ◄———	340	

(2) GEFÜGESÄTZE

	GESCHRIEBEN	GESPROCHEN	
	493 ◄———	500	
19 Neubildungen	↑	↓	26 Tilgungen
	474 ◄———	474	

Die ermittelten Daten bestätigen die Vermutung, daß die eingangs vorgestellten minimalen Differenzen zwischen gesprochener und geschriebener Sprache hinsichtlich der Verwendung der beiden Grundtypen syntaktischer Kodierung, Einfach- und Gefügesatz, weitgehend auf einen Austauschprozeß während des Verschriftlichungsvorgangs zurückzuführen sind.

Aufgrund spezifischer Bedingungen, die es im folgenden näher zu erläutern gilt, verändern die Parlamentsstenographen die syntaktischen Verhältnisse zwischen Einfachsätzen und Gefügesätzen nahezu in gleicher Weise, indem sie zwei an sich konträre Eingriffe vornehmen, und zwar einmal das Mittel der TILGUNG und zum anderen das der NEUBILDUNG von Einfach- und Gefügesätzen sowie Gefügeteilen.

Die differenzierte Sichtung des Belegmaterials im Hinblick auf mögliche syntaktische Verschiebungen hat ergeben, daß neben Tilgungen und reinen Neubildungen — hierbei werden während der Verschriftlichung der gesprochenen Reden völlig neue Sequenzen gebildet — zwei weitere Arten des redaktionellen Eingriffs beobachtet werden können: die REDUKTION und die INTEGRATION.

Beim Vorgang der Reduktion werden umfangreiche, z.t. unübersichtliche syntaktische Formungen der gesprochenen Fassung in den 'Stenographischen Berichten' auf kürzere Einzelsegmente zurückgeführt.

Bei der Integration als redaktionellem Eingriff, der zu syntaktischen Verschiebungen führt, werden gesprochene Fügungen entweder in vorhandene oder aber in von den Parlamentsstenographen bei der Redigierung des gesprochenen Wortlautes neugebildete Sequenzen integriert.

Die spezifische Häufigkeitsverteilung derartiger syntaktischer Verschiebungen (TAB. 8/DIAGR. 4) sowie deren unterschiedliche Ausprägungen und Funktionen sollen im folgenden eingehend diskutiert werden. Dabei ist es wichtig, die aufgewiesenen Phänomene stets im Hinblick auf eine grundsätzliche Kennzeichnung der gesprochenen und geschriebenen Sprache zu deuten. Alle während des Verschriftlichungsprozesses vorgenommenen Eingriffe stehen unter dem Anspruch des Wechsels von der mündlichen zur schriftlichen Kommunikationsebene. Die von den Parlamentsstenographen veränderten Strukturmerkmale kennzeichnen daher jeweils in spezifischer Weise das Medium der gesprochenen und der geschriebenen Sprache.

TABELLE 8: Häufigkeitsverteilung syntaktischer Verschiebungen

	Belege gesamt a.H.
Anzahl aller syntaktischen Verschiebungen	199
Tilgungen	92
Neubildungen	37
Reduktionen	36
Integrationen	34

DIAGRAMM 4: Häufigkeitsverteilung syntaktischer
Verschiebungen

Belege absolut

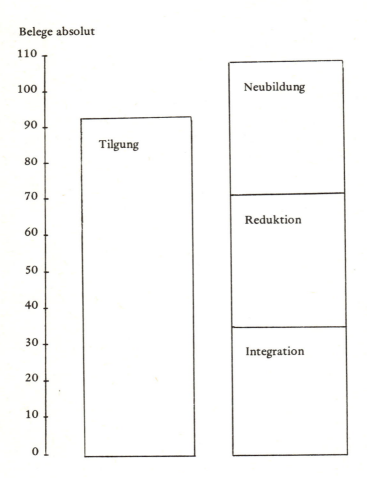

3.3.2.2. Tilgung

Die im vorliegenden Auswertungskorpus am häufigsten vertretene Form syntaktischer Verschiebung, die Tilgung, durch die eine Verkürzung des tatsächlich gesprochenen Sprachmaterials bewirkt wird, ist primär durch das Prinzip der Sprachökonomie bestimmt. Unter diesem Postulat werden während des Verschriftlichungsprozesses solche Kodierungsweisen sowie situationsbelastete Fügungen der gesprochenen Sprache eliminiert, die unter spezifisch stilistischen und rhetorischen Ansprüchen stehen.

Die Besonderheiten sprachlicher Tilgungen sollen an ausgewählten Textbelegen demonstriert werden:

(1)

	und (*meine Damen und Herrn*)
	lassen Sie mich das sagen
Es wirkt auch peinlich,	s+ es wirkt peinlich +s
wenn in einer solchen	,+ wenn in einer solchen
Situation	Situation
	und bei dieser Sachlage
der Herr Kollege A. hier	der Herr Kollege A. hier
ans Pult tritt und dann	ans Pult tritt und dann (äh)
seine Schläge aus dem Wurst-	Schläge aus dem Wurst-
kessel des Grundgesetzes	kessel des Grundgesetzes
austeilt.	austeilt +, . (H 18)

(2)

Formal ist also	/ deswegen is das formal
nichts versäumt	(ja) überhaupt nichts
worden.	versäumt .
Man kann ja die	/ denn es liegt zu dem
Vorschläge	alten Entwurf
	und den Stellungnahmen des
des Bundesrates und	des Bundesrates auch
die Stellungnahme der	die Stellungnahme der
Bundesregierung	Bundesregierung
von damals nachlesen.	zu diesen Vorschlägen zu .
	es ist (also) formal
	überhaupt nichts ver-
	säumt worden . (A 09/10)

(3)

	aber es is doch nich ge-
	sagt ,+ daß sich damit ihre
	reale Lebenslage ver-
	schlechtern wird +, .
Damit wird sich	(nein) sie wird sich
ihre reale Lebenslage	mit dieser Steigerungsrate
verbessern, trotz der Preis-	verbessern trotz der Preis-
steigerungen, die wir	steigerungen ,+ die wir
haben.	haben +, . (D 05)

197

Den drei Textstellen ist gemeinsam, daß durch den Verschriftlichungsvorgang gesprochene Sequenzen ersatzlos gestrichen sind, und zwar im
Textbeleg (1) ein Gefügeteil (hier der Trägersatz innerhalb eines Gefügesatzes), im Textbeleg (2) ein Einfachsatz und im Textbeleg (3) ein Gefügesatz.

Die Gesamtauswertung des Belegmaterials hat gezeigt, daß insgesamt
56 Gefügeteile, 25 Einfachsätze und 11 Gefügesätze der gesprochenen
Fassung in der verschriftlichten Version eliminiert sind. Diese im DIAGR. 4
dargestellten Zahlenverhältnisse lassen erkennen, daß der Verschriftlichungsprozeß weitaus häufiger kurze Gefügeteile absorbiert als ganze
Gefügesätze; eine Mittelstellung nehmen hier die Einfachsätze ein.

Die Analyse des Auswertungskorpus hat weiterhin ergeben, daß es sich
bei einem Großteil der eliminierten Gefügeteile um solche Sequenzen
handelt, die von 'verba dicendi' oder 'verba sentiendi' regiert werden. So
eröffnet der Redner im Textbeleg (1) seine Ausführungen mit der fest-
stehenden Wendung *und... lassen Sie mich das sagen;* zusätzlich erweitert
er diese Einleitungssequenz durch die für die Textsorte 'politische Rede'
typische Anredeformel *meine Damen und Herrn* (Kontaktparenthese).

Diese Einleitungs- bzw. Überleitungsformeln gesprochener Reden sind im
Belegmaterial auffallend oft vertreten; von ihren zahlreichen Variationsmöglichkeiten sollen hier die am häufigsten verwendeten genannt werden:

ich kann Ihnen nur sagen ...
ich darf nur sagen ...
ich würde nur eines sagen ...
ich würde wirklich sagen ...
ich muß sagen ...
und schließlich möcht ich etwas sagen ...
lassen Sie mich sagen ...
es ist erfreulich, sagen zu können ...
ich glaube ...
ich meine ...
ich weiß ...
ich bin ganz sicher ...
wissen Sie ...
sehen Sie ...
Sie können sehen ... .

Weiterhin finden sich unter den eliminierten Sequenzen vielfach sogenannte Höflichkeitsfloskeln, wie z.B.

hab ich mir erlaubt ...
wenn Sie gestatten ...
wenn Sie so wollen ... .

198

Diese kurzen Gefügeteile stehen vor den Sequenzen, mit denen der Redner seinen Zuhörern die eigentlichen Informationen übermitteln will. Es handelt sich weitgehend um Formeln mit stark reduzierter inhaltlich-semantischer Bedeutung, deren Funktion es ist, den Kontakt zwischen Redner und Zuhörer aufrechtzuerhalten sowie als Mittel zur Einflußnahme auf die Hörerhaltung (Aufmerksamkeit) zu dienen. Weiterhin ist zu beobachten, daß sie zur nuancierenden Kennzeichnung subjektiver Aussagen *(ich glaube, ich meine,* etc.) verwendet werden.

Grundsätzlich stellt der Einsatz dieser eingeschliffenen Redeteile, der weitgehend ohne bewußte Kontrolle erfolgt, ein retardierendes Moment innerhalb der Kommunikation dar, das sowohl dem Redner als auch den Zuhörern wichtige kommunikative Vorteile bietet: Dem Sprecher werden auf diese Weise kurze Überlegensphasen bereitgestellt, in denen er den Fortgang seiner Rede planend vorentwerfen kann. Dies führt dazu, daß vielfach etwaige während des Redeablaufs entstehende Pausen vermieden bzw. gekürzt werden können. Vom Zuhörer verlangen diese formelhaften Redewendungen kaum eine wache Aufnahmebereitschaft; sie bieten ihm vielmehr die Möglichkeit, die anstrengende Rezeption komplexer Sachverhalte für kurze Zeit zu unterbrechen.

Die Ausführungen machen deutlich, daß die Verwendung derartiger 'sprachlicher Fertigteile' [157] eine typische Erscheinung der gesprochenen Sprache zu sein scheint; denn nur innerhalb der mündlichen Kommunikation und der ihr eigenen situativen Momente ist ihr Einsatz sinnvoll. Es ist nicht verwunderlich, daß diese stereotypen Strukturen in den 'Stenographischen Berichten' durchweg eliminiert oder aber zumindest auf ein Minimum reduziert werden, da sie innerhalb des schriftsprachlichen Mediums weitgehend funktionslos sind. [158]

Auf die große Varianz solcher Redeformeln und ihre Tilgung innerhalb der Schriftsprache weist ELMAUER hin, die in ihrer Untersuchung dem Problem abhängiger Hauptsätze in gesprochener und geschriebener Sprache nachgeht:

"Die ... häufigsten Lexeme fungieren vor allem als einleitende Redeformeln in den gesprochenen Texten; gerade diese Funktion aber, die im schriftlichen Gebrauch stärker restringiert zu sein scheint, bedingt die Häufigkeit der Trägersatztilgungen." [159]

Diese als 'restringiert' bezeichnete Funktion der Redeformeln in der Schriftsprache ist sicherlich auf die distanzierte Schreibsituation zurückzuführen, in der sich schriftsprachliche Texte konstituieren, und die derartig inhaltsleere Sequenzen überflüssig werden läßt.

Das im Textbeleg (2) vorgestellte Beispiel veranschaulicht eine weitere Möglichkeit der durch den Verschriftlichungsprozeß bedingten Tilgungen gesprochener Sequenzen; die Funktion dieses Eingriffs scheint den bisher erörterten Bedingungen für die Eliminierung gesprochener Sequenzen sehr ähnlich zu sein.

Der bei der Redigierung des gesprochenen Wortlautes eliminierte Einfachsatz ist eine fast wörtliche Wiederholung von bereits Gesagtem. Der Sprecher rundet seine Informationsübermittlung ab, indem er lexikalische sowie grammatische Strukturelemente der Eingangssequenz unverändert übernimmt. Auch dieser weitgehend unreflektierte Einsatz bereits geäußerter und damit vorgeformter sprachlicher Redeteile gibt dem Redner zusätzliche Zeit für die gedankliche Formulierung dessen, was er seinen Zuhörern an neuen Informationen vermitteln will.

Zugleich scheint dem Vorgang wörtlicher oder auch sinngemäßer Wiederholungen in den gesprochenen Reden auch die Funktion einer schlußfolgernden und resümierenden Zusammenfassung zuzukommen, die eine Intensivierung des Aussageinhalts bewirkt. Darauf deutet die im Beispiel − in der wiederholten Sequenz − vom Redner verwendete Partikel *also* hin. Weiterhin kann in der mehrmaligen Artikulation identischer Gedanken eine mögliche Anpassung des Redners an die Aufnahmefähigkeit bzw. -willigkeit seiner Zuhörer gesehen werden.

Die Tilgung derartig redundanten Sprachmaterials ist im Auswahlkorpus besonders häufig an solchen Stellen zu beobachten, an denen der Kommunikationsablauf durch Störungen beeinflußt oder unterbrochen wird:

Ich bin sehr froh darüber,	/ und ich bin sehr froh .
denn das hat vor ihm noch keiner in dieser Form praktiziert.	denn das hat vor mir noch kei vor ihm noch keiner gewagt (äh)
(Beifall bei der FDP und der SPD.) (Lachen bei der CDU/CSU.)	
	(ja) vor ihm noch keiner gewagt (ne) .
(J., CDU/CSU: So desavouiert hat noch keiner!)	
(K., CDU/CSU: Wir hatten gute Fachminister.)	
	das (äh) bin ich sehr froh . und (äh) so so gilt es so gilt es
	(M 27)
(Weitere Zurufe von der CDU/CSU.)	

Aufgrund der durch Beifall, Lachen und Zurufe einzelner Abgeordneter verursachten Unruhe im Plenarsaal kann sich der Redner in diesem äußerst stark situationsbelasteten Redeabschnitt nur durch die Wiederholung einzelner Sequenzen Gehör verschaffen [160], bis die geforderte Ruhe und Aufmerksamkeit unter den Zuhörern vorübergehend wieder eintritt. [161] In den 'Stenographischen Berichten', die vom unmittelbaren Situationskontext der gesprochenen Reden abstrahieren, sind derartig 'rekurrente' Sequenzen weitgehend funktionslos; sie werden daher von den Parlamentsstenographen grundsätzlich getilgt und führen so zu einer Reduzierung des Wortmaterials. Der Textablauf wird gestrafft, indem er auf die informationsträchtigen Äußerungen beschränkt wird.

Eine weitere Variation der Eliminierung gesprochener Redeteile illustriert der Textbeleg (3).

Der Redner stellt den zur Diskussion stehenden Sachverhalt in zwei inhaltlich polar aufgebauten Gefügesätzen vor. Durch diese antithetische Gegenüberstellung hebt er den Kontrast zwischen den Zielsetzungen der eigenen Partei und denen des politischen Gegners deutlich hervor. Indem der Tatbestand zunächst 'ex negativo' formuliert wird und durch das eingeschobene *nein* eine kurze Verzögerung eintritt, erhält der Redeablauf ein zusätzliches Spannungsmoment, das bei den Zuhörern eine erhöhte Bereitschaft zur Aufmerksamkeit signalisiert — eine Voraussetzung dafür, daß die eigenen politischen Intentionen klarer und eindeutiger verstanden werden sowie nachhaltiger wirken können.

In die verschriftlichte Textversion der 'Stenographischen Berichte' wird diese spannungstragende Satzkonstruktion nicht übernommen; die dargestellte Gegensätzlichkeit wird durch die Tilgung des ersten Gefügesatzes aufgehoben.

Dieser gezielte Einsatz rhetorischer Stilfiguren — der zitierte Textbeleg enthält das bereits in der Antike verwendete Mittel der Antithese — ist im untersuchten Belegmaterial häufig zu beobachten; er ist typisch für die gesprochene Sprachverwendung im Deutschen Bundestag. In den 'schriftkonstituierten' Texten der 'Stenographischen Berichte' sind diese Gestaltungsprinzipien der Rhetorik vielfach eliminiert. Hier steht die sachliche Information, gelöst von allen Mitteln der Überzeugungskraft und Anschaulichkeit im Vordergrund:

Herr Kollege, Sie haben Ihrerseits ein in der Tat wichtiges Problem	(Herr Kollege) Sie haben in der Tat ein sehr *wichtiges Problem* Ihrerseits
wieder aufgerollt,	*wieder aufgerollt .* *ich halte fest*
das der Doppeldeutigkeit.	,+ daß Sie das *Problem* der Doppeldeutigkeit

in dieser intensiven Form
aufgerollt haben +, .
(O 38)

Durch die variierende Wiederholung einzelner Wörter sowie den Gebrauch
der performativen Wendung *ich halte fest* in der gesprochenen Fassung
versucht der Sprecher, die Position seines Vorredners resümierend dem
Plenum ins Gedächtnis zu bringen, um auf diese Weise den eigenen Aus-
sageinhalten zusätzliche Überzeugungskraft zu geben.

Die Parlamentsstenographen lassen hingegen die besondere Wirksamkeit
derartiger Konstitutionsweisen der gesprochenen Rede weitgehend außer
acht; sie beschränken sich bei ihrer Redaktionstätigkeit auf die Wiedergabe des informativen Gehalts der Aussage. Bei der ihnen zur Aufgabe
gemachten Erstellung schriftsprachlicher Texte können sie auf spezifische
Elemente des kompositorischen Aufbaus gesprochener Reden weitgehend
verzichten. Oberstes Prinzip ihrer Verschriftlichungstätigkeit ist die
Sprachökonomie; unter diesem Gebot werden typisch gesprochensprachliche Elemente, wie situationsbelastete Fügungen (Einleitungsfloskeln,
Wiederholungen, Zusammenfassungen etc.) und rhetorisch-stilistische
Formungen getilgt.

3.3.2.3. Neubildung

Einen konträren Eingriff zu den erörterten 'Tilgungen' stellen solche
redaktionellen Bearbeitungen dar, bei denen in den 'Stenographischen
Berichten' Sequenzen neu gebildet werden, die vom Redner in der gesprochenen Fassung nicht geäußert worden sind; das gesprochene Sprachmaterial erfährt dadurch eine quantitative Erweiterung.

Für derartige Veränderungen, die unter den Begriff 'Neubildung' subsumiert sind, enthält das Textkorpus — wie bereits vorgestellt — insgesamt
37 Belege. Das Ergebnis der Auswertung zeigt, daß besonders oft einzelne
Gefügeteile dem gesprochenen Wortlaut hinzugefügt werden (32); der Anteil neu gebildeter Einfachsätze beträgt hingegen lediglich 5; von den
Parlamentsstenographen ergänzte Gefügesätze sind im Korpus nicht belegt.

Diese während des Verschriftlichungsprozesses entstandenen Erweiterungen der gesprochenen Reden bedingen ebenfalls syntaktische Verschiebungen, die in den 'Stenographischen Berichten' zu einer erhöhten Häufigkeit der Einfach- sowie Gefügesätze führen. [162]

Anhand ausgewählter Textbelege sollen im folgenden Art und Wirkung
derartiger syntaktischer Veränderungen vorgestellt werden:

(1)

Und drittens möchte ich
sagen, daß Sie ja
niemand daran gehindert
hätte,
auch seinerzeit,
als Sie noch in der
Opposition waren,
einen solchen Gesetz-
entwurf vorzulegen.

und drittens möchte ich
sagen s+ es hätte Sie (ja)
niemand gehindert +s

i+ auch zu seinerzeit

einen solchen Gesetz-
entwurf vorzulegen +i .

(J 09)

(2)

denn in der Ziffer 3
des gestrigen Kabinetts-
beschlusses läßt man ja
durchaus erkennen, daß
man dem Vorschlag der
Kommission,
eine 4 %ige Anhebung
des Erzeugerpreisniveaus
vorzunehmen,
nach wie vor die Zu-
stimmung zu geben bereit
ist.

denn in der Ziffer drei
des gestrigen Kabinetts-
beschlusses läßt man (ja)
durchaus erkennen ,+ daß
man dem Vorschlag der
Kommission
(*vier Prozent*)

nach wie vor die Zu-
stimmung zu geben bereit
ist +, .

(L 11)

Die in den Äußerungseinheiten von den Parlamentsstenographen hinzugefügten Redeteile — in beiden Textbelegen wird je ein Gefügeteil neu
gebildet — sind ergänzende Zusätze zu den Ausführungen der Redner.

Das im Textbeispiel (1) neu gebildete Gefügeteil stellt eine präzisierende
Erweiterung der im übergeordneten Infinitivsatz angegebenen Zeitbe-
stimmung dar. Die Stenographen erachten es bei der Übertragung des
gesprochenen Wortlautes für notwendig, den erörterten Sachverhalt zeitlich eindeutiger vorzustellen, als es der Redner selbst in der momentanen
Sprechsituation getan hat. Während der Sprecher bei den Abgeordneten
im Plenum, die er unmittelbar anspricht und mit denen er in eine räum-
lich und zeitlich gleich bestimmte Kommunikationssituation eingebun-
den ist, die Zeiten ohne weiteres als bekannt voraussetzen kann, in denen
die jeweiligen Parteien Regierungsverantwortung trugen bzw. in der Opposition standen, bedarf es für den weitgehend anonymen Leser der 'Stenographischen Berichte' einer zusätzlichen Orientierungshilfe und damit
einer erweiternden Formulierung, die eventuelle Mißverständnisse auszuschließen vermag.

Eine ähnliche Funktion kommt dem im Textbeleg (2) ergänzten Gefügeteil zu. Auch hier hat der Verschriftlichungsprozeß unter dem Primat der

203

Klarheit und Eindeutigkeit zu einer Erweiterung des gesprochenen Wortlautes geführt, damit eine ungestörte Verständigung zwischen Schreiber und Leser der 'Stenographischen Berichte' gewährleistet ist.

Der direkte Sprecher/Hörer-Kontakt, durch den die Kommunikationssituation 'Bundestagsrede' gekennzeichnet ist, erlaubt es dem Redner, die den Aussageinhalt primär bestimmende und für die Zuhörer wichtige Information *(vier Prozent)* in Form eines Einschubs unvermittelt fragmentarisch anzudeuten, da er bei seinen Zuhörern den inhaltlichen Zusammenhang (hier *den gestrigen Kabinettsbeschluß*) als bekannt voraussetzen darf.

In der schriftsprachlichen Textgestaltung hingegen wird unter Beachtung normativer syntaktischer Regeln die außerhalb des Satzverbandes stehende Information durch ein vollständiges abhängiges Gefügeteil explizit ausformuliert und in den Satzverband integriert.

Sicherlich dürften in diesem Zusammenhang auch stilistische Erwägungen der Parlamentsstenographen eine nicht unerhebliche Rolle spielen. Das wird insbesondere an dem folgenden Textbeleg deutlich:

Es ist auch gut für die USA,
wenn eine künstliche Stützung   und keine künstliche Stützung
des Dollars unterbleibt.   ist auch gut für die USA .

(D 56)

Der Redner gibt hier im gesprochenen Medium eine recht komplexe Information mit Hilfe eines relativ kurzen Einfachsatzes. Bei der schriftlichen Textgestaltung wird nunmehr durch eine gliedernde Aufteilung des Aussageinhaltes in seine Einzelkomponenten eine ordnende Fügung und somit eine sprachliche Glättung vorgenommen, die einerseits den Redegegenstand für den Leser verständlicher werden läßt, andererseits der für die 'Stenographischen Berichte' gemachten Auflage einer stilistisch 'einwandfreien' Formulierung entspricht.[163]

Während durch den Eingriff der Präzisierung sowie sprachlichen Glättung gesprochener Äußerungen dem Leser kaum grundsätzlich neue Informationen gegeben werden, vermittelt eine weitere Form der Neubildung zusätzliche Aussageinhalte:

Ja, Sie können zwar   (äh) (ja)
die Erbschaftsteuer   die Erbschaftsteuer
     können Sie (ja)
     nun in der Terminologie
als eine Vermögensteuer   als Vermögensteuer
bezeichnen.   ansehen .
aber sie ist dennoch
eine eigenständige Steuer

mit einem eigenen Gesetz. (A 74)

Die von den Parlamentsstenographen vorgenommene Erweiterung des
gesprochenen Wortlautes um einen Einfachsatz steht in engem Zusammenhang mit dem vorher geäußerten Satz, der durch das einschränkende
zwar, das ebenfalls in der gesprochenen Fassung fehlt, bereits in formal-
logischer Hinsicht auf die folgende Information vorbereitet.

Der in den 'Stenographischen Berichten' ergänzten Sequenz kommt insbesondere die Funktion einer grundsätzlichen Kennzeichnung des anstehenden Sachverhalts zu, die der Sprecher in der Eile des spontanen Redeflusses nicht liefern kann. Erst die vom konkreten, unmittelbaren Sprachgeschehen abstrahierende und reflektierende Schreibsituation erlaubt
eine derartige grundlegende Darstellung des Redegegenstandes und ermöglicht auf diese Weise eine umfassende Information des Rezipienten (des
Lesers) über das infrage stehende Problem.

Neben diesen Möglichkeiten der Neubildung enthält das analysierte Belegmaterial weitere unter dem Einfluß der unterschiedlichen Konstitutionsbedingungen mündlicher und schriftlicher Kommunikation stehende Formen der Textergänzung:

(1)

Wir haben zwar dem	(äh) wir haben dem
Bundesrat	Bundesrat
durch dieses Verfahren	in diesem Augenblick (äh) damit
nicht die Gelegenheit	nich die Gelegenheit
zur Stellungnahme	
gegeben,	gegeben .
aber ich frage Sie,	
was denn dadurch	aber was is denn
verpaßt worden ist.	verpaßt worden? .
	(A 03)

(2)

	(meine Damen und Herrn)
Wenn man die Diskussions-	,+ wenn man die Diskussions-
beiträge der Kollegen	beiträge der Kollegen
M. und A. gehört hat,	M. und A. hört +,
dann muß man glauben,	
	dann hat sich
die Lage der Nation	die Lage der Nation
habe sich	
schrecklich verdüstert.	nur schrecklich verdüstert .
	(H 04)

205

Das Textbeispiel (1) besteht in seiner gesprochenen Fassung aus zwei Einfachsätzen, und zwar aus einem Aussagesatz sowie einem direkten Fragesatz. In der schriftsprachlichen Fassung ist der direkte Fragesatz unter Hinzufügung eines Trägersatzes in einen Gefügesatz transformiert, der die Funktion eines indirekten Fragesatzes hat.

Diese Umformung ist bezeichnend für den spezifischen Vorgang der Verschriftlichung gesprochener Texte; sie läßt eine grundsätzliche Unterschiedenheit zwischen gesprochenem und geschriebenem Sprachmedium deutlich werden:

Der gezielte Einsatz rhetorischer Fragen in direkter Form gehört zu den wichtigsten und am häufigsten verwendeten Stilfiguren der öffentlichen Rede,

> "weil sie die Rede zum dramatischen Dialog steigert, die innere Beteiligung des Hörers erzwingt und den Eindruck eines Einverständnisses zwischen Redner und Hörer erweckt."[164]

Die Zuhörer werden durch zusätzliche Spannungssteigerung – hervorgerufen durch die unvermittelte Unterbrechung der Eintönigkeit aneinandergereihter Aussagesätze – zu erhöhter Aufmerksamkeit herausgefordert und auf diese Weise unmittelbarer in das Sprachgeschehen einbezogen; zugleich wird unter dem Eindruck einer Übereinstimmung zwischen Redner und Zuhörer eine nachdrückliche Wirkung des erörterten Sachverhaltes erzielt.

Diese situationsadäquate Lebendigkeit des direkten Fragesatzes in der gesprochenen Sprache wird in der schriftkonstituierten Fassung der 'Stenographischen Berichte' durch die Veränderung in eine indirekte Frageform aufgehoben bzw. sehr stark eingeschränkt. Der gesamte Redeausschnitt erhält durch den von den Parlamentsstenographen hinzugefügten Trägersatz *(aber ich frage Sie)* eher den Charakter eines Aussagesatzes, wodurch die besondere rhetorische Wirksamkeit des gesprochenen Wortlautes nur noch in abgeschwächter Form erhalten ist. Das rhetorische Moment entspricht nicht den Anforderungen eines verschriftlichten Textes, dem Formen des gesteigerten direkten Appells an die Rezipienten weitgehend fremd sind.

Diese Beobachtungen deuten darauf hin, daß sich der Verschriftlichungsprozeß unter einer reflektierenden Distanz zum unmittelbaren Kommunikationsgeschehen vollzieht. Gleichzeitig macht auf seiten der mündlichen Kommunikation die spontane Unmittelbarkeit offenkundig, in welch großem Maße Sprecher- und Schreiberstrategien voneinander abweichen und somit die andersartige Strukturiertheit gesprochener Sprache gegenüber der Schriftsprache bedingen.

Die besondere Bedeutung gerade des Reflexionsmomentes im schriftsprachlichen Medium illustriert ebenfalls die unter (2) zitierte Textstelle.

Der Redner — ein Mitglied der Regierungsfraktion — bezieht sich auf Äußerungen zweier Oppositionspolitiker, die unmittelbar vor ihm im Plenum gesprochen und die politische Situation unter der gegenwärtigen Regierung negativ bewertet haben. Zwar wird durch die Nennung der Gewährspersonen deutlich, daß es sich hierbei nicht um die eigenen Vorstellungen, sondern um die des politischen Gegners handelt. Indem jedoch der negative Tatbestand im indikativischen Hauptsatz genannt wird, erhält er eine allzu starke Gewichtung.

Durch die neugebildete Wendung *dann muß man glauben* sowie die Umformung des Modus in den Konjunktiv wird der Sachverhalt nunmehr in den 'Stenographischen Berichten' erheblich abgeschwächt. Die Parlamentsstenographen verbalisieren hier ein gedankliches Zwischenglied, das in der gesprochenen Rede ausgelassen wurde, und erreichen damit eine eindeutige Distanzierung des Redners von den Vorstellungen der Opposition. Diese vorgenommene Korrektur kennzeichnet das Phänomen, daß ein vom Redner vorgestellter Sachverhalt, der von den Zuhörern durchaus richtig verstanden wird, im Medium der Schriftsprache offensichtlich eine modifizierte Kodierungsweise erfordert. Die reflektierende Distanz der Schreibsituation bietet den Parlamentsstenographen die Möglichkeit, vom Redner intendierte unterschiedliche Positionen durch die Hinzufügung neugebildeter Sequenzen klarer herauszustellen.[165]

3.3.2.4. Reduktion

Unter dem Begriff 'Reduktion' werden solche redaktionellen Eingriffe in den gesprochenen Wortlaut erfaßt, bei denen die Parlamentsstenographen lange, z.t. unübersichtlich strukturierte Gefügesätze in überschaubare syntaktische Strukturen (mehrere Einfachsätze oder gekürzte Gefügesätze) segmentieren.

Das Ergebnis der Auswertung zeigt, daß dieser Reduktionsvorgang insgesamt 36 mal belegt ist und in den 'Stenographischen Berichten' zu einem erhöhten Anteil von Gefüge- und Einfachsätzen führt: Aus 36 gesprochenen Gefügesätzen werden in der schriftkonstituierten Fassung 47 Gefüge- und 27 Einfachsätze.

Die genannten Zahlenwerte deuten auf einen beachtlichen Anteil komplexer Gefügesätze am Satzpotential der gesprochenen Reden hin. Dieses Ergebnis widerspricht einer vielfach geäußerten Meinung im Hinblick auf die Strukturiertheit gesprochener Sprache.

So bemerkt GROSSE in seinem Aufsatz 'Die deutsche Satzperiode', die er als "ein mehrfach unterteiltes Satzgefüge, dessen Glieder ineinandergreifen"[166]

definiert, daß

"in der situationsbedingten Reaktion der mündlichen Äußerung des mehrfach untergliederte Satzgefüge selten (zu finden ist)".[167]

Diese Charakterisierung mündlicher Kommunikation kann — wie insbesondere die detaillierte Gefügesatzanalyse im einzelnen zeigt — für das vorliegende Untersuchungsmaterial kaum Geltung beanspruchen; das hat bereits der quantitative Befund des Verhältnisses von Einfachsätzen und Gefügesätzen erkennen lassen.[168]

Zahlreiche Textbeispiele belegen, daß sich die Sprecher im Deutschen Bundestag bei der Darlegung komplizierter Gedankengänge vielfach gerade umfangreicher periodischer Satzstrukturen bedienen. Diese Beobachtung wird durch Ergebnisse aus der Gefügesatzanalyse bestätigt: Über 10 % aller gesprochenen gefügesätze enthalten vier und mehr abhängige Gefügeteile; der entsprechende Wert für die 'Stenographischen Berichte' beträgt hingegen weniger als 7 %.[169]

Uneingeschränkt zugestimmt werden kann jedoch dem Hinweis GROSSES auf die Schwierigkeiten, mit denen die Verwendung derartiger Satzstrukturen häufig verbunden ist:

"Die Periode stellt höhere Anforderungen ... als der einfache Satz. Sie setzt eine nicht unbeträchtliche Elastizität voraus, verschiedenartige Gedankengänge zu beginnen, zu unterbrechen und dann in der richtigen Folge zu Ende zu führen."[170]

Der komplizierte Periodenbau zwingt den Redner, auf mehreren syntaktischen Ebenen gleichzeitig zu operieren. Da jedes eingeschobene Gefügeteil immer eine Unterbrechung des übergeordneten Satzes bedeutet, verlangt eine derartige Kodierungsweise vom Sprecher neben einer großen Gewandheit in der Handhabung sprachlicher Formen vor allem eine außerordentliche Gedächtnisleistung. So zeigt denn auch das Auswertungskorpus, daß sich die Anzahl sogenannter /-Sequenzen gerade in weitverzweigt konstruierten Fügungen unmittelbar erhöht.[171]

Im folgenden soll nunmehr untersucht werden, aus welchen Gründen im einzelnen die Parlamentsstenographen bei der Verschriftlichung der gesprochenen Reden eine Entflechtung der komplexen Gefügesätze vornehmen[172]:

(1)

/ ,+ und da dieses Expertengremium
　　　 ,+ das (ja) auch zum Teil in Tegernsee
　　　　 mit Ihnen zusammen waren +,
　　　 (ja) auch im Grunde nur datselbe

herausgebracht hat +,
,+ (nämlich) daß es im Grunde ganz gut is +,
deswegen haben wir (ja) auch nich das Bedürfnis gehabt
i+ die Herren noch mal zu belästigen damit +i
sondern können die alten Stellungnahmen als Material bei
der Beratung wieder vornehmen .

Und auch das Expertengremium vom Tegernsee,
zu dem ja ein Teil dieser Herren gehörten,
hält das alles im Grunde wohl für gut.

Deshalb haben wir nicht das Bedürfnis gehabt,
die Herren noch einmal damit zu belästigen.

Wir können gern die alten Stellungnahmen
bei der Beratung wieder verwenden.

(A 15/17)

(2)
,+ und wenn Sie hier davon sprechen +,
,+ daß hier dieser Haushalt gewisse Risiken
beinhaltet +,

so ist das doch wohl auch dahingehend zu sehen
,+ daß noch nie ein Haushalt vorgelegt worden ist +,
,+ bei dem man zu Beginn des Jahres nicht
damit rechnen muß +,
,+ daß im Laufe des Jahres (nun) bei der
Verwirklichung dieses Haushaltes Risiken
auftreten +, .

Dann sprechen Sie hier davon,
daß dieser Haushalt gewisse Risiken beinhaltet.
Bisher ist wohl noch nie ein Haushalt vorgelegt worden,
bei dem man zu Beginn des Jahres nicht mit Risiken
hinsichtlich seiner Verwirklichung im Laufe des
Jahres rechnen mußte .

(C 39/40)

Beide Textbelege weisen in der gesprochenen Version je einen umfangreichen Gefügesatz auf:

Die Periode unter (1) besteht aus einem zweigliedrigen Trägersatz, dessen
Länge immerhin 21 Wörter umfaßt — die durchschnittliche Trägersatz-
länge liegt für das gesamte Auswertungskorpus bei 7 - 8 Wörtern —, sowie
vier abhängigen Gefügeteilen. In den 'Stenographischen Berichten' hingegen findet sich eine Aufgliederung der Gesamtperiode in zwei Gefügesätze mit je einem abhängigen Gefügeteil und in einen Einfachsatz.

Das Textbeispiel (2) enthält in seiner gesprochenen Fassung einen Trägersatz mit fünf abhängigen Gefügeteilen. Während des Verschriftlichungs-

prozesses wird diese Periode in zwei Gefügesätze mit je einem abhängigen Gefügeteil segmentiert.

Die zitierten Textbelege machen deutlich, daß die Redner die einzelnen Elemente ihrer komplexen Gedankengänge vielfach assoziativ in einem mehrfach verzweigten Satzplan äußern, der die gedanklichen Teilabläufe zu einer sprachlichen Einheit zusammenfaßt. Diese stufenweise Darstellung des Redegegenstandes verlangt vom Zuhörer ein großes Maß an Aufmerksamkeit, wenn er die einzelnen Teilaussagen in ihrem komplexen Zusammenhang verstehen will.

Allerdings zeigt der schrittweise Aufbau syntaktischer Grundeinheiten zu größeren Redekomplexen zugleich auch die grundsätzliche Tendenz, daß der Sprecher vielfach bestrebt ist, zunächst das jeweilige Gefügeteil abzuschließen, bevor er zur nächsten abhängigen Sequenz übergeht. Dieses Verfahren bedeutet für den Redner eine wesentliche Erleichterung im Hinblick auf die Kodierung komplexer syntaktischer Gefüge und verschafft dem Zuhörer eine entscheidende Verstehenshilfe bei der Erfassung des erörterten Sachverhalts.

Wie sehr der Sprecher bei der Formulierung umfangreicher Äußerungseinheiten um diese gliedernden Teilabschlüsse bemüht ist, veranschaulicht das folgende Textbeispiel:

und wir sehn auch schon
    ,+ daß sowohl durch die Multis wie in bilateralen
    Gesprächen der Technologietransfer der alten
    Industriestaaten in die sich entwickelnden Staaten
    sehr schnell zunehmen wird mit der zweiten
    Folge +,
        ,+ daß die Konkurrenz der alten Industrie-
        staaten um fortgeschrittene sophisticated
        Technologie sehr viel härter werden wird +,
            ,+ als er bisher gewesen ist +,
        ,+ und daß daher auf diesem Gebiet die
        Modernisierung unsrer Wirtschaftsstruktur
            i+ dem Land die Chance zu geben +i
            i+ weiter an der Spitze zu bleiben +i
            i+ und unsern Arbeitnehmern die Chance
            zu geben +i
            i+ sichere und gute Arbeitsplätze
            zu haben +i
        in weit höherem Maße als bisher von einer
        aktiven Forschungs- und Entwicklungspolitik
        abhängen wird +,
            (eine These)
            ,+ die inzwischen sehr viel Zustim-
            mung aus der Industrie gefunden hat
            auch aus den Gewerkschaften

und vielleicht die beste Darstellung gefunden hat in einem Vortrag +,
,+ den Herr Professor S. vor etwa
vierzehn Tagen in der Ebert-
Stiftung gehalten hat +,

,+ und der
(glaub ich .)
nächste Woche im Druck vorliegen
wird +, .

Wir sehen auch schon,
daß sowohl durch die multinationalen Konzerne als
auch durch bilaterale Abmachungen der Technologietransfer der alten Industriestaaten in die sich entwickelnden Staaten sehr schnell zunehmen wird — mit
der zweiten Folge,
daß die Konkurrenz der alten Industriestaaten
um fortgeschrittene "sophisticated" Technologie
sehr viel härter werden wird,
als er es bisher gewesen ist.

Die Modernisierung unserer Wirtschaftsstruktur,
um dem Lande die Chance zu geben,
weiter an der Spitze zu bleiben,
unseren Arbeitnehmern die Chance zu geben,
sichere und gute Arbeitsplätze zu haben,
wird in weit höherem Maße als bisher von einer aktiven
Forschungs- und Entwicklungspolitik abhängen.

Diese These hat inzwischen sehr viel Zustimmung aus der
Industrie gefunden, auch aus den Gewerkschaften.

Die beste Darstellung findet sich in einem Vortrag,
den Herr Professor S. vor etwa vierzehn Tagen in der
Ebert-Stiftung gehalten hat.

Er wird ab nächster Woche im Druck vorliegen.

(K 12/16)

Diese umfangreiche Satzperiode, die in der gesprochenen Fassung aus
einem kurzen Trägersatz mit 11 abhängigen Gefügeteilen sowie 2 Kommentarparenthesen besteht, ist zwar der weitverzweigteste Gefügesatz
des gesamten Auswertungskorpus, und es kann wohl nicht ausgeschlossen werden, daß hier individuelle Sprechstileigentümlichkeiten des Redners eine Rolle spielen. Die Textstelle belegt jedoch in ihrer gesprochenen und redigierten Version eindeutig die eingangs erwähnte Beobachtung,
daß Gefügesätze mit mehreren abhängigen Gefügeteilen durchaus eher
ein Charakteristikum der gesprochenen Reden sind als der 'schriftkonstituierten' Version der 'Stenographischen Berichte'.

Es wird offensichtlich, daß der Sprecher die in den abhängigen Gefügeteilen geäußerten Teilinformationen weitgehend in sich abgeschlossen vermittelt, um nicht die eigene Kompetenz sowie die Aufnahmefähigkeit seiner Zuhörer zu überfordern und somit eventuelle Kommunikationsverluste hinnehmen zu müssen.

Hinzu kommt, daß gerade beim Gebrauch derartig komplexer syntaktischer Konstruktionen in der gesprochenen Sprache die gliedernde Kraft der Intonation[173] sowie die zeitliche Segmentierung durch kurze Pausen und Einschnitte entscheidende Kommunikationshilfen darstellen.

Wie die entsprechenden Tonbandaufzeichnungen erkennen lassen, grenzen die Sprecher gerade die einzelnen Teileinheiten innerhalb weitverzweigter Perioden recht deutlich voneinander ab, indem sie am Schluß der Sprecheinheit ihre Stimme senken und erst nach einer kurzen Pause mit dem nächsten Gefügeteil im Redeablauf fortfahren.

Intonation und Pausen markieren so als phonetische Orientierungshilfen komplexe Gedankenabläufe und bedeuten sowohl für den Sprecher als auch für die Zuhörer eine wertvolle Hilfe im Hinblick auf ihre kommunikativen Intentionen.

Auf die besondere Funktion gerade der Pausen für eine Gliederung gesprochener Äußerungen weist LINDNER hin, der feststellt:

"Pausen sind nicht nur Unterbrechungen im Redefluß. Sie haben eine wichtige Funktion bei der Steuerung der Aufmerksamkeit des Perzipienten, indem sie das, was zwischen ihnen gelegen ist, zu einer gedanklichen Einheit zusammenschließen."[174]

Da Intonation und Pausen in der geschriebenen Sprache nur andeutungsweise und zudem unvollständig durch optische Ersatzzeichen — etwa durch Interpunktion, Unterstreichung, Gliederung des Schriftbildes, typographische Hilfsmittel — wiedergegeben werden können, fallen sie als syntaktisches Formungsmittel hier weitgehend aus.

So zeigen denn auch die schriftkonstituierten Fassungen der o.a. Textbelege, daß es die Parlamentsstenographen bei der Redigierung der gesprochenen Reden für notwendig erachten, die weitverzeigt konstruierten Perioden in kürzere, überschaubare Gefüge- und/oder Einfachsätze zu unterteilen. In dem zuletzt besprochenen Beispiel sind immerhin 3 Gefügesätze sowie 2 Einfachsätze erforderlich, um den komplexen Gedankengang für den Leser verständlich zu machen, d.h. es wird also ein langes Gefüge in mehrere Einzelgefüge aufgegliedert, um die Textstruktur zu vereinfachen.

Dieser Entflechtungsvorgang scheint grundsätzlich unter dem Postulat der Übersichtlichkeit und Eindeutigkeit der als Assoziationsketten formulierten Äußerungen der gesprochenen Reden zu stehen, deren Gestaltungsprozeß GROSSE treffend kennzeichnet:

"Oft regt das erste Satzglied den Sprechenden zu einer weiteren ergänzenden Hinzufügung an, so daß ein Gedanke organisch in den anderen hineinwächst und der Satz sich zu einem Ring rundet."[175]

Ebenso wie bei den verändernden Eingriffen 'Neubildung' und 'Tilgung' ist es auch bei dieser verschriftlichten Gestaltung des gesprochenen Wortlautes oberstes Ziel der Parlamentsstenographen, eine intakte Kommunikation zwischen Redner/Schreiber und Leser herzustellen. Im Zuge dieser Anpassung an das schriftsprachliche Medium müssen die als typisch für die gesprochenen Bundestagsreden herausgestellten komplexen Satzstrukturen auf einfache syntaktische Gebilde reduziert werden.

3.3.2.5. Integration

In einem engen Zusammenhang mit dem zuvor diskutierten Vorgang der 'Reduktion' steht die folgende redaktionelle Bearbeitungsform der gesprochenen Reden, die als 'Integration' bezeichnet wird. Hierbei handelt es sich um solche Veränderungen, bei denen syntaktische Fügungen aufgelöst und in andere Strukturen integriert werden. Auch dieser Eingriff in die gesprochene Textversion verändert die quantitative Relation zwischen Einfach-, Gefügesatz und abhängigem Gefügeteil in den gesprochenen und verschriftlichten Reden.

Insgesamt kann dieser Vorgang 34 mal im Auswertungskorpus festgestellt werden. Wie im Hinblick auf die quantitative Bestimmung der 'Tilgungen' und 'Neubildungen' zu vermuten ist, stellt auch hier die am häufigsten veränderte Satzstruktur das abhängige Gefügeteil dar: 24 abhängige Gefügeteile werden in benachbarte Sätze integriert. Dagegen sind für die Auflösung von Einfach- und Gefügesätzen lediglich 8 bzw. 2 Belege vorhanden.

Zur näheren Beschreibung des Integrationsvorgangs sei zunächst ein Beispielkatalog vorgestellt, der eine für den Verschriftlichungsprozeß typische Form möglicher Integrationen veranschaulicht.[176] Diese Eingriffsart, die für die gesprochenen und verschriftlichten Reden auffallende Unterschiede erkennen läßt, konnte im gesamten Auswertungskorpus sehr häufig beobachtet werden:

Expertengremium vom Tegernsee	Expertengremium ,+ das in Tegernsee mit Ihnen zusammen war +,
	(A 15)

213

Die Hoffnung auf Steuerverein-fachung	Die Vereinfachung ,+ die an diese Steuerreform als Hoffnung geknüpft ist +, (A 28)
Aufhebung der Steuerabzugs-fähigkeit	Steuerabzugsfähigkeit ,+ die aufgehoben werden soll +, (A 64)
aus welchen Gründen auch immer	aus Gründen ,+ welche es auch immer sein mögen +, (F 53)
Pachtbetriebe	Betriebe ,+ die mit Pacht-kosten zu rechnen haben +, (G 33)
nach den Zeitungsmeldungen	nach dem ,+ was Zeitungs-meldungen früher gebracht haben +, (J 08)
die besten dieser Studien	Studien ,+ die wir für die aufschlußreichsten halten +, (K 40)
Töne an unsere Adresse	Töne ,+ die gegen uns ge-richtet worden sind +, (O 04)

Allen Textstellen ist gemeinsam, daß abhängige Gefügeteile aufgelöst und zu Gliedern des übergeordneten Satzes transformiert werden. In der Regel handelt es sich hierbei um attributiv verwendete Satzabschnitte, die eine nähere Bestimmung zu einem im übergeordneten Satz bereits genannten Substantiv darstellen.[177]

Dieser Vorgang, bei dem die Parlamentsstenographen inhaltlich in einem engen Zusammenhang stehende Teilaussagen in Form attributiver syntaktischer Fügungen durch attributive Satzglieder substituieren, bewirkt, daß sich in den 'Stenographischen Berichten' die Anzahl abhängiger Gefügeteile reduziert.[178] Zugleich führt ein derartiges Transformationsverfahren dazu, daß die e i n z e l n e n Sätze der schriftkonstituierten Fassung mit komplexeren inhaltlichen Informationen gefüllt sind, ohne daß es hierbei zu einer erheblichen Bedeutungsveränderung gegenüber der gesprochenen Textversion kommt.

Das zeigen zugleich die in den verschriftlichten Reden besonders häufig zu beobachtenden nominalen Wendungen anstelle der im gesprochenen Wortlaut geäußerten verbalen Fügungen:

es sei denn,
Sie würden *entsprechend den*
Vorschlägen zur europäischen
Steuerharmonisierung

die Mehrwertsteuersätze
erhöhen,

es sei denn
(*und Sie würden auch das mit*
dem Europagedanken machen .)

,+ daß Sie dann mit
den Mehrwertsteuersätzen
nach oben gehen würden +,
(G 38)

Sie beherrschte die
letzten Jahre:
die Überschätzung des Ausmaßes
der Interessenüberein-
stimmungen.

und ich glaube
s+ das ist die Gefahr der
letzten Jahre gewesen +s
,+ *daß das Ausmaß*
der Intressenüberein-
stimmung
überschätzt worden ist +, .
(O 62)

Eine derartige Verwendung des Nominalstils, der in der Literatur zur Gegenwartssprache vielfach als typisch für die moderne Schriftsprache bezeichnet wird[179], dient unter dem Anspruch der Sprachökonomie insbesondere zur Verdichtung mehrerer Teilaussagen. Die distanzierte Schreibsituation, die vor allem durch das bereits erwähnte Reflexionsmoment geprägt ist, macht es möglich, die im gesprochenen Medium mit Hilfe umfangreicher Formulierungen dargestellten Inhalte nunmehr konzentriert mit weniger sprachlichen Mitteln auszuformen und dennoch eine intakte Kommunikation zu erzielen.

In diesem Sinne charakterisiert EGGERS treffend die heutige Schriftsprache:

"Viele Worte zu machen, entspricht ... nicht den Stilvorstellungen unserer Zeit. Knappheit des Ausdrucks, oder anders gewendet: Möglichst viel Information in möglichst wenig Worten, liegt deutlich im Bestreben des heutigen schriftsprachlichen Stils. Zwar sind wortreiche Texte im allgemeinen leichter verständlich als die sehr konzentrierten, knappen Formulierungen. Aber darauf nimmt die Sprache der geistigen Auseinandersetzung meist wenig Rücksicht. Sie fordert vom Leser ein hohes Maß an Aufnahmebereitschaft und intellektueller Mitarbeit. Das Streben nach konzentrierter Information kann als das auffälligste Merkmal der modernen Schriftsprache betrachtet werden".[180]

Der kontrastierende Vergleich des vorliegenden Belegmaterials läßt deutlich erkennen, daß im Gegensatz zu diesen hervorgehobenen und in den 'Stenographischen Berichten' bestätigten Eigenschaften der Schriftsprache gerade Wortreichtum ein wesentliches Kennzeichen der gesprochenen Sprache ist.[181]

215

Neben den eingangs erörterten Wiederholungen inhaltlich identischer Aussagen sowie dem häufigen Gebrauch formelhafter Redewendungen macht ebenso die vermehrte Häufigkeit abhängiger Gefügeteile in komplexen Satzstrukturen offenkundig, in welch hohem Maße der Redner im gesprochenen Medium auf quantitativ aufwendiges Sprachmaterial angewiesen ist. Sowohl im Hinblick auf seine Formulierungskompetenz als auch in Rücksicht auf die Aufnahmefähigkeit seiner Zuhörer, bei denen er eine intellektuelle Mitarbeit, wie sie schriftsprachliche Texte notwendig machen, nur bis zu einem gewissen Grade erwarten kann, neigt der Sprecher bei der Verbalisierung der zu vermittelnden Inhalte häufig dazu, redundantes Sprachmaterial zu verwenden.

In den 'Stenographischen Berichten' können daher die Parlamentsstenographen den Redefluß straffen, indem sie sich auf die Wiedergabe des tatsächlich informationshaltigen Wortmaterials der Texte beschränken. Die Realisierung dieses Verschriftlichungsprinzips verdeutlichen insbesondere die folgenden Beispiele:

Ich glaube, daß diese Entscheidung	ich glaube s+ diese Entscheidung *war sicher gezielt in einer Art und Weise* +s ,+ die
von hoher Verantwortung getragen war.	von hoher Verantwortung getragen ist +, .
	(C 51)

diese Regierung, *die mit ihrer Politik*	,+ als habe diese Regierung *in ihrer Politik und in ihrem Bemühen* i+ all das aufzutauen +i
Erstarrung und Resignation	,+ *was an Erstarrung und Resignation*
überwinden mußte, habe	*in der Vergangenheit vorhanden war* +,
überhaupt keine Leistungen aufzuweisen.	überhaupt keine Leistung zu erbringen +, .
	(H 07)

In beiden Textbelegen werden die im gesprochenen Medium in mehreren abhängigen Gefügeteilen geäußerten Teilinformationen unter dem Aspekt sprachökonomischer Konzentration zusammengefaßt. Durch diesen Integrationsprozeß wird zugleich eine größere formale sowie inhaltliche Geschlossenheit des schriftkonstituierten Textablaufs gewährleistet, womit einem weiteren grundsätzlichen Erfordernis der Schriftsprache genüge getan wird.

Wie sehr die Parlamentsstenographen im einzelnen darum bemüht sind, die Gedankenführung der gesprochenen Reden nach formalen Gesichtspunkten zu ordnen, um dem Leser der 'Stenographischen Berichte' die Rezeption der Inhalte zu erleichtern, verdeutlichten insbesondere solche Integrationsvorgänge, bei denen inhaltlich in einer engen Bindung stehende Einfachsätze oder Gefügeteile mit gleichem Subjekt zusammengefaßt werden:

Nun, Sie haben heute noch Gelegenheit, Ihre Meinung zu ändern.	(nun) wir haben heute noch Gelegenheit dazu. Sie können heute noch Ihre Meinung ändern. (P 46)
	(meine Damen und Herrn)
Wenn man den Beschluß des Kabinetts von gestern so interpretiert, dann — der Überzeugung bin ich — *ist dies unredlich und auch unwahrhaftig;*	,+ wenn man den Beschluß des Kabinetts gestern so interpretiert +, da bin ich der Überzeugung *s+ dies ist unredlich +s s+ und dies ist auch unwahrhaftig +s* . (L 10)

Auch diese Eingriffe deuten auf die je eigene Funktionsweise gesprochener und geschriebener Sprache hin: An ihnen zeigt sich der am Gedankenverlauf orientierte Formulierungsgang als Charakteristikum mündlicher Kommunikation, die mit Hilfe einzelner Integrationsvorgänge syntaktisch komprimierte Ausdrucksweise hingegen als Merkmal der Schriftsprache.

3.3.3. Analyse der Einfachsätze[182]

3.3.3.1. Längenbestimmung

Als ein entscheidendes Untersuchungskriterium für eine syntaktische Analyse gilt nach EGGERS die Satzlänge:

"Ein erstes und nicht ganz äußerliches Kriterium für die Beurteilung der Syntax liegt bereits in der Länge der Sätze ... Sätze von gleicher Länge, gezählt nach der Anzahl der im Satz vereinigten Wörter, können ... eine sehr unterschiedliche Menge von Denkinhalten aufnehmen; aber erste Anhaltspunkte für die Beschreibung eines Sprachzustandes liefert die Satzlänge dennoch."[183]

HASELOFF weist auf die besondere Bedeutung der Satzlänge im Hinblick auf auszuwertende politische Reden hin; für ihn ist

"die Verständlichkeit einer Rede in einem nicht zu vernachlässigendem Grade von der Länge der in ihr formulierten Sätze"[184]

abhängig.

Die der vorliegenden Untersuchung zugrunde liegende und bereits durch einzelne Analyseergebnisse bestätigte These, daß in der gesprochenen und verschriftlichten Version eines Textes gleiche Denkinhalte medienspezifisch mit unterschiedlichen sprachlichen Mitteln realisiert werden, müßte sich auch an den Längenverhältnissen der verwendeten syntaktischen Einheiten nachweisen lassen.

Bevor im einzelnen auf den Längenvergleich der Einfachsätze eingegangen wird, gilt es zunächst, den Anteil der in Einfachsätzen erzeugten Wörter am gesamten Wortmaterial des Auswertungskorpus vorzustellen und zu interpretieren.

Die in TAB. 9/DIAGR. 5 zusammengestellten Werte zeigen, daß in den gesprochenen Reden erheblich mehr Wörter produziert werden, als in den 'Stenographischen Berichten' wiedergegeben sind: Insgesamt 1 805 Wörter, das sind nahezu 10 % (9,83) des gesprochenen Wortmaterials, wurden durch den Verschriftlichungsprozeß absorbiert.

Der Vorgang der Reduzierung steht im unmittelbaren Zusammenhang mit dem bereits erörterten Eingriff der 'Tilgung'. Bei der Analyse dieser redaktionellen Bearbeitung des gesprochenen Wortlautes konnte festgestellt werden, daß die Eliminierung von Gefügeteilen, Einfach- sowie Gefügesätzen entscheidend die quantitativen Verhältnisse zwischen den verschiedenen syntaktischen Kodierungsmöglichkeiten in den gesprochenen und verschriftlichten Texten bestimmt.

Allerdings ergab die weitere Untersuchung, daß durch die zusätzlichen Eingriffsvarianten 'Neubildung', 'Reduktion' und 'Integration' eine gegensätzliche Verschiebung vollzogen wurde, so daß sich der unterschiedliche Befund bei Einfach- und Gefügesätzen weitgehend wieder aufhob.

Anders sieht es bei den redaktionellen Bearbeitungsmöglichkeiten im Hinblick auf das Wortpotential aus. Hier überwiegen die Tilgungen gegenüber etwaigen Neubildungen. Die genaue Aufschlüsselung dieser durch den Eliminierungsvorgang bestimmten Zahlenverhältnisse wird durch eine Analyse der Längen der verschiedenen Grundmuster syntaktischer Fügung möglich.

Ein Vergleich der Einfachsatzlängen beider Sprachformen zeigt, daß in den Einfachsätzen der gesprochenen Reden mehr Wörter als in den 'Stenographischen Berichten' produziert werden; das Verhältnis beträgt 4 141 : 4 104 (TAB. 10). Diese minimale Differenz läßt jedoch kaum grundsätzliche Unterschiede zwischen beiden Medien erkennen, so daß anzunehmen ist, daß sich die erhöhte Wortproduktion in den gesprochenen Reden weitgehend auf andere syntaktischen Formen (Gefügesätze, Gefügeteile, Parenthesen und /-Sequenzen) bezieht.

Ebenso ergeben sich bei der Bestimmung der Einfachsatzlängen-Mittelwerte nur geringe Unterschiede zwischen gesprochener und verschriftlichter Textversion (10,7 : 10,6); für beide Kommunikationsmedien ist von einem Längenmittelwert von 11 Wörtern auszugehen (TAB. 10).

Das Ergebnis bestätigt allerdings die eingangs getroffene Feststellung, daß einfache Hauptsätze weit häufiger die Chance haben, in ihrem gesprochenen Wortlaut unverändert in die 'Stenographischen Berichte' übernommen zu werden als Gefügesätze. Jedoch muß diese generelle Aussage modifiziert werden, wenn eine Spezifizierung der Einfachsätze nach den in ihnen produzierten Wörtern im einzelnen vorgenommen wird.

Eine derartige Auswertung des Belegmaterials hat ergeben, daß in einzelnen Längenbereichen durchaus Unterschiede zwischen beiden Textversionen beobachtet werden können. Da bei der Mittelwertbestimmung als Bezugsgröße die Wortmenge a l l e r Einfachsätze zugrunde gelegt werden mußte, liegt hier möglicherweise eine Verzerrung der tatsächlichen Verhältnisse vor.

Um diesen Faktor weitgehend auszuschalten, und somit zu präziseren Aussagen zu gelangen, wurden die Häufigkeitswerte der produzierten Wörter je Einfachsatz bestimmt (TAB. 11/DIAGR. 6). Das Ergebnis eines solchen spezifizierenden Untersuchungsgangs macht deutlich, daß in der gesprochenen Fassung Einfachsätze mit einer Länge von 7 Wörtern am häufigsten vertreten sind; ihr Anteil macht 9,56 % aller Einfachsätze aus; in den 'Stenographischen Berichten' dagegen liegt der Extremwert mit 11,11 % bei 9 Wörtern pro Einfachsatz.

Diese Werte lassen wiederum Unterschiede zwischen beiden Kommunikationsmedien erkennen, und zwar insoweit, als die Schriftsprache in bestimmten Bereichen durchaus Einfachsätze mit einem umfangreicheren Wortmaterial als die gesprochene Sprache aufweist.

Bei der Erörterung des quantitativen Befunds im einzelnen wird allerdings von Einfachsatzlängengruppen ausgegangen, deren Eckwerte anhand der graphischen Darstellung der Einzelwerte (DIAGR. 6) festgelegt sind:

Im Hinblick auf die Einfachsätze, die lediglich aus 2 - 5 Wörtern bestehen, kann festgestellt werden, daß die Kurve der gesprochenen Texte über der die Längenverhältnisse in den 'Stenographischen Berichten' darstellenden Linie verläuft. Die Gruppenaufteilung (TAB. 11/DIAGR. 7) ergibt, daß über 19 % aller gesprochenen Einfachsätze diesem Längenbereich zuzuordnen sind, während der entsprechende Wert für die verschriftlichten Texte fast 5 % niedriger liegt (14,47 %).

Den Hauptanteil aller Einfachsätze bilden in beiden Medien diejenigen, in denen 6 - 9 Wörter produziert werden; sie betragen in der gesprochenen Sprache 33,59 %, in der geschriebenen 42,38 %. Während also die relativ kurzen Sätze (2 - 5 Wörter) in den gesprochenen Reden häufiger vertreten sind, gilt für diese Gruppe, daß der Verschriftlichungsprozeß hier zu einer erhöhten Produktion von Wörtern je Einfachsatz geführt hat. Für die Einfachsätze mit einer Länge von 10 - 13 sowie 14 - über 15 Wörtern im Satz zeigt das Ergebnis der Auswertung, daß hier wiederum größere Häufigkeiten in der gesprochenen Sprache zu beobachten sind (23 % : 20,67 %; 24,03 % : 22,48 %). Diese Verteilung ist wohl darauf zurückzuführen, daß der Sprecher bei der Artikulation relativ langer Einfachsätze zugleich auch in erhöhtem Maße redundantes Wortmaterial produziert, das während des Verschriftlichungsprozesses grundsätzlich eliminiert wird. [185] Die Unterschiede zwischen den gesprochenen und verschriftlichten Reden sind bei diesen Längengruppen jedoch nicht so gravierend wie bei den Sätzen, die 2 - 5 bzw. 6 - 9 Wörter enthalten; aus diesem Grunde soll auf die Diskussion dieser Längenbereiche im einzelnen hier verzichtet werden.

Da zu vermuten ist, daß die auffälligen Differenzen in den beiden ersten Längengruppen dadurch bedingt sind, daß relativ kurze gesprochene Einfachsätze im Medium der Schriftsprache eine Erweiterung erfahren, soll diesem Phänomen nunmehr anhand einiger Textbelege genauer nachgegangen werden:

Wir hätten gern	wir hätten das (ja) sehr gerne
für alle Teile	*alles*
an einem gemeinsamen Zeitpunkt	*auf einen Tag*
des Beginns	
festgehalten.	*bekommen .*
	(A 58)
Sie haben über die zeitliche	dann haben Se von der zeitlichen
Verzögerung	*Verzögerung*
der Einbringung des	
Haushalts 1973	
gejammert.	gejammert .
	(B 37)
Dann haben Sie *die Ausgaben für*	dann haben Sie *die*
Bildung und Wissenschaft	*Bildung*
beklagt.	beklagt .
	(B 57)

Nach diesem Vorschlag soll die Mineralölsteuer wegfallen.	*und hier* soll die Mineralölsteuer wegfalln .
	(C 06)
Ich bin nicht *auf eine Rede* vorbereitet.	ich bin nicht *darauf* vorbereitet .
	(F 01)
Diese unsere Haltung ist doch seit langem bekannt.	*dieses* ist seit langem bekannt .
	(O 13)

Die vorgestellten Beispiele zeigen, daß die verschriftlichten Einfachsätze mehr Wörter enthalten, als die Redner tatsächlich gesprochen haben. Mit diesen Erweiterungen werden die in den gesprochenen Texten vermittelten Inhalte erläuternd interpretiert, um eine eindeutige Kommunikation zwischen den Rednern und den Lesern der 'Stenographischen Berichte' zu gewährleisten; hiermit kann zugleich eine Bedeutungsnuancierung verbunden sein, wie z.b. Textstelle A 58 illustriert.

Die kürzeren Satzlängen in der gesprochenen Textversion dürften sicherlich darauf zurückzuführen sein, daß die Sprecher den Verbalisierungsprozeß mit Hilfe des Situationskontextes entlasten können, und zwar hier insbesondere durch das Vorwissen der anwesenden Parlamentarier sowie deren grundsätzliche Vertrautheit mit der anstehenden Thematik. Da die 'Stenographischen Berichte', die eine Kommunikation zwischen Redner und Leser herstellen sollen, vom momentanen Situationskontext abstrahieren müssen, ist es für sie notwendig, daß diese extraverbal vermittelten Inhalte verbalisiert werden. Wie die Ergebnisse der Einfachsatzlängen zeigen, benötigen sie dazu im Bereich der relativ kurzen Einfachsätze mehr Wortmaterial als die gesprochenen Reden.

Die Analyse des Auswertungskorpus in bezug auf die Einfachsatzlängen macht weiterhin deutlich, daß die Differenz der Satzlängen in den gesprochenen und verschriftlichten Reden vielfach auf eine unterschiedliche Textsegmentierung zurückzuführen ist:

Hinsichtlich der *2000 Stellen* bin ich in gewissem Umfang so skeptisch wie Sie.	*(und mit den* *zweitausend Stellen)* ich bin in gewissem Umfang mit Ihnen skeptisch .
	(B 48)
Und danach kritisieren Sie die Eckwerte: erster, zweiter, dritter Eckwert!	*(und zu den* *Eckwerten erster zweiter* *dritter Eckwert)* .
	(G 07)

221

Die längeren Einfachsätze in der schriftkonstituierten Fassung resultieren hier aus der Auflösung von Parenthesen,

"die auf sich gestellt sind und deshalb außerhalb des eigentlichen Satzverbandes stehen."[186]

Gerade an diesen Beispielen wird wiederum der assoziative Redefluß der gesprochenen Sprache deutlich, indem der Sprecher zunächst die für ihn wichtige Information artikuliert, ohne der formalen Verbindung der Teilaussagen besondere Beachtung zu schenken. Durch die Integration dieser für den logischen Satzablauf wichtigen Sequenzen gelingt es den Schreibern der 'Stenographischen Berichte', zwischen den einzelnen Denkinhalten einen formal engeren Bezug herzustellen und auf diese Weise den sprunghaften Redefluß zu glätten.

Bei der Analyse der Parenthesen wird zu diskutieren sein, nach welchen Gesichtspunkten im einzelnen diese gerade für die gesprochenen Reden typischen Kodierungsformen beim Verschriftlichungsprozeß redaktionell bearbeitet werden.[187] Die grundsätzliche Bedeutung des erörterten Eingriffs in bezug auf die Einfachsatzlängen sollte hier jedoch nicht außer acht gelassen werden, da durch ihn die unterschiedlichen Längen gerade im Bereich der kurzen Einfachsätze entscheidend mitbestimmt werden.

TABELLE 9: Häufigkeitsverteilung des Wortmaterials
— Auswertungskorpus insgesamt —

	GESCHRIEBEN		GESPROCHEN	
Wortmenge aller	Belege a.H.	gesamt r.H.	Belege a.H.	gesamt r.H.
Sätze	16.560	100 %	18.365	100 %
Gefügesätze	12.306	74	13.996	76
Einfachsätze	4.104	25	4.141	23
alleinst. Parenthesen	150	1	228	1

TABELLE 10: Länge der Einfachsätze

	GESCHRIEBEN	GESPROCHEN
Wortmenge aller Einfachsätze	4.104	4.141
Anzahl aller Einfachsätze	387	387
Längenmittelwert aller Einfachsätze	11 Wörter (10,6)	11 Wörter (10,7)

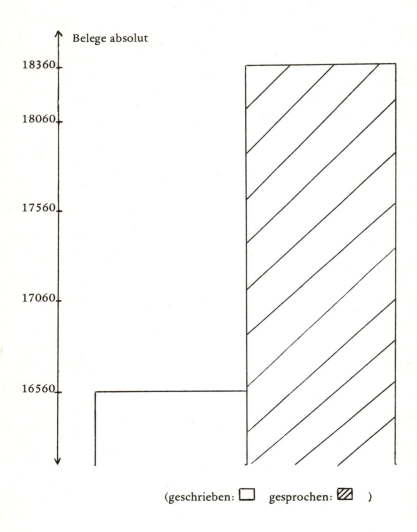

DIAGRAMM 5: Häufigkeitsverteilung des Wortmaterials
— Auswertungskorpus insgesamt —

Belege absolut

18360

18060

17560

17060

16560

(geschrieben: ☐   gesprochen: ▨   )

TABELLE 11: Häufigkeitsverteilung der Einfachsätze mit x Wörtern
im Satz (x von 2 bis über 15)

Anzahl der Einfachsätze mit	GESCHRIEBEN		GESPROCHEN	
	Belege a.H. 387	gesamt r.H. 100 %	Belege a.H. 387	gesamt r.H. 100 %
2 Wörtern im Satz			3	0,78
3 ″ ″ ″	4	1,03	9	2,33
4 ″ ″ ″	24	6,20	30	7,75
5 ″ ″ ″	28	7,24	33	8,53
6 ″ ″ ″	39	10,08	33	8,53
7 ″ ″ ″	41	10,59	37	9,56
8 ″ ″ ″	41	10,59	33	8,53
9 ″ ″ ″	43	11,11	27	6,98
10 ″ ″ ″	21	5,43	27	6,98
11 ″ ″ ″	17	4,39	26	6,72
12 ″ ″ ″	18	4,65	21	5,43
13 ″ ″ ″	24	6,20	15	3,88
14 ″ ″ ″	12	3,10	17	4,39
15 ″ ″ ″	15	3,88	11	2,84
über 15 ″ ″ ″	60	15,51	65	16,77

— Gruppenaufteilung —

Anzahl der Einfachsätze mit	GESCHRIEBEN		GESPROCHEN	
	Belege a.H. 387	gesamt r.H. 100 %	Belege a.H. 387	gesamt r.H. 100 %
2 - 5 Wörtern im Satz	56	14,47	75	19,38
6 - 9 ″ ″ ″	164	42,38	130	33,59
10 -13″ ″ ″	80	20,67	89	23,00
14 - über 15 ″ ″ ″	87	22,48	93	24,03

225

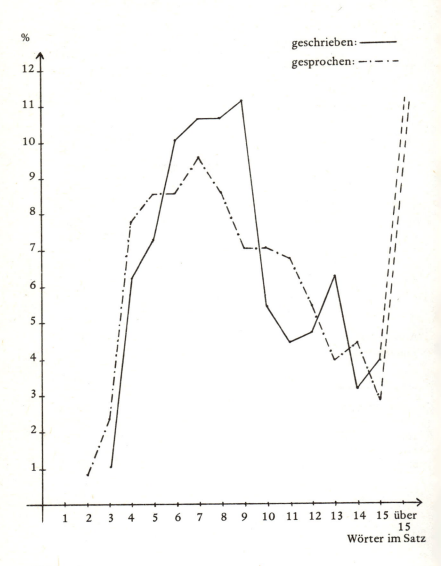

DIAGRAMM 6: Häufigkeitsverteilung der Einfachsätze
mit x Wörtern im Satz

geschrieben: ——————
gesprochen: —·——·—

Wörter im Satz

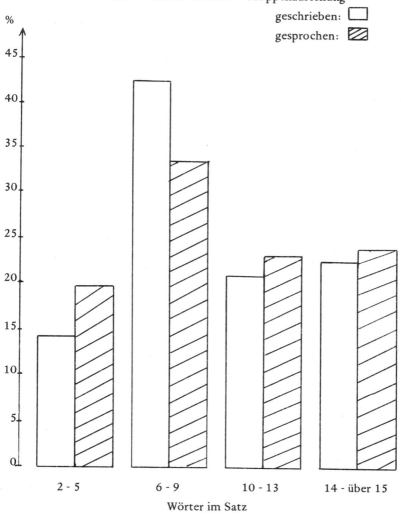

DIAGRAMM 7: Häufigkeitsverteilung der Einfachsätze mit x Wörtern im Satz – Gruppenaufteilung –

geschrieben: ☐
gesprochen: ▨

Wörter im Satz

3.3.3.2. Konjunktionale Einleitung

Die zwischen den einzelnen Redeeinheiten verwendeten Konjunktionen zeigen die Verknüpfungsart der geäußerten syntaktischen Sequenzen an; als Bindeglieder drücken sie Relationen aus, die den sprach- und denklogischen Aufbau eines Textes kennzeichnen.[188]

Die Sichtung des Belegmaterials im Hinblick auf Art und Häufigkeit konjunktional eingeleiteter Einfachsätze hat ergeben, daß in den gesprochenen Reden 28,42 % aller Einfachsätze konjunktional eingeleitet sind; in den 'Stenographischen Berichten' beträgt der relative Anteil der Einfachsätze mit konjunktionaler Einleitung hingegen lediglich 13,70 % (TAB. 12/ DIAGR. 8).

Diese Differenz von nahezu 15 % ist durch die exponierte Stellung der nebenordnenden Konjunktion *und* in der gesprochenen Sprache bedingt: 50 % aller Einfachsätze werden in den gesprochenen Reden durch die Konjunktion *und* verknüpft, in den 'Stenographischen Berichten' dagegen lediglich 20,75 %.[189]

Diese Werte bestätigen die von WACKERNAGEL-JOLLES in ihrer Untersuchung festgestellte Tendenz:

"Als nebenordnende Konjunktion wird in der mündlichen Rede 'und' bei weitem am häufigsten gebraucht."[190]

Von den zahlreichen Textbelegen, die sich hierzu in dem ausgewerteten Material finden lassen, seien nur einige vorgestellt:

Sie sind ausgiebig auch im Ausschuß besprochen worden. Selbst unser Stufenplan ... ist ... unterstützt worden. In der Schluß- abstimmung ... haben Sie ... Ihre Zustimmung gegeben.	/ sind auch ausgiebig besprochen worden im Ausschuß . *und* selbst ... unser Stufenplan ... ist ... unterstützt worden . *und* dann haben Sie in der Schluß- abstimmung ... Ihre Zustimmung gegeben . (E 20 - 22)
... dann bedeutet es eine Steuerersparnis ... Es soll in diesem Zu- sammenhang auch nicht unerwähnt bleiben ... Jene Regelung paßt ...	... dann bedeutet es eine steuerersparnis ... / *und* das sollte hier nicht verschwiegen werden ... *und* jene Regelung paßt ... (G 26 - 28)

Nun mußte eine andere	nun mußte eine andre
Methode her.	Methode her .
... ich habe aufmerksam	*und* ... ich hab eben aufmerksam
verfolgt ...	zugehört ...
Gerade deshalb sage ich	*und* ich möchte
ausdrücklich ...	ausdrücklich sagen ...
wir wissen und	*und* wir wissen auch und
respektieren auch ...	respektieren auch ...

(P 30 - 33)

Es wird deutlich, daß die Konjunktion *und* in diesen Beispielen als eine Satzeinleitungsformel verwendet wird, mit deren Hilfe der Fortgang der Rede angedeutet werden soll. Dies geschieht vielfach dann, wenn der Abgeordnete durch Beifallsbekundungen oder Zurufe in seinen Ausführungen unterbrochen wird:

– Herr Kollege L., es ist	(Herr Kollege L.) es ist
in den letzten Jahren noch	noch nie so düster
nie	geworden
so düster geworden	in den letzten drei Jahren
wie Sie und der Herr	,+ wie Sie und der Herr
Kollege S.	Kollege S.
das jeweils zu Beginn eines	jeweils zu Beginn eines
Jahres vorausgesagt haben.	Jahres vorausgesagt haben +, .

(Abg. H.: Das ist doch schlimm genug! –
Weitere Zurufe von der CDU/CSU.)

Diese Hoffnung	/ *und* diese ... Hoffnung ...
haben wir als Regierungs-	haben wir als Regierungs-
partei.	partei .
Es wird ... gutgehen ...	*und* das wird ... gutgehen ...
Da muß ich Sie fragen:	dann muß ich Sie fragen
...	...

(Abg. Dr. A.: Das fragen wir Sie! –
Weitere Zurufe von der CDU/CSU.)

Ich bin der Meinung,	/ *und* da bin ich der Meinung
...	...

(C 41/46)

Die Wiederaufnahme der unterbrochenen Redeabschnitte durch *und*-Verbindungen gewährleistet hier eine Kontinuität des Redeflusses und entlastet auf diese Weise den unmittelbaren Sprechvorgang. Ohne auf die den Kommunikationsablauf störenden Zurufe einzugehen, fügt der Sprecher unterschiedliche Sachverhalte mit Hilfe der Konjunktion *und* parataktisch aneinander und kann somit notwendige Pausen vermeiden, die für eine spontane Entgegnung erforderlich wären. Da diesen Verbindungssequenzen in der schriftkonstituierten Fassung eine solche kommunikative Funktion nicht zukommt, werden sie von den Parlamentsstenographen während des Verschriftlichungsprozesses eliminiert.

Im Hinblick auf diese Funktion kennzeichnet *und* nicht nur die Beziehung einer bloßen Auseinanderreihung mehrerer Teilaussagen; das Bedeutungsspektrum verweist vielmehr auf eine vielseitige Verwendbarkeit in den gesprochenen Reden:

Insofern kann die FDP mit einiger Zufriedenheit feststellen, daß wir glaubhaft und für alle Bürger deutlich die sachliche Einheit der Steuerreform gewahrt haben. Die FDP stimmt *daher* dem vorliegenden Vermögensteuergesetz zu.

/ insofern kann die FDP mit einiger Zufriedenheit hier feststellen ,+ daß wir glaubhaft und für alle deutlich die Einheit die sachliche Einheit der Steuerreform gewahrt haben +, . *und* wir können dem vorliegenden Vermögensteuergesetz zustimmen . (G 44/45)

Herr Kollege U., erstens habe ich im Augenblick keine Statistik zur Hand ...

aber zweitens möchte ich sagen ...

(Herr Kollege U.) erstensmal hab ich im Augenblick keine Statistik ...

/ *und* zum Zweiten möcht ich sagen ... (J 07/08)

Die Europa-Rakete habe ich z.B. für ein Prestigeobjekt gehalten ... Wir müssen *aber auch* aufpassen ...

die Europa-Rakete hab ich für n Prestigeprojekt gehalten ... *und* wir müssen aufpassen ... (K 06/07)

Wir fordern Sie zur Revision dieses Beschlusses auf. Der Herr Minister E. *aber* muß sich fragen lassen, ...

wir fordern Sie jetzt zur Revision dieses Beschlusses auf . *und* der Herr Minister E. muß sich fragen lassen ... (L 27/28)

Herr Minister, ich habe aufmerksam verfolgt, ... wie Sie sich für die Art der Finanzierung ... eingesetzt haben.

und (Herr Minister) ich hab eben aufmerksam zugehört ,+ wie Sie begründet haben +, ,+ oder wie Sie sich eingesetzt haben für diese Art der Finanzierung +, ...

Gerade deshalb sage ich
ausdrücklich ...

und ich möchte
ausdrücklich sagen ...

(P 31/32)

Den vorgestellten Textbelegen ist gemeinsam, daß in den gesprochenen Fassungen Teilaussagen mit Hilfe der Konjunktion *und* parataktisch koordiniert werden.

In den 'Stenographischen Berichten' sind diese Verbindungselemente wiederum gestrichen; dafür enthalten sie neugebildete Sequenzen in Form von anderen Konjunktionen bzw. Adverbien, die hier die einzelnen Aussagen inhaltlich aufeinander beziehen. Die kontrastierende Gegenüberstellung beider Textversionen zeigt deutlich, daß die Konjunktion *und* aufgrund ihrer unterschiedlichen Verwendungsmöglichkeiten in den gesprochenen Reden vielfach die Funktionen zahlreicher anderer Partikel übernehmen kann. Ihr überaus häufiges Vorkommen im Medium der gesprochenen Sprache darf daher nicht ausschließlich als Kennzeichen einer losen Fügung bzw. einfachen Aneinanderreihung kurzer Satzsequenzen bewertet werden. [191]

Bei dem Versuch, die Verwendungsmöglichkeiten der Konjunktion *und* im einzelnen zu analysieren, wird vielmehr deutlich, daß das Aufgabenspektrum dieses vielschichtigen Verbindungselementes im Medium der gesprochenen Sprache differenzierte Verknüpfungsweisen abzudecken vermag.

Im Hinblick auf den Gebrauch der übrigen Konjunktionen ist zu bemerken, daß sie in den gesprochenen Reden seltener verwendet werden als in den 'Stenographischen Berichten' (50 % : 79,25 %). Hier gilt, daß in der gesprochenen Sprache Einfachsätze häufiger ohne Bindung nebeneinander gesetzt werden, während in den 'Stenographischen Berichten' durch den vermehrten Gebrauch von Konjunktionen Denkinhalte eher differenziert miteinander verbunden werden.

231

TABELLE 12: Häufigkeitsverteilung der konjunktional eingeleiteten
Einfachsätze

Anzahl aller	GESCHRIEBEN		GESPROCHEN	
Einfachsätze	Belege a.H. 387	gesamt r.H. 100 %	Belege a.H. 387	gesamt r.H. 100 %
konjunktional eingeleitete Einfachsätze	53	13,70	110	28,42
konjunktionale Einleitung				
und	11	20,75	55	50,00
aber/sondern	18	33,96	24	21,82
denn	7	13,21	14	12,73
dann	5	9,43	7	6,36
sonstige	12	22,65	10	9,09

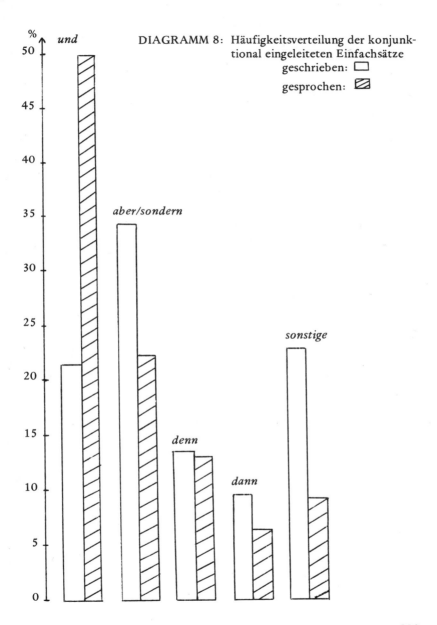

DIAGRAMM 8: Häufigkeitsverteilung der konjunktional eingeleiteten Einfachsätze
geschrieben: ☐
gesprochen: ▨

3.3.4. Analyse der Gefügesätze[192]

3.3.4.1. Längenbestimmung

Der quantitative Vergleich der Gefügesatzlängen beider Kommunikationsmedien hat ergeben, daß in den Gefügesätzen der gesprochenen Bundestagsreden erheblich mehr Wörter als in den 'Stenographischen Berichten' enthalten sind; das Verhältnis beträgt insgesamt 13.996 : 12.306. Nahezu 1.700 in Gefügesätzen artikulierte Wörter sind also von den Parlamentsstenographen während des Verschriftlichungsprozesses eliminiert worden (TAB. 13).

Dieses Ergebnis bestätigt den zu Beginn des Einfachsatzkapitels vorgestellten Befund über die Verteilung des gesamten Wortmaterials auf die verschiedenen syntaktischen Strukturen: Die während der Bearbeitung der gesprochenen Reden reduzierten Wörter in Höhe von ca. 10 % sind fast ausschließlich in Gefügesätzen gesprochen worden.[193]

Eine unmittelbare Auswirkung hat die erhöhte Wortproduktion auf die Gefügesatzlängenmittelwerte beider Textversionen. Dieser Wert beträgt für die gesprochenen Reden 28 Wörter pro Gefügesatz; in den 'Stenographischen Berichten' enthalten dagegen Gefügesätze im Durchschnitt lediglich 25 Wörter (TAB. 13).

Ebenso wie bei der Bestimmung der Einfachsatzlängenmittelwerte sind allerdings differenziertere Aussagen erst dann möglich, wenn eine genaue Aufgliederung der in Gefügesätzen produzierten Wörter im einzelnen vorgenommen wird (TAB. 14).

Das Ergebnis der Auswertung zeigt, daß in den gesprochenen Reden der kürzeste Gefügesatz aus 6, der längste aus 151 Wörtern besteht. In den 'Stenographischen Berichten' enthält der kürzeste Gefügesatz 7 Wörter, während das umfangreichste Gefüge eine Länge von 87 Wörtern ausweist.

Diese Extremwerte treten jedoch im Auswertungskorpus sehr selten auf. Außerdem sind die Belege der dazwischen liegenden Werte derart gestreut, daß kaum regelmäßig auftretende Unterschiede zwischen beiden Textversionen festgestellt werden können. Vergleichende Aussagen über die so ermittelten Einzelwerte sind daher wenig sinnvoll.

Die Aufgliederung der Gefügesatzlängen wird somit wiederum nach Gruppen vorgenommen, die unterschiedliche Häufigkeiten in einzelnen Längenbereichen für die gesprochenen Reden und deren verschriftlichte Version deutlich erkennen lassen (TAB. 14/DIAGR. 9).

Im Hinblick auf die Gefügesätze mit einer Länge von 6 - 25 Wörtern pro Gefüge ist festzuhalten, daß die Kurve der gesprochenen Texte unterhalb der die Längenverhältnisse in den 'Stenographischen Berichten' veranschaulichenden Linie verläuft. Für diesen Bereich gilt, daß derartig längenbestimmte Gefügesätze häufiger in der schriftkonstituierten Fassung als in den gesprochenen Reden vorkommen. Über 60 % aller Gefügesätze der 'Stenographischen Berichte' und lediglich 52 % der gesprochenen Gefüge sind diesem Längenbereich zuzuordnen.

Ein Vergleich dieser Werte mit den Ergebnissen für die Einfachsatzlängen läßt erkennen, daß dort die Längenverhältnisse genau entgegengesetzt sind. Gerade relativ kurze Einfachsätze konnten als ein Charakteristikum der gesprochenen Reden bestimmt werden, die stets im Medium der geschriebenen Sprache einer Erweiterung bedürfen, da hier jede durch den Situationskontext vermittelte außersprachliche Information verbalisiert werden muß, um eine erfolgreiche Verständigung zwischen Redner/Schreiber und dem Leser der 'Stenographischen Berichte' zu gewährleisten.[194]

Außerdem relativiert die nach Gruppen durchgeführte Längenbestimmung die o.a. Gefügesatzlängenmittelwerte, die die gesprochenen Gefügesätze im Durchschnitt um 3 Wörter länger als die schriftkonstituierten ausweisen. Es zeigt sich, daß der überschüssige Anteil des gesprochenen Wortmaterials vorwiegend in Gefügesätzen mit mehr als 26 Wörtern und ausschließlich in Gefügesätzen mit mehr als 36 Wörtern pro Gefüge enthalten ist. Bei den Gefügesätzen mit über 40 Wörtern beträgt das Verhältnis zwischen gesprochener und verschriftlichter Textversion 15,2 % : 8,71 %; der Anteil liegt in diesem Bereich also für die gesprochenen Gefügesätze um 6,5 % höher als in den 'Stenographischen Berichten'. Damit wird offensichtlich, daß gerade in gesprochenen Gefügesätzen mit einer hohen Anzahl von Wörtern erheblich mehr redundantes Sprachmaterial vorkommt als in solchen Gefügesätzen mit einer eher überschaubaren Länge.

Die in Kapitel 3.3.2. aufgewiesenen und diskutierten Möglichkeiten syntaktischer Verschiebungen[195] werden hier also durch die unterschiedlichen Längen gesprochener und verschriftlichter Gefügesätze eindeutig bestätigt.

Es erübrigt sich somit eine detaillierte Besprechung der unterschiedlichen Längenverhältnisse anhand von Einzelbeispielen, da der hohe Anteil der gesprochenen Gefügesätze mit mehr als 26 Wörtern in einem unmittelbaren Zusammenhang steht mit den bereits erörterten von den Parlamentsstenographen während des Verschriftlichungsprozesses vorgenommenen 'Tilgungen', 'Reduktionen' und 'Integrationen': Unter dem Postulat der Sprachökonomie, der Übersichtlichkeit und Eindeutigkeit werden die komplexen Artikulationsketten des gesprochenen Wortlautes in kürzere und damit für den Leser der 'Stenographischen Berichte' überschaubarere syntaktische Strukturen aufgegliedert. Der Verschriftlichungsprozeß impliziert also grundsätzlich eine Verminderung des tatsächlich gesprochenen Wortmaterials, wie sich unmittelbar an den unterschiedlichen Längen der Gefügesätze mit hoher Wortzahl in beiden Textversionen zeigt.

TABELLE 13: Länge der Gefügesätze

	GESCHRIEBEN	GESPROCHEN
Wortmenge aller Gefügesätze	12.306	13.996
Anzahl aller Gefügesätze	493	500
Längenmittelwert aller Gefügesätze	25 Wörter (24,96)	28 Wörter (27,99)

TABELLE 14: Häufigkeitsverteilung der Gefügesätze mit x Wörtern im Satz (x von 6 bis über 40)

Anzahl der Gefügesätze mit	GESCHRIEBEN		GESPROCHEN	
	Belege a.H. 493	gesamt r.H. 100 %	Belege a.H. 500	gesamt r.H. 100 %
6 Wörtern im Satz			2	0,40
7	3	0,61	2	0,40
8	4	0,81	6	1,20
9	7	1,42	6	1,20
10	12	2,43	10	2,00
11	16	3,25	14	2,80
12	20	4,06	11	2,20
13	10	2,03	8	1,60
14	25	5,07	14	2,80
15	15	3,04	23	4,60
16	16	3,25	11	2,20
17	13	2,64	16	3,20
18	25	5,07	18	3,60
19	18	3,65	18	3,60
20	13	2,64	20	4,00
21	29	5,88	15	3,00
22	15	3,04	17	3,40
23	17	3,45	15	3,00
24	18	3,65	18	3,60
25	21	4,26	16	3,20
26	14	2,84	11	2,20
27	8	1,62	16	3,20
28	22	4,46	16	3,20
29	10	2,03	15	3,00
30	14	2,84	16	3,20
31	8	1,62	7	1,40
32	13	2,64	14	2,80
33	13	2,64	11	2,20
34	10	2,03	7	1,40
35	10	2,03	8	1,60
36	11	2,23	10	2,00

	GESCHRIEBEN		GESPROCHEN	
	Belege a.H.	gesamt r.H.	Belege a.H.	gesamt r.H.
Anzahl der Gefügesätze mit	493	100 %	500	100 %
37 Wörtern im Satz	6	1,22	8	1,60
38	5	1,01	10	2,00
39	2	0,41	11	2,20
40	7	1,42	4	0,80
über 40	43	8,71	76	15,20

— Gruppenaufteilung —

	GESCHRIEBEN		GESPROCHEN	
	Belege a.H.	gesamt r.H.	Belege a.H.	gesamt r.H.
Anzahl der Gefügesätze mit	493	100 %	500	100 %
6 - 10 Wörtern im Satz	26	5,27	26	5,20
11 - 15	86	17,44	70	14,00
16 - 20	85	17,24	83	16,60
21 - 25	100	20,29	81	16,20
26 - 30	68	13,79	74	14,80
31 - 35	54	10,97	47	9,40
36 - 40	31	6,29	43	8,60
über 40	43	8,71	76	15,20

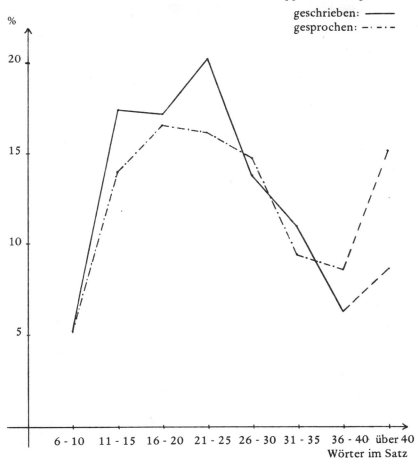

DIAGRAMM 9: Häufigkeitsverteilung der Gefügesätze
mit x Wörtern im Satz — Gruppenaufteilung —

geschrieben: ———
gesprochen: —·——·—

6 - 10   11 - 15   16 - 20   21 - 25   26 - 30   31 - 35   36 - 40   über 40
Wörter im Satz

3.3.4.2. Häufigkeit und Abhängigkeitsgrade abhängiger Gefügeteile

Der durch den Verschriftlichungsprozeß bedingte Vorgang der Reduktion gesprochener Sequenzen wirkt sich ebenfalls auf die Anzahl der abhängigen Gefügeteile in beiden Textversionen aus: Gegenüber 970 abhängigen Gefügeteilen in den gesprochenen Reden beträgt ihr Anteil in den 'Stenographischen Berichten' 890. Insgesamt 80 gesprochene abhängige Gefügeteile sind also bei der redaktionellen Bearbeitung des gesprochenen Wortlautes eliminiert bzw. in andere Gefügeteile integriert worden (TAB. 15/ DIAGR. 10).[196]

Weiterhin zeigt die Häufigkeitsanalyse, daß sowohl in den gesprochenen Reden als auch in den 'Stenographischen Berichten' solche Gefügesätze eine Spitzenstellung einnehmen, die aus einem Trägersatz und e i n e m abhängigen Gefügeteil bestehen. Der relative Anteil dieses Konstruktionstyps beträgt für die geschriebene Textversion 50,71 % und für die gesprochenen Reden 46 % (TAB. 15). Diese Differenz von über 4 % zwischen beiden Kommunikationsmedien wirkt sich unmittelbar auf die Gefügesätze mit zwei, vier, fünf und über fünf abhängigen Gefügeteilen aus. Der quantitative Befund ergibt hier, daß in den gesprochenen Reden Gefügesätze mit mehr als einem abhängigen Gefügeteil häufiger als in den 'Stenographischen Berichten' vorkommen. Für die Transposition des gesprochenen Wortlautes in das Medium der geschriebenen Sprache bedeutet dieses Ergebnis, daß die Parlamentsstenographen eher Tilgungen bzw. Integrationen in solchen Gefügesätzen vornehmen, die vom Sprecher mit mehreren abhängigen Gefügeteilen konstruiert sind. Auch hier gilt — wie bei den Längenbestimmungen der Gefügesätze —, daß syntaktisch komplexere Strukturen eher redundantes Sprachmaterial aufweisen als kürzere, sich auf den Inhalt der Aussage konzentrierende Sequenzen.[197]

Neben der Anzahl abhängiger Gefügeteile, die von einem Trägersatz regiert werden, kann bei einem Vergleich von gesprochener und geschriebener Sprache außerdem der Abhängigkeitsgrad für die Struktur der Gefüge von Bedeutung sein.

Das Ergebnis der Auswertung zeigt, daß in beiden Kommunikationsmedien weit über 50 % (gesprochen: 53,4 %, geschrieben 57,38 %) aller Gefügesätze nach dem Typ 'Trägersatz plus abhängiges Gefügeteil erster Ordnung' gebildet sind (TAB. 16). Hohe Abhängigkeitsgrade, d.h. sehr differenzierte Subordinationen, sind hingegen in den gesprochenen Reden sowie in den 'Stenographischen Berichten' selten, obwohl die Werte für die Gefügeteile dritten sowie vierten und höheren Grades in den gesprochenen Reden ca. 2 % über dem entsprechenden Wert der schriftsprachlichen Fassung liegen. Jedoch ist in beiden Textversionen der absolute und relative Anteil abhängiger Gefügeteile zweiten, dritten sowie vierten und höheren Grades insgesamt noch niedriger als der für abhängige Gefügeteile ersten Grades ermittelte Wert.

Dieses Ergebnis bestätigt die von EGGERS gemachten Beobachtungen im Hinblick auf Gefügesätze in der heutigen Schriftsprache und charakterisiert ebenfalls die gesprochenen Reden im Deutschen Bundestag:

"Nebensätze zweiten, dritten oder niedrigeren Grades finden sich nur noch in geringer Zahl."[198]

Das Auswertungskorpus enthält zahlreiche Beispiele dafür, daß sowohl die Sprecher als auch die Parlamentsstenographen häufig Gefügesätze lediglich mit mehreren abhängigen Gefügeteilen erster Ordnung konstruieren:

Das heißt,	/ (das heißt .)
KOMMENTARPARENTHESE	
wir haben im Jahr 1971	wir haben in dem Jahr neunzehn-hunderteinundsiebzig nicht
nicht damit rechnen können,	nicht damit rechnen können
TRÄGERSATZ	
daß die Geldentwertung so	,+ daß die Geldentwertung so
schnell voranschreitet.	schnell vor sich geht +,
1. ABH. GEFÜGETEIL 1. ORDNUNG	
Deshalb haben wir die Werte	/ und haben die Werte
nunmehr so angepaßt,	so angepaßt ...
TRÄGERSATZ	WEITERFÜHRUNG TRÄGERSATZ
daß sie	,+ daß se hier reinpassen
der wirtschaftlichen Ent-	den jeweiligen Entwertungs-
wicklung Rechnung tragen,	raten gemäß +,
2. ABH. GEFÜGETEIL 1. ORDNUNG	
und daß sie	,+ und daß sie
...	...
zumindest aufkommensneutral	aufkommensneutral
bleiben.	bleiben +,
3. ABH. GEFÜGETEIL 1. ORDNUNG	
Im übrigen wissen Sie,	(das heißt .)
TRÄGERSATZ	KOMMENTARPARENTHESE
daß sie	+, daß sie
in ihrer jetzigen Ausgestal-	
tung	
in ihrer Gesamtheit sogar	
einen entlastenden Effekt	einen entlastenden Effekt
haben.	haben
	in ihrer Gesamtheit +, .
4. ABH. GEFÜGETEIL 1. ORDNUNG	

(G 09/11)

Diese Aneinanderreihung mehrerer gleichrangiger Unterordnungen kann sowohl syndetisch als auch asyndetisch vorgenommen werden und bietet für Sprecher, Zuhörer und Leser in gleicher Weise kommunikative Vorteile,

"da der Sprecher sich mit einer derartigen Redeweise die Übersicht über die Gefüge erleichtert und die Akzeptabilität der Sinneinheiten beim Hörer (Leser) erhöht."[199]

Diejenigen Gefügesätze, die mit höheren Abhängigkeitsgraden konstruiert sind, enthalten vielfach uneingeleitete abhängige Gefügeteile:

	im übrigen
Wenn Sie mich in Ihre	,+ wenn Sie mich in Ihre
Fürsorge nehmen,	Fürsorge nehmen +,

1. ABH. GEFÜGETEIL 1. ORDNUNG

so muß ich Ihnen im übrigen	muß ich Ihnen
sagen:	sagen

TRÄGERSATZ

So schwach bin ich nicht,	s+ so schwach bin ich nicht +s

2. ABH. GEFÜGETEIL 1. ORDNUNG

und meine Spannweite ist	s+ und meine Spannweite ist
auch nicht so eng,	auch nicht so eng +s

3. ABH. GEFÜGETEIL 1. ORDNUNG

daß ich nicht verkraften	,+ daß ich nicht verkraften
könnte,	kann +,

1. ABH. GEFÜGETEIL 2. ORDNUNG

was ein Verteidigungsminister	,+ was en Verteidigungsminister
immer zu verkraften hat,	immer zu verkraften hat
ganz gleich,	ganz gleich +,

1. ABH. GEFÜGETEIL 3. ORDNUNG

woher er auch kommt.	,+ woher er auch kommt +, .

1. ABH. GEFÜGETEIL 4. ORDNUNG

(F 30)

Der Gebrauch uneingeleiteter abhängiger Gefügeteile in Kernform (Hauptsatzstellung des Verbs) entlastet den Sprechvorgang und ermöglicht dem Sprecher, seine Aufmerksamkeit primär auf den Inhalt der Aussage zu richten. Gerade Gefügesätze mit mehreren höheren Abhängigkeitsgraden lassen sich durch die Verwendung dieses Satztyps ohne größere Schwierigkeit übersichtlich gliedern, ohne daß die syntaktische Konstruktion zu kompliziert wird. Auf die Häufigkeit und den Gebrauch dieser syntaktischen Formungsmöglichkeit wird bei der Behandlung der Formen abhängiger Gefügeteile im folgenden näher eingegangen.

TABELLE 15: Häufigkeitsverteilung der Gefügesätze mit
x abhängigen Gefügeteilen (x von 1 bis über 5)

	GESCHRIEBEN			GESPROCHEN		
	Belege a.H. 493	gesamt r.H. 100 %	(Gefüge-teile) (890)	Belege a.H. 500	gesamt r.H. 100 %	(Gefüge-teile) (970)
Anzahl der Gefügesätze mit						
1 abhängigen GT	250	50,71	(250)	230	46,00	(230)
2 abhängigen GT'n	143	29,01	(286)	159	31,80	(318)
3 "	65	13,18	(195)	60	12,00	(180)
4 "	21	4,26	(84)	28	5,60	(112)
5 "	10	2,03	(50)	15	3,00	(75)
über 5"	4	0,81	(25)	8	1,60	(55)

TABELLE 16: Häufigkeitsverteilung der Abhängigkeitsgrade
abhängiger Gefügeteile

	GESCHRIEBEN		GESPROCHEN	
	Belege a.H. 890	gesamt r.H. 100 %	Belege a.H. 970	gesamt r.H. 100 %
Anzahl der abhängigen Ge-fügeteile				
1. Grades	510	57,38	518	53,40
2. Grades	265	29,78	285	29,38
3. Grades	68	7,64	95	9,79
4. Grades u. mehr	47	5,28	72	7,43

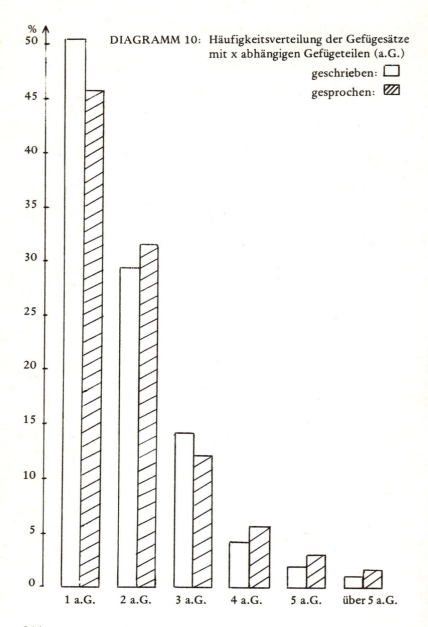

DIAGRAMM 10: Häufigkeitsverteilung der Gefügesätze mit x abhängigen Gefügeteilen (a.G.)

geschrieben: ☐
gesprochen: ▨

3.3.4.3. Formen abhängiger Gefügeteile

Die spezifizierende Aufgliederung der Formen abhängiger Gefügeteile wurde nach verschiedenen Realisierungsmöglichkeiten durchgeführt, deren Häufigkeitsverteilung in den gesprochenen und verschriftlichten Bundestagsreden im folgenden vorgestellt und anhand ausgewählter Beispiele interpretiert werden soll. Hierbei gilt es, einen Schwerpunkt auf solche syntaktischen Kodierungsformen zu setzen, für die im Auswertungskorpus deutliche Unterschiede zwischen beiden Kommunikationsmedien nachgewiesen werden können.[200]

(1) S p a n n f o r m : Abhängige Gefügeteile in Spannform weisen am Anfang eine pronominale oder konjunktionale/adverbiale Einleitungsformel auf und sind durch die Endstellung der finiten Verbform gekennzeichnet:

Das ist ein Vorschlag. *den* ich in der Beratung zu überdenken *bitte*.	das ist ein Vorschlag ,+ *den* ich in der Beratung zu überdenken *bitte* +, . (N 45)
Die Tatsache, *daß* die Industrie dafür einen Arbeitskreis *gegründet hat*, zeigt, *daß* sie die Dinge genauso *sieht*.	und die Tatsache ,+ *daß* die Industrie einen Arbeitskreis dafür *gegründet hat* +, zeigt (ja) ,+ *daß* sie hier die Dinge genauso *sieht* +, . (K 19)

Das Ergebnis der Auswertung zeigt, daß dieser Konstruktionstyp in beiden Textversionen weitaus am häufigsten vertreten ist; sein Anteil beträgt für die gesprochenen Reden 67,01 % und für die 'Stenographischen Berichte' 71,35 % (TAB. 17/DIAGR. 11).

Sprecher und Schreiber kodieren hierbei die abhängigen Gefügeteile nach normativen Mustern, wie sie z.B. die Duden-Grammatik für die geschriebene Sprache kodifiziert:

"In eingebetteten Sätzen mit Einleitewort (abhängige Gefügeteile in Spannform) steht die Personalform am Ende des Satzes".[201]

Wie aus den o.a. Werten ersichtlich wird, liegt jedoch der Anteil abhängiger Gefügeteile in Spannform in den gesprochenen Reden um über 4 % niedriger als in den 'Stenographischen Berichten'. Dieser deutliche Unterschied dürfte im wesentlichen durch die in der gesprochenen Textversion häufiger zu beobachtende Form der Ausklammerung bedingt sein.

245

(2) A u s k l a m m e r u n g : Bei der Ausklammerung handelt es sich um eine

"Satzbauweise, bei der Satzteile ... außerhalb der verbalen Klammer oder der Spannsatzklammer, d.h. im Nachfeld, stehen."[202]

Diese Bauform abhängiger Gefügeteile erweist sich als ein typisches Merkmal der gesprochenen Bundestagsreden.[203] Der Vergleich beider Textversionen ergibt für diese Kodierungsweise ein Verhältnis von 1,91 : 6,19 %.

Zahlreiche Beispiele belegen, daß vielfach solche Sequenzen ausgeklammert werden, denen die Sprecher einen besonderen Akzent verleihen möchten:

Gerade deshalb sage ich ausdrücklich: Wir wissen, daß wir etwas *für eine höchstmögliche* *Sicherheit in der Energie-* *versorgung* zu zahlen haben.	und ich möchte ausdrücklich sagen s+ wir wissen +s ,+ daß wir etwas zu zahlen haben *für eine höchstmögliche* *Sicherheit in der Energie-* *versorgung +, .* <div align="right">(P 32)</div>
Im übrigen aber behalten wir uns vor, weil wir *an diesem Gesetz* besonders interessiert sind, ...	/ im übrigen aber behalten wir vor ,+ weil wir eben besonders intressiert sind *an diesem Gesetz +,* ... <div align="right">(J 22)</div>
Antwort: Das hat sich *in dem gestrigen Kabinetts-* *beschluß* niedergeschlagen.	ich muß sagen s+ das hat sich niederge- schlagen *in dem gestrigen Kabinetts-* *beschluß +s .* <div align="right">(M 25)</div>

So bestimmt auch BENEŠ die Ausklammerung von Präpositionalgruppen vor allem als einen 'stilistischen Effekt', der eine intensive Hervorhebung wichtiger Informationen mit sich bringt.[204] Diese Beobachtung wird durch das vorliegende Auswertungskorpus bestätigt: Bei über 90 % aller Ausklammerungen handelt es sich um präpositionale Ergänzungen.

Jedoch tragen derartige syntaktische Besonderheiten nicht immer den Kern der eigentlichen Aussage. Ausklammerungen können vielfach auch dadurch bedingt sein, daß den Rednern häufig während des Formulierungsprozesses einzelne Wörter oder Wortgruppen nicht präsent sind, die dann außerhalb der Satzklammer nachgetragen werden:

246

Im übrigen wissen Sie, daß sie in ihrer jetzigen Ausgestaltung *in ihrer Gesamtheit* sogar einen entlastenden Effekt haben.	(das heißt .) ,+ daß sie einen entlastenden Effekt haben *in ihrer Gesamtheit* +, . (G 11)
... Wobei wir uns im übrigen *auch mit den Grundlagen-* *forschern heute* einig sind, ...	... ,+ wobei wir uns im übrigen einig sind *auch mit den Grundlagen-* *forschern heute* +, ... (K 47)
Nachdem auf diese Anfragen, *in deren Beantwortung* versprochen wurde, ...	,+ nachdem auf diese Anfragen ,+ in denen versprochen wurde *in der Antwort* +, ... (N 05)

Wie die Beispiele zeigen, enthalten die Ausklammerungen präzisierende Ergänzungen zu den innerhalb der Satzklammer gemachten Aussagen.

Neben diesen möglicherweise durch sprecherseitige Beschänkungen (z.b. Unkonzentriertheit) bedingten Ausklammerungen finden sich solche Sequenzen, die außerhalb der verbalen Klammer stehen, vielfach in komplexen Redeeinheiten. Die besondere Funktion derartiger Ausklammerungen in der gesprochenen Sprache betont STEGER:

"Wo Elemente der gesprochenen Sprache ... eingesetzt werden, können sie
– besonders durch die Aufgabe syntaktischer Raffinessen, wie z.b. der Satzumklammerung, die wenig leisten – zu einer Entlastung führen, die der Leistungskraft des sprachlichen Zugriffs, etwa durch größere Überschaubarkeit der linearen Zeichenketten, zugute kommt".[205]

Die folgenden Beispiele belegen, daß die ausgeklammerten Präpositionalgruppen eine wesentliche Konstruktionserleichterung für die Sprecher bedeuten:

Die Folge wird sein, daß jetzt andere Länder *auf Grund des Drucks,* in dem sie sich befinden, zusätzliche nationale Maß- nahmen treffen.	die Folge wird sein ,+ daß jetzt andre Länder zusätzliche nationale Maß- nahmen bestimmen *auf Grund des Drucks* +, ,+ in dem sie sich in ihren Ländern befinden +, . (L 24)

Sie haben dem Bundeskanzler
A. ein sehr großes Lob

wegen seiner Politik
gespendet,
weil sie die Voraussetzung
der Entspannungspolitik,

also unsere Sicherheit
durch das westliche
Bündnis,
erst möglich gemacht habe.

Ich möchte zunächst noch
einmal betonen, daß wir
natürlich alle

an einer höchstmöglichen
Sicherheit in der Energie-
versorgung
interessiert sind,
und daß wir zu dieser auch

durch die Bereitstellung
der erforderlichen Mengen
von Steinkohle für die
Verstromung
beitragen müssen.

Sie haben dem Bundeskanzler
A. ein sehr großes Lob
gespendet
wegen seiner Politik +,

,+ die
die Entspannungspolitik
möglich macht
also die Eingliederung
in das westliche
Bündnis +,.

(O 07)

ich möchte hier aber noch
einmal betonen ,+ daß wir
natürlich alle
intressiert sind
an einer höchstmöglichen
Sicherheit in der Energie-
versorgung +,

,+ und daß wir hierzu auch
beitragen müssen
durch die Bereitstellung
der erforderlichen Mengen
von Steinkohle bei der
Verstromung +,.

(P 06)

Es wird deutlich, daß die Ausklammerung bestimmter Satzteile dem
Sprecher die Möglichkeit bietet, die einzelnen Teileinheiten zunächst abzuschließen, bevor er mit einem weiteren Gefügeteil seine Äußerung fortsetzt. Eine derartige syntaktische Planung bedeutet eine hilfreiche 'Konstruktionsstütze', mit der möglicherweise die für die gesprochenen Reden
typischen /-Sequenzen reduziert werden können.[206] Den Zuhörern stellt
die Artikulation abgeschlossener Sinneinheiten eine wesentliche Hilfe
bereit, dem Gedankengang des Redners zu folgen.

Der Vergleich mit der schriftsprachlichen Fassung zeigt, daß in den 'Stenographischen Berichten' ausgeklammerte Sequenzen grundsätzlich in den
Satzverband nach dem normierten Klammerprinzip integriert werden.

(3) K e r n f o r m : Abhängige Gefügeteile in Kernform werden in der
Duden-Grammatik als 'eingebettete Sätze ohne Einleitewort' gekennzeichnet. Im Hinblick auf ihre Indizierung wird festgestellt:

248

"Da diesen Sätzen das von dem Einleitewort gebildete Eröffnungssignal fehlt, kann man sie nur an dem inhaltlichen Abhängigkeitsverhältnis erkennen, das zwischen den Teilsätzen besteht. Dazu tritt als Erkennungszeichen — soweit noch üblich — der Konjunktiv ..."[207]

Als Kriterien für abhängige Gefügeteile in Kernform sind also das Abhängigkeitsverhältnis und evtl. der Konjunktiv im abhängigen Gefügeteil maßgeblich.[208]

Diese Merkmale werden im Transkriptionsformular der Forschungsstelle Freiburg dahingehend spezifiziert, daß ein einheitlicher semantischer Bereich von Verben in den Trägersätzen bestimmte Typen von uneingeleiteten abhängigen Gefügeteilen regiert. Als häufigste Trägersatzlexeme werden die Verben *sagen, glauben, meinen* und *finden* (= *halten für*) festgestellt.[209]

Weiterhin gelten als Kriterien der Abhängigkeit:

a) die Ersetzbarkeit des uneingeleiteten abhängigen Gefügeteils durch eine *daß*-Konstruktion,

b) die Ersatzbarkeit durch eine *ob* — oder *als ob* — Konstruktion,

c) die Ersatzbarkeit durch eine *wenn* -Konstruktion (uneingeleitete abhängige Umstandssätze) sowie

d) das Fragepronomen oder -adverb, das nicht mit der Endstellung des Verbs gekoppelt ist.[210]

Der Anteil abhängiger Gefügeteile in Kernform beträgt für die gesprochenen Reden 14,54 %, für die 'Stenographischen Berichte' 13,48 % (TAB. 17), so daß sich die Verwendung uneingeleiteter abhängiger Gefügeteile also eher als ein Spezifikum der gesprochenen als der verschriftlichten Texte ausweist.

Als mögliche Erklärung für diese unterschiedlichen Häufigkeiten können zunächst wiederum die bereits erörterten Tilgungen gesprochener Sequenzen angenommen werden:

	und ich glaube
Die Opposition wäre gut	s+ die Opposition wäre gut
beraten, ...	beraten +s ...
	(C 47)

	ich kann Ihnen nur sagen
Sie müßten mir	s+ ... Sie müßten mir
einen Punkt nennen, ...	einen Punkt nennen +s ...
	(F 11)

	Sie können sehn
Die Große Anfrage wird	s+ die Große Anfrage wird
beantwortet.	beantwortet +s .
	(M 12)

In diesen und ähnlichen Beispielen wird durch die Eliminierung des Trägersatzes das in der gesprochenen Fassung verwendete abhängige Gefügeteil in Kernform zu einem Einfachsatz bzw. Trägersatz für weitere abhängige Gefügeteile transformiert. Es ist bemerkenswert, daß diese kurzen Trägersätze kaum der Übermittlung von Sachinformationen dienen, sondern eher als bedeutungsleere Einleiteformeln in den gesprochenen Reden fungieren; sie werden daher in den 'Stenographischen Berichten' eliminiert.[211]

Eine weitere Möglichkeit, uneingeleitete abhängige Gefügeteile der gesprochenen Reden in der schriftkonstituierten Fassung zu tilgen, ist deren Umformung zu einem formal als abhängig gekennzeichneten Satz (abhängiges Gefügeteil in Spannform). Als Substitutionsmöglichkeit findet sich hier besonders häufig eine *daß*-Konstruktion:

Dann haben Sie davon geredet,	dann haben Sie davon geredet
daß es sich	s+ ... es handele sich (ja)
nur um konjunkturbedingte	nur um konjunkturbedingte
Mehreinnahmen handle, ...	Mehreinnahmen +s ...
	(B 40)

Ich glaube,	ich glaube
daß diese Entscheidung	s+ diese Entscheidung war
	sicher gezielt in einer
...	Art und Weise +s ... ,+ die
von hoher Verantwortung	von hoher Verantwortung ...
getragen war.	getragen ist +, .
	(C 51)

Ein Vergleich der Häufigkeiten abhängiger Gefügeteile in Kernform mit den durch die Konjunktion *daß* eingeleiteten abhängigen Gefügeteilen läßt erkennen, daß in beiden Textversionen ein Austauschprozeß zwischen diesen beiden syntaktischen Konstruktionsformen stattfindet: Während die gesprochenen Reden 14,54 % und die 'Stenographischen Berichte' 13,48 % uneingeleitete abhängige Gefügeteile aufweisen, zeigt der quantitative Befund im Hinblick auf das Vorkommen der Konjunktion *daß* ein umgekehrtes Zahlenverhältnis. Lediglich 45, 91 % der abhängigen Gefügeteile werden in der gesprochenen Textversion, jedoch 48,57 % in der geschriebenen Textversion mit *daß* eingeleitet (TAB. 19).

In der Verwendung des Konjunktivs, der nach der Duden-Definition als ein mögliches Kriterium der uneingeleiteten abhängigen Gefügeteile angesehen werden kann, lassen sich keine grundsätzlichen Unterschiede zwischen beiden Kommunikationsmedien feststellen. In der Regel wird der in den gesprochenen Texten verwendete Modus auch in die schriftkonstituierte Fassung übernommen. Nur vereinzelt treten Umformungen zugunsten des Konjunktivs in den 'Stenographischen Berichten' auf:

Da kann doch kein Mensch	da kann doch kein Mensch
sagen,	sagen
wir *seien* nicht bereit,	s+ wir *sind* nicht bereit +s
...	...
	(M 64)

Regularitäten für den Austausch zwischen Konjunktiv und Indikativ in beiden Textversionen können jedoch im Auswertungskorpus nicht festgestellt werden.

TABELLE 17: Häufigkeitsverteilung der Formen abhängiger Gefügeteile

	GESCHRIEBEN		GESPROCHEN	
	Belege a.H.	gesamt r.H.	Belege a.H.	gesamt r.H.
	890	100 %	970	100 %
Anzahl der abhängigen Gefügeteile				
Spannform	635	71,35	650	67,01
Ausklammerung	17	1,91	60	6,19
Kernform	120	13,48	141	14,54
Infinitivkonstruktion	118	13,26	119	12,26

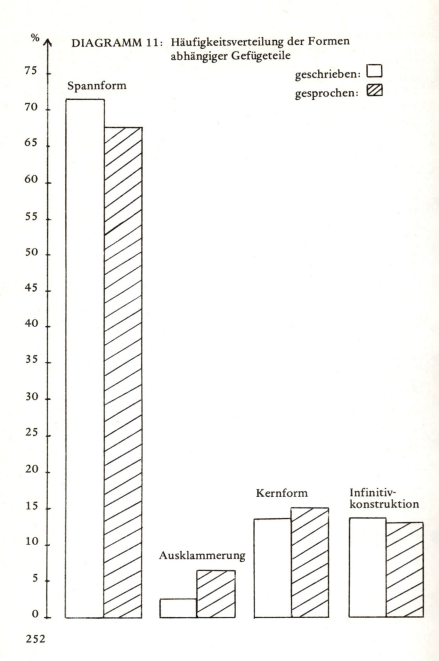

DIAGRAMM 11: Häufigkeitsverteilung der Formen abhängiger Gefügeteile

geschrieben: ☐
gesprochen: ▨

Spannform

Kernform

Infinitiv-konstruktion

Ausklammerung

TABELLE 18: Häufigkeitsverteilung der Funktionen abhängiger Gefügeteile

Anzahl der abhängigen Gefügeteile	GESCHRIEBEN Belege a.H.	gesamt r.H.	GESPROCHEN Belege a.H.	gesamt r.H.
	890	100 %	970	100 %
satzgliedwertig	625	70,22	676	69,73
Adverbialsätze	201	32,16	110	32,50
Objektsätze	346	55,36	374	55,33
Subjektsätze	74	11,84	77	11,39
Prädikativsätze	4	0,64	5	0,74
attributiv	259	29,10	282	29,07
weiterführend	6	0,68	12	1,24

TABELLE 19: Häufigkeitsverteilung der Einleitungen abhängiger Gefügeteile in Spannform

Anzahl aller abhängigen Gefügeteile in Spannform	GESCHRIEBEN Belege a.H.	gesamt r.H.	GESPROCHEN Belege a.H.	gesamt r.H.
	635	100 %	650	100 %
pronominal	215	33,86	220	33,85
konjunktional/adverbial	420	66,14	430	66,15
daß	204	48,57	197	45,81
wenn	64	15,24	79	18,37
als/wie	52	12,38	47	10,93
da/weil	31	7,38	31	7,21
wonach/wogegen	18	4,29	25	5,81
ob	15	3,57	17	3,95
sonstige	36	8,57	34	7,92

253

3.3.5. Analyse der Parenthesen

3.3.5.1. Begriffsbestimmung

Bei der Analyse gesprochener Reden und deren schriftlich aufgezeichneter Version in den 'Stenographischen Berichten' zeigt sich, daß häufig die Satzkonstruktionen durch 'Einschübe' oder 'Einschachtelungen' unterbrochen werden, die "außerhalb des eigentlichen Satzverbandes stehen"[212].

Unter diese Parenthese-Definition, wie die Duden-Grammatik sie festlegt, fallen (1) die Interjektionen, (2) die Anredenominative, (3) die absoluten Nominative sowie (4) die Schaltsätze.

Aus der Fülle von Beispielen, die das Auswertungskorpus enthält, soll für jede dieser Formen ein Beleg zur Erläuterung vorgestellt werden[213]:

(1) (*nein*) ich halte (*nich wahr*)
     das für einen Agitationsantrag ...

                    (E 33)

(2) (*Herr Präsident*) (*meine Damen und Herren*)

(3) ... (*Datenverarbeitung*) (*Datenverarbeitung*) ...
     da is ... der Haushaltspolitiker mit Ihnen durchgegangen .

                    (B 53)

(4) aber die Opposition
     (*und das war für mich interessant.*)
     ging auch hier weiter ...

                    (G 34)

In einer Untersuchung, die auf dem Korpus gesprochener deutscher Standardsprache der Freiburger Forschungsstelle basiert, legt BAYER der Analyse von Parenthesen ein zweigeteiltes Funktionsmodell zugrunde; er versucht, das Vorkommen von Parenthesen im Rahmen des Kommunikationsvorganges unter funktionalen Aspekten zu beschreiben, und unterscheidet Parenthesen mit kontaktbezogener (Funktionstyp I) und kommentierender Funktion (Funktionstyp II)[214]:

"Die Parenthesen des Funktionstyps I haben die Aufgabe, den physischen und psychischen Kontakt zwischen den Sprechern bzw. Hörern zu steuern. Anreden, stereotype Floskeln, Partikeln, besonders häufig das Element (ja), kündigen die Äußerungen eines Sprechers an, versichern ihn der Kontinuität der Aufmerksamkeit seiner Zuhörer, fordern den Gesprächspartner nun seinerseits zum Sprechen auf. Außerdem dienen die Parenthesen der Funktion I der Herstellung und Aufrechterhaltung eines minimalen emotionalen Gleichgewichtes innerhalb der kommunizierenden Gruppe."

"Die Parenthesen des Funktionstyps II entsprechen weitgehend dem, was auch die traditionelle Rhetorik als Funktion der 'rhetorischen' Parenthesen anführt: In den Gedankenablauf wird — als Nebengedanke und 'Kommentar zur Grundaussage' — ein Einschub gemacht, der sich auf die Bedeutung eines etwa unbekannten Wortes, auf die Formulierung und Gliederung oder auf den Inhalt der Nachricht bezieht."[215]

Dieses zweigeteilte Funktionsmodell bietet sich für die Auswertung des vorliegenden Sprachmaterials sowie den kontrastierenden Vergleich beider Textversionen besonders an, da die Bestimmung kontaktbezogener und kommentierender Parenthesen mit Rücksicht auf die Kommunikationssituation vorgenommen wurde. Ihre Verteilung und Häufigkeit können in besonderer Weise belegen, daß für die gesprochenen Reden im Deutschen Bundestag und deren verschriftlichter Version in den 'Stenographischen Berichten' verschiedene Kommunikationssituationen angenommen werden müssen, die den unterschiedlichen Einsatz sprachlicher Mittel in beiden Medien notwendig machen.

3.3.5.2. Häufigkeit und Verwendung

Das Ergebnis der Auswertung zeigt, daß die absolute Häufigkeit aller Parenthesen in den gesprochenen Reden überwiegt: Das Verhältnis beträgt 476 : 293 (TAB. 20/DIAGR. 12).

Eine Differenzierung der Parenthesen nach den o.a. Funktionstypen läßt deutlich erkennen, daß sich der Gebrauch von Kontaktparenthesen als ein typisches Merkmal der gesprochenen Bundestagsreden ausweist. Ihr Anteil am Gesamtvorkommen aller Parenthesen beträgt 61 %, während Kommentarparenthesen lediglich einen Wert von 39 % erreichen. In den 'Stenographischen Berichten' ist das Verhältnis zwischen Kontakt- und Kommentarparenthesen hingegen nahezu ausgeglichen (49 % : 51 %).

Die Zahlenverhältnisse machen offenkundig, wie sehr Parenthesen der Funktion I mit der Kommunikationssituation des mündlichen Vortrags verschränkt sind, kommentierende Parenthesen (Funktion II) hingegen, die zusätzliche Informationsgehalte vermitteln, den Intentionen der Schreiber der 'Stenographischen Berichte' sehr entgegenkommen:

Im Unterschied zu den Parlamentsstenographen verwenden die Redner sehr häufig Kontaktparenthesen als direkte Anreden, die dem unmittelbaren Kontakt zwischen ihnen und den Zuhörern im Plenarsaal dienen, indem sie vor allem die Eröffnung und Aufrechterhaltung der sprachlichen Interaktion zwischen den Kommunikationspartnern regeln. Da diese Formeln keinen eigentlichen Informationswert besitzen, werden sie in den 'Stenographischen Berichten' auf ein Minimum reduziert:

Gerade an dieser Stelle weiß es die Opposition besser.	denn (*meine Damen und Herrn*) an der Stelle wissen Sie es als Opposition besser. (H 24)
Ich darf jetzt noch kurz auf die Frage eingehen, ...	darf ich jetzt noch (*Herr Kollege L.*) ganz kurz auf die Frage eingehn? ... (K 01)
Aber das ist kein Argument.	aber das is kein Argument (*mein Herr*) (*mein lieber Herr L.*) . (B 15)

Diese und zahlreiche weitere Belege im Auswertungskorpus verweisen
auf die unterschiedlichen kommunikativen Bedingungen beider Textversionen:

Durch die häufigen stereotypen Wiederholungen formelhafter Anredesequenzen, die sich zumeist auf einige wenige Formungsmöglichkeiten
beschränken[216], appeliert der Sprecher an die Aufmerksamkeit seiner
Zuhörer, damit die nachfolgenden, inhaltlich wichtigen Informationen
adäquat aufgenommen werden können. Als Steuerungselemente des
Kommunikationsablaufs übernehmen kontaktbezogene Parenthesen somit eine wichtige Funktion innerhalb der gesprochenen Sprache.

Außerdem bedeutet die wiederholte Verwendung sprechüblicher Anredeformeln für den Redner eine hilfreiche Entlastung im Hinblick auf die
sprachliche Formulierung der zu vermittelnden Inhalte, da solche Sequenzen weitgehend mechanisch und ohne Reflexion in der unmittelbaren
Sprechsituation verwendbar sind.

Die 'Stenographischen Berichte' als 'schriftkonstituierte' Texte abstrahieren jedoch vom unmittelbaren Situationskontext der gesprochenen Reden; daher verlieren hier derartige Anredesequenzen als mögliche Steuerungselemente weitgehend ihre kommunikative Funktion. Sie werden
− wie das Belegmaterial zeigt − während des Verschriftlichungsprozesses
erheblich reduziert, so daß im gesamten Auswertungskorpus den 159
Anredeformeln der gesprochenen Reden nur noch 105 in der verschriftlichten Textversion gegenüberstehen (TAB. 21/DIAGR. 13).

Ebenso werden Redeeinleitungen, die lediglich der Hinführung zu einer
folgenden Informationsübermittlung dienen, in den 'Stenographischen
Berichten' weitgehend auf ein Minimum beschränkt:

<table>
<tr><td>

Über das Wort "Reform"
kann man lange diskutieren.

</td><td>

(*nun*) über das Wort Reform
kann man lange diskutieren .
(A 47)

</td></tr>
<tr><td colspan="2">

(K., CDU/CSU: Wir hatten gute Fachminister.)

</td></tr>
<tr><td>

Herr Kollege K.,
Sie können doch bitte
hier heraufkommen.

</td><td>

(*also*) (Herr Kollege K.)
Sie könn doch bitte
da rausgehn .
(M 28)

</td></tr>
<tr><td>

(Zwischenfrage des Abg. P.)
Darauf antworte ich sehr
gern, Herr Kol-
lege P.

</td><td>

(*ja*) darauf kann ich sehr
gerne antworten (Herr Kol-
lege P.) .
(O 34)

</td></tr>
</table>

Diese informationsleeren 'Kontaktwörter'[217] – BAYER bezeichnet sie als 'kommunikative Floskeln' –, mit denen die Redner situationsbedingt ihre Äußerungen einleiten, haben nicht nur eine bestätigende Funktion im Hinblick auf die vom Vorredner gemachten Aussagen bzw. die von Abgeordneten im Plenum den Kommunikationsablauf unterbrechenden Zurufe und Zwischenfragen; ihre besondere Bedeutung für den Redeablauf liegt zugleich darin, daß sie

"die psychischen Voraussetzungen und den physischen Kanal für die Kommunikation ... schaffen."[218]

Bereits WUNDERLICH bezeichnete die Verwendung solcher Wörter als ein Charakteristikum der gesprochenen Sprache ('Umgangssprache'):

"Vielleicht nirgends zeigen sich Umgangssprache und Schriftsprache in so schroffem Gegensatz als gerade in ihrer Eröffnungsform."[219]

Kontaktparenthesen finden sich jedoch nicht nur am Anfang, sie markieren ebenso häufig das Ende eines Gedankenganges, wobei ihnen dann vielfach eine resümierende Funktion nach Art einer Selbstbestätigung zukommt:

<table>
<tr><td>

Ich bin der Meinung,
es wird höchste Zeit,
daß das, was wir

für die Kriegsopfer hier

vorschlagen,

auch über die Bühne geht
und beschlossen wird,
daß es von Ihnen
nicht länger als notwendig

</td><td>

/ ich bin der Meinung
,+ daß es höchste Zeit wird +,
,+ daß wir das ,+ was wir
vorhaben
im Interesse der Kriegs-
opfer +,

daß das hier
auch über die Bühne geht
und beschlossen wird
und von Ihnen
nicht länger als nötig

</td></tr>
</table>

aufgehalten wird.	aufgehalten wird +, (*nicht wahr*) . <div align="right">(E 28)</div>
Außerdem sind Sie seit 1966 mit in der Regierung.	/ ... außerdem sind Sie seit ... sechsensechzig mit in der Regierung (*also*) . <div align="right">(J 11)</div>

Auch innerhalb gesprochener Sequenzen verwenden Redner 'Kontaktwörter'; sie wollen sich mit ihrer Hilfe auch während des Kommunikationsablaufs vergewissern, ob eine Verständigung zwischen ihnen und den Zuhörern möglich ist:

Ich darf zu den einzelnen Vorwürfen, die hier in Hülle und Fülle vorgetragen worden sind, kurz Stellung nehmen.	/ ich darf zu den einzelnen einzelnen Vorwürfen, die wirklich (*ja*) in in Hülle und Fülle hier vorgetragen worden sind, kurz Stellung nehmen . <div align="right">(B 02)</div>

Gleichzeitig erfolgt durch den Einschub solcher Sequenzen eine Einflußnahme auf die Hörerhaltung, indem die Sprecher versuchen, ihre Zuhörer zu zustimmender oder auch ablehnender Reaktion zu bewegen.

Der quantitative Befund über die Häufigkeit derartiger 'kommunikativer Floskeln' in beiden Textversionen bestätigt, daß in den 'Stenographischen Berichten' dieser unmittelbare Kontakt zwischen Schreiber und Leser nicht gegeben ist:

Während die gesprochenen Reden insgesamt 129 'Kontaktwörter' enthalten, beträgt ihr Anteil in den 'Stenographischen Berichten' lediglich 39.[220] Das Ergebnis macht zugleich deutlich, daß diese Art kontaktbezogener Parenthesen während des Verschriftlichungsprozesses weitaus häufiger getilgt wird als die eingangs besprochenen Anredeformeln (TAB. 21/ DIAGR. 13).

Die Eliminierung solcher Einschübe in der schriftsprachlichen Fassung führt jedoch keineswegs zu einer Kommunikationsstörung; vielmehr bewirkt sie eine stärkere Konzentration auf die Übermittlung der inhaltlich wichtigen Informationen.

Aufgrund der quantitativen Untersuchung kontaktbezogener Parenthesen insgesamt kann also für das vorliegende Auswertungskorpus festgehalten werden, daß diese sprachlichen Sequenzen weitaus häufiger in den gesprochenen Reden als in den 'Stenographischen Berichten' nachgewiesen werden können; ihr Vorkommen ist als ein grundsätzliches Differenzierungskriterium für die Unterscheidung von mündlicher und schriftlicher Kommunikation zu bewerten. Als notwendige 'kommunikationssteuernde' Elemente sind sie konstitutiv für den Redeablauf und bedeuten wegen ihrer Formelhaftigkeit und der damit verbundenen hohen Redundanz eine wesentliche Entlastung für die Kommunikationspartner.

Bei der Verwendung kommentierender Parenthesen (Funktion II) geht es

> "keineswegs um (eine) formelhafte Kombination und Wiederholung einer geringen Zahl lexikalischer Elemente",[221]

die lediglich den Kontakt zwischen Redner und Zuhörer steuern sollen; vielmehr steht bei dieser Form von Parenthesen die Übermittlung von Sachinformationen als Erläuterung zu gemachten Äußerungen im Vordergrund.

SCHNEIDER stellt in diesem Zusammenhang fest:

> "Dem Hauptgedanken, den er (der Sprecher) aussprechen will, drängen sich ein oder mehrere Nebengedanken zu, die vielleicht für die Aussage nicht wesentlich sind, aber dazu dienen können, sie zu verdeutlichen, zu veranschaulichen, zu begründen, einzuschränken oder zu verstärken".[222]

Die Unterbrechungen des syntaktischen Zusammenhangs gesprochener Äußerungen durch den gezielten Einsatz kommentierender Parenthesen lassen den bereits erwähnten assoziativen Charakter der Sprechsprache im Unterschied zur reflektierenden Schriftsprache deutlich werden, der die Andersartigkeit beider Kommunikationsmedien wesentlich mitbestimmt.

Auf den unmittelbaren Zusammenhang von Parenthesenbildung und assoziativer Sprechweise verweist auch ADMONI:

> "(Die Parenthese) tritt gewöhnlich auf als Ausdruck für einen Gedanken, der während des Ablaufs des einschließenden Satzes dem Sprechenden einfällt und semantisch mit dem Inhalt des Muttersatzes irgendwie zusammenhängt, ohne daß dieser Zusammenhang irgendwelche grammatische Formung erfährt".[223]

Sowohl SCHNEIDER als auch ADMONI kennzeichnen treffend die besonderen Bedingungen und Wirkungen kommentierender Parenthesen in der gesprochenen Sprache. Allerdings darf diese generelle Charakterisierung im Hinblick auf das vorliegende Untersuchungsmaterial nicht überbewertet werden, da ein erhöhter Anteil von Kommentarparenthesen in den gesprochenen Reden lediglich a b s o l u t nachgewiesen werden kann: Das Verhältnis beträgt 188 : 149. Die r e l a t i v e Häufigkeitsverteilung zeigt, daß die gesprochene Textversion erheblich weniger Parenthesen der Funktion II enthält als die 'Stenographischen Berichte'.

Dieser relativ hohe Unterschied von 12 % zwischen beiden Kommunikationsmedien ist im wesentlichen auf die überaus zahlreichen kontaktbezogenen Parenthesen (Funktion I) am Gesamtvorkommen aller Parenthesen zurückzuführen, so daß die relativen Werte die tatsächlichen Verhältnisse möglicherweise einseitig verzerren.

Die folgenden Überlegungen können daher lediglich Tendenzen aufzeigen, die die Auswirkungen des Verschriftlichungsprozesses auf die Verwendung von Kommentarparenthesen in beiden Textversionen näher kennzeichnen.

Die absolut höhere Häufigkeit kommentierender Parenthesen in der gesprochenen Sprache bestätigt zunächst die eingangs beschriebene Funktion derartiger Sequenzen in diesem Medium. Zugleich macht das Ergebnis das im Zusammenhang mit den Möglichkeiten syntaktischer Verschiebungen vorgestellte Phänomen der 'Tilgung' auch für diesen Bereich sprachlicher Kodierung offenkundig.

Im Hinblick auf die lexikalische Wertigkeit finden sich bei den eliminierten Kommentarparenthesen vor allem wiederum solche gesprochenen Sequenzen, in denen mit Hilfe von 'verba dicendi' bzw. 'verba sentiendi' die eigentlichen Aussageinhalte kommentierend erweitert werden.[224]

So enthält das Auswertungskorpus zahlreiche Belege dafür, daß etwa gesprochene Wendungen, wie

(so meine ich .), (mein ich .), (ich würde wirklich sagen .), (das sage ich .), (hier mach ich natürlich eine kleine Bemerkung .), (glaub ich .), (das wissen wir .),

in der schriftkonstituierten Fassung der 'Stenographischen Berichte' ersatzlos gestrichen sind. Der Verschriftlichungsprozeß hat hier die mit den umgebenden Sätzen unverbundenen Kommentarparenthesen, die weitgehend informationsleer sind, absorbiert. Auch für diese vorwiegend standardisierten gesprochenen Redeteile gilt, daß sie weitgehend automatisch und ohne gleichzeitige Reflexion verwendet werden und ohne bewußte Kontrolle zu einer wesentlichen Entlastung des Sprechvorgangs beitragen. Da dieser Form kommentierender Parenthesen in der Schriftsprache kaum eine kommunikative Funktion zukommt, werden sie von den Parlamentsstenographen eliminiert.

Durch eine ähnliche Formelhaftigkeit sind in den gesprochenen Reden häufig zu beobachtende Überleitungssequenzen, wie etwa *das heißt, zum Beispiel, nämlich, und zwar* gekennzeichnet. Gerade in längeren, syntaktisch weit verzweigten Fügungen werden sie von den Rednern als 'Stützwörter' bei der Verbalisierung komplexer Gedankengänge eingesetzt:

Und trotzdem sind wir
nicht so weit gegangen
wie der frühere Bundes-
kanzler K., der seinem
Arbeitsminister den
Auftrag gab, doch einmal
zu überlegen, ob nicht
die Grundrenten ganz in
Fortfall kommen könnten.

(Beifall bei der SPD.)

Wir müssen auch diejenigen
sehen
die in Arbeit stehen,
und die durchaus in
der Lage sind,
durch Arbeit,
durch ihre Leistung
ihr Einkommen
zu verbessern

/ und (äh) trotzdem sind wir
doch nicht so weit gegangen
als der frühere Bundes-
kanzler K. ,+ der seinem
früheren Arbeitsminister den
Auftrag gab +, i+ doch mal
zu überlegen +i ,+ ob nicht
die Grundrenten ganz in
Fortfall kommen könnten
(nich wahr)

/ (das heißt .)
auch für diejenigen +,

,+ die in Arbeit stehn +,
,+ und die (äh) durchaus in
der Lage sind +,
i+ auch durch (äh) Arbeit
und durch ihre Leistung
ihr Einkommen noch
zu verbessern +i .

(E 37/38)

Die Textstelle repräsentiert in der gesprochenen Fassung einen umfangreichen Gefügesatz, bestehend aus einem Trägersatz, sechs abhängigen
Gefügeteilen sowie je einer Kontakt- und Kommentarparenthese. Aufgrund einer Unterbrechung des Redeablaufs durch Beifallsbekundungen
wird zunächst die Aussage mit Hilfe der kommunikationssteuernden
Formel *nich wahr* abgeschlossen. Nachdem im Plenum die notwendige
Ruhe eingetreten ist, äußert der Sprecher die kommentierende Überlei-
tungsformel *das heißt*, die es ihm ermöglicht, unvermittelt in seinen Ausführungen fortzufahren. Die sich anschließenden neuen Denkinhalte werden hier also durch eine kurze, formelhafte Wendung eingeleitet und in
hypotaktischen Gefügeteilen weitergeführt. Die dadurch entstehende
Durchbrechung des Klammerprinzips — die präpositionale Ergänzung
auch für diejenigen steht außerhalb der in abhängigen Gefügeteilen üblichen verbalen Satzklammer — stellt eine zusätzliche Formulierungshilfe
dar: Der Redner kann ohne Schwierigkeiten an die ausgeklammerte Ergänzung weitere untergeordnete Gefügeteile anschließen.[225]

In der schriftsprachlichen Fassung wird diese umfangreiche Periode nunmehr auf zwei Gefügesätze reduziert, wobei außer der Kontaktparenthese
auch die überleitende Kommentarparenthese getilgt ist, da sie hier ihre
erläuternde und zugleich den Formulierungsprozeß unterstützende Funktion weitgehend verliert.

Das Auswertungskorpus enthält weiterhin zahlreiche Beispiele dafür, daß bei der redaktionellen Bearbeitung des gesprochenen Wortlauts vielfach solche Kommentarparenthesen gestrichen werden, mit denen die Redner einen inhaltlichen Zusammenhang des vorzustellenden Sachverhalts mit zuvor von anderen Abgeordneten dargelegten Äußerungen herstellen wollen:

Die Opposition hat schon	/ (äh) die Opposition hat schon neunzehnhundert (*Sie sagten das* .)
1969 die Gewerbesteuersenkung gefordert.	neunzehnhundertneunundsechzig die Gewerbesteuersenkung gefordert . (Herr H.) (*auch das war für mich interessant* .) (äh)
Komischerweise haben Sie dies erst zu einem Zeit- punkt gefordert, als Sie in der Opposition waren.	denn Sie haben sie erst zu dem Zeit- punkt gefordert ,+ als Sie in der Opposition waren +, . (G 39/40)
	(*übrigens dies auch ne Frage von Ihnen* .)
Das ist übrigens eines der Gebiete, in denen bereits	dies is eines der Gebiete ,+ in dem schon die meisten
sozialwissenschaftliche Begleitaufträge erteilt worden sind, ...	sozialwissenschaftlichen Begleitaufträge erteilt worden sind +, ... (K 35)

In den vorgestellten Textbelegen kommentieren die Abgeordneten ihre eigenen Redebeiträge durch zusätzliche Hinweise auf Aussagen vorheriger Sprecher. Für die Zuhörer bedeuten derartige Verweise eine Orientierungshilfe im Hinblick auf das Verständnis der in der gesamten Debatte anstehenden Thematik.

Da der Leser der 'Stenographischen Berichte' stets die Möglichkeit des wiederholten Durchlesens vorheriger Reden hat, sind diese kommentierenden Sequenzen in der schriftkonstituierten Fassung weitgehend überflüssig.

Die angeführten Beispiele deuten zugleich darauf hin, daß hier die Funktion der eliminierten Kommentarparenthesen den eingangs besprochenen kontaktbezogenen Parenthesen und ihrer Bedeutung sehr ähnlich ist. Indem die Abgeordneten ihre eigenen Aussagen durch kommentierende Verweise erweitern, sprechen sie zugleich ihre Kommunikationspartner unmittelbar an und bewirken eine erhöhte Aufmerksamkeit.

Der Vollständigkeit halber sei abschließend auf eine weitere redaktionelle Bearbeitungsmöglichkeit kommentierender Parenthesen hingewiesen, die die absolut geringere Häufigkeit in den 'Stenographischen Berichten' bedingt und vereinzelt im Auswertungskorpus zu beobachten ist. Hierbei handelt es sich um eine integrierende Auflösung gesprochener Kommentarparenthesen, wie die nachfolgenden Beispiele zeigen:

Ich bin der Meinung	und ich bin der Meinung
daß	,+ daß er die Note gut
sowohl der Haushalt dieses	(*sowohl der Haushalt dieses*
Jahres als auch die mittel-	*Jahres als auch die mittel-*
fristige Finanzplanung	*frischtige Finanzplanung*)
die Note "gut"	
verdienen.	verdient +, .
	(C 53)

Vielleicht ist es doch	vielleicht is es doch
besser,	besser
	i+ zurückzukehren oder
	dazubleiben +i
haushaltspolitisch	(*haushaltspolitisch*
	mein ich .) ...
zu dem zurückzukehren oder	
bei dem zu bleiben, ...	
	(P 48)

In diesen und ähnlichen Fällen wird die von den Rednern in der gesprochenen Fassung vorgenommene nachträgliche Präzisierung der Aussage in den umgebenden Satz integriert. Dieser Integrationsprozeß bewirkt eine engere Bindung der gesprochenen, weitgehend assoziativ geäußerten Teilsequenzen im Satzverband und dient damit eher den formal-syntaktischen Erfordernissen der Schriftsprache.

Die Analyse einzelner Verwendungsmöglichkeiten gesprochener Kommentarparenthesen hat eine Reihe von Besonderheiten deutlich werden lassen, die den Verschriftlichungsprozeß und somit den gesprochenen Wortlaut der Reden kennzeichnen.

Die anhand von Einzelphänomenen gewonnenen Erkenntnisse über den Gebrauch von Kommentarparenthesen in beiden Kommunikationsmedien können jedoch kaum − wie es die Verteilung kontaktbezogener Parenthesen zuläßt − im Hinblick auf eine Abgrenzung des Gesamtbereichs gesprochene und geschriebene Sprache generalisiert werden. Die ermittelten Zahlenverhältnisse deuten vielmehr darauf hin, daß sowohl in gesprochenen als auch verschriftlichten Parlamentsreden häufig die syntaktischen Fügungen durch kommentierende Nachträge und Einschübe unterbrochen werden. Redner und Schreiber der 'Stenographischen Berichte' erachten es als notwendig, kommentierende Aussagen außerhalb der Satzkonstruktion den eigentlichen Informationen hinzuzufügen, damit eine reibungslose Verständigung zwischen den Kommunikationspartnern gewährleistet ist.

Aufgrund dieser Beobachtung ist zu vermuten, daß die Verwendung derartiger sprachlicher Prägungen eher textsorten-, nicht aber medienspezifisch geregelt ist. Die Zweckbestimmung sprachlicher Ausdrucksformen erfordert für die Textsorte 'politische Rede' in besonderem Maße, daß die Fülle der zu vermittelnden Sachverhalte und Informationen durch erläuternde Zusätze erweitert und präzisiert werden. Um diesen Anforderungen zu genügen, bedienen sich daher Sprecher und Schreiber nahezu gleichermaßen kommentierender Parenthesen.

Auf die Möglichkeit, das Vorkommen derartiger sprachlicher Sequenzen für eine Textsortendifferenzierung innerhalb der gesprochenen Sprache nutzbar zu machen, verweist BAYER:

> " K o m m e n t i e r e n d e Parenthesen als selbständige Einschübe, welche die Nachricht, in die sie eingeschoben sind, bezüglich Inhalt, Form oder bezüglich des benutzten Kodes kommentieren, sind vorwiegend nur in den weniger spontan gesprochenen Texten (wissenschaftlicher, politischer Provenienz u.ä.) zu identifizieren."[226]

Die von BAYER ausschließlich für die gesprochene Sprache vorgenommene Textsortendifferenzierung nach den Merkmalen 'spontan/weniger spontan' verweist auf die im Theorieteil der vorliegenden Arbeit durchgeführte Positionsbestimmung des ausgewählten Sprachmaterials: Aufgrund der dort beschriebenen extralinguistischen Merkmale sind sowohl die gesprochenen Bundestagsreden als auch die 'Stenographischen Berichte' weitgehend solchen Textsorten zuzuordnen, die durch das Typisierungskriterium 'weniger spontan' gekennzeichnet sind.[227] Diese Merkmalbestimmung läßt sich durch die Häufigkeitsverteilung kommentierender Parenthesen in beiden Textversionen bestätigen: Derartige Sequenzen werden in gesprochenen und verschriftlichten Bundestagsreden als textsortengebundene sprachliche Kodierungsmöglichkeiten nahezu gleich häufig verwendet.

Allerdings scheint es ein typisches Kennzeichen der gesprochenen Reden zu sein, daß die Verwendung von Kommentarparenthesen mit erheblichen Schwierigkeiten verbunden ist. So läßt das Auswertungskorpus erkennen, daß es den Abgeordneten vielfach nicht gelingt, den unterbrochenen Satz dort wieder aufzunehmen, wo er durch den kommentierenden Einschub zergliedert wurde.

Die Analyse syntaktisch nicht anschließbarer Sequenzen[228] zeigt deutlich, daß der Anteil derartiger, nach den Normen der Schriftsprache unkorrekter Fügungen in erhöhtem Maße festgestellt werden kann, wenn kommentierende Einschübe den Redefluß unterbrechen. Das Auswertungskorpus enthält zahlreiche Belege dafür, daß besonders beim Gebrauch mehrer oder längerer Kommentarparenthesen Wiederholungen gesprochener Sequenzen oder Abbrüche auftreten können, die in den 'Stenographischen Berichten' grundsätzlich eliminiert bzw. korrigiert werden:

	/ (und diese hundervierzig-Prozent bei der Höherbewertung) die ,+ die (ja) sagen +, (äh)
Doch so wie die Dinge liegen	,+ *so wie die Dinge liegen* +, (äh)
— das Bewertungsgesetz stammt ja noch aus der Zeit einer anderen Koalition;	(und das Bewertungsgesetz is noch aus ner andern Koalition .)
wir wollen uns da gegenseitig keine Vorwürfe über den Zeitdruck machen —,	(wir wolln uns da ganix mitenander hier vorwerfen .) (äh) ,+ *so wie die Dinge liegen* +,
müssen wir dieses Verfahren hinsichtlich der 140 % bei der Höherbewertung der Einheitswerte von 1964 notgedrungen einmal anwenden.	müssen wir dieses Verfahren mal notgedrungen anwenden . (A 20)
Was die Gewerbesteuer anbetrifft	/ ,+ was die Gewerbesteuer anbetrifft +, *so ist der Freibetrag*
— und daran sehen Sie, daß Sie zu Unrecht einen ersten, zweiten und dritten Eckwert kritisieren —, so haben wir auch hier die Eckwerte geändert, ...	(und Sie haben kritisiert erster zweiter dritter Eckwert .) *wir haben auch hier den Eckwert verändert* ... (G 29)
Wenn ein Staat, aus welchen Gründen auch immer, nicht in der Lage ist — und es ist seine Hauptaufgabe, die Bürger vor	/ ein Staat ,+ der aus welchen Gründen auch immer nicht in der Lage ist +, (und es ist seine Hauptaufgabe i+ die Bürger vor

Gewalttaten möglichst um-
fassend zu schützen —,

das zu tun
— und man könnte sehr viel
darüber nachsinnen, aus
welchen Gründen es bei uns
immer schwieriger wird,

Gewalttaten zu verhin-
dern —,

...

Gewalttaten möglichst um-
fassend zu schützen +i .)
,+ *wenn er aber aus welchen
Gründen auch nicht*

(man könnte sehr viel
darüber nachsinnen ,+ aus
welchen Gründen es
immer schwieriger wird
bei uns +,
i+ Gewalttaten zu verhin-
dern +i .)
*wenn der Staat dies nicht
kann +,*
...

(N 20)

Die Textbelege veranschaulichen, daß die Wiederholungen teilweise identischer Sequenzen für die Redner eine Konstruktionsstütze sowie für die
Zuhörer eine Verstehenshilfe darstellen, indem sie die Weiterführung und
das Verständnis der durch die Einschübe unterbrochenen Sätze wesentlich erleichtern. Die Leser der 'Stenographischen Berichte' bedürfen hingegen solcher Orientierungshilfen nicht: Treten bei ihnen durch die längeren Einschübe Verständnisschwierigkeiten auf, so haben sie die Möglichkeit, den gesamten Satz noch einmal zu lesen.

Gerade die Verwendung solcher Kommentarparenthesen, in denen relativ
viele Wörter gesprochen werden, führt zu einer Doppelartikulation identischer Sprachzeichen. Dieses Phänomen wird durch die unterschiedlichen
Längenwerte der Parenthesen bestätigt: Kommentierende Parenthesen
sind im Durchschnitt ca. 7 Wörter, kontaktbezogene Parenthesen ca.
2 Wörter lang (TAB. 22). Nach der Verwendung kurzer Kontaktparenthesen lassen sich daher in den Belegtexten auch kaum Wiederholungen bzw.
Abbrüche feststellen.

Die geringere Länge kontaktbezogener Parenthesen muß im unmittelbaren Zusammenhang mit ihrer Funktion gesehen werden: Ihre primäre
Aufgabe liegt in der Organisation des Kommunikationsvorgangs, wozu
nur wenige Wörter ausreichend sind. Die kommentierenden Parenthesen
sollen hingegen komplexe Inhalte vermitteln; sie bedürfen daher eines
größeren Aufwands sprachlicher Zeichen.

Diese Charakterisierung wird zugleich durch die unterschiedlichen syntaktischen Formungsmöglichkeiten beider Parenthesetypen bestätigt. Während Kontaktparenthesen als Anredeformeln bzw. den Kommunikationsablauf steuernde Verbindungselemente kaum einer syntaktischen Differenzierung bedürfen, gehört der weitaus größte Teil aller kommentierenden

Parenthesen den syntaktischen Grundmustern Einfach-, Gefügesatz sowie Gefügeteil an:

Von allen 188 gesprochenen Kommentarparenthesen erscheinen 82 als Einfachsätze, 15 als Gefügesätze und 32 als selbständig stehende Gefügeteile. Bei den übrigen 59 Parenthesen handelt es sich um die bereits erwähnten Elemente *und zwar, nämlich, zum Beispiel* u.ä., denen vor allem eine gliedernde Funktion innerhalb komplexer syntaktischer Fügungen zukommt.

Somit bestätigen die unterschiedlichen Längen sowie die verschiedenen syntaktischen Erscheinungsformen die jeweils spezifischen Funktionen beider Parenthesetypen.

TABELLE 20: Häufigkeitsverteilung der Parenthesen

	GESCHRIEBEN	GESPROCHEN
Anzahl aller Parenthesen	293 = 100 %	476 = 100 %
Anzahl aller Kontaktparenthesen	144 = 49 %	288 = 61 %
Anzahl aller Kommentarparenthesen	149 = 51 %	188 = 39 %

TABELLE 21: Häufigkeitsverteilung der Kontaktparenthesen

	GESCHRIEBEN	GESPROCHEN
Anzahl aller Kontaktparenthesen	144	288
Anzahl aller Anredeformeln	105	159
Anzahl aller Kontaktwörter	39	129

267

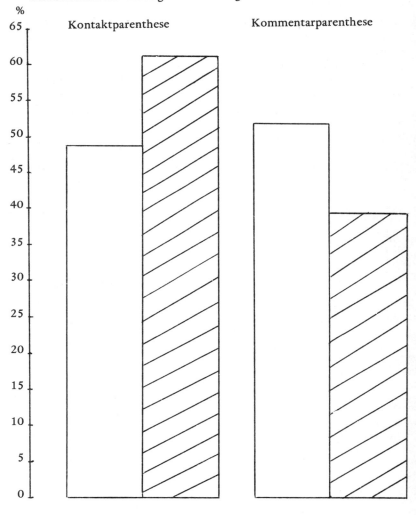

DIAGRAMM 12: Häufigkeitsverteilung der Parenthesen

(geschrieben: ☐ gesprochen: ▨)

DIAGRAMM 13: Häufigkeitsverteilung der Kontaktparenthesen

Anredeformeln   Kontaktwörter

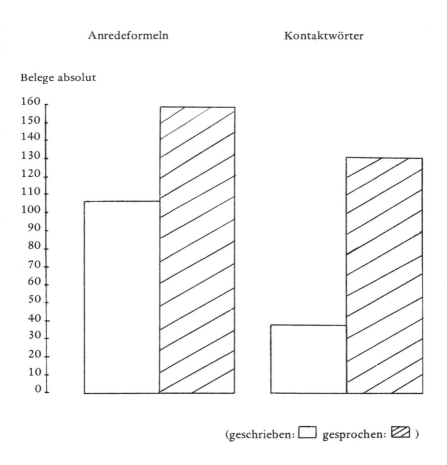

Belege absolut

(geschrieben: ☐ gesprochen: ▨)

TABELLE 22: Länge der Parenthesen

	GESCHRIEBEN	GESPROCHEN
Wortmenge aller		
Parenthesen	1.448	1.884
− Kontaktparenthesen	378	636
− Kommentarparenthesen	1.070	1.245
Anzahl aller		
Parenthesen	293	476
− Kontaktparenthesen	144	288
− Kommentarparenthesen	149	188
Längenmittelwert aller		
Parenthesen	5 Wörter	4 Wörter
	(4,9)	(3,9)
− Kontaktparenthesen	3 Wörter	2 Wörter
	(2,6)	(2,2)
− Kommentarparenthesen	7 Wörter	7 Wörter
	(7,2)	(6,6)

3.3.6. Analyse syntaktisch nicht anschließbarer Wortsequenzen

3.3.6.1. Begriffsbestimmung

Die gesprochene Sprache hat infolge ihrer spezifischen Kommunikationsmittel (suprasegmentale und extraverbale Kodierungsformen) die Möglichkeit, bestimmte, von der Normgrammatik der Schriftsprache vorgeschrie-
bene syntaktische Regeln außer acht zu lassen:

> "Oft verläßt der Sprecher die syntaktische Konstruktion, mit der er begon-
> nen hat, er kann Sätze unvollendet lassen, kann auch 'mitten im Satz' an-
> fangen, darf sich überhaupt jegliche Freiheit erlauben."[229]

Der unmittelbare akustische und optische Kontakt zwischen Sprecher
und Zuhörer mit den besonderen Möglichkeiten der Rückkoppelung bestimmt in hohem Maße die Wahl und Anwendung sprachlicher Elemente
und Regeln, denn

> "die kommunikative Situation ... (gestattet) in Rücksicht und Eingehen auf
> Reaktionen des Hörers dem Sprecher eine flexible Handhabung seiner
> 'Sprachplanungsstrategie'..., was ... mit Veränderungen der ursprünglichen
> Informations- und Satzbaukonzipierung verbunden sein kann."[230]

Außerdem hat die enge Verflechtung zwischen gedanklichem Konzept,
Diktion und motorischer Ausführung zur Folge, daß die Konzentration
auf die sprachliche Formulierung und die damit verbundene bewußte
Kontrolle der jeweiligen Kodierungsformen sehr stark eingeschränkt sein

können. Die Unterordnung der Form gegenüber dem Inhalt der Aussage scheint daher ein wesentliches Merkmal der gesprochenen Sprache zu sein.

Diese Besonderheit mündlichen Kommunikationsverhaltens wurde in der Vergangenheit — und teilweise auch heute noch — unter dem Aspekt schriftsprachlicher Korrektheit als ein Negativum der mündlichen Rede bewertet[231], da — wie ZIMMERMANN feststellt —

"häufige Erscheinungen im Gespräch — wie Auslassungen, unvermittelte Wechsel in der Satzkonstruktion ... in der geschriebenen Sprache verpönt (sind)".[232]

Das Problem einer weitgehend unreflektierten Übertragung schriftsprachlicher Normen auf die Sprachverwendung im mündlichen Gebrauch und die dadurch bedingte abwertende Einstellung gegenüber der gesprochenen Sprache thematisiert vor allem SANDIG in ihrem Aufsatz 'Zur historischen Kontinuität normativ diskriminierter (!) syntaktischer Muster in spontaner Sprechsprache'. Sie weist darauf hin, daß eine

"Teilmenge der Regeln gesprochener Sprache ... diejenigen Regeln (sind), die ausschließlich gesprochen vorkommen, die also aufgrund der geltenden sozialen Normen nicht schreibfähig sind."[233]

Ausgehend von mittelhochdeutschen bzw. frühneuhochdeutschen (teilweise auch althochdeutschen) Texten weist die Verfasserin nach, daß bestimmte syntaktische Muster (z.B. Herausstellung, lexikalischer Nachtrag, Tendenz zur Hauptsatzstellung in Nebensätzen, Anakoluthbildungen), die in mittelalterlichen bzw. spätmittelalterlichen Texten durchaus 'schreibfähig' waren, in der Gegenwartssprache aufgrund sozial bedingter Normierungstendenzen nur noch gesprochensprachlich verwendet werden. SANDIG betont, daß diese syntaktischen Kodierungsmöglichkeiten in den bekannten Gegenwartsgrammatiken entweder kaum Beachtung finden oder als 'Abweichung' von der kodifizierten Norm beschrieben werden, obwohl sie sich

"trotz Ignorierung oder Rügung durch die Grammatiken ... kontinuierlich gehalten haben."[234]

Das Auswertungskorpus der vorliegenden Untersuchung enthält ebenfalls zahlreiche syntaktische Muster, die ausschließlich in den gesprochenen Reden des Deutschen Bundestages Anwendung finden und grundsätzlich von den Parlamentsstenographen während des Verschriftlichungsprozesses korrigiert werden; derartig syntaktisch nicht geformte Äußerungen gelten — gemessen an den kodifizierten Normen der geschriebenen Sprache — als unkorrekt.

271

Bei dem Versuch, die Arten dieser syntaktisch nicht anschließbaren Sequenzen im einzelnen zu beschreiben und auf diese Weise Differenzierungskriterien zu erfassen, mit deren Hilfe mögliche Ausprägungen klassifiziert werden können, ergeben sich unterschiedliche Probleme; sie sind zum Teil auf die herkömmliche Bestimmung und Bezeichnung von Normverstößen, zum Teil auf vorhandene Überschneidungen verschiedener Bestimmungskriterien zurückzuführen.

Die Freiburger Forschungsstelle hat bei der Analyse gesprochener Sprache bisher weitgehend darauf verzichtet, eine Differenzierung normwidriger Formungsmuster vorzunehmen. Sie beschränkt sich auf eine allgemeine Bestimmung der /-Sequenz und indiziert damit einen Satz,

> "in dem eine oder mehrere Wortsequenzen vorkommen, die syntaktisch nicht angeschlossen werden können".[235]

Zwar wird auf eine mögliche Dreigliederung derartiger sprachlicher Phänomene hingewiesen, wonach sie als 'Satzfragmente', 'Anakoluthe' oder 'Wortwiederholungen' auftreten können[236], jedoch unterbleibt eine präzise Definition und Abgrenzung dieser Formen, obwohl das Erfordernis einer systematischen Erfassung der unterschiedlichen Ausprägungen durchaus gesehen wird. Im Kommentar zu den Transkriptionsvorschriften heißt es unter der /-Sigle:

> "In einer großen Zahl der Fälle handelt es sich um Wortwiederholungen, abgebrochene Satzplanungen und andere psychologisch bedingte Faktoren. Wollte man die verschiedenen unter diesem Zeichen vorkommenden Ereignisse systematisieren, müßte man eine Parallelcodierung vornehmen, die von verschiedenen Fragestellungen auszugehen hätte."[237]

In der Duden-Grammatik werden die hier erörterten sprachlichen Phänomene unter den Stichworten 'Ersparung von Redeteilen (Ellipse)' sowie 'Satzbruch (Anakoluth)' abgehandelt.[238] Als elliptische Satzformen sind solche syntaktische Fügungen bestimmt, in denen satzkonstituierende Elemente (Subjekt, Prädikat etc.) aus 'inhaltlichen', 'stilistischen', 'religiösen' oder 'sprachökonomischen' Gründen fehlen. Im Hinblick auf die Form des Satzbruchs wird festgestellt:

> "Beim Satzbruch oder Anakoluth verläßt der Sprechende die begonnene Satzkonstruktion und fährt mit einer neuen fort."[239]

Die Anwendung dieser bereits allgemein als typisch gesprochensprachlich gekennzeichneten Formungsmöglichkeiten[240] wird von den Verfassern der Duden-Grammatik im einzelnen anhand stilisierter Beispiele erläutert, die ausschließlich dem Bereich der Literatur entnommen sind (als Autoritäten werden u.a. Goethe, Musil, Mann, Carossa zitiert). Daneben finden sich vereinzelt Hinweise darauf, daß derartige syntaktische Erscheinungen "umgangssprachlich sehr beliebt (sind)."[241]

Die vom Duden gebotenen Beschreibungskriterien sind für die Analyse des vorliegenden Sprachmaterials kaum geeignet, da normwidrige Satzkonstruktionen in den gesprochenen Bundestagsreden vor allem unter dem Aspekt ihrer kommunikativen Leistung erheblich vielschichtiger sind, als es stilisierte Einzelbelege aus dichterisch gestalteten Dialogpartien aufzudecken vermögen.

Hinzu kommt, daß mit den Kategorien 'Ellipse' und 'Anakoluth' kein der gesprochenen Sprache angemessenes Raster gegeben ist, das das vorhandene Spektrum normwidriger Sequenzen in den gesprochenen Reden differenziert erfassen könnte.

Unter dem Aspekt korrigierender Eingriffe während des Sprechvorgangs versucht RATH das Phänomen der Normverstöße in gesprochener Sprache unter dem Oberbegriff 'Anakoluth' zu beschreiben[242], wobei er davon ausgeht, daß es sich bei derartigen syntaktischen Gebilden um einen "unvermittelten Wechsel in der Satzkonstruktion" (ZIMMERMANN)[243], eine "Konstruktionsentgleisung" (ERBEN)[244] bzw. um die "Aufgabe der Satzkonstruktion" (HELMIG)[245] handelt.

Eine systematische Bestimmung dieser typisch gesprochensprachlichen Formungsmöglichkeit führt der Verfasser durch, indem er unterschiedliche Ausprägungen beobachtet:

'Korrekturen mit Anakoluthen zur Folge', 'nichtkorrigierte Anakoluthe' sowie 'Korrekturen, die keine Anakoluthbildung zur Folge haben'.

Aufschlußreich ist die von RATH im einzelnen vorgenommene Differenzierung möglicher Anakoluthe, die sich als

(1) Abbrüche,
(2) Verbesserungen,
(3) Wiederholungen,
(4) Kontaminationen,
(5) Drehsätze

realisieren können.

Die Sichtung des vorliegenden Belegmaterials hat ergeben, daß die o.a. Typisierungsvorschläge für die Analyse der /-Sequenzen in den gesprochenen Textversionen ein brauchbares Differenzierungsraster darstellen, da sie sowohl die vielschichtigen Realisierungsmöglichkeiten derartiger syntaktischer Fügungen abzudecken vermögen als auch deren spezifisch kommunikative Funktionen im einzelnen zu beschreiben ermöglichen.[246]

Die folgende Übersicht enthält die in Anlehnung an RATH vorgenommene Abgrenzung und Bestimmung der verschiedenen, im Auswertungskorpus belegten Erscheinungsformen syntaktisch nicht anschließbarer Wortsequenzen:

(1) A b b r u c h : Beim Abbruch wird die begonnene Konstruktion nicht zuendegeführt, sondern durch eine neue ersetzt:

/ *wir werden doch über die Bühne*
im Haushaltsausschuß haben wir eine
hervorragende Atmosphäre .
(B 23)

(2) V e r b e s s e r u n g e n : Verbesserungen sind solche Korrekturarten, bei denen lediglich einzelne Wörter oder Satzglieder im Satzverlauf geändert werden:

/ denn das fördert seine *Gesundheit* (äh)
Gesundung (die des Dollars) und
unsre Gesundung .
(B 57)

(3) W i e d e r h o l u n g : Bei Wiederholungen handelt es sich um die mehrmalige Artikulation identischer Sequenzen:

/ (meine Damen und Herrn) und *diese grotesken*
diese grotesken Bilder sind es ,+ die
eigentlich die Diskussion erschweren +, .
(H 08)

(4) K o n t a m i n a t i o n e n : Kontaminationen sind Mischformen, bei denen konkurrierende Wörter oder Konstruktionsmöglichkeiten, die formal und inhaltlich verwandt sind, kontrahiert werden:

/ und wir haben sogar einiges getan
,+ *damit wir* auch selbst *die Schweine-*
preise aus der Talsohle wieder
herausgeführt werden +, .
(M 51)

(5) D r e h s a t z : Drehsätze enthalten spezifische Wiederholungen, mit denen besonders in längeren Sequenzen durch abhängige Gefügeteile oder Parenthesen unterbrochene Konstruktionen wiederaufgenommen werden:

/ Sie wissen alle und er weiß aus der Entstehungs-
geschichte und sagt es (ja) auch immer wieder
,+ *daß* auch nach der Überzeugung der Auffassung

der Westmächte *dieses Abkommen* ,+ das wir alle
wollten +, ,+ und das eine so entscheidende
und eminente Funktion für die Sicherung der
Stadt Berlin und der Zukunft der Lebensfähig-
keit dieser Stadt hat +, *daß es* nur zu kriegen
war mit einer solchen Mißbrauchsregelung +,
,+ oder daß wir es überhaupt nich erlangen
konnten +, .

(H 25/26)

(6) A u s s p a r u n g v o n R e d e t e i l e n : Unter der Kategorie
Aussparung von Redeteilen, die bei der von RATH vorgeschlagenen Differenzierung fehlt, werden schließlich solche syntaktisch nicht anschließbaren Sequenzen erfaßt, bei denen Subjekts-, Objekts- oder Verbteile
ausgespart bleiben:

/ (kommunale Technologien) der Versuch
i+ in die Gemeinden und in die Städte alles
reinzugeben +i ,+ was an technischen Hilfen
da is +, .

(K 37)

3.3.6.2. Häufigkeit und Verwendung in den gesprochenen Reden – redaktionelle Bearbeitung in den 'Stenographischen Berichten'

Bereits zu Eingang des Analyseteils[247] wurde darauf hingewiesen, daß es
sich bei ca. 37 % aller Äußerungseinheiten mit Änderungen im Bereich
der Syntax um derartige, im Sinne der schriftsprachlichen Norm syntaktisch nicht anschließbare Sequenzen handelt. Wie die absoluten Zahlenverhältnisse zeigen, haben die Parlamentsstenographen während des Verschriftlichungsprozesses bei insgesamt 256 Äußerungseinheiten korrigierend eingegriffen, so daß mehr als ein Drittel aller redaktionellen Bearbeitungen im Hinblick auf syntaktische Gegebenheiten diese als typisch
gesprochensprachlich beobachteten Phänomene betreffen (TAB. 6).

Der absolute Befund erhöht sich, wenn die in einer /-Sequenz mehrfach
vorkommenden Normverstöße im einzelnen quantitativ erfaßt werden.
Die Frequenzanalyse ergibt hier – differenziert nach den verschiedenen,
im Auswertungskorpus belegten Erscheinungsformen – folgende Werte:

TABELLE 23: Häufigkeitsverteilung syntaktisch nicht anschließbarer
Wortsequenzen

	Belege absolut	Belege relativ
(1) Abbrüche	54	16 %
(2) Verbesserungen	66	19 %
(3) Wiederholungen	94	27 %
(4) Kontaminationen	49	14 %
(5) Drehsätze	43	12 %
(6) Aussparung von Redeteilen	42	12 %
/-Sequenzen insgesamt:	348	100 %

Diese beachtenswerte Anzahl sprachlicher Abweichungen von den für
die Schriftsprache kodifizierten Normen überrascht kaum; das Ergebnis
bestätigt vielmehr die bereits seit Beginn der Erforschung gesprochener
Sprache immer wieder betonte Eigenart der gesprochenen gegenüber der
geschriebenen Sprachverwendung, die RUPP treffend kennzeichnet:

"Das Sprachgeschehen, soweit es gesprochene Sprache ist ..., erfüllt in vielen
Fällen nicht die Forderungen der schriftsprachlichen Normen, ja verläuft
gegen sie.[248]

Ebenso hält EGGERS die Erzeugung syntaktisch nicht anschließbarer
Wortsequenzen für ein Charakteristikum mündlicher Rede:

"Die Wahl des richtigen Satzplans mißlingt in der Eile gesprochener Rede
recht oft. Entweder entstehen dann Anakoluthe, d.h. man gibt den voreilig
gewählten Satzplan auf, um ihn durch einen geeigneteren zu ersetzen. Oder
aber der Fehler wird mit den Mitteln der Stimmführung...korrigiert, oft auch
im Zusammenwirken beider Korrekturmöglichkeiten."[249]

Im folgenden gilt es, über die quantitative Bestimmung der verschiedenen Realisierungsmöglichkeiten syntaktisch nicht normgerechter Sequenzen hinaus anhand des Belegmaterials aufzuzeigen, welche Ursachen für
ihre Verwendung in den gesprochenen Parlamentsreden angenommen
werden können, und nach welchen Kriterien ihre Behandlung in der verschriftlichten Version der 'Stenographischen Berichte' erfolgt.

(1) A b b r ü c h e : Wie aus der Zusammenstellung aller im Auswertungskorpus belegten /-Sequenzen ersichtlich wird, beträgt der relative Anteil
aller durch Abbruch verursachten syntaktisch nicht anschließbaren Redeteile 16 %.

Diese Form des Konstruktionswechsels hält RATH für die "einfachste Möglichkeit, sich zu korrigieren".[250] Der Sprecher läßt die begonnene Konstruktion fallen und führt seine Äußerung anders als geplant fort. Dieser Wechsel in der Planungsstrategie läßt sich — wie die nachfolgenden Beispiele zeigen — auf unterschiedliche Ursachen zurückführen:

> / dann haben Sie gesagt die
> im Jahre neunzehnhunderteinensiebzig
> sind Sie zurückgegangen auf den Haushalt
> neunzehnhunderteinensiebzig
> haben gesagt
> s+ die armen Länder sind die großen
> Opfer der bundespolitischen Maßnahmen
> geworden +s.
>
> (B 09)

Der Abgeordnete will sich hier anhand eines Zitates auf Äußerungen seines Vorredners, eines Mitglieds der Opposition, beziehen. Bei der Formulierung der entsprechenden einleitenden Hinweise scheinen ihm gleichzeitig mehrere Stichpunkte gegenwärtig zu sein, die sich anhand der einzelnen Phasen des Formulierungsprozesses wie folgt kennzeichnen lassen:

- erster Rückbezug auf die Äußerung des Vorredners als Einleitung des Zitats
  (dann haben Sie gesagt)
- erster Beginn des Zitats
  (die) A b b r u c h
- erste zeitliche Bestimmung
  (im Jahre neunzehnhunderteinensiebzig)
- zweiter Rückbezug auf die Äußerung des Vorredners
  (sind Sie zurückgegangen auf den Haushalt)
- zweite zeitliche Bestimmung
  (neunzehnhunderteinensiebzig) A b b r u c h
- dritter Rückbezug auf die Äußerung des Vorredners als erneute Einleitung des Zitats
  (haben gesagt)
- zweiter Beginn und Zuendeführung des Zitats
  (die armen Länder ...)

Die derart bestimmte Folge der einzelnen Äußerungsphasen läßt erkennen, daß der Sprecher die begonnene Formulierung an mehreren Stellen unterbricht, um für die Zuhörer nach seiner Meinung wichtige Informationen einfügen zu können. Die jeweiligen Abbrüche und Neuansätze verdeutlichen, wie sehr es dem Redner darum geht, seine Vorstellungen ohne

Rücksicht auf grammatische Korrektheit möglichst direkt mitteilen zu können. Er nimmt — wie an zahlreichen weiteren Beispielen beobachtet werden kann — den unvermittelten Abbruch einer begonnenen Konstruktion in Kauf, um einen spontanen Gedanken einbringen zu können. Hieran zeigt sich, daß Artikulation und Gedankenfolge zusammenfallen, wobei die Aufmerksamkeit des Redners primär auf die Gedankenfolge, die inhaltliche Realisierung der Rede, gerichtet ist; erst sekundär ist die im einzelnen gestaltete sprachliche Form.

Die 'schriftkonstituierte' Fassung hingegen weist die durch die sukzessive Gedankenfolge bedingten verschiedenen Kodierungsstadien nicht mehr auf; unter dem Aspekt formaler und inhaltlicher Richtigkeit werden hier die einzelnen Assoziationen in einen nach den Normen der Schriftsprache korrekten Satz integriert:

> Dann sind Sie auf den Haushalt 1971
> zurückgegangen und haben gesagt:
> Die armen Länder sind die großen Opfer der
> bundespolitischen Maßnahmen geworden.
> (B 09)

Häufig sind derartige Konstruktionswechsel auch dann zu beobachten, wenn der Redner die begonnene syntaktische Fügung durch mehrere abhängige Gefügeteile oder Parenthesen unterbricht, um zusätzliche Informationen zu vermitteln:

> / ein Staat
> ,+ der aus welchen Gründen auch immer nicht
> in der Lage ist +,
> (und es ist seine Hauptaufgabe
> i+ die Bürger vor Gewalttaten möglichst
> umfassend zu schützen +i .)
> ,+ wenn er aber aus welchen Gründen auch nicht
> (man könnte sehr viel darüber nachsinnen
> ,+ aus welchen Gründen es immer schwieriger
> wird bei uns +,
> i+ Gewalttaten zu verhindern +i .)
> wenn der Staat dies nicht kann +,
> dann muß er den Opfern dieser (äh) Gewalttaten mit
> einer finanziellen Entschädigung beispringen ...
> (N 20)

Auch diese Textstelle zeigt deutlich, wie stark die gesprochene Rede durch mögliche Assoziationshäufungen geprägt ist. Das sprachliche Bemühen des Abgeordneten richtet sich hier auf einen Komplex von Vorstellungen, die adäquat auszudrücken erst nach mehreren Formulierungsansätzen gelingt. Die Unmittelbarkeit des Redeablaufs verhindert hierbei, daß die eingangs gewählte Konstruktion zuende geführt wird. Der Sprecher unterbricht an mehreren Stellen die begonnene syntaktische Fügung, um den Argumentationsgang durch erläuternde Einschübe für seine Zuhörer verständlicher zu machen. Diese Unterbrechungen, auf deren Auswirkungen im Zusammenhang mit der Verwendung von Parenthesen bereits hingewiesen wurde [251], verursachen, daß der Redner die Übersicht über die syntaktische Planung verliert und unvermittelt seine Gedankengänge artikuliert, ohne die begonnene Konstruktion abgeschlossen zu haben. Allerdings wird trotz der Änderung der syntaktischen Strategie für die Zuhörer deutlich angezeigt (*ein Staat* − *wenn er* − *wenn der Staat*), daß der Sprecher die abgebrochene Sequenz weiterführen will, so daß diese Neuansätze für sie eine wesentliche Erleichterung im Hinblick auf das Verständnis des dargelegten Sachverhalts bedeuten.

In den 'Stenographischen Berichten' erübrigt sich eine derartige kommunikationsstützende Funktion, da hier die Möglichkeit des wiederholten Lesens syntaktisch weitverzweigter Konstruktionen gegeben ist. Die durch sprecherseitige Beschränkungen bedingten Abbrüche und damit erforderlichen Neuansätze werden aufgehoben zugunsten eines umfangreichen Gefügesatzes, dessen Gefügeteile und Parenthesen nach normativen Mustern aufeinander bezogen sind:

Wenn der Staat, aus welchen Gründen auch immer,
nicht in der Lage ist
− und es ist seine Hauptaufgabe, die Bürger vor
Gewalttaten möglichst um-
fassend zu schützen −,
das zu tun
− und man könnte sehr viel darüber nachsinnen,
aus welchen Gründen es bei uns immer schwieriger wird,
Gewalttaten zu verhindern −,
muß er den Opfern dieser Gewalttaten mit
einer finanziellen Entschädigung beispringen, ...
(N 20)

Vereinzelt finden sich Abbrüche auch in relativ kurzen und somit bei der syntaktischen Planung eher überschaubaren Einfachsätzen:

/ *und da aber*
die Opposition kann doch genauso gut wie die
Regierungspartei einen solchen Entwurf vorlegen .
(J 10)

/ *wir haben*
schauen Sie sich im Augenblick die
Entwicklung der Rinderpreise an .
(M 50)

Eine Motivation für die in diesen Fällen zu beobachtenden Konstruktionswechsel ist kaum eindeutig zu bestimmen. Möglicherweise sind derartige /-Sequenzen dadurch bedingt, daß die begonnene Formulierung nicht den Intentionen des Redners entspricht. Der Sprecher unterbricht die Konstruktion, weil sie ihm nicht mehr adäquat erscheint bzw. weil ihm bereits ein neuer Gedanke gekommen ist.

Da die ersten Kodierungsversuche hier kaum für das Verständnis des Redezusammenhangs wichtige Informationen beinhalten, werden sie von den Parlamentsstenographen während des Verschriftlichungsprozesses eliminiert:

> Eine Opposition kann doch genauso gut wie die
> Regierungspartei einen solchen Entwurf vorlegen.
> (J 10)

> Schauen Sie sich die Entwicklung der   ˎ
> Rinderpreise an.
> (M 50)

Der weitaus größte Teil der im Auswertungskorpus belegten Abbrüche läßt sich jedoch recht eindeutig aus der unmittelbaren Kommunikationssituation im Plenarsaal erklären:

> / und schließlich möcht ich etwas sagen
> ,+ daß wir natürlich an einer Regelung
> intressiert sind +, ,+ die die
>
> (Vizepräsident: Gestatten Sie eine Zwischenfrage?)
>
> (bitte schön)
> (J 05)

> / denn Sie hat eine Große Anfrage
> ,+ die ich sehr begrüße ebenso diese Aktuelle Stunde +,
> ,+ *damit man eine*
>
> (Dr. h.c.W., CDU/CSU: Nicht beantwortet!)
>
> / (na) (verehrte Herr Kollege) ...
> (M 10/11)

Diese und ähnliche Beispiele zeigen, daß häufig Sequenzen dann abgebrochen und nicht zuendegeführt werden, wenn Kommunikationsstörungen in Form von Zwischenfragen, Zurufen oder Beifallsbekundungen auftreten.

Grundsätzlich hat der Sprecher zwei Möglichkeiten, auf diese den Kommunikationsablauf beeinflussenden Faktoren zu reagieren: Entweder er überhört derartige Resonanzen aus dem Plenum und führt seine Rede ohne Unterbrechung weiter fort — in der Regel sind bei einem solchen Verhalten kaum /-Sequenzen zu beobachten — oder er unterbricht unmittelbar seinen Redefluß und setzt sich zunächst mit den Einwürfen der Zuhörer auseinander, ohne die begonnene Konstruktion abgeschlossen zu haben. Nach diesen direkten sprachlichen Reaktionen erweist sich der begonnene Satz nicht mehr als relevant, bzw. der Redner hat die eingangs gewählte syntaktische Fügung nicht mehr präsent, so daß er nunmehr in einer neu einsetzenden Kodierungsweise seine Ausführungen fortsetzt.

Auch diese situationsbedingten Satzfragmente sind für das Verständnis des jeweiligen Redezusammenhangs kaum von Bedeutung; in der schriftkonstituierten Fassung der 'Stenographischen Berichte' sind sie daher getilgt:

—   (J 05)

Sie haben eine Große Anfrage eingebracht, die ich
ebenso wie diese Aktuelle Stunde sehr begrüße.
                                   (M 10)

(Dr. h.c.W., CDU/CSU: Nicht beantwortet.)

Verehrter Herr Kollege, ...
                                   (M 10/11)

(2) V e r b e s s e r u n g e n : Bei den /-Sequenzen, die unter der Kategorie Verbesserung klassifiziert sind, handelt es sich um eine modifizierte Möglichkeit des Abbruchs. Der Sprecher unterbricht den Redeverlauf und korrigiert sich durch den Austausch oder Nachtrag einzelner Wörter; die gewählte Konstruktion behält er jedoch bei. Während der Abbruch dadurch gekennzeichnet ist, daß der Redner hinsichtlich des neuen Kodierungsversuchs weitgehend ungebunden ist, zeigt sich bei der Verbesserung, daß hier lediglich bestimmte Teile der Äußerung aufgehoben werden.

Diese vom Redner selbst vorgenommenen Teilkorrekturen auf Wortebene scheinen ein Charakteristikum gesprochener Reden zu sein. Ihr häufiges Vorkommen — sie machen die zweithäufigste Form der im Auswertungskorpus belegten /-Sequenzen aus (19 %) — ist im ständigen Bemühen des Sprechers begründet, seinen Gedanken mit Hilfe eines adäquaten Wortmaterials und einer korrekten sprachlichen Fügung Ausdruck zu verleihen:

/ dann haben Sie davon geredet s+ *das ginge* (äh)
es es handele sich (ja) nur um konjunktur-
bedingte Mehreinnahmen +s ...
                                   (B 40)

Hier ersetzt der Redner nach einer kurzen Überlegensphase (äh), die die Unterbrechung des Redeverlaufs sowie den Korrekturvorgang signalisiert, den zunächst gewählten Ausdruck *das ginge* durch die Wendung *es handele sich.* Offensichtlich entspricht der zuerst realisierte Ausdruck nicht seinen sprachlichen Normvorstellungen. Er korrigiert sich, da er die gewählte Formulierung für nicht 'angemessen' hält; sie erscheint ihm aufgrund seines Sprachgefühls korrekturbedürftig. Bezeichnend für diesen Eingriff ist die vorübergehende Unsicherheit bei der Suche nach einer treffenden Formulierung. Diese Unsicherheit äußert sich sprachlich durch den verzögernden Laut *äh* sowie durch die mit einer Wiederholung einsetzenden Verbesserung.

Neben derartigen, möglicherweise aus stilistischen Gründen vorgenommenen Korrekturen weist das Belegmaterial weiterhin Verbesserungen auf, die darauf zurückzuführen sind, daß der Redner eine bestimmte Information durch nachträgliche Korrektur als 'falsch' kennzeichnen will:

/ (Herr Kollege P.) damals hat *der Bundeskanzler* (äh)
der Bundesaußenminister keineswegs ein ...
(O 16)

/ und (Herr Minister E.) natürlich hätte *der Minister*
der Ratspräsident die Chance gehabt ...
(L 06)

Hier hebt der Sprecher durch die unmittelbare Einbringung der Korrektur die Gültigkeit des zunächst gewählten Ausdrucks auf; er signalisiert den Zuhörern, daß der zuletzt genannte Ausdruck gilt.

Korrigiert werden ferner sogenannte Versprecher, die häufig dadurch gekennzeichnet sind, daß es dem Redner nicht unmittelbar gelingt, eine geplante Wendung einzubringen; bei der Suche nach dieser Wendung assoziiert er vielmehr zunächst einen anderen, ähnlich lautenden Ausdruck, den er häufig in der Eile des Redeablaufs nur teilweise realisiert:

/ und ich bin sehr froh ,+ daß die in der
Regierungserklärung angekündigte *Kommu* (äh)
Kommission für den Ausbau ...
(K 28)

/ denn heute wissen die Städte nich
s+ welche Müllab (äh)
verbrennungsanlage oder -vergasungsanlage ...
(K 38)

Selbstkorrekturen können ferner darauf zurückzuführen sein, daß der Redner einer artikulierten Teiläußerung größere Präzision verleihen will:

,+ wenn Sie *den Steuersatz*
den bisherigen Steuersatz von einem Prozent ...

(G 26)

/ die ist zustande gekommen ,+ weil ich *unter dem Druck*
unter dem Zeitdruck des Parlamentes ...

(F 22)

/ ich wundere mich immer wieder ... ,+ wie der Staat
bei uns besorgt ist +, ... und wie wenig
er sich darum *kümmert*
gekümmert hat bisher +, ...

(N 44)

Die Beispiele verdeutlichen, wie die Redner durch nachträgliche Ergänzungen in wiederaufgenommenen Sequenzen — sei es durch Hinzufügung eines Adjektivs, durch Bildung eines Kompositums oder durch die Korrektur des Tempus — im einzelnen gegebene Informationen genauer zu fassen versuchen.

Wiederaufnahmen mit nachträglicher Umgestaltung sind aber auch — wie die folgenden Belegstellen zeigen — im Bemühen der Sprecher begründet, bereits geäußerte Wendungen korrekt flektiert in die geplante syntaktische Konstruktion zu integrieren:

/ dabei haben Se verschwiegen ,+ daß die
Bundesbahn nach Absprache mit Ihnen *eine entsprechende*
einen entsprechenden Zuschuß bekommen hat ...

(B 27)

/ aber es *ist völlig untergegangen*
sind völlig untergegangen die Opfer der Straftaten ...

(N 14)

Während der Großteil aller Verbesserungen in der Weise durchgeführt wird, daß die Sprecher den Redeablauf unterbrechen und Korrekturen unmittelbar vornehmen, wird vereinzelt die Aufhebung des ersten Kodierungsversuches durch besondere zusätzliche Signale angezeigt.[252]

Neben dem bereits erwähnten Korrektursignal 'äh' enthält das Auswertungskorpus eine weitere Möglichkeit, mit der Fehlplanungen markiert werden können:

die *Verfassung hat* (ja) *nicht verur*
oder das *Verfassungsgericht hat* (ja) *nicht*
verboten ,+ daß wir ...

(A 78)

/ wie nennen Sie das eigentlich? ,+ wenn Sie
einen solchen
oder solche Anträge hier einbringen ...

(E 15)

Die Abgeordneten verbinden hier die 'mißlungenen' Wendungen und die entsprechenden Korrekturen durch ein *oder*. Auf diese Weise wird versucht, den Abbruch zu überbrücken und beide Wendungen in einen Satzzusammenhang zu integrieren. Die durch die Konjunktion *oder* an sich gekennzeichnete Koordination wird jedoch nur scheinbar vorgenommen. Tatsächlich wird signalisiert, daß die Kodierungsansätze gegen die Korrektur ausgetauscht werden sollen. Das Wort *oder* verliert also in diesem Zusammenhang weitgehend seine Bedeutung; es dient lediglich als Signal für eine Verbesserung.

Für alle im Belegmaterial beobachteten Selbstkorrekturen gilt, daß sie — wie nachfolgendes Beispiel zeigt — anstelle der fehlgeleiteten Formulierungsversuche von den Parlamentsstenographen in die 'Stenographischen Berichte' übernommen werden:

Ich glaube, daß wir es	/ ich glaube ,+ daß wir es
hier mit der	hier *mit der Folge*
konsequenten Folge	*konsequenten Folge*
der Theorie	der Theorie
zu tun haben,	zu tun haben +,
wonach	,+ wonach die
der Staatshaushalt der	der Staatshaushalt der
große Bremsklotz an	große Bremsklotz an (äh)
	der Scheibenbremse oder
dem Schwungrad der ...	*dem Schwungrad* der ...
	(B 71)

Die 'schriftkonstituierten' Entsprechungen aller o.a. Textbelege machen deutlich, daß die Parlamentsstenographen die in der gesprochenen Textversion als /-Sequenz bezeichneten Äußerungen durch die Auslassung des fehlgeleiteten Ansatzes korrigieren. Im Unterschied zu allen übrigen Normverstößen jedoch, die ihre eigentliche Korrektur erst durch den Verschriftlichungsprozeß erfahren, greifen bei den Verbesserungen die Redner selbst korrigierend in die Sprachproduktionen ein.

Diese Möglichkeit ist ihnen aufgrund des spezifischen Mediums der gesprochenen Sprache gegeben: Sie können sich verbessern und bereits Geäußertes zurücknehmen. Voraussetzung hierfür ist allerdings, daß die Sprecher ihre Rede reflektierend begleiten und ihren Produktionen ein hohes Maß an Sprachbewußtsein als Korrektiv zur Seite stellen.

(3) W i e d e r h o l u n g e n : Innerhalb der Häufigkeitsverteilung der /-Sequenzen nehmen die Wiederholungen eine Spitzenstellung ein; ihr Anteil beträgt 27 % aller nicht anschließbaren Wortsequenzen. Wort- oder auch Satzwiederholungen, die in der bisher erschienenen Literatur zur gesprochenen Sprache immer wieder als ein typisches Kennzeichen der Sprachverwendung im mündlichen Gebrauch hervorgehoben werden[253], können − wie die nachfolgenden Beispiele zeigen − unterschiedliche Gründe haben.

Zunächst ist in diesem Zusammenhang wiederum der unmittelbare Einfluß der kommunikativen Situation während einer Plenumsdebatte zu nennen. Vielfach ist es dem Redner nur möglich, sich für seine Ausführungen Gehör zu verschaffen, indem er Sequenzen mehrere Male artikuliert:

(Zuruf von der CDU/CSU: Stimmt ja gar nicht!)

genauso is es .

(Sehr richtig! bei der SPD. − Weitere Zurufe von der CDU/CSU.)

/ *dann dann bitte*
dann bitte kommen Sie doch hier vor
und fangen Sie sachlich an i+ zu argumentieren +i .
(B 05/06)

/ diese Dinge sind (ja) viel früher angelaufen
,+ *als das jetzt* eben

(Abg. H.: Als Sie noch den Finanzminister stellten!
− Weitere Zurufe von der CDU/CSU.)

(nein)
als das jetzt in Bezug auf die Bereinigung gilt +, .
(C 31)

(Beifall bei der SPD.) (Demonstrativer Beifall bei der CDU/CSU.) (Abg. Dr. W. meldet sich zu einer Zwischenfrage.) (Zuruf von der CDU/CSU: Gilt das für Herrn H.?)

/ *ich weiß ich weiß ich weiß da*
wenn wir
ich weiß das
wenn wir
Sie haben doch gesehen ,+ daß meine Fraktion das eben
sehr unterstrichen hat +, ,+ was ich hier gesagt habe +,
(Herr Kollege W.) .
(F 43)

Während in den Beispielen B 05/06 und C 31 Wiederholungen jeweils am Satzbeginn bzw. innerhalb des Satzes vorkommen, und die Redner die eingangs gewählte Konstruktion noch zuende führen können, bringt der wiederholte Ansatz in F 48 zugleich die bereits besprochene Form des mehrmaligen Abbruchs mit sich.

Es wird deutlich, daß derartige Wiederholungen unmittelbar an die Aufmerksamkeit der Zuhörer im Plenarsaal appellieren. Zugleich kann damit eine mögliche Steigerung und Bekräftigung der eigenen Ausführungen verbunden sein:

(Vizepräsident: Gestatten Sie eine Zwischenfrage
des Herrn Abgeordneten F.?)

(Herr F.) (na gut) (äh) (,+ weil ich Sie so gern
mag +,) (nich wahr)

(F. CDU/CSU: ... halten Sie das ... für einen Agitationsantrag?)

(Beifall bei der CDU/CSU.)

/ (nein) ich halte (nich wahr) das für einen Agitationsantrag ,+ daß Sie bewußt mit Ihrm Antrag über das Notwendige (mein ich .) im Augenblick *als auch über das*
Mögliche

(Unruhe bei der CDU/CSU.)

(jawoll) *als auch über das Mögliche* hinausgehen .

(Beifall bei den Regierungsparteien.)

/ *es ist doch nicht wahr* (meine Damen und Herrn)
es ist doch nicht wahr ...

(E 32/34)

/ denn der Freiheitsgrad hier in der Bundesrepublik
Deutschland is *sehr sehr hoch*

(Abg. L.: Noch!)

sehr sehr hoch nicht nur hier im Parlament .

(D 44)

Ein weiteres Wiederholungsmotiv dürfte − ähnlich wie bei den Abbrüchen − möglicherweise in zeitweiligen sprecherseitigen Beschränkungen während des Kodierungsprozesses zu sehen sein. Es ist offensichtlich, daß durch die mehrmalige Artikulation identischer Sequenzen kurze Verzögerungen im Kommunikationsablauf entstehen, die dem Redner hilfreiche Überlegenspausen für die weitere Planung seiner Äußerungen bieten, ohne den Redefluß zu unterbrechen oder die gewählte Konstruktion aufgeben zu müssen:

/ aber eines muß ich Ihnen sagen ...
,+ *und wenn ich Ihre*
wenn ich
wenn ich
wenn ich (äh)
und wenn ich alle Ihre Fragen lese +, ...

(M 32)

Die in diesem Beispiel auftretenden Wiederholungen spiegeln eindeutig die Prozeßhaftigkeit der sprachlichen Ausformulierung wider. Der Sprecher artikuliert hier sechsmal hintereinander identische Sprachzeichen, bis ihm die fehlende Wendung (*alle Ihre Fragen lese*) zur Verfügung steht. Vielfach sind in solchen Fällen der schrittweisen Explikation Wiederholungen und Abbrüche zugleich belegt:

/ und zum Zweiten möcht ich sagen
,+ *soweit soweit soweit ich mich*
(also) ganz nach meinem Gedächtnis
und nach dem ,+ was Zeitungsmeldungen früher
gebracht haben +, s+ waren s weniger wie heute +s .

(J 08)

Trotz mehrfacher Wiederholungen fehlt dem Redner das erforderliche Verb (*erinnern kann*); er bricht die begonnene Konstruktion ab, wählt als Ersatz einen präpositionalen Ausdruck (*nach meinem Gedächtnis*) und kann somit in seiner Rede weiter fortfahren.

Vereinzelt treten Wiederholungen im Zusammenhang mit den bereits unter (2) vorgestellten Verbesserungen (Wiederaufnahmen mit nachträglicher Umgestaltung) auf:

/ das sind Dinge ,+ die man bezahlen muß +,
,+ wenn man eine echte eine wichtige öffentliche
Aufgabe *zu erfüllen kann zu erfüllen hat* +, .

(P 34)

Nach der ersten Realisierung der Prädikatverbindung bemerkt der Sprecher selbst die unkorrekt verwendete Verbform; er nimmt die entsprechende Teilsequenz auf und korrigiert sich selbst.

Abschließend sind im Zusammenhang mit den Wiederholungen die für die gesprochene Sprache typischen Hervorhebungen von Satzgliedern durch eine nachträgliche pronominale Wiederaufnahme zu nennen:

/ und *dieser Wendepunkt*
der hat genau an der Person des Herrn A. begonnen .

(D 02)

/ und *dieser Vertrag* (äh)
der ist vom Bundesverfassungsgericht dann ausdrücklich als mit dem Grundgesetz vereinbar
erklärt worden .

(H 12)

Derartige Herausstellungen, die durch die Wiederholung mit Hilfe pronominaler Ersetzungen entstehen, enthalten meist den für den Sprecher wichtigsten Teil der Aussage, der dem Zuhörer zunächst an exponierter

Stelle außerhalb der eigentlichen syntaktischen Konstruktion mitgeteilt wird. Die vorweggenommenen Aussageteile bedeuten zugleich für die Zuhörer eine wichtige Verstehenshilfe, da sie den Äußerungsschwerpunkt unmittelbar signalisieren.

Auch die umgekehrte Erscheinung, der Nachtrag pronominaler Vorausnahmen, ist im Auswertungskorpus belegt:

/ und nun finde ich *das* sehr interessant (Herr v. B.)
die Zusammenfassung etwa der Vermögensteuer und
der Erbschaftsteuer.

(A 36)

Diese Form der Wiederholung ist wiederum in der Natur der mündlichen Kommunikation begründet. Der Sprecher konzentriert sich zunächst auf seine eigenen Vorstellungen und formuliert explizit das ihm Nächstliegende, am wichtigsten Erscheinende *(sehr interessant).* Der grundlegende Gegenstand der Äußerung *(die Zusammenfassung etwa der Vermögensteuer und der Erbschaftsteuer)* wird vom Sprecher durch ein Pronomen vorweggenommen, da dieser Aussageinhalt für ihn das Bekanntere und somit den Ausgangspunkt seiner Überlegungen darstellt. Erst nachdem er das für ihn primär Relevante mitgeteilt hat, trägt er für die Zuhörer das Objekt seiner Äußerung explizit nach.

In diesem Zusammenhang betont ZIMMERMANN, der in seiner Untersuchung ebenfalls die hier erörterten Nachträge pronominaler Vorausnahmen beobachtet:

"Derartige Nachträge sind immer ein Zeichen dafür, daß der Sprecher sein Augenmerk vom Inhalt der auszusprechenden Vorstellung abgewendet und auf deren sprachliche Ausgestaltung hingelenkt hat."[254]

Diese Kennzeichnung macht wiederum die unmittelbare Verknüpfung von Gedankenfolge und Artikulation in der gesprochenen Sprache deutlich. Sie weist zugleich darauf hin, daß der Sprecher stets die kommunikative Situation in irgendeiner Form reflektierend in den Artikulationsprozeß einbringt. Ziel seiner Rede muß eine für die Zuhörer verständliche Ausformung seiner Gedanken sein.

Im Hinblick auf die schriftsprachlichen Entsprechungen der hier erörterten, im Auswertungskorpus beobachteten Wiederholungen und deren mögliche Entstehungsbedingungen bleibt festzuhalten, daß in den 'Stenographischen Berichten' grundsätzlich die wörtliche Wiedergabe identischer Sprachzeichen vermieden wird. Der in den gesprochenen Reden hörbare und somit nachvollziehbare Formulierungsprozeß läßt sich aufgrund der redaktionellen Bearbeitungen, die vor allem unter dem Gesichtspunkt der Sprachökonomie sowie normativer syntaktischer Ansprüche durchgeführt werden, im Medium der Schriftsprache nicht mehr erkennen; Wort- und Satzwiederholungen werden hier grundsätzlich vermieden. Die verschiedenen sprachlichen Vorstufen sind in der Schriftsprache ausgeschieden; hier wird nur das Ergebnis der Bemühung um sprachliche Präzision fixiert.

(4) K o n t a m i n a t i o n e n : Die bisher erörterten Ausprägungen der im Auswertungskorpus belegten /-Sequenzen lassen sich vor allem unter den Aspekten 'Vervollständigung', 'Präzisierung', 'Ergänzung' und 'Korrektur' beschreiben, wobei das Bemühen der Sprecher um möglichst treffende oder auch stilistisch angemessene Sequenzen deutlich nachvollzogen werden kann. Trotz ihrer — gemessen an den schriftsprachlichen Normen — zu konstatierenden Regelwidrigkeiten sind derartige /-Sequenzen für ein erfolgreiches Kommunizieren im Medium der gesprochenen Sprache von grundlegender Bedeutung.

Bei den syntaktisch nicht anschließbaren Sequenzen, die in Form von Kontaminationen realisiert sind, dürften sich vor allem die psychischen Bedingungen eines mündlichen Kommunikationsaktes manifestieren.[255] Der Sprecher kontrahiert hier unbewußt konkurrierende Wörter oder auch Konstruktionsmöglichkeiten, die formal und/oder inhaltlich in einem engen Zusammenhang stehen. Nicht der bewußt zu erzielende kommunikative Effekt, sondern weitgehend das unreflektierte Zusammenwirken von Denken und Sprechen sind bei dieser Form von /-Sequenzen als konstitutiv anzusehen.[256]

Das Auswertungskorpus enthält zahlreiche Belege für Kontaminationen (ihr Anteil macht 14 % aller /-Sequenzen aus), die deutlich erkennen lassen, daß vielfach im gedanklichen Konzept des Redners mehrere sprachliche Alternativen präsent sind, die bei der Verbalisierung in e i n e m Sprechakt verschmolzen werden:

```
/ in einem zweiten Bereich
  in einem zweiten Bereich haben wir das Problem
  ( ich würde sagen . ) der Ausgestaltung
  der Mitwirkung der Forschungspolitik an der Ausgestaltung
  unsres Gemeinwesens im Innern das
  ,+ was man heute unter dem Begriff Lebensqualität hält +, .
```
                              (K 22)

Dieses Beispiel enthält neben der Wiederholung identischer Wortsequenzen sowie einer präzisierenden Korrektur eine typisch gesprochensprachliche Konstruktionsmischung. Kontaminiert werden hier folgende syntaktische Fügungen:

(1) *was* man *heute unter dem Begriff Lebensqualität zusammen-faßt*

(2) *was* man *heute für Lebensqualität hält*

(3) *was heute unter dem Begriff Lebensqualität zusammengefaßt wird* (+) [257]

Ebenso zeigen auch die weiteren Belegstellen mit den zugehörigen Alternativ-Sequenzen deutlich, wie sehr das Vorstellungsbild der Redner bei der Artikulation der Gedankengänge von inhaltlich gleichen Formulierungsmöglichkeiten geprägt ist:

/ *zu* energiepolitischen *Fragen*
,+ die hiermit im Zusammenhang stehen +,
wird sich mein Kollege Doktor S. *befassen* .

(P 05)

Alternativsequenzen:

(1) *mit Fragen wird sich befassen*

(2) *zu Fragen wird Stellung nehmen*

(3) *darüber wird sprechen* (+)

/ dies war eine Sitzung ,+ *die der* allgemeinen der allge-meinen *Auseinandersetzung* um diese Fragen *bedeutet hat* +, .

(F 21)

Alternativsequenzen:

(1) *die die/eine Auseinandersetzung bedeutet hat*

(2) *die der Auseinandersetzung gedient hat* (+)

/ aber das beste Beispiel von einer Pleite gegangenen
Verteilerdemokratie haben wir (ja) *unter*
der Kanzlerschaft Ludwig Erhards gehabt .

(B 63)

Alternativsequenzen:

(1) *unter dem Kanzler Ludwig Erhard*

(2) *unter der Kanzlerschaft Ludwig Erhards* (+)

/ allzulange ist *in unsrer Strafrechtspolitik die Diskus-sion nur um den Straftäter* seine Beurteilung und Verur-teilung und seine Behandlung im Strafvollzug *gesprochen*
worden .

(N 12)

Alternativsequenzen:

(1) *in unserer Strafrechtspolitik nur über den Straftäter gesprochen worden*

(2) *in unserer Strafrechtspolitik die Diskussion nur um den Straftäter gegangen* (+)

(5) D r e h s ä t z e : Die als Drehsatz bestimmte Realisierungsform möglicher /-Sequenzen stellt eine syntaktische Kodierungsform der gesprochenen Sprache dar, der eine spezifische Bauform (a b a c) zugrunde liegt.[258] Ihr Anteil an allen syntaktisch nicht anschließbaren Wortsequenzen beträgt 12 %. Hierbei handelt es sich um systematische Abbrüche mit speziellen Wiederholungen:

> Sie wissen alle und er weiß aus der Entstehungs-
> geschichte und sagt es (ja) auch immer wieder
> ,+ *daß* auch nach der Überzeugung der Auffassung
> der Westmächte *dieses Abkommen* ,+ das wir alle
> wollten +, ,+ und das eine so entscheidende und
> eminente Funktion für die Sicherung der Stadt
> Berlin und der Zukunft der Lebensfähigkeit
> dieser Stadt hat +,
> *daß es nur zu kriegen war* mit einer solchen Miß-
> brauchsregelung +, ...
>
> (H 25)

> / *aber wir müssen* im Rahmen der Beratung
> des Strafvollzugsgesetzes ,+ bei der wir
> zu einem vernünftigen Entlohnungssystem der
> Gefangenen für ihre Arbeit in den Gefäng-
> nissen kommen wollen +,
> *müssen wir dafür sorgen* ,+ daß hier ein Teil
> von Anfang an zur Wiedergutmachung des Schadens
> verwendet wird +, .
>
> (N 48)

Den Textbelegen ist gemeinsam, daß die Abgeordneten an bestimmten Stellen des Redeablaufs bereits geäußerte Teilsequenzen wiederaufnehmen:

Im Beispiel H 25 wird die Wortfolge *daß dieses Abkommen* nach dem Einschub zweier längerer Relativsätze in einer verkürzten Form *(daß es)* wiederholt. Die Textstelle N 48 enthält ebenfalls eine Wiederholung; nach der Realisierung eines Relativsatzes wird die Wortfolge *wir müssen* wiederaufgenommen durch *müssen wir*.

Die in beiden Belegstellen enthaltenen Drehsätze dürften primär durch die Komplexität der Äußerungen bedingt sein. Die Redner sichern wichtige Strukturelemente ihrer Aussagen an bestimmten Kodierungsstellen durch Wiederholungen, um sowohl für sich selbst den gewählten Satzplan ausdrücklich durchschaubar zu machen, als auch den Zuhörern die Aufnahme des Gesprochenen — insbesondere der sich an die Wiederholung anschließenden Fügung — zu erleichtern. Drehsätze bedeuten also eine wesentliche Kommunikationshilfe sowohl für die Redner als auch die Zuhörer; sie stehen im Dienste der stufenweisen Entfaltung komplexer Gedankenfolgen.

In der schriftsprachlichen Fassung sind diese Kodierungs- und Verständnishilfen aufgrund der veränderten Kommunikationssituation eliminiert:

> Sie alle sollten aus der Entstehungsgeschichte
> wissen, daß dieses Abkommen, das wir alle wollten,
> und das eine so entscheidende Funktion für die
> Sicherung der Stadt Berlin, ihrer Zukunft und
> Lebensfähigkeit hat, auch nach Auffassung der West-
> mächte nur mit einer solchen Mißbrauchsregelung
> zu kriegen war;
>
> (H 25)

> Aber wir müssen im Rahmen der Beratungen des Straf-
> vollzugsgesetzes, wo wir zu einem vernünftigen Ent-
> lohnungssystem der Gefangenen für ihre Arbeit in
> den Gefängnissen kommen wollen, dafür sorgen, daß
> hier von Anfang an ein Teil zur Wiedergutmachung
> des Schadens verwendet wird.
>
> (N 48)

Selbst wenn sich für die Leser der 'Stenographischen Berichte' bei der Rezeption komplexer Satzgefüge Verständnisschwierigkeiten ergeben, bietet die fixierte Form der Schriftsprache die Möglichkeit, bereits gelesene syntaktische Strukturelemente erneut aufzunehmen.

Ein Teil der im Auswertungskorpus belegten Drehsätze ist wiederum auf die spezifischen Bedingungen der Kommunikationssituation 'Bundestagsrede' zurückzuführen:

> / ‚+ *und wenn Sie die letzten Sitzungen* des
> Rechnungsprüfungsausschuß
> (Herr J.) (die haben Sie leider versäumt .)
>
> (Abg. Dr. J.: Sie werden staunen, ich war da!)
>
> *wenn Sie die* mitgemacht hätten und da die
> Ausführungen der Vertreter der Ressorts gehört
> hätten +, ...
>
> (B 56)

Der Redner wird hier bei der Kodierung einer Äußerung durch Zurufe aus dem Plenum unterbrochen. Nach einer kurzen Antwort auf den Zuruf versucht er, zum eigentlichen Inhalt seiner Rede zurückzufinden. Um sich dabei selbst und seinen Zuhörern die bereits begonnene Satzkonstruktion ins Gedächtnis zu rufen, nimmt er die für die folgende Satzstruktur wesentlichen Elemente wieder auf.

Der gleiche Vorgang ist zu beobachten, wenn der Redner seine Äußerungen durch eine Parenthese unterbricht:

/ (zweitens) ,+ *daß wir intressiert sind* an einer
solchen Regelung +,
(wir sind etwas ruhiger und etwas zurückhaltender .)
,+ *daß wir intressiert sind* +, können Sie
daraus erkennen ...

(J 15)

Auch hier stützt der Abgeordnete sein Gedächtnis durch die Wiederholung wesentlicher Satzelemente; mit Hilfe des Drehsatzes gelingt es ihm die begonnene Konstruktion beizubehalten.

Wie schwierig es ist, gerade innerhalb komplexer Kodierungen sowie nach Unterbrechungen das geplante und begonnene Satzmuster fortzusetzen, macht die große Zahl möglicher Abbrüche deutlich, die hier zu beobachten sind.

In der schriftsprachlichen Redefassung wird auch diese Form des Drehsatzes von den Parlamentsstenographen eliminiert; sie kann somit als eine typisch gesprochensprachliche Kodierungsweise bestimmt werden:

Wenn Sie die letzten Sitzungen des Rechnungs-
prüfungsausschusses mitgemacht hätten
− die haben Sie leider versäumt −

(Abg. Dr. J.: Sie werden staunen, ich war da!)

und die Ausführungen der Vertreter der Ressorts
gehört hätten, ...

(B 56)

Daß wir an einer solchen Regelung interessiert
sind,
− wir sind etwas ruhiger und zurückhaltender −,
können Sie daran erkennen, ...

(J 15)

(6) A u s s p a r u n g   v o n   R e d e t e i l e n : Unter dieser Bezeichnung werden solche Arten von /-Sequenzen erfaßt, bei denen die Sprecher Subjekts-, Objekts- oder Prädikatsteile aussparen; nicht selten fehlen zwei dieser Satzteile. Das Ergebnis der Auswertung zeigt, daß insgesamt 12 % aller syntaktisch nicht anschließbaren Wortsequenzen dieser Kategorie zuzuordnen sind.

/ (nich) können sich drauf verlassen .

(M 14)

/ ist mir nicht entgangen (Herr Kollege) .

(C 13)

/ sind auch ausgiebig besprochen worden im Ausschuß .

(E 20)

/ (nämlich) zweienfünfzig ein Minus von sechs-
Komma-zwei Prozent dreientfünfzig ein Minus von
null-Komma-neun Prozent vierunfünfzig ein Minus
von zwei-Komma-zwei Prozent siebenundfünfzig
sogar ein Minus von drei Prozent +, .

(E 47)

Aus sprachökonomischen Gründen, dem bereits erörterten Streben nach Kürze und Prägnanz des Ausdrucks, verzichten die Sprecher auf die Artikulation einzelner Satzglieder; sie gestalten ihre Kodierungen lediglich mit den für die Kommunikation unbedingt erforderlichen Mitteln.

Zwar fordert die für die Schriftsprache geltende Normgrammatik vollständige, mit bestimmten Satzelementen versehene Sätze; die gesprochene Sprache kann dieses Erfordernis jedoch aufgrund ihrer spezifischen kommunikativen Bedingungen außer acht lassen, da derartige Satzfragmente in kommunikativer Hinsicht voll leistungsfähig sind.

Die ausgesparten Redeteile enthalten Informationen, die sowohl dem Redner als auch den Zuhörern gleichermaßen präsent sind; sie sind daher unter dem Aspekt der Verständigung überflüssig.

ZIMMERMANN schreibt im Hinblick auf diese Besonderheit der gesprochenen Sprache:

"Unwesentliches und Selbstverständliches fallen, ungeachtet der sprachlichen Richtigkeit, weg."[259]

In den 'Stenographischen Berichten' sind diese typisch gesprochensprachlichen Mitteilungsweisen entsprechend der kodifizierten Norm durch eine Ergänzung der fehlenden Satzteile korrigiert:

Darauf können Sie sich verlassen.

(M 14)

Das ist mir nicht entgangen, Herr Kollege.

(C 13)

Sie sind ausgiebig auch im Ausschuß besprochen worden.

(E 20)

1952 *hatten wir* ein Minus von 6,2 %, 1953 ein
Minus von 0,9 %, 1954 ein Minus von 2,2 % und
1957 ein Minus von 3 %, 1960 sogar ein Minus
von 7,1 %.

(E 47)

Während die o.a. Redneräußerungen im Medium der gesprochenen Sprache durchaus geläufigen Satzkürzungsmustern entsprechen und daher
von den Abgeordneten mehr oder weniger bewußt in dieser Form realisiert sind, dürften die in den folgenden Beispielen zu beobachtenden Aussparungen wohl eher auf ein Unvermögen der Sprecher zurückzuführen
sein:

/ (die Grundsteuer) ,+ weil tatsächlich ein
Mehraufkommen vorgesehen war +, ,+ und weil sie
sich auch verwaltungsmäßig völlig anders
und (äh) beim Empfänger einen andern Kreis anspricht als die übrigen Steuerarten +, ...

(A 66)

/ inzwischen sind immerhin drei Jahre vergangen
,+ bis Sie für die nach unsrer Auffassung wichtige
Materie ,+ die wichtiger ist als vieles andere +,
,+ was wir in den letzten drei Jahren hier verabschiedet haben +, .

(N 06)

Im Beispiel A 66 wird die begonnene Äußerung *(und weil sie sich auch
verwaltungsmäßig völlig anders)* nicht zuende geführt; statt dessen schließt
der Sprecher ein weiteres abhängiges Gefügeteil an.

Es ist zu vermuten, daß ihm an dieser Stelle ein geeignetes Verb nicht
präsent ist. Daher leitet er unvermittelt mit der Konjunktion *und* eine
neue Teilsequenz ein, die er jedoch erst nach einem kurzen Verzögerungs-
einschnitt *(äh)* zu realisieren vermag.

Das Verständis dieser Äußerungen wird durch das fehlende Prädikat kaum
erschwert; der kommunikative Zweck ist aufgrund der vorhandenen
Satzteile weitgehend gesichert. Die Zuhörer vermögen das ausgesparte
Satzglied ohne weiteres zu ergänzen, da es sich um eine Information handelt, die im unmittelbaren Redner/Zuhörer-Wahrnehmungsbereich liegt
und daher nicht eigens verbalisiert zu werden braucht.

In den 'Stenographischen Berichten' ist diese vorübergehende sprecherseitige Beschränkung nicht mehr erkennbar; der nur teilweise realisierte
Satz wird durch die Hinzufügung des Prädikats vervollständigt:

Die Grundsteuer, weil tatsächlich ein Mehraufkommen
vorgesehen war, weil sie auch verwaltungsmäßig

völlig anders *zu sehen ist* und weil sie allein die
Gemeinden betrifft, ...

(A 66)

Der unter N 06 angeführte Textbeleg bietet ein Beispiel dafür, daß in den gesprochenen Reden sowohl Objekts- als auch Prädikatsteile ausgelassen werden können.

Es ist anzunehmen, daß der Abgeordnete an dieser Stelle durch den Einschub der abhängigen Gefügeteile den Überblick über die geplante Satzkonstruktion verloren hat und daher nicht mehr in der Lage ist, den begonnenen Satz zu vollenden. Möglicherweise hat er aber auch seine Gedanken bereits auf die Kodierung der nächsten Äußerungseinheit gerichtet und unterläßt aus diesem Grunde den Abschluß des begonnenen Satzes.

Er kann dies ohne weiteres tun, da den Zuhörern durch den entsprechenden Äußerungskontext die ausgelassenen Satzteile unmittelbar präsent sind. Der Sprecher spart Einzelformulierungen aus, solange er annehmen kann, daß das Verständnis seiner Aussagen gesichert ist.

In der schriftkonstituierten Fassung hingegen sind die nicht artikulierten Satzteile wiederum ergänzt:

Inzwischen sind immerhin drei Jahre vergangen,
bis Sie für die nach unserer Auffassung wichtige
Materie, die wichtiger als vieles andere ist,
was wir in den letzten drei Jahren hier verabschiedet haben,
eine Gesetzesvorlage gebracht haben.

(N 06)

Bei diesen beiden Anregungen, meine Damen
und Herren, möchte ich *es bewenden lassen.*

(N 49)

Die grundsätzlich bei allen redaktionellen Bearbeitungen des gesprochenen Wortlautes nachgewiesene Orientierung an den kodifizierten Normen der Schriftsprache läßt auch hier eine Auslassung von Satzteilen nicht zu. Durch die jeweils von den Parlamentsstenographen vorgenommenen Korrekturen werden daher Aussparungen insgesamt als spezifische Formungen der gesprochenen Sprache ausgewiesen.

4. SCHLUSSBEMERKUNGEN

Im Mittelpunkt der vorliegenden Arbeit stand der Versuch, anhand der Sprachverwendung im Deutschen Bundestag exemplarisch Gesetzmäßigkeiten gesprochener Reden im Unterschied zu ihren für die Veröffentlichung bestimmten 'schriftkonstituierten' Protokollfassungen aufzuweisen.

Der kontrastive Vergleich inhaltlich identischer Texte im Medium gesprochener und geschriebener Sprache bot die Möglichkeit, Art und Grad der Abweichung mündlicher Rede vom schriftlichen Sprachgebrauch zu bestimmen, und in der Unterschiedenheit die Charakteristika beider Kommunikationsmedien offenkundig werden zu lassen.

Mit diesem Ansatz waren weitgehend neue methodische Zugriffe − so insbesondere die synoptische Gegenüberstellung des Sprachmaterials in Form einer Wort-für-Wort-Kontrastierung − sowie Analyseverfahren verbunden, die in der germanistischen Forschung bisher kaum erprobt sind. Die vorliegende Untersuchung versteht sich daher als eine Pilotstudie, die durch die Anwendung neuer methodischer Prinzipien einen Beitrag zur Erforschung gesprochener und geschriebener Sprache leisten soll.

Bei der Analyse des Sprachmaterials, die sich vor allem auf die syntaktische Organisation der Texte bezieht, standen formale Aspekte im Vordergrund. Eine systematische Auswertung der redaktionellen Bearbeitungen der gesprochenen Bundestagsreden im Hinblick auf semantische Implikationen wurde nicht durchgeführt; ein derartiges Vorhaben muß aufgrund der Komplexität des Forschungsobjektes einer eigenen Untersuchung vorbehalten bleiben.

Die im Theorieteil der Arbeit durchgeführte Merkmalbeschreibung beider Textversionen hat deutlich werden lassen, daß die an gesprochenen und verschriftlichten Bundestagsreden nachgewiesenen Besonderheiten mündlicher und schriftlicher Kommunikation verallgemeinert werden können, da bei anderen Textsorten mindestens ebenso große Unterschiede aufgewiesen werden müssen wie am vorliegenden Sprachmaterial, dessen gesprochenen und verschriftlichten Texte durch ein spezifisches Abhängigkeitsverhältnis gekennzeichnet sind.

Die Untersuchungen haben insgesamt gezeigt, daß sich im Hinblick auf unterschiedliche Konstitutionsbedingungen mündlicher und schriftlicher Sprachgebrauch deutlich voneinander unterscheiden: Ca. 86 % des verschriftlichten Sprachmaterials enthalten redaktionelle Bearbeitungen, die von den Parlamentsstenographen während des Verschriftlichungsprozesses vorgenommen wurden. Aufgrund dieser Eingriffe können die besonderen Ausprägungen gesprochener und geschriebener Sprache bestimmt werden.

Der grundlegende quantitative Befund, daß nahezu 10 % des gesprochenen Sprachmaterials durch den Verschriftlichungsprozeß absorbiert wurde, läßt erkennen, daß ein wesentliches Merkmal gesprochener Sprache der Wortreichtum ist. Die kommunikativen Bedingungen mündlicher Reden machen eine Fülle redundanten Wortmaterials notwendig, damit eine intakte Verständigung zwischen Sprecher und Hörer gewährleistet ist.

Ebenso führt der prozeßhafte Charakter gesprochener Sprache, der auf die unmittelbare Beziehung zwischen gedanklichem Konzept und Diktion verweist und vor allem durch die Merkmale 'Vervollständigung', 'Präzisierung', 'Wiederholung', 'Ergänzung' und 'Korrektur' gekennzeichnet ist, zu einer erhöhten Wortproduktion im mündlichen Medium.

Die Schriftsprache hingegen, die sich stets unter einer reflektierenden Distanz vollzieht, beschränkt sich unter dem Anspruch der Sprachökonomie auf die Wiedergabe des informativen Gehalts der Äußerungen; hier findet sich in der Regel nur die 'letzte Fassung' der gesprochenen Artikulationsketten.

Im Hinblick auf die syntaktischen Formungsmöglichkeiten beider Kommunikationsmedien hat das Ergebnis der Auswertung gezeigt, daß eine vielfach geäußerte Kennzeichnung der gesprochenen Sprache zu revidieren ist: Nicht die relativ einfache und überschaubare Satzbauweise, die sich im wesentlichen auf eine bloße Aneinanderreihung von Hauptsätzen beschränkt, sondern vielmehr umfangreiche Satzstrukturen, insbesondere Gefügesätze mit mehreren abhängigen Gefügeteilen und weitverzweigten Subordinationen, erweisen sich als charakteristisches Merkmal mündlichen Sprachgebrauchs. Gerade die den gesprochenen Wortlaut verändernden Eingriffe der Tilgung, Reduktion und Integration haben deutlich werden lassen, in welch hohem Maße die Sprecher ihre komplexen Gedankengänge assoziativ in mehrfach gegliederten Satzgebilden artikulieren und daher auf ein quantitativ aufwendiges Sprachmaterial angewiesen sind.

In den schriftkonstituierten Texten sind derartig konstruierte Perioden durchweg in kürzere und damit eher überschaubare syntaktische Kodierungsformen segmentiert. Unter dem Aspekt formaler und inhaltlicher Prägnanz wird hier der am Gedankenverlauf orientierte Formulierungsgang der gesprochenen Reden nach normativen Satzmustern verschriftlicht.

Eine weitere Kennzeichnung gesprochener und geschriebener Sprache wurde aufgrund der Analyse von Parenthesen möglich. Die Untersuchung hat gezeigt, daß kontaktbezogene Parenthesen aufgrund ihrer Kürze und Formelhaftigkeit ein wesentliches Merkmal der gesprochenen Sprache darstellen. Als den Kommunikationsablauf steuernde Verbindungselemente bedeuten sie für die Sprecher eine Formulierungshilfe; den Zuhörern bieten sie die Möglichkeit einer erleichterten Rezeption der Redeinhalte. Kommentarparenthesen, die vor allem komplexe Sachverhalte in syntaktisch relativ differenzierter Weise erläutern, sind hingegen eher charakteristisch für eine sowohl in gesprochenen als auch verschriftlichten Parlamentsreden zu beobachtende distanzierte und weniger spontane Sprechhaltung.

Als ein signifikantes Merkmal mündlicher Kommunikation hat sich schließlich der Gebrauch syntaktisch nicht anschließbarer Wortsequenzen erwiesen. Diese in der germanistischen Forschung nicht selten diskriminierten Kodierungsformen können aufgrund der vorliegenden Analyseergebnisse in ihren unterschiedlichen Ausprägungen als konstitutiv für die gesprochene Sprache bewertet werden. Sie sind unmittelbar auf extraverbale Gegebenheiten mündlicher Kommunikationsprozesse zurückzuführen und unter Einbeziehung des situativen Kontextes im Hinblick auf ihre kommunikative Funktion voll leistungsfähig.

Die gerade bei diesen Sequenzen beobachteten Eingriffe durch die Parlamentsstenographen machen deutlich, daß derartige Kodierungsformen in der Schriftsprache grundsätzlich nicht zulässig sind. Kommunikation vollzieht sich hier ausschließlich unter dem Anspruch geltender Normierungen, wie sie in den bekannten Grammatiken, Stilistiken sowie Wörterbüchern kodifiziert sind.

Im Hinblick auf diese Normfixierungen dürfte es ein vorrangiges Desiderat der Forschung sein, den Normen der Schriftsprache, die nicht selten als Maßstab für die Beurteilung mündlichen Sprachgebrauchs dienen, ein eigenes, unter Berücksichtigung kommunikationsspezifischer Bedingungen aufzuweisendes Typisierungsraster für die gesprochene Sprache gegenüberzustellen, das die aufgezeigten Eigengesetzlichkeiten mündlicher Kommunikation adäquat abzudecken vermag.

ANMERKUNGEN

1 Obwohl sich die germanistische Linguistik im Hinblick auf die Erforschung gesprochener Sprache erst in einem Anfangsstadium befindet, ist die Literatur, die die gesprochene Sprache sowohl unter linguistischen als auch extralinguistischen Aspekten thematisiert, bereits recht umfangreich. Leider steht eine ausführliche Dokumentation und kritische Analyse dieses Forschungszweiges bisher noch aus.

2 O. Behaghel, Geschriebenes Deutsch und gesprochenes Deutsch, S. 11.

3 Vgl. hierzu: G. Helbig, Geschichte der neueren Sprachwissenschaft, S. 11 ff.

4 J. Chr. Adelung, Über den deutschen Styl.

5 R. v. Raumer, Die Aspiration und die Lautverschiebung.

6 Ders., Offener Brief an den Herausgeber der Zeitschrift für deutsche Mundarten, S. 364.

7 E. Sievers, Grundzüge der Lautphysiologie.

8 Vgl. hierzu: W. Putschke, Zur forschungsgeschichtlichen Stellung der junggrammatischen Schule.

9 Vgl. hierzu: H. Löffler, Probleme der Dialektologie, S. 23 ff.

10 Vgl. hierzu: H. Moser, Umgangssprache; U. Bichel, Problem und Begriff der Umgangssprache in der germanistischen Forschung.

11 H. Wunderlich, Unsere Umgangssprache in der Eigenart ihrer Satzfügung.

12 O. Behaghel, Geschriebenes und gesprochenes Deutsch, S. 11 - 34.

13 Vgl. hierzu: R. Hönigswald, Philosophie und Sprache.

14 Vgl. hierzu: G. Helbig, Geschichte der neueren Sprachwissenschaft, S. 33 f.

15 F. de Saussure, Grundfragen der allgemeinen Sprachwissenschaft, S. 28.

16 E. Zwirner, Schallplatte und Tonfilm als Quellen sprachlicher Forschung.

17 Ders., Deutsches Spracharchiv 1932-1962, S. 8.

18 K. Zwirner, Das Eindringen statistischer Forschungsmethoden in die Sprachvergleichung.

19 Vgl. hierzu: B. Havránek, Zur Adaption der phonologischen Systeme in den Schriftsprachen; J. Vachek, Zum Problem der geschriebenen Sprache.

20 H. Eggers, Zur Syntax der deutschen Sprache der Gegenwart, S. 49.

21 Ebd., S. 50.

22 H. Brinkmann, Die Syntax der Rede; ders., Die Konstituierung der Rede.

23 H. Bausinger, Bemerkungen zu den Formen gesprochener Sprache.

24 Vgl. hierzu: K. Hausenblas, Stile der sprachlichen Äußerungen und die Sprachschichtung; B. Havránek, Die Theorie der Schriftsprache.

25 F. Daneš, Kultur der gesprochenen Äußerung, S. 82.

26 K. Baumgärtner, Zur Syntax der Umgangssprache in Leipzig.

27 H.L. Kufner, Strukturelle Grammatik der Münchner Stadtmundart.

28 Vgl. hierzu: E. Zwirner/H. Richter, Deutsches Spracharchiv — Fünf-Jahre-Arbeitsprogramm / Vorschläge zur Institutionalisierung.

29 E. Zwirner, Anleitung zu sprachwissenschaftlichen Tonbandaufnahmen.

30 Vgl. hierzu: A. Ruoff, Grundlagen und Methoden der Untersuchung gesprochener Sprache.

31 Dieses 1971 begonnene Projekt befindet sich z.Zt. in der ersten Auswertungsphase. Zur theoretischen Konzeption vgl.: Sprachsoziologische Projektgruppe Erp; K.J. Mattheier, Diglossie und Sprachwandel.

32 Vgl. hierzu auch: U. Engel, Mundart und Umgangssprache in Württemberg; E. Hofmann, Sprachsoziologische Untersuchungen über den Einfluß der Stadtsprache auf mundartsprechende Arbeiter; D. Möhn, Die Industrielandschaft — ein neues Forschungsgebiet der Sprachwissenschaft.

33 H. Zimmermann, Zu einer Typologie des spontanen Gesprächs.

34 Ebd., S. 14. Im Laufe seiner Untersuchung zeigt sich allerdings, daß eine grundsätzliche Abwendung von den normativen Kategorien der Schriftsprache nicht durchführbar ist, da sich ein Großteil der gesprochenen Sprache an der normativen Syntax orientiert und deren Regeln entspricht.

35 Chr. Leska, Vergleichende Untersuchungen zur Syntax gesprochener und geschriebener deutscher Gegenwartssprache; dies., Vergleichende Untersuchungen zur Frequenz und Distribution syntaktischer Erscheinungen gesprochener und geschriebener Sprache.

36 Dies., Vergleichende Untersuchungen zur Frequenz, S. 53.

37 Vgl. hierzu in der vorliegenden Untersuchung: Kap. 1.2.3.1. 'Art des Sprachmaterials', S. 28 ff. dieser Arbeit.

38 B. Wackernagel-Jolles, Untersuchungen zur gesprochenen Sprache. Auf der Basis dieser Arbeit werden weitere methodische Probleme erörtert in: Aspekte der gesprochenen Sprache.

39 Auf die Schwierigkeit einer syntaktischen Abgrenzung verweist auch LESKA. Ihrer Meinung nach kann nicht geklärt werden, ob ein Sprecher zwei Sätze zur Satzverbindung verknüpfen oder als getrennte Sätze verstanden wissen will; Satzverbindungen werden daher in ihrer Untersuchung nicht berücksichtigt.

40 A. Jecklin, Untersuchungen zu den Satzbauplänen der gesprochenen Sprache.

41 A. Weiss, Syntax spontaner Gespräche.

42 Vgl. hierzu: H. Steger, Über Dokumentation und Analyse gesprochener Sprache. Zu den zahlreichen Beiträgen der Freiburger Forschungsstelle vgl. im einzelnen: G. Schank/G. Schoenthal, Gesprochene Sprache. Der dort gegebene Literaturüberblick informiert ausführlich über alle bereits abgeschlossenen Detailuntersuchungen.

43 Vgl. hierzu: H. Steger, Gesprochene Sprache.

44 Die Erforschung der geschriebenen deutschen Gegenwartssprache wird im Institut für deutsche Sprache in Mannheim durchgeführt.

45 Vgl. hierzu: Gesprochene Sprache. Bericht der Forschungsstelle Freiburg.

46 Vgl. hierzu: K.-H. Deutrich/G. Schank, Redekonstellation und Sprachverhalten I und II.

47 Vgl. hierzu in der vorliegenden Untersuchung: Kap. 1.2.3.2. 'Extralinguistische Merkmale gesprochener Bundestagsreden', S. 30 ff.

48 Vgl. hierzu: K. Bayer, Verteilung und Funktion der sogenannten Parenthese in Texten gesprochener Sprache; F.-J. Berens, Analyse des Sprachverhaltens im Redekonstellationstyp 'Interview'; G. Schoenthal, Das Passiv in der deutschen Standardsprache.

49 Vgl. hierzu: Sprache und Kommunikation.

50 Vgl. hierzu: Textsorten.

51 Vgl. hierzu: N. Dittmar, Soziolinguistik.

52 U. Oevermann, Sprache und soziale Herkunft.

53 D. Wunderlich, Die Rolle der Pragmatik in der Linguistik, S. 37.

54 W. Besch/H. Löffler, Sprachhefte: Hochsprache/Mundart – kontrastiv, S. 90.

55 Stenographische Berichte über Verhandlungen im Deutschen Bundestag. – Im folgenden wird als Kurztitel zitiert: 'Stenographische Berichte'.

56 P.v.Polenz, Zur Quellenwahl für Dokumentation und Erforschung der deutschen Sprache der Gegenwart, S. 9.

57 Ebd., S. 10.

58 Ebd.

59 Die Normen für die geschriebene Sprache sind zwar nicht absolut stringent und einheitlich, gelten jedoch weitgehend im gesamten deutschen Sprachraum. Sie sind in den bekannten Grammatiken, Stilistiken sowie Wörterbüchern kodifiziert und somit für jeden Sprachteilhaber verfügbar. Zugleich bilden sie die Grundlage für die im Sprachunterricht vermittelten Kenntnisse und Fertigkeiten des 'korrekten' Sprachgebrauchs.

60 Vgl. hierzu im einzelnen: Kap. 1.2.3.3. 'Entstehungsprozeß der Stenographischen Berichte', S. 33 ff. dieser Arbeit.

61 In diesem Zusammenhang wird auf die Untersuchung von E. UHLIG, Studien zu Grammatik und Syntax der gesprochenen politischen Sprache des Deutschen Bundestages, verwiesen, auf deren Besprechung innerhalb des forschungsgeschichtlichen Überblicks verzichtet wurde, da sich der Verf. weder um ein der gesprochenen Sprache angemessenes Beschreibungs- und Analyseverfahren bemüht, noch Probleme der Korpuserstellung, der Transkription sowie der Segmentierung und der damit verbundenen Satzproblematik erörtert.

Im Hinblick auf die 'Stenographischen Berichte' als Untersuchungsgrundlage stellt UHLIG fest: "Wir sahen uns ... gezwungen, das schon redigierte Material ('Stenographische Berichte') mit Hilfe der entsprechenden Tonbandkopien...

gewissermaßen zu 're-redigieren' ". (S. 28)

Bei diesem einzigen Hinweis auf die Aufbereitung des Untersuchungsgegenstandes, der nach dem Titel der Arbeit 'gesprochene Sprache' repräsentieren soll, läßt es der Verf. bewenden, ohne auf Einzelheiten dieses Vorgangs näher einzugehen und ohne präzise Angaben darüber zu machen, inwieweit das untersuchte Sprachmaterial die gesprochenen (Tonbandaufnahmen) oder die verschriftlichten Reden ('Stenographische Berichte') darstellt. Weiterhin unterläßt es UHLIG, wichtige, bereits vorliegende Forschungserkenntnisse über die gesprochene Sprache in seine Überlegungen einzubeziehen. So sind denn auch seine Analyseergebnisse − etwa die Neigung zum Nominalstil oder Substantivierungstendenzen im politischen Sprachgebrauch − weitgehend aus Arbeiten bekannt, in denen schriftsprachliche Korpora analysiert wurden (vgl. hierzu z.B. die Untersuchungsergebnisse von EGGERS).

Neben den Bedenken, die die Materialauswahl und Analyse betreffen, sind zugleich grundsätzliche Einwände gegen die Art der Darstellung zu erheben. Vielfach ist eine Vermischung von Deskription und Interpretation sowie eine Ideologisierung formaler Strukturen festzustellen: "Die sprachökonomischen rhetorischen Vorteile werden bei der sprachlichen Handhabung der Blockbildungen im Deutschen Bundestag von ihrer ideologischen Funktion überdeckt und überlagert, weil es vermieden wird, die Anonymität der technokratisch determinierten Realität auch nur ansatzweise zu entschleiern." (S. 157)

Diese und ähnliche − wissenschaftlich wohl kaum haltbare − Aussagen sind im Zusammenhang mit der Zielformulierung der Arbeit zu sehen: "Die Untersuchung soll ein Beitrag zur Sprachstruktur der gesprochenen politischen Sprache auf grammatisch-syntaktischer Ebene unter Berücksichtigung der Ideologierelevanz der verwendeten sprachlichen Zeichen im gesellschaftlichen Kontext darstellen". (S. 25 f.)

62 Zum Transkriptionsverfahren im einzelnen vgl.: Kap. 2.1. 'Einführung in die Texte − Transkriptionsverfahren', S. 45 f. sowie Kap. 3.1. 'Segmentierungsmodus und Satzdefinition', S. 167 ff. dieser Arbeit.

Den im o.a. Textausschnitt verwendeten Zeichen kommen folgende Funktionen zu:

.	:	schließt einen isolierten Hauptsatz (Einfachsatz) bzw. einen Gefügesatz ab.
,+ ... +,	:	kennzeichnet ein abhängiges Gefügeteil, das eingeleitet wird durch: unterordnende Konjunktion, Relativpronomen, Interrogativpronomen, Interrogativadverb.
i+ ... +i	:	schließt einen Infinitiv mit zu und die ihm zugehörigen Erweiterungen ein.
/	:	steht zu Beginn eines Satzes, der eine oder mehrere syntaktisch nicht anschließbare Wortsequenzen bzw. normwidrige Kongruenzen und Rektionen enthält.
(...)	:	kennzeichnet einen Einschub, der syntaktisch nicht angeschlossen ist, aber in semantischem Zusammenhang mit dem Satz steht ('Parenthese').

63 Solche syntaktischen Fügungen sind in der Schriftsprache nur bei entsprechender konjunktionaler Verknüpfung, etwa durch und, oder etc. möglich.

64 Vgl. hierzu: Kap. 2.2. 'Auswertungskorpus', A 36: "und nun finde ich *das* sehr interessant ... *die Zusammenfassung etwa der Vermögensteuer ...*", S. 51 dieser Arbeit.

65 Duden. Grammatik der deutschen Gegenwartssprache, § 1395, S. 590 f.

66 Chr. Leska, Vergleichende Untersuchungen zur Frequenz, S. 59 f.

67 G. Schank/G. Schoenthal, Gesprochene Sprache.

68 Ebd., S. 10.

69 Ebd., S. 9.

70 In Bezug auf die Identität von Sprecher und Schreiber vgl. im einzelnen: Kap. 1.2.3.4. 'Abgrenzungsprobleme beider Textversionen', S. 36 ff. dieser Arbeit.

71 H. Steger, Gesprochene Sprache, S. 262 ff.

Die von STEGER formulierte vierte Bedingung: "Es darf ... wohl nur akzeptiert werden, was 4. gesprochen wird und im Rahmen des jeweils gesprochenen Sprachtyps als 'normal', d.h. als richtig anzusehen ist" kann im Rahmen der vorliegenden Untersuchung nicht akzeptiert werden, da sie das Problem der Norm für die gesprochene Sprache impliziert.
Einen kodifizierten Normenkatalog, in dem eindeutig festgelegt ist, was als grammatisch 'richtig'/'falsch' oder stilistisch 'schön'/'unschön' zu bewerten ist, gibt es bisher lediglich für die Schriftsprache. So wird gerade in der vorliegenden Arbeit versucht, evtl. vorhandene Normen der gesprochenen Sprache erst einmal festzustellen. Eine Beurteilung des Sprachmaterials nach Normen, wie sie für die Schriftsprache fixiert sind, ist daher bei der Materialauswahl nicht zulässig.

72 Geschäftsordnung des Deutschen Bundestages.

73 Diese Kontrolltätigkeit wurde mir durch die Einsichtnahme in die Redemanuskripte, die bei den jeweiligen Fraktionen archiviert sind, ermöglicht.

74 Als Erhebungszeitraum wurde für die vorliegende Untersuchung die erste Hälfte der 7. Legislaturperiode (13.12.72-21.02.75) festgelegt; in dieser Zeit haben insgesamt 150 Sitzungen im Deutschen Bundestag stattgefunden.

75 Die hier beschriebenen Abgeordneten des Deutschen Bundestages sind in bezug auf ihren Sprachgebrauch im Plenum selbst bei nicht speziell vorformulierten und schriftlich fixierten Reden lediglich als relativ unvorbereitet zu bezeichnen, da sie für die Kommunikationssituation einer Bundestagsdebatte stets weitgehend routiniert vorbereitet sind. Sie sind daran gewöhnt, über politische Themen öffentlich zu sprechen, d.h. argumentativ Probleme des politischen Bereichs vorzutragen. So ist ihnen z.B. die jeweilige Thematik vor der Sitzung bekannt, so daß eine grundsätzliche Vertrautheit mit den anstehenden Fragen vorausgesetzt werden kann.

76 In diesem Zusammenhang muß ein weiteres Kriterium genannt werden, durch das allgemein die vorliegende Kommunikationssituation bestimmt ist:
Im Kommunikationsakt 'Bundestagsrede' ist von einer festgelegten Rollenverteilung unter den Kommunikationspartnern auszugehen. Die Führung des Kommunikationsverlaufs wird e i n e m Sprecher zugestanden; die

Kommunikationspartner nehmen einen untergeordneten Rang ein und sind insgesamt als Zuhörergruppe gekennzeichnet, wovon lediglich ein kleiner Teil (die im Plenarsaal anwesenden Abgeordneten) berechtigt ist, den Kommunikationsablauf durch Zwischenrufe und Beifallsbekundungen sowie — nach Genehmigung durch den Präsidenten — durch Zwischenfragen zu unterbrechen.

77   Nach DEUTRICH/SCHANK ist der Begriff 'Standardsprachesprecher' an folgende Merkmale gebunden:
"Ein Sprecher muß deutsche Gegenwartssprache sprechen,
— die zumindest passiv von den Partnern beherrscht wird,
— die sich an übergruppalen Normierungen von Lautung, Syntax, Lexikon orientiert,
— die von sozial führenden Gruppierungen gesprochen
— und die in bestimmten Fällen von anderen Gruppen übernommen wird;
— die überregional eingesetzt und verstanden
— und die in öffentlichen Situationen gesprochen wird."
(K.-H. Deutrich/G. Schank, Redekonstellation und Sprachverhalten I, S. 246.)

78   S. Jäger, Standardsprache, S. 272.

79   Vgl. hierzu: R. Dahrendorf, Gesellschaft und Freiheit.

80   In bezug auf die schichtenspezifischen Sprachuntersuchungen vgl. im einzelnen die Darstellung und Kritik der Forschungsliteratur bei N. Dittmar, Soziolinguistik.

81   D. Wunderlich, Zum Status der Soziolinguistik, S. 315.

82   Ebd., S. 318.

83   Die Ausführungen, die die Tätigkeit der Parlamentsstenographen betreffen, basieren im wesentlichen auf Informationen, die mir von den Mitarbeitern des Stenographischen Dienstes beim Deutschen Bundestag gegeben wurden; ihnen sei an dieser Stelle für ihr hilfreiches Entgegenkommen gedankt.

84   Vgl. hierzu: Geschäftsordnung des Deutschen Bundestages, 1975, § 117.

85   Hierzu heißt es in der Geschäftsordnung des Deutschen Bundestages:
" § 118 Prüfung der Niederschrift durch den Redner
Jeder Redner erhält eine Niederschrift seiner Rede, die nach Prüfung innerhalb der festgesetzten Frist zurückzugeben ist. ... Niederschriften von Reden dürfen vor ihrer Prüfung durch den Redner einem anderen als dem Präsidenten nur mit Zustimmung des Redners zur Einsicht überlassen werden.

§ 119 Berichtigung der Niederschrift
(1) Die Berichtigung darf den Sinn der Rede oder ihre einzelnen Teile nicht ändern. Wird die Berichtigung beanstandet und keine Verständigung mit dem Redner erzielt, so ist die Entscheidung des amtierenden Präsidenten einzuholen."

86   Duden. Fremdwörterbuch, S. 674.

87   Bei der Einstellung in den Stenographischen Dienst des Deutschen Bundestages müssen die Parlamentsstenographen nicht nur den Nachweis für eine umfassende technische Fertigkeit erbringen, sondern gleichzeitig ein Hoch-

schulstudium, etwa der Rechtswissenschaft, Volkswirtschaft oder Philologie, absolviert haben. (Vgl. hierzu: Merkblatt über den Beruf des Parlamentsstenographen.)

88 L. Krieger, Bundestagsreden sind nicht Schall und Rauch.

89 Unveröffentlichte Aktennotiz des Leiters des Stenographischen Dienstes v. 11.3.1952.

90 L. Krieger, Bundestagsreden sind nicht Schall und Rauch.

91 Neue Stenographische Praxis.

92 Vgl. W. Kühnel, Das Fachwissen des Praktikers.

93 Vgl. H.P. Althaus, Graphemik, S. 119 f.

94 Vgl. hierzu: B. Sandig, Zur Differenzierung gebrauchssprachlicher Textsorten im Deutschen.

95 Vgl. hierzu: Kap. 1.2.3.1. 'Art des Sprachmaterials', S. 28 f. dieser Arbeit.

96 Vgl. hierzu: Kap. 1.2.3.3. 'Entstehungsprozeß der Stenographischen Berichte', S. 33 ff. dieser Arbeit.

97 Es muß betont werden, daß das Auswertungskorpus der vorliegenden Untersuchung nicht dem Anspruch statistischer Repräsentativität genügt. Einer derartigen Forderung kann in einer Einzeluntersuchung, die als Pilotstudie neue methodische Zugriffe und Analyseverfahren erprobt, wohl kaum Rechnung getragen werden. Allerdings liegt der Vorteil einer solchen Materialbeschränkung darin, daß die sorgfältige Analyse einer begrenzten und überschaubaren Stichprobe möglicherweise zuverlässigere Aussagen erlaubt als eine grobe und weitmaschige Untersuchung umfangreicher, statistisch abgesicherter Sprachkorpora.

98 Redebeiträge aus Fragestunden sowie kurze Zwischenfragen und Zurufe wurden hierbei nicht berücksichtigt.

99 Sicherlich muß bei dieser eingrenzenden Festlegung kritisch angemerkt werden, daß die sprachlichen Aktivitäten eines Abgeordneten außerhalb des Bundestages, wenn er etwa zugleich Landtagsabgeordneter oder Vertreter eines Gemeinde-, Stadt- bzw. Kreistagsparlaments ist, einen nicht unerheblichen Einfluß auf seine Redegeübtheit haben; da allerdings dieser Faktor nur schwer systematisch faßbar ist, wird er bei der hier vorgenommenen Materialauswahl nicht berücksichtigt.

100 In diesem Zusammenhang gilt es zu beachten, daß das ausgewählte Sprachmaterial nicht die Sprachverwendung im Deutschen Bundestag in ihrer vielschichtigen Komplexität repräsentieren soll. Die Abgeordneten werden vielmehr als mögliche Repräsentanten deutscher Standardsprachesprecher angesehen, von denen inhaltlich identische Texte in gesprochener und geschriebener Form verfügbar sind.

101 Da möglichst zusammenhängende, in sich abgeschlossene Redebeiträge verschiedener Bundestagsabgeordneter analysiert werden sollten, konnte das festgesetzte Zeitmaß von 10 Minuten bei allen Reden nicht immer eingehalten werden. Außerdem muß darauf hingewiesen werden, daß die unterschiedlichen Längen einzelner Redebeiträge dadurch bedingt sind, daß das Verhältnis zwischen Sprechdauer und Sprechgeschwindigkeit bei den ausge-

wählten Probanden zuweilen recht unterschiedlich ist. Manche Abgeordnete sprechen relativ schnell und artikulieren somit in der festgesetzten Zeit sehr zahlreiche Äußerungen; die Sprache anderer ist hingegen durch eine sehr langsame Sprechgeschwindigkeit gekennzeichnet, wodurch entsprechend weniger Äußerungen zustande kommen.

102 Eine detaillierte Beschreibung — differenziert nach Sprecher- und Rededaten — findet sich unter Kapitel 2.2. 'Auswertungskorpus' zu Beginn der jeweiligen Bundestagsrede.

Die Reihenfolge der Sprecher ist durch die zeitliche Abfolge der einzelnen Sitzungstage bestimmt.

Zur Kennzeichnung der landschaftlichen Herkunft der Abgeordneten wurden folgende Abkürzungen verwendet:

BA   = Bayern
BE   = Berlin
BW   = Baden-Württemberg
HA   = Hamburg
HE   = Hessen
NRW   = Nordrhein-Westfalen
NS   = Niedersachsen
RHPF = Rheinland-Pfalz

103 Ein auf diese Weise aufbereitetes Sprachkorpus stellt innerhalb der Sprachgermanistik ein Novum dar. Zwar hat auch die Forschungsstelle für gesprochene Sprache in Freiburg drei Textbände gesprochener deutscher Standardsprache veröffentlicht, jedoch enthalten diese Bände ausschließlich Textproben in transkribierter gesprochener Form. (Texte gesprochener deutscher Standardsprache I, II, III.)

Diese Beschränkung auf die gesprochene Sprache ist auf die Selektion der Textsorten (spontane Gespräche, Diskussionen, Interviews, Erzählungen) zurückzuführen, die eine funktionale schriftsprachliche Fassung — wie die 'Stenographischen Berichte' als authentische schriftsprachliche Veröffentlichungen gesprochener Bundestagsreden — kaum erfordern.

104 Im wesentlichen wurden Teile des Merkmalkatalogs berücksichtigt, der von den Soziolinguisten Jäger, Huber und Schätzle für Sprachuntersuchungen erarbeitet wurde. (Vgl. hierzu: S. Jäger/J. Huber/P. Schätzle, Sprache — Sprecher — Sprechen.)

Weiterhin boten die syntaktischen Untersuchungen der Forschungsstelle Freiburg für die Auswahl relevanter Fragen eine wertvolle Hilfe. (Vgl. hierzu: G. Schank/G. Schoenthal, Gesprochene Sprache.)

105 Zu den Einzelergebnissen vgl.: Kap. 3.2. 'Häufigkeitsverteilung unterschiedlicher Veränderungsmöglichkeiten', S. 176 ff. dieser Arbeit.

106 Wenn auch die redaktionellen Bearbeitungen der gesprochenen Bundestagsreden im Bereich des Wortschatzes ebenfalls recht umfangreich sind, so muß dennoch die systematische Erfassung und Interpretation dieser Veränderungen einer eigenen Untersuchung vorbehalten bleiben, da derartige zusätzliche Analysen den Rahmen der vorliegenden Arbeit übersteigen würden.

Zudem eröffnet sich gerade im Zusammenhang mit Fragestellungen, die die Lexik des Sprachgebrauchs im Bereich der Politik betreffen, das weite Feld differenzierter Wortschatzuntersuchungen, die sich vor allem auf die Ausdrucks-, Mitteilungs- und Wirkungsfunktion politischer Reden beziehen; Phänomene wie 'Manipulation', 'Agitation' und 'Persuasion' müßten hier anhand des Belegmaterials einer kritischen Analyse unterzogen werden.

107   Transkriptionsformular des Instituts für deutsche Sprache. Das unveröffentlichte Formular wurde mir von der Forschungsstelle Freiburg zur Verfügung gestellt. Auszugsweise ist es veröffentlicht und kommentiert von K.-H. Bausch, Zur Umschrift gesprochener Hochsprache.

Zu den Einzeluntersuchungen vgl. die Literaturangaben bei G. Schank/ G. Schoenthal, Gesprochene Sprache.

108   Vgl. hierzu im einzelnen: Kap. 3.1. 'Segmentierungsmodus und Satzdefinition', S. 167 ff. dieser Arbeit.

109   Die biographischen Angaben wurden entnommen: Amtliches Handbuch des Deutschen Bundestages. 7. Wahlperiode.

110   Vgl. hierzu: J. Ries, Was ist ein Satz? Der Verfasser hat bis zum Jahre 1931 immerhin 140 verschiedene Satzdefinitionen zusammengestellt.

111   F. Hundsnurscher, Syntax, S. 185.

112   H. Eggers, Deutsche Sprache im 20. Jahrhundert, S. 31. Vgl. hierzu auch: ders., Wandlungen im deutschen Satzbau.

113   Chr. Leska, Vergleichende Untersuchungen zur Syntax, S. 440.

114   Dies., Vergleichende Untersuchungen zur Frequenz, S. 78.

115   E. Lerch, Vom Wesen des Satzes und von der Bedeutung der Stimmführung für die Satzdefinition, S. 196.

116   Vgl. hierzu: R. Ahrens, Zusammenhang von Syntax und Intonation in der gesprochenen deutschen Standardsprache; M. Bierwisch, Regeln für die Intonation deutscher Sätze; H. Eggers, Stimmführung und Satzplan; O. von Essen, Grundzüge der hochdeutschen Satzintonation; A. von Isacenko/H.-J. Schädlich, Untersuchungen über die deutsche Satzintonation; A. Ströbl, Zum Verhältnis von Norm und Gebrauch bei der Zeichensetzung; Ch. Winkler, Untersuchungen zur Intonation in der deutschen Gegenwartssprache; ders., Die Kadenzen des einfachen Satzes; O. Zacher, Zur Intonation syntaktischer Grundmodelle.

117   Duden. Grammatik der deutschen Gegenwartssprache, § 1163.

118   S. Grosse, Literarischer Dialog und gesprochene Sprache, S. 660.

119   Chr. Winkler, Satz und Ausspruch, S. 1753.

120   Vgl. hierzu S. 17 f. dieser Arbeit.

121   Vgl. hierzu den in der Untersuchung von Chr. Leska verwendeten Satzbegriff, S. 168 dieser Arbeit.

122   Transkriptionsformular, S. 16.

123   J. Erben, Deutsche Grammatik, §§ 266, 268.

124 Innerhalb der synoptischen Gegenüberstellung sind diese syntaktischen Fügungen gemäß den Freiburger Transkriptionsvorschriften durch einen (/) (Schrägstrich) zu Beginn der jeweiligen Äußerungseinheit gekennzeichnet.

125 Vgl. hierzu: Kap. 3.3.6. 'Analyse syntaktisch nicht anschließbarer Wortsequenzen', S. 270 ff. dieser Arbeit.

126 Die Freiburger Satzdefinition ist ausschließlich für die Analyse gesprochener Texte, nicht aber für eine Kontrastierung beider Kommunikationsmedien konzipiert worden.

127 Zu den Begriffsbestimmungen im einzelnen vgl. S. 174 ff. dieser Arbeit.

128 Transkriptionsformular, S. 16.

129 Vgl. hierzu: H. Glinz, Deutsche Grammatik I, S. 26.

130 Aus Gründen der Platzersparnis werden hier die Beispiele lediglich in der gesprochensprachlichen Fassung wiedergegeben; es handelt sich um solche Belege, bei denen die gesprochene und schriftsprachliche Textversion identisch sind. − Die hinter den Beispielen angeführten Siglen kennzeichnen die Belegstelle im Auswertungskorpus.

131 Eine Ausgliederung dieser Satzform, deren Häufigkeit im Auswertungskorpus äußerst gering ist, würde das Zählverfahren erheblich erschweren.

132 H. Glinz, Die innere Form des Deutschen, S. 487.

133 Der abhängige uneingeleitete Satz weist die Merkmale eines Hauptsatzes auf; das Abhängigkeitsverhältnis zum übergeordneten Satz ist inhaltlich, nicht formal gekennzeichnet (keine Verbendstellung, keine unterordnenden Konjunktionen). In den Transkriptionen sind die abhängigen uneingeleiteten Sätze durch s+...+s gekennzeichnet (Transkriptionsformular, S. 19 f.).

134 Kennzeichen des Nebensatzes ist das Einleitewort; Einleitewörter sind: unterordnende Konjunktionen, Relativpronomina, Interrogativpronomina, Interrogativadverbia. In den Transkriptionen sind die Nebensätze durch ,+...+, gekennzeichnet (Transkriptionsformular, S. 21).

135 Jeder Infinitiv mit *zu* wird mit den ihm zugehörigen Erweiterungen in i+...+i eingeschlossen. Ausnahmen bilden die Infinitive nach den Verben *haben, pflegen, sein, scheinen, vermögen* (Transkriptionsformular, S. 23).

136 Vgl. hierzu: Duden. Grammatik der deutschen Gegenwartssprache, § 1404.

137 Zu der vorgenommenen Unterscheidung im einzelnen vgl. Kap. 3.3.5. 'Analyse der Parenthesen', S. 254 ff. dieser Arbeit.

138 Vgl. hierzu: S. 174 dieser Arbeit.

139 Die alleinstehende Parenthese wird bei diesem Analyseschritt nicht eigens berücksichtigt; ihr Vorkommen beträgt in den 'Stenographischen Berichten' insgesamt lediglich 18, davon sind 6 'ohne' und 12 'mit Änderung' übernommen.

140 Vgl. hierzu: Kap. 3.3.3. 'Analyse der Einfachsätze', S. 217 ff. dieser Arbeit.

141 Vgl. hierzu: Kap. 3.3.4. 'Analyse der Gefügesätze', S. 234 ff. dieser Arbeit.

142 Vgl. hierzu: Kap. 1.2.2. 'Ziel der Untersuchung', S. 24 ff. dieser Arbeit.

143 Für die Zählweise wurde zur Vereinfachung festgelegt, daß jeder mögliche Eingriff pro Äußerungseinheit nur einmal erfaßt wurde, obwohl dieselbe Veränderung in einer Äußerungseinheit durchaus mehrmals vorkommen kann. Der quantitative Befund gibt daher nicht die tatsächlichen Verhältnisse wieder; er dient dazu, mögliche Relationen zwischen den verschiedenen Bereichen aufzudecken, in denen während des Verschriftlichungsprozesses verändernd eingegriffen wurde.

144 Vgl. hierzu die im folgenden ausgegrenzten syntaktischen Kategorien.

145 Zur Eingrenzung der vorliegenden Untersuchung auf syntaktische Phänomene vgl. im einzelnen: Kap. 1.2.3.6. 'Auswahl der Analysekriterien und Gang der Untersuchung', bes. Anm. 106.

146 Die hier durch die Angaben 'Tonbandaufnahme' und 'Stenographischer Bericht' erfolgte Kennzeichnung der gesprochenen und verschriftlichten Textversion wird beim Zitieren weiterer Textbelege im folgenden nicht mehr vorgenommen; auf der rechten Seitenhälfte findet sich bei allen angeführten Beispielen die gesprochene, auf der linken die verschriftlichte Fassung.

147 Wie bei der Satzdefinition für die vorliegende Untersuchung festgelegt, wird die hier vorliegende Satzreihe in zwei Einfachsätze segmentiert.

148 Das zu Demonstrierende ist in den Textbelegen jeweils durch Kursivdruck gekennzeichnet.

149 Vgl. hierzu: Kap. 3.3.4.3. 'Formen abhängiger Gefügeteile', S. 245 ff. dieser Arbeit.

150 Die Summe aller ES (387) und GF (493) (= 880) liegt über der Anzahl aller Äußerungseinheiten (836), da Satzverbindungen (ES + ES, GF + ES, GF + GF) aufgelöst wurden.

151 Vgl. hierzu im einzelnen: Kap. 3.3.5. 'Analyse der Parenthesen', S. 254 ff. dieser Arbeit.

152 H. Eggers, Wandlungen im deutschen Satzbau, S. 55.

153 A. Weiss, Syntax spontaner Gespräche, S. 26.

154 K.-H. Deutrich, Sprachliche Merkmale und textliche Kriterien für Spontaneität in gesprochenen Texten, S. 49.

155 B. Wackernagel-Jolles, Untersuchungen, S. 172.

156 Vgl. hierzu: S. 178 ff. dieser Arbeit.

157 Vgl. hierzu: F. Kempter, Zum Problem der sprachlichen Fertigteile.

158 Vgl. hierzu: Kap. 3.3.4. 'Analyse der Gefügesätze', S. 234 ff. und S. 248 ff. dieser Arbeit.

159 U. Elmauer, Abhängige Hauptsätze in gesprochenen und verschriftlichten Texten, S. 204.

160 Auf die durch die Kommunikationsstörungen bedingten 'Versprecher' wird im Kap. 3.3.6. 'Analyse syntaktisch nicht anschließbarer Wortsequenzen', S. 270 ff. dieser Arbeit, näher eingegangen.

161 Vgl. hierzu den Textzusammenhang im Auswertungskorpus, S. 136 ff. dieser Arbeit.

162   Vgl. hierzu: Kap. 3.3.2.1. 'Vorkommen und Auswirkung', S. 192 ff. dieser Arbeit.

163   Vgl. hierzu: Kap. 1.2.3.3. 'Entstehungsprozeß der 'Stenographischen Berichte', S. 33 ff. dieser Arbeit.

164   H. Schlüter, Grundkurs der Rhetorik, S. 37.

165   Es kann nicht ausgeschlossen werden, daß im o.a. Beispiel diese Modifizierung der Aussage vom Redner selbst aufgrund des ihm zustehenden Korrekturrechtes vorgenommen wurde.

166   S. Grosse, Die deutsche Satzperiode, S. 81.

167   Ebd., S. 73.

168   Vgl. hierzu: Kap. 3.3.1. 'Häufigkeitswerte syntaktischer Kodierungsmöglichkeiten', S. 188 ff. dieser Arbeit.

169   Vgl. hierzu: Kap. 3.3.4.2. 'Häufigkeit und Abhängigkeitsgrade abhängiger Gefügeteile', S. 240 ff. dieser Arbeit.

170   S. Grosse, Die deutsche Satzperiode, S. 68.

171   Vgl. hierzu: Kap. 3.3.6. 'Analyse syntaktisch nicht anschließbarer Wortsequenzen', S. 270 ff. dieser Arbeit.

172   Aus Platzgründen werden gesprochene und geschriebene Fassung nicht wie sonst nebeneinander, sondern untereinander wiedergegeben. Das Abhängigkeitsverhältnis zwischen den einzelnen Gefügeteilen ist jeweils durch Einrücken gekennzeichnet.

173   Vgl. hierzu: Kap. 3.1. 'Segmentierungsmodus und Satzdefinition', S. 167 ff. dieser Arbeit.

174   G. Lindner, Einführung in die experimentelle Phonetik. Berlin 1969. S. 211.

175   S. Grosse, Die deutsche Satzperiode, S. 73.

176   Aus den Belegstellen wird hier lediglich das zu Demonstrierende zitiert.

177   Vgl. hierzu: Duden. Grammatik der deutschen Gegenwartssprache, §§ 1341 ff.

178   Vgl. hierzu: Kap. 3.3.4.2. 'Häufigkeit und Abhängigkeitsgrade abhängiger Gefügeteile', S. 240 ff. dieser Arbeit.

179   Vgl. hierzu: H. Moser, Zur Situation der deutschen Gegenwartssprache; H. Eggers, Deutsche Sprache im 20. Jahrhundert, S. 45-59.

180   H. Eggers, Deutsche Sprache im 20. Jahrhundert, S. 47 f.

181   Vgl. hierzu: Gesamtlänge des Auswertungskorpus, TAB. 9/DIAGR. 5, S. 223 / 224 dieser Arbeit.

182   Zur Begriffsbestimmung vgl. S. 174 dieser Arbeit.

183   H. Eggers, Zur Syntax der deutschen Sprache der Gegenwart, S. 52.

184   O.W. Haseloff, Über Symbolik und Resonanzbedingungen der politischen Sprache, S. 78.

185   Vgl. hierzu: Kap. 3.3.2.2. 'Tilgung', S. 197 ff. sowie 3.3.4.1. 'Längenbestimmung' (der Gefügesätze), S. 234 ff. dieser Arbeit.

186   Duden. Grammatik der deutschen Gegenwartssprache, § 1404.

187   Vgl. hierzu: Kap. 3.3.5.2. 'Häufigkeit und Verwendung' (der Parenthesen), S. 255 ff. dieser Arbeit.

188   Vgl. hierzu: Duden. Grammatik der deutschen Gegenwartssprache, §§ 768 ff.

189   Der Anteil mit *und* eingeleiteter Sätze liegt im gesamten Auswertungskorpus noch erheblich höher, wenn man die mit *und* verknüpften Gefügesätze ebenfalls quantitativ bestimmt. Aufgrund ihres überaus häufigen Vorkommens wurde jedoch auf eine gesonderte Auszählung verzichtet. Nahezu alle subordinierenden Konjunktionen sind in Verbindung mit *und* mehrfach belegt; weitaus am häufigsten finden sich: *und daß, und wenn, und da/weil, und wie.*

190   B. Wackernagel-Jolles, Untersuchungen zur gesprochenen Sprache, S. 208.

191   Vgl. hierzu: H. Eggers, Zur Syntax der deutschen Sprache der Gegenwart, S. 50.

192   Zur Begriffsbestimmung vgl. S. 174 dieser Arbeit.

193   Vgl. hierzu S. 218 dieser Arbeit.

194   Vgl. hierzu: S. 219 ff. dieser Arbeit.

195   Vgl. hierzu: S. 192 ff. dieser Arbeit.

196   Davon wurden 56 abhängige Gefügeteile getilgt und 24 in benachbarte Gefügeteile integriert (vgl. hierzu: S. 198 u. S. 213 dieser Arbeit).

197   Zu den Beispielen und Begründungen im einzelnen vgl. Kap. 3.3.2. 'Möglichkeiten syntaktischer Verschiebungen', S. 192 ff. dieser Arbeit.

198   H. Eggers, Deutsche Sprache der Gegenwart im Wandel der Gesellschaft, S. 16.

199   E. Uhlig, Studien zur Grammatik und Syntax, S. 120.

200   Aus diesem Grunde bleibt die Infinitivkonstruktion hier unberücksichtigt (vgl. TAB. 17).
Ebenso erübrigt sich eine gesonderte Erörterung der Funktionen abhängiger Gefügeteile, deren Häufigkeitsverteilung im Zusammenhang mit der Formanalyse im einzelnen quantitativ bestimmt wurde; das Ergebnis dieses Auswertungsganges ist in den TAB. 18/19 wiedergegeben.

201   Duden. Grammatik der deutschen Gegenwartssprache, § 1496.

202   Ebd., S. 746.

203   Die Ausklammerung in Einfachsätzen (Beispiel B 61: "dann haben Sie lamentiert *über die Verteilerdemokratie.*") findet sich im Auswertungskorpus ebenfalls sehr häufig. Auf eine gesonderte quantitative Bestimmung innerhalb der Einfachsatzanalyse wurde verzichtet, da es sich hierbei um gleiche sprachliche Erscheinungen wie bei Ausklammerungen in abhängigen Gefügeteilen handelt.

204   Vgl. hierzu: E. Beneš, Die Ausklammerung im Deutschen als grammatische Norm und stilistischer Effekt.

205   H. Steger, Über das Verhältnis von Sprachnorm und Sprachentwicklung in der deutschen Gegenwartssprache, S. 65.

206 Vgl. hierzu: Kap. 3.3.6. 'Analyse syntaktisch nicht anschließbarer Wortse-
    quenzen', S. 270 ff. dieser Arbeit.

207 Duden. Grammatik der deutschen Gegenwartssprache, § 1371.

208 In den verschriftlichten Texten der 'Stenographischen Berichte' sind vielfach
    abhängige Gefügeteile in Kernform zusätzlich formal gekennzeichnet; als
    Einleitungssignal wird häufig der Doppelpunkt verwendet:
    Ich will Ihnen sagen: ich will Ihnen sagen
    In der Tat halte ich   s+ in der Tat halte ich
    das für gut.   das für gut +s .
                                                    (F 27)

209 Vgl. hierzu: U. Elmauer, Abhängige Hauptsätze, S. 199.

210 Vgl. hierzu: Transkriptionsformular, S. 20.

211 Vgl. hierzu: Kap. 3.3.2.2. 'Tilgung', S. 197 ff. dieser Arbeit.

212 Duden. Grammatik der deutschen Gegenwartssprache, § 1404.

213 Nach dem Freiburger Transkriptionsformular sind in den Belegtexten Paren-
    thesen durch die Sigle (...) gekennzeichnet.

214 K. Bayer, Verteilung und Funktion der sogenannten Parenthese in Texten
    gesprochener Sprache.

215 Ders., Verteilung und Funktion, in: Forschungen, S. 202, 203.

216 Alle Bundestagsreden werden grundsätzlich mit der Anredeformel (Herr
    Präsident) oder (Frau Präsident/in) (meine Damen und Herren) oder
    (meine sehr verehrten Damen und Herren) oder (meine Herren und Damen)
    eingeleitet.
    Außerdem sind folgende Variationsmöglichkeiten im Auswertungskorpus
    belegt:
    (Herr Kollege) (verehrter Kollege) (verehrter Herr Kollege) (Herr Kollege
    X) (Herr X) (Frau Kollegin) (Frau Kollegin X) (Frau X) (Herr Abge-
    ordneter) (Herr Abgeordneter X) (mein Herr) (meine Herren) (mein
    lieber Herr) (meine Damen und Herren von der Opposition) (meine Herren
    von den Regierungsparteien) (Herr Minister) .

217 Vgl. hierzu: H. Brinkmann, Die Syntax der Rede, S. 85.

218 K. Bayer, Verteilung und Funktion, in: deutsche sprache 1 (1973), S. 81.

219 H. Wunderlich, Unsere Umgangssprache, S. 23.

220 Die folgende Liste enthält die im Auswertungskorpus belegten 'Kontakt-
    wörter':
    (ja) (jawohl) (nein) (nicht) (ne) (net) (na) (sicherlich) (nun)
    (also) (wohl) (nicht wahr) (gut) (eben) (bitte schön) (bitte sehr)
    (vielen Dank) (danke schön) .

221 K. Bayer, Verteilung und Funktion, in: deutsche sprache 1 (1973), S. 103.

222 W. Schneider, Stilistische deutsche Grammatik, S. 493.

223 W. Admoni, Der deutsche Sprachbau, S. 252.

224 Vgl. hierzu: S. 198 f. dieser Arbeit.

225   Vgl. hierzu: Kap. 3.3.4.3. 'Formen abhängiger Gefügeteile', S. 245 ff. dieser Arbeit.

226   K. Bayer, Verteilung und Funktion, in: deutsche sprache 1 (1973), S. 105.

227   Vgl. hierzu: Kap. 1.2.3.4. 'Abgrenzungsprobleme beider Textversionen', S. 36 ff. dieser Arbeit.

228   Vgl. hierzu: Kap. 3.3.6. 'Analyse syntaktisch nicht anschließbarer Wortsequenzen', S. 270 ff. dieser Arbeit.

229   H. Eggers, Zur Syntax der deutschen Sprache der Gegenwart, S. 50.

230   W. Sanders, Linguistische Stiltheorie, S. 45.

231   Auf diese negative Einstellung gegenüber der gesprochenen Sprache verweisen auch: H. Steger, Gesprochene Sprache, S. 265; P.v.Polenz, Sprachnormung und Sprachentwicklung im neueren Deutsch, S. 75.

232   H. Zimmermann, Zu einer Typologie des spontanen Gesprächs, S. 14.

233   B. Sandig, Zur historischen Kontinuität normativ diskriminierter syntaktischer Muster in spontaner Sprechsprache, S. 37.

234   Ebd.

235   Transkriptionsformular, S. 25.

236   Ebd.

237   K.-H. Bausch, Zur Umschrift gesprochener Hochsprache, S. 47 f.

238   Duden. Grammatik der deutschen Gegenwartssprache, §§ 1381 ff., 1394 f.

239   Ebd., § 1395.

240   Vgl. hierzu: Kap. 3.1. 'Segmentierungsmodus und Satzdefinition', S. 167 ff. dieser Arbeit.

241   Duden. Grammatik der deutschen Gegenwartssprache, § 1381.
Die Begriffe 'umgangssprachlich' bzw. 'Umgangssprache' sind in der Duden-Grammatik nicht definiert, obwohl häufiger auf sie verwiesen wird. Es bleibt offen, ob mit diesen Bezeichnungen die gesprochene Sprache im Unterschied zur 'geschriebenen Hochsprache' (Duden, S. 19) gemeint ist, oder ob sich dieser Terminus aus der bereits erwähnten Dreigliederung der Sprache in Hochsprache, Umgangssprache und Mundart (vgl. hierzu S. 11 dieser Arbeit) herleitet.

242   R. Rath, Korrektur und Anakoluth im Gesprochenen Deutsch.

243   H. Zimmermann, Zu einer Typologie des spontanen Gesprächs, S. 14.

244   J. Erben, Deutsche Grammatik, S. 300.

245   G. Helmig, Gesprochene und geschriebene Sprache und ihre Übergänge, S. 6.

246   Der von RATH verwendete Oberbegriff 'Anakoluth' wird allerdings nicht verwendet, da er aufgrund des durch die schriftsprachliche Norm evozierten, einseitig bestimmten Wertungshintergrundes die deskriptive Darstellung des vorliegenden Befundes erschwert.

247   Vgl. hierzu: Kap. 3.2. 'Häufigkeitsverteilung unterschiedlicher Veränderungsmöglichkeiten', S. 176 ff. dieser Arbeit.

248   H. Rupp, Sprachgebrauch, Norm und Stil, S. 22.

249   H. Eggers, Stimmführung und Satzplan, S. 138.

250   R. Rath, Korrektur und Anakoluth im gesprochenen Deutsch, S. 2.

251   Vgl. hierzu: Kap. 3.3.5. 'Analyse der Parenthesen', S. 254 ff. dieser Arbeit.

252   Vgl. hierzu: E. Gülich, Makrosyntax der Gliederungssignale im gesprochenen Französisch, S. 164 ff.

253   Vgl. hierzu: B. Wackernagel-Jolles, Untersuchungen, S. 241 f.

254   H. Zimmermann, Zu einer Typologie des spontanen Gesprächs, S. 27.

255   Vgl. hierzu: H. Hörmann, Psychologie der Sprache; F. Kainz, Psychologie der Sprache. Bd. 4.

256   Vgl. hierzu: L.S. Wygotski, Denken und Sprechen; hier besonders: S. 222 ff., 328 ff.

257   Die mit (+) gekennzeichnete Alternative gibt die in den 'Stenographischen Berichten' redigierte Fassung wieder.

258   Vgl. hierzu: R. Rath, Korrektur und Anakoluth im gesprochenen Deutsch, S. 6; G. Helmig, Gesprochene und geschriebene Sprache und ihre Übergänge, S. 9 f.

259   H. Zimmermann, Typologie des spontanen Gesprächs, S. 88.

TABELLENVERZEICHNIS

316

DIAGRAMMEVERZEICHNIS

LITERATURVERZEICHNIS

Adelung, Johann Christoph: Über den deutschen Styl. Neue verm. u. verb. Aufl. Bd. 1-2. Berlin 1787.

Admoni, Wladimir: Der deutsche Sprachbau. Theoretische Grammatik der deutschen Sprache. 3. Aufl. München 1970.

Ahrens, Renate: Zusammenhang von Syntax und Intonation in der gesprochenen deutschen Standardsprache. (Magisterarbeit masch.). Freiburg 1973.

Althaus, Hans Peter: Graphemik. In: Lexikon der Germanistischen Linguistik. Studienausgabe I. 1973. S. 118-132.

Amtliches Handbuch des Deutschen Bundestages. 7. Wahlperiode. Hg. v. Deutschen Bundestag, bearb. v. der Bundestagsverwaltung. Bad Honnef u. Darmstadt 1973.

Aspekte der gesprochenen Sprache. Deskriptions- und Quantifizierungsprobleme. Hg. v. B. Wackernagel-Jolles (= Göppinger Arbeiten zur Germanistik Nr. 92). Göppingen 1973.

Aspekte der Soziolinguistik. Hg. v. W. Klein u. D. Wunderlich (= Schwerpunkte Linguistik und Kommunikationswissenschaft. Bd. 1). Frankfurt 1971.

Baumgärtner, Klaus: Zur Syntax der Umgangssprache in Leipzig. Berlin 1959.

Bausch, Karl-Heinz: Die Forschungsstelle Freiburg des Instituts für deutsche Sprache. In: Linguistische Berichte 15 (1971). S. 52-55.

— — : Zur Umschrift gesprochener Hochsprache. In: Texte gesprochener deutscher Standardsprache I. 1971. S. 33-54.

Bausinger, Hermann: Bemerkungen zu den Formen gesprochener Sprache. In: Satz und Wort im heutigen Deutsch (= Sprache der Gegenwart. Bd. 1). Düsseldorf 1967. S. 292-312.

Bayer, Klaus: Verteilung und Funktion der sogenannten Parenthese in Texten gesprochener Sprache. In: deutsche sprache 1 (1973). S. 64-115. Zusammenfassung unter demselben Titel in: Forschungen zur gesprochenen Sprache und Möglichkeiten ihrer Didaktisierung. Hg. v. Goethe-Institut, Referat für Unterrichtstechnologie und Mediendidaktik. München 1971. S. 200-214.

Behaghel, Otto: Geschriebenes Deutsch und gesprochenes Deutsch. In: Von deutscher Sprache. Aufsätze, Vorträge und Plaudereien. Lahr 1927. S. 11-34.

Beneš, Eduard: Syntaktische Besonderheiten der deutschen wissenschaftlichen Fachsprache. In: Deutsch als Fremdsprache 3 (1966). S. 26-36.

— — : Die Ausklammerung im Deutschen als grammatische Norm und stilistischer Effekt. In: Muttersprache 78 (1968). S. 289-298.

Berens, Frans-Josef: Analyse des Sprachverhaltens im Redekonstellationstyp 'Interview'. Eine empirische Untersuchung (= Heutiges Deutsch I. Bd. 6). München 1975.

Bergmann, Rolf/Pauly, Peter: Einführung in die Sprachwissenschaft für Germanisten. München 1975.

Besch, Werner/Löffler, Heinrich: Sprachhefte: Hochsprache/Mundart-kontrastiv. In: Dialekt als Sprachbarriere? Ergebnisbericht einer Tagung zur alemannischen Dialektforschung. Tübingen 1973. S. 89-110.

Bethge, Wolfgang: Das gesprochene Deutsch der Gegenwart. Forschungsaufgaben, Methoden und Ergebnisse des Deutschen Spracharchivs. In: Sprachspiegel 25 (1969). S. 74-79.

— — : Beschreibung einer hochsprachlichen Tonbandaufnahme (= Phonai. Lautbibliothek der europäischen Sprachen und Mundarten. Deutsche Reihe. Beiheft 1). Tübingen 1973.

Bichel, Ulf: Problem und Begriff der Umgangssprache in der germanistischen Forschung. Tübingen 1973.

Bierwisch, Manfred: Regeln für die Intonation deutscher Sätze. In: Studia grammatica VII. Berlin 1966. S. 99-201.

Boost, Karl: Neue Untersuchungen zum Wesen und zur Struktur des deutschen Satzes. Berlin 1955.

Braunroth, Manfred u.a.: Ansätze und Aufgaben der linguistischen Pragmatik. Frankfurt 1975.

Brinkmann, Hennig: Die Konstituierung der Rede. In: Wirkendes Wort 15 (1965). S. 157-172.

— — : Die Syntax der Rede. In: Satz und Wort im heutigen Deutsch (= Sprache der Gegenwart. Bd. 1). Düsseldorf 1967. S. 74-94.

— — : Die deutsche Sprache. Gestalt und Leistung. 2. neubearb. und erw. Aufl. Düsseldorf 1971.

Cordes, Gerhard: Zur Terminologie des Begriffs 'Umgangssprache'. In: Festgabe für Ulrich Pretzel. Hg. v. W. Simon u.a. Berlin 1963. S. 338-354.

Coseriu, Eugenio: System, Norm und Rede. In: E. Coseriu, Sprachtheorie und Allgemeine Sprachwissenschaft. 5 Studien. München 1975. S. 11-101.

Dahrendorf, Ralf: Gesellschaft und Freiheit. Zur soziologischen Analyse der Gegenwart. München 1961.

Daneš, Frantisek: Kultur der gesprochenen Äußerung. In: Stilistik und Soziolinguistik. 1971. S. 73-93.

Deutrich, Karl-Helge: Sprachliche Merkmale und textliche Kriterien für Spontaneität in gesprochenen Texten. (Staatsarbeit masch.). Kiel 1968.

Deutrich, Karl-Helge/Schank, Gerd: Redekonstellation und Sprachverhalten I und II. In: Funkkolleg Sprache. Eine Einführung in die moderne Linguistik. Bd. II. Frankfurt 1973. S. 242-262.

Die deutsche Sprache. Kleine Enzyklopädie in zwei Bänden. Hg. v. Erhard Agricola u.a. Leipzig 1970.

Dieckmann, Walther: Sprache in der Politik. Einführung in die Pragmatik und Semantik der politischen Sprache. Heidelberg 1969.

Dittmar, Norbert: Soziolinguistik. Exemplarische und kritische Darstellung ihrer Theorie, Empirie und Anwendung. Mit kommentierter Bibliographie. Frankfurt 1973.

Duden. Fremdwörterbuch. Bearbeitet v. K.-H. Ahlheim (= Der Große Duden. Bd. 5). 2. verb. u. verm. Aufl. Mannheim 1971.

Duden. Grammatik der deutschen Gegenwartssprache. Bearbeitet v. P. Grebe u.a. (= Der Große Duden. Bd. 4). 3. neu bearb. u. erw. Aufl. Mannheim 1973.

Eggers, Hans: Stimmführung und Satzplan. In: Wirkendes Wort 6 (1956). S. 129-138.

— — : Wandlungen im deutschen Satzbau. In: Der Deutschunterricht 13 (1961). S. 47-61.

— — : Zur Syntax der deutschen Sprache der Gegenwart. In: Studium Generale 15 (1962). S. 49-59.

— — : Deutsche Sprache der Gegenwart im Wandel der Gesellschaft. In: Sprache, Gegenwart und Geschichte. Probleme der Synchronie und Diachronie (= Sprache der Gegenwart. Bd. 5). Düsseldorf 1969. S. 9-29.

— — : Deutsche Sprache im 20. Jahrhundert (= Serie Piper. Nr. 61). München 1973.

Eigenwald, Rolf: Überredungstechniken — Zum Sprachgebrauch in politischen, journalistischen und ökonomischen Texten. In: Projekt Deutschunterricht 2. Sozialisation und Manipulation durch Sprache. Stuttgart 1972. S. 101-126.

Elmauer, Ute: Abhängige Hauptsätze in gesprochenen und verschriftlichten Texten. In: Gesprochene Sprache. Bericht der Forschungsstelle Freiburg (= Forschungsberichte des Instituts für deutsche Sprache. Bd. 7). Mannheim 1973. S. 193-217.

Engel, Ulrich: Mundart und Umgangssprache in Württemberg. Beiträge zur Sprachsoziologie der Gegenwart. (Diss. masch.). Tübingen 1954.

— — : Satzbaupläne in der Alltagssprache. In: Satz und Wort im heutigen Deutsch (= Sprache der Gegenwart. Bd. 1). Düsseldorf 1967. S. 55-73.

— — : Bericht über das Forschungsunternehmen "Grundstrukturen der deutschen Sprache". In: Sprache und Gesellschaft. Jahrbuch des Instituts für deutsche Sprache 1970 (= Sprache der Gegenwart. Bd. 13). Düsseldorf 1971. S. 295-322.

Engelen, Bernhard: Untersuchungen zu Satzbauplan und Wortfeld in der geschriebenen deutschen Sprache der Gegenwart. Teilband 1 (= Heutiges Deutsch. I. Bd. 3.1.). München 1975.

Erben, Johannes: Deutsche Grammatik. Ein Abriß. 11. Aufl. München 1972.

Essen, Otto von: Grundzüge der hochdeutschen Satzintonation. 2. Aufl. Ratingen 1964.

Feldbusch, Elisabeth u.a.: Sprechen und soziale Schicht. Ein neues Verfahren zur Analyse gesprochener und geschriebener Sprache. Frankfurt 1973.

Fishman, Joshua A.: Soziologie der Sprache. Eine interdisziplinäre sozialwissenschaftliche Betrachtung der Sprache in der Gesellschaft. München 1975.

Fleischer, Wolfgang: Terminologie und Fachsprache im Bereich der Politik. In: Wissenschaftliche Zeitschrift der Pädagogischen Hochschule Potsdam 13 (1969). S. 475-485.

Forschungen zur gesprochenen Sprache und Möglichkeiten ihrer Didaktisierung. Protokoll eines Werkstattgesprächs des Goethe-Instituts am 10. und 11. Dezember 1970; veranstaltet vom Referat für Unterrichtstechnologie und Mediendidaktik in Zusammenarbeit mit der Forschungsstelle Freiburg des Instituts für deutsche Sprache Mannheim. Hg. v. Goethe-Institut, Referat für Unterrichtstechnologie und Mediendidaktik. München 1971.

Geißner, Hellmut: Rede in der Öffentlichkeit. Eine Einführung in die Rhetorik. Stuttgart 1969.

Gesprochene Sprache. Bericht der Forschungsstelle Freiburg (= Forschungsberichte des Instituts für deutsche Sprache. Bd. 7). Mannheim 1973.

Geschäftsordnung des Deutschen Bundestages in der Fassung der Bekanntmachung v. 22. Mai 1970. Bundesgesetzblatt I. S. 628 ff. Zuletzt geändert durch Bekanntmachung v. 22. Juni 1975. Bundesgesetzblatt I. S. 1848.

Glinz, Hans: Die innere Form des Deutschen. Eine neue deutsche Grammatik (= Bibliotheca germanica 4). 4. Aufl. Bern, München 1965.

− − : Deutsche Grammatik I. Satz − Verb − Modus − Tempus (= Studienbücher zur Linguistik und Literaturwissenschaft. Bd. 2). Bad Homburg v.d.H. 1970.

− − : Linguistische Grundbegriffe und Methodenüberblick (= Studienbücher zur Linguistik und Literaturwissenschaft. Bd. 1). 2. Aufl. Frankfurt 1971.

Grosse, Siegfried: Die deutsche Satzperiode. In: Der Deutschunterricht 12 (1960). S. 66-81.

− − : Gesprochene Sprache − schriftlich konzipiert. In: Dichtung − Sprache − Gesellschaft. Frankfurt 1971 (= Beiheft zum Jahrbuch für Internationale Germanistik I). S. 473-481.

− − : Literarischer Dialog und gesprochene Sprache. In: Festschrift für Hans Eggers. Hg. v. H. Backes (= Beiträge zur Geschichte der deutschen Sprache und Literatur. Bd. 94. Sonderheft). Tübingen 1972. S. 649-668.

Gülich, Elisabeth: Makrosyntax der Gliederungssignale im gesprochenen Französisch. München 1970.

Hannig, Christel: Zur Syntax der gesprochenen und geschriebenen Sprache bei Kindern der Grundschule (= Skripten Literatur + Sprache + Didaktik 1). Kronberg Ts. 1974.

Haseloff, Otto Walter: Über Symbolik und Resonanzbedingungen der politischen Sprache. In: Politische Psychologie 8 (1969). S. 72-98.

Hausenblas, Karel: Stile der sprachlichen Äußerungen und die Sprachschichtungen. In: Stilistik und Soziolinguistik. 1971. S. 38-53.

Havranek, Bohuslav: Zur Adaption der phonologischen Systeme in den Schriftsprachen. In: Travaux du cercle linguistique de Prague 4 (1931). S. 267-277.

− − : Die Theorie der Schriftsprache. In: Stilistik und Soziolinguistik. 1971. S. 19-37.

Helbig, Gerhard: Geschichte der neueren Sprachwissenschaft. Unter dem besonderen Aspekt der Grammatik-Theorie. 2. Aufl. München 1973.

Helmig, Günter: Gesprochene und geschriebene Sprache und ihre Übergänge. Beobachtungen zur Syntax und zum Aufbau von Erzählungen zehnjähriger Schüler. In: Der Deutschunterricht 24 (1972) S. 5-25.

Heringer, Hans-Jürgen: Theorie der deutschen Syntax (= Linguistische Reihe. Bd. 1). München 1970.

Hönigswald, Richard: Philosophie und Sprache. Problemkritik und System. Basel 1937.

Hörmann, Hans: Psychologie der Sprache. 2. Aufl. Berlin 1970.

Hoffmann, Lothar: Zur quantitativen Charakteristik der Sprache wissenschaftlicher Texte. In: Wissenschaftliche Zeitschrift der Karl-Marx-Universität Leipzig 16 (1967). S. 77-82.

Hofmann, Else: Sprachsoziologische Untersuchungen über den Einfluß der Stadtsprache auf mundartsprechende Arbeiter. In: Marburger Universitätsbund. Jahrbuch 1963. Bd. 2. S. 201-282.

Hundsnurscher, Franz: Syntax. In: Lexikon der Germanistischen Linguistik. Studienausgabe I. 1973. S. 184-221.

Ingendahl, Werner: Sprechen und Schreiben. Studienbuch zur Didaktik der sprachlichen Äußerung. Heidelberg 1975.

Isačenko, Alexander von/Schädlich, Hans-Joachim: Untersuchungen über die deutsche Satzintonation. In: Studia grammatica VII. Berlin 1966. S. 7-67.

Jäger, Siegfried: Standardsprache. In: Lexikon der Germanistischen Linguistik. Studienausgabe II. 1973. S. 271-275.

Jäger, Siegfried/Huber, Joseph/Schätzle, Peter: Sprache — Sprecher — Sprechen. Probleme im Bereich soziolinguistischer Theorie und Empirie (= Forschungsberichte des Instituts für deutsche Sprache. Bd. 8).

Jecklin, Andreas: Untersuchungen zu den Satzbauplänen der gesprochenen Sprache (= Basler Studien zur deutschen Sprache und Literatur 47). Bern 1973.

Kaempfert, Manfred: Die gesprochene Sprache als Forschungsobjekt. Jahressitzung des Wissenschaftlichen Rates des Instituts für deutsche Sprache (IDS) in Mannheim. In: Wirkendes Wort 22 (1972). S. 274-281.

Kainz, Friedrich: Psychologie der Sprache. Bd. 4. Spezielle Sprachpsychologie. Stuttgart 1956.

Kempter, Fritz: Zum Problem der sprachlichen Fertigteile. In: Deutsch als Fremdsprache 4 (1969). S. 326-329.

Kohler, Klaus: Probleme bei der Analyse gesprochener Sprache. In: Linguistische Studien III. Festgabe für Paul Grebe. Teil 1 (= Sprache der Gegenwart. Bd. 23). Düsseldorf 1973. S. 72-89.

Krieger, Ludwig: Bundestagsreden sind nicht Schall und Rauch. Wie ein "Protokoll" entsteht. In: Das Parlament 2 (1953). S. 8.

Kühnel, Willy: Das Fachwissen des Praktikers (Beilage zu 'Hohe Praxis'). Kiel 1962.

Kufner, Herbert L.: Strukturelle Grammatik der Münchner Stadtmundart. München 1961.

Lausberg, Heinrich: Elemente der literarischen Rhetorik. 3. Aufl. München 1967.

Lerch, Eugen: Vom Wesen des Satzes und von der Bedeutung der Stimmführung für die Satzdefinition. In: Archiv f. d. ges. Psychologie 100 (1938). S. 196 ff.

Leska, Christel: Vergleichende Untersuchungen zur Syntax gesprochener und geschriebener deutscher Gegenwartssprache. In: Beiträge zur Geschichte der deutschen Sprache und Literatur (Halle) 87 (1965). S. 427-461.

— — : Vergleichende Untersuchungen zur Frequenz und Distribution syntaktischer Erscheinungen gesprochener und geschriebener Sprache — durchgeführt an Texten deutscher Gebrauchsprosa der Gegenwart. (Diss. masch.). Leipzig 1966.

Lexikon der Germanistischen Linguistik. Studienausgabe I, II, III. Hg. v. H.P. Althaus/H. Henne/H.E. Wiegand. Tübingen 1973.

Lindner, Gerhard: Einführung in die experimentelle Phonetik. Berlin 1969.

Linguistische Pragmatik. Hg. von D. Wunderlich (= Schwerpunkte Linguistik und Kommunikationswissenschaft. Bd. 12). 2. Aufl. Wiesbaden 1975.

Löffler, Heinrich: Probleme der Dialektologie. Eine Einführung. Darmstadt 1974.

Lohmann, Karl: Sprachpflege im Deutschen Bundestag. In: Sprachspiegel 26 (1970). S. 140-145.

Luckmann, Thomas: Soziologie der Sprache. In: Handbuch der empirischen Sozialforschung. Hg. v. René König. Bd. II. Stuttgart 1969. S. 1050-1101.

Mattheier, Klaus J.: Diglossie und Sprachwandel. In: Rheinische Vierteljahresblätter 39 (1975). S. 358-371.

Mayntz, Renate/Holm, Kurt/Hübner, Peter: Einführung in die Methoden der empirischen Soziologie. 2. Aufl. Opladen 1971.

Merkblatt über den Beruf des Parlamentsstenographen. Hg. v. Verband der Parlaments- und Verhandlungsstenographen e.V. Bonn 1972.

Möhn, Dieter: Die Industrielandschaft — ein neues Forschungsgebiet der Sprachwissenschaft. In: Marburger Universitätsbund. Jahrbuch 1963. Bd. 2. S. 303-344.

Moser, Hugo: Umgangssprache. Überlegungen zu ihren Formen und ihrer Stellung im Sprachganzen. In: Zeitschrift für Mundartforschung 27 (1960). S. 215-232.

— — : Umgangssprache. In: Zeitschrift für Mundartforschung 27 (1961). S. 215 f.

— — : Zur Situation der deutschen Gegenwartssprache. In: Studium Generale 15 (1962). S. 40-48.

— — : Deutsche Sprachgeschichte. Mit einer Einführung in die Fragen der Sprachbetrachtung. 5. Aufl. Tübingen 1965.

Neue Stenographische Praxis. Zeitschrift des Verbandes der Parlaments- und Verhandlungsstenographen e.V. Bonn 1953 ff.

Nikitopoulos, Pantelis: Statistik für Linguisten. Eine methodische Darstellung. I. Teil. (= Forschungsberichte des Instituts für deutsche Sprache. Bd. 13). Mannheim 1973.

Oevermann, Ulrich: Sprache und soziale Herkunft. Ein Beitrag zur Analyse schichtenspezifischer Sozialisationsprozesse und ihrer Bedeutung für den Schulerfolg (= Studien und Berichte 18. Institut für Bildungsforschung in der Max-Planck Gesellschaft). Berlin 1970.

Pelster, Theodor: Die politische Rede im Westen und Osten Deutschlands. Vergleichende Stiluntersuchung mit beigefügten Texten (= Wirkendes Wort. Beiheft 14). Düsseldorf 1966.

Peschel, Kurt: Im Schatten der politischen Akteure. Der Parlamentsstenograph und seine Aufgaben. In: Das Parlament 33 (1964). S. 6.

Pfleiderer, Wolfgang: Die Ellipse. Ein Beitrag zur Theorie des Satzes. In: Der Deutschunterricht 4/5 (1951). S. 42-46.

Polenz, Peter von: Sprachnormung und Sprachentwicklung im neueren Deutsch. In: Der Deutschunterricht (16) 1964. S. 67-91.

— — : Zur Quellenwahl für Dokumentation und Erforschung der deutschen Sprache der Gegenwart. In: Wirkendes Wort 16 (1966). S. 3-13.

Putschke, Wolfgang: Zur forschungsgeschichtlichen Stellung der junggrammatischen Schule. In: Zeitschrift für Dialektologie und Linguistik 36 (1969). S. 19-48.

Ramge, Hans: Spontane Selbstkorrekturen im Sprechen von Schulanfängern. In: Diskussion Deutsch 4 (1973) S. 165-190.

Rath, Rainer: Korrektur und Anakoluth im gesprochenen Deutsch. In: Linguistische Berichte 37 (1975). S. 1-12.

Rauch, Sabine: Herrschaftstendenzen in der politischen Rede — Aggressivität als Sprachmerkmal. In: Projekt Deutschunterricht 2. Sozialisation und Manipulation durch Sprache. Stuttgart 1972. S. 81-100.

Raumer, Rudolf von: Die Aspiration und die Lautverschiebung. Eine sprachgeschichtliche Untersuchung. (1837). In: Gesammelte sprachwissenschaftliche Schriften. Hg. v. R. Raumer. Frankfurt, Erlangen 1863. S. 1-104.

— — : Offener Brief an den Herausgeber der Zeitschrift für die deutschen Mundarten. (1857). In: Gesammelte sprachwissenschaftliche Schriften. Hg. v. R. v. Raumer. Frankfurt, Erlangen 1863. S. 363-367.

Reich, Hans H.: Sprache und Politik. Untersuchungen zu Wortschatz und Wortwahl des offiziellen Sprachgebrauchs in der DDR. München 1968.

Rickheit, Gert: Zur Entwicklung der Syntax im Grundschulalter (= Arbeiten zur Sprache im Schulalter auf der Grundlage des Braunschweiger Textkorpus. Bd. 2). Düsseldorf 1965.

Ries, John: Was ist ein Satz? In: Beiträge zur Grundlegung der Syntax. Heft III. Prag 1931. S. 208-224.

Riesel, Elise: Der Stil der deutschen Alltagsrede. Leipzig 1970.

Römer, Ruth: Gibt es Mißbrauch der Sprache? In: Muttersprache 80 (1970). S. 73-85.

Ruoff, Arno: Grundlagen und Methoden der Untersuchung gesprochener Sprache. Einführung in die Reihe 'Idiomatica' mit einem Katalog der ausgewerteten Tonbandaufnahmen (= Idiomatica. Veröffentlichungen der Tübinger Arbeitsstelle 'Sprache in Südwestdeutschland'. Bd. 1). Tübingen 1973.

Rupp, Heinz: Gesprochenes und geschriebenes Deutsch. In: Wirkendes Wort 15 (1965). S. 19-29.

— — : Sprachgebrauch, Norm und Stil. In: H. Rupp/L. Wiesmann, Gesetz und Freiheit in unserer Sprache. Frauenfeld 1970. S. 7-43.

Sanders, Willy: Linguistische Stiltheorie. Probleme, Prinzipien und moderne Perspektiven des Sprachstils. Göttingen 1973.

Sandig, Barbara: Zur Differenzierung gebrauchssprachlicher Textsorten im Deutschen. In: Textsorten. Differenzierungskriterien aus linguistischer Sicht. Hg. v. E. Gülich und W. Raible. Frankfurt 1972. S. 113-124.

— — : Zur historischen Kontinuität normativ diskriminierter syntaktischer Muster in spontaner Sprechsprache. In: deutsche sprache 1 (1973). S. 37-57.

Saussure, Ferdinand de: Grundfragen der allgemeinen Sprachwissenschaft. Hg. v. Ch. Bally u. A. Sechehaye. Übersetzt v. H. Lommel. Berlin, Leipzig 1931.

Schank, Gerd/Schoenthal, Gisela: Gesprochene Sprache. Eine Einführung in Forschungsansätze und Analysemethoden (= Germanistische Arbeitshefte 18). Tübingen 1976.

Schlüter, Hermann: Grundkurs der Rhetorik. Mit einer Textsammlung. 2. Aufl. München 1975.

Schmidt, Siegfried J.: Texttheorie. Probleme einer Linguistik der sprachlichen Kommunikation. München 1973.

Schneider, Wilhelm: Stilistische deutsche Grammatik. Die Stilwerte der Wortarten, der Wortstellung und des Satzes. Freiburg, Basel, Wien, 3. Aufl. 1963.

Schoenthal, Gisela: Das Passiv in der deutschen Standardsprache. Darstellung in der neueren Grammatiktheorie und Verwendung in Texten gesprochener Sprache. (Diss. masch.) Freiburg 1973.

Siebs, Theodor: Deutsche Hochsprache. Bühnenaussprache. Hg. v. H. de Boor und P. Diels. 18. durchges. Aufl. Berlin 1961.

Sievers, Eduard: Grundzüge der Lautphysiologie, zur Einführung in das Studium der Lautlehre der indogermanischen Sprachen. Leipzig 1876.

Sowinski, Bernhard: Deutsche Stilistik. Beobachtungen zur Sprachverwendung und Sprachgestaltung im Deutschen. Frankfurt 1972.

Sprache und Kommunikation. Hg. v. G. Ungeheuer (= Forschungsberichte des Instituts für Kommunikationsforschung und Phonetik der Universität Bonn Bd. 13). Hamburg 1972.

Sprache und Politik. Schriftenreihe der Bundeszentrale für politische Bildung. Heft 91. Hg. von der Bundeszentrale für politische Bildung. Bonn 1971.

Sprachsoziologische Projektgruppe Erp. Bericht über das Forschungsprojekt 'Sprachvariation und Sprachwandel in gesprochener Sprache'. In: deutsche sprache 4 (1975). S. 173-184.

Steger, Hugo: Forschungsbericht: Gesprochene Sprache. In: Probleme des Deutschen als Fremdsprache. Bericht von der 1. Internationalen Deutschlehrertagung 1967 in München. Hg. v. M. Triesch. München 1969. S. 80-99.

– – : Gesprochene Sprache. Zu ihrer Typik und Terminologie. In: Satz und Wort im heutigen Deutsch (= Sprache der Gegenwart. Bd. 1). Düsseldorf 1967. S. 259-291.

– – : Über das Verhältnis von Sprachnorm und Sprachentwicklung in der deutschen Gegenwartssprache. In: Sprachnorm, Sprachpflege, Sprachkritik (= Sprache der Gegenwart. Bd. 2). Düsseldorf 1968. S. 45-66.

– – : Über Dokumentation und Analyse gesprochener Sprache. In: Zielsprache Deutsch 1970. Heft 1. S. 13-21. Heft 2. S. 51-63.

– – : Einige theoretische und empirische Aspekte der Erforschung gesprochener deutscher Sprache. In: Freiburger Universitätsblätter. Heft 34 (1971). S. 32-42.

– – : Gesprochene und geschriebene Sprache. In: Festschrift für Siegfried Gutenbrunner. Hg. v. H. Klingenberg, F. Maurer. Heidelberg 1972. S. 195-202.

Stellmacher, Dieter: Gliederungssignale in der gesprochenen Sprache. In: Germanistische Linguistik 3 (1972). S. 518-530.

Stenographische Berichte. Über Verhandlungen im Deutschen Bundestag. Bonn 1949 ff.

Sternberger, Dolf: Die Sprache in der Politik. In: Die deutsche Sprache im 20. Jahrhundert (= Kleine Vandenhoeck-Reihe 232-234). 2. Aufl. Göttingen 1969. S. 79-91.

Stilistik und Soziolinguistik. Beiträge der Prager Schule zur strukturellen Sprachbetrachtung und Sprecherziehung (= Berichte und Untersuchungen aus der Arbeitsgemeinschaft für Linguistik und Didaktik der deutschen Sprache und Literatur.) Hg. v. D.C. Kochan. Serie A. Berichte Nr. 1. 2. Aufl. München 1971.

Ströbl, Alex: Zum Verhältnis von Norm und Gebrauch bei der Zeichensetzung. In: Muttersprache 79 (1969). S. 129-141.

Texte gesprochener deutscher Standardsprache I, II, III.
Erarbeitet im Institut für deutsche Sprache Freiburg i.Br. (= Heutiges Deutsch. Reihe II. München 1971, 1974, 1975.

Textsorten. Differenzierungskriterien aus linguistischer Sicht. Hg. v. E. Gülich u. W. Raible. Frankfurt 1972.

Theorie und Empirie in der Sprachforschung. Hg. v. H. Pilch u. H. Richter. Basel, München, Paris, New York 1970.

Transkriptionsformular des Instituts für deutsche Sprache. Erarbeitet von der Forschungsstelle für gesprochene Sprache in Freiburg. Stand: 1. März 1970. Auszugsweise veröffentlicht in: Texte gesprochener deutscher Standardsprache I. München 1971. S. 33-54.

Uhlig, Eckart: Studien zu Grammatik und Syntax der gesprochenen politischen Sprache des Deutschen Bundestages. Ein Beitrag zur deutschen Sprache der Gegenwart (= Marburger Beiträge zur Germanistik. Bd. 40). Marburg 1972.

Ungeheuer, Gerold: Sprache und Kommunikation. 2. erw. Aufl. Hamburg 1972.

Vachek, Josef: Zum Problem der geschriebenen Sprache. In: Travaux du cercle linguistique de Prague 8 (1939). S. 94-104.

Wackernagel-Jolles, Barbara: Untersuchungen zur gesprochenen Sprache: Beobachtungen zur Verknüpfung spontanen Sprechens (= Göppinger Arbeiten zur Germanistik. Nr. 33). Göppingen 1971.

Weiss, Andreas: Syntax spontaner Gespräche. Einfluß von Situation und Thema auf das Sprachverhalten (= Sprache der Gegenwart. Bd. 31). Düsseldorf 1975.

Winkler, Christian: Satz und Ausspruch. In: Wissenschaftl. Zeitschrift der Martin-Luther-Universität (XI/12). Halle 1962. S. 1748-1763.

– – : Untersuchungen zur Intonation in der deutschen Gegenwartssprache. Beschreibung des Abhörverfahrens. In: Forschungsberichte des Instituts für deutsche Sprache 4 (1970). S. 105-115.

– – : Die Kadenzen des einfachen Satzes. In: Muttersprache 81 (1971). S. 234-238.

– – : Frei gesprochen und gelesen. In: Linguistische Studien III. Festgabe für Paul Grebe. Teil 1 (= Sprache der Gegenwart. Bd. 23). Düsseldorf 1973. S. 111-125.

Wodzinski, Barbara: Untersuchungen zur gesprochenen und geschriebenen Sprache Berliner Hauptschüler. Berlin 1969.

Wunderlich, Dieter: Die Rolle der Pragmatik in der Linguistik. In: Der Deutschunterricht 22 (1970). S. 5-41.

– – : Zum Status der Soziolinguistik. In: Aspekte der Soziolinguistik. 1971. S. 297-321.

– – : Grundlagen der Linguistik. Reinbek 1974.

Wunderlich, Hermann: Unsere Umgangssprache in der Eigenart ihrer Satzfügung. Weimar, Berlin 1894.

Wygotski, Lew Semjonowitsch: Denken und Sprechen. Mit einer Einleitung von Thomas Luckmann. Hg. v. J. Helm, übersetzt v. G. Sewekow. 5. Aufl. Nördlingen 1974.

Zacher, Oskar: Zur Intonation syntaktischer Grundmodelle. In: Zeitschrift für Phonetik, Sprachwissenschaft und Kommunikationsforschung 16 (1963). S. 293-326.

Zimmermann, Hans Dieter: Die politische Rede. Der Sprachgebrauch Bonner Politiker (= Sprache und Literatur 59). 2. Aufl. Stuttgart 1972.

Zimmermann, Heinz: Zu einer Typologie des spontanen Gesprächs (= Syntaktische Studien zur deutschen Sprache und Literatur. Heft 30). Bern 1965.

Zwirner, Eberhard: Schallplatte und Tonfilm als Quellen sprachlicher Forschung. In: Archiv f. vgl. Phonetik 1 (1937). S. 6-20.

– – : Deutsches Spracharchiv 1932-1962. Geschichte, Aufgaben und Gliederung, Bibliographie. Münster (Westf.) 1962.

– – : Anleitung zu sprachwissenschaftlichen Tonbandaufnahmen (= Lautbibliothek der deutschen Mundarten. Heft 31). Göttingen 1964.

Zwirner, Eberhard/Richter, Helmut: Deutsches Spracharchiv — Fünf — Jahre — Arbeitsprogramm/Vorschläge zur Institutionalisierung. In: Gesprochene Sprache. Problem ihrer strukturalistischen Untersuchung. Dokumentation des 1. bis 5. Rothenberger Kolloquiums. Hg. v. E. Zwirner u. H. Richter. Wiesbaden 1966. S. 97-114.

Zwirner, Kurt: Das Eindringen statistischer Forschungsmethoden in die Sprachvergleichung. In: Arch. f. vgl. Phonetik 1. (1937). S. 116-120.